일잘러의 비밀,
구글 스프레드시트
제대로 파헤치기

개정판

일잘러의 비밀, 구글 스프레드시트 제대로 파헤치기(개정판)

구글 스프레드시트로 엑셀 밟고 칼퇴하자

초판 1쇄 발행 2021년 5월 7일
개정판 1쇄 발행 2024년 6월 3일

지은이 강남석 / **펴낸이** 전태호
펴낸곳 한빛미디어(주) / **주소** 서울시 서대문구 연희로2길 62 한빛미디어(주) IT출판1부
전화 02-325-5544 / **팩스** 02-336-7124
등록 1999년 6월 24일 제25100-2017-000058호 / **ISBN** 979-11-6921-230-4 93000

총괄 배윤미 / **책임편집** 이미향 / **기획·편집** 석정아
디자인 표지 이아란 내지 이아란, 윤혜원 / **전산편집** 이소연
영업 김형진, 장경환, 조유미 / **마케팅** 박상용, 한종진, 이행은, 김선아, 고광일, 성화정, 김한솔 / **제작** 박성우, 김정우

이 책에 대한 의견이나 오탈자 및 잘못된 내용은 출판사 홈페이지나 아래 이메일로 알려주십시오.
파본은 구매처에서 교환하실 수 있습니다. 책값은 뒤표지에 표시되어 있습니다.
한빛미디어 홈페이지 www.hanbit.co.kr / 이메일 ask@hanbit.co.kr
예제 https://gsheet.github.io

지금 하지 않으면 할 수 없는 일이 있습니다.
책으로 펴내고 싶은 아이디어나 원고를 메일(**writer@hanbit.co.kr**)로 보내주세요.
한빛미디어(주)는 여러분의 소중한 경험과 지식을 기다리고 있습니다.

일잘러의 비밀,

구글 Google 스프레드시트

제대로 파헤치기

강남석 지음

한빛미디어
Hanbit Media, Inc.

"엑셀을 잘하면 야근합니다."

엑셀은 혼자서 많은 일을 처리할 수 있게 만들어진 도구입니다. 지난 수십 년간 데이터의 취합과 가공, 결과물 생산을 한 명이 하나의 엑셀 파일로 처리할 수 있도록 기능과 속도, 처리 한계를 개선하는 방향으로 발전해 왔습니다.

하지만 환경이 빠르게 변하고 있습니다. 데이터의 생산 장소가 분산되고 수집 주체가 다양해지면서 공동 작업의 중요성이 커졌습니다. 데이터를 기반으로 한 신속한 의사결정이 일반화되면서 데이터를 가공하고 이용하는 과정의 비효율을 줄이는 것이 핵심이 되었습니다.

이런 환경에서는 엑셀보다 구글 스프레드시트가 더 적합한 도구입니다. 구글 스프레드시트는 공동 작업과 클라우드를 기반으로 하기 때문에 데이터의 생산, 수집, 가공, 이용 과정을 일관되게 처리할 수 있습니다. 데이터 소스와 쉽게 연결할 수 있고 강력한 배열 수식으로 데이터를 간편하게 가공, 추출할 수 있습니다. 또한, 개인에게 집중되는 반복 엑셀 작업을 줄이고 데이터 업무의 단계를 축소시켜 실무자들이 직접 데이터를 다루도록 할 수 있습니다. 구글 스프레드시트를 이용하면 단순 반복 작업은 구글에게 맡기고 우리는 정말 중요한 '일을 하는' 부분에 시간을 쓸 수 있습니다. 구글 스프레드시트를 사용하면 야근이 줄어듭니다.

이 책은 엑셀을 처음 사용해보는 사람은 물론 엑셀에 어느 정도 익숙한 사람도 볼 수 있도록 만들었습니다. 총 8장으로 구성된 내용 중 1장부터 4장에서는 엑셀과의 차이점을 살펴보면서 구글 스프레드시트의 기본 작업법과 기초 함수를 알아봅니다. 5장부터 8장에는 구글 스프레드시트 특유의 기능들을 이용하여 기존의 작업들을 개선하는 방법을 담았습니다.

엑셀에 이미 익숙한 분들이라면 1장부터 4장은 편하게 '엑셀까지 한 번에'로 정리한 부분을 위주로 엑셀과 비교하면서 보면 재미있게 읽을 수 있습니다. 스프레드시트 프로그램을 처음 접하는 분들이라면 차례대로 천천히 기능을 익혀봐도 좋고, 궁금하거나 재미있고 필요한 내용들을 먼저 살펴봐도 괜찮습니다. 구글 스프레드시트는 도구이고 우리의 목적은 도구를 배우는 것이 아니라 도구로 중요한 일을 더 빨리 처리하는 것이니까요.

초판을 선보인 지 3년이 지나는 동안 많은 것들이 바뀌었습니다. 새로운 기능과 유용한 도구를 반영하여 개정판을 낼 수 있도록 꾸준하게 격려해주신 독자님들께 무한한 감사를 보냅니다. 이제는 머리가 굵어진 사랑하는 어린이와 지치지 않도록 힘을 주신 가족들에게도 감사드립니다. 초판의 교정에 큰 도움을 주셨던 유동우, 김미혜, 김벼리, 허은영, 전재홍 님, 그리고 개정판에 아이디어를 보태고 수정 방향을 제시해준 존경하는 회사 동료 이수길, 도하빈, 이지영, 최인욱 님께도 고마움을 전합니다.

저자 강남석

회계사들의 업무에서 스프레드시트를 떼놓을 수는 없지만 정작 회계사가 쓴 스프레드시트 책은 드뭅니다. 이 책은 저자가 회계 감사, ERP 구축, 재무 자문 등 다양한 회계 업무 경험과 오랜 스타트업 실무를 바탕으로 쓴 업무 프로세스 개선 목적의 구글 스프레드시트 사용법에 관한 책입니다.

스프레드시트가 업무 전반에 사용되는 도구가 된 것은 회계법인에만 국한된 일이 아닙니다. 데이터 기반의 의사결정이 중요해지면서 어느 회사든 전체 업무 프로세스의 데이터 전달이 스프레드시트로 이루어지는 것을 쉽게 발견할 수 있습니다. 저자의 말처럼 공동 작업을 기반으로 하는 구글 스프레드시트의 특성을 제대로 활용한다면 이러한 데이터 공유 과정의 비효율을 줄여 업무 프로세스를 개선할 수 있을 것입니다.

저자는 또한 구글 스프레드시트의 확장성과 유연성이 급변하는 사업 환경에 구글 스프레드시트가 적합한 이유라고 설명합니다. 전통 기업들은 기존의 프로세스를 디지털로 전환하는 디지털 트랜스포메이션에 박차를 가하고 있습니다. 프로세스가 갖춰져 있던 회사들은 다양한 부문과 장소에서 발생하는 데이터들을 수집하여 가공한 뒤 유기적으로 통합할 도구가 필요합니다. 구글 스프레드시트는 기기나 장소와 관계없이 동일하게 사용할 수 있어 기존의 데이터 소스를 새로운 시스템에 연결할 확장성을 제공합니다.

한편, 스타트업들은 프로세스가 급격히 변하는 환경에 스스로를 내맡기며 유니콘 기업이 되고 있습니다. 급속하게 성장하는 회사들 역시 프로세스 변화에 유연하고 신속하게 대응할 수 있는 데이터 도구가 필요합니다. 급격하게 변화하는 분야에서는 개발과 커스터마이징에 장시간이 소요되는 ERP를 도입하는 대신 즉시 수정할 수 있고 학습 비용이 낮은 구글 스프레드시트를 활용하는 것이 더 알맞다는 게 저자의 설명입니다.

사업 전 영역에 걸쳐 신뢰성과 적시성 있는 데이터의 중요성이 대두되고 있는 요즘 데이터 작업에 필요한 유연성과 확장성을 갖춘 도구에 대한 고민이 담겨 있는 책을 만나게 되어 반갑습니다. 특히 공동 작업에서 소홀해지기 쉬운 보안과 권한 설정을 짚어주는 부분은 데이터 업무를 하는 실무자들이 꼭 읽어볼 것을 추천합니다.

삼일회계법인 부대표 **박대준**

클라우드 시대를 맞아 이제 구글 문서 도구를 이용한 협업이 자연스러운 시대가 되었습니다. 그 가운데 구글 스프레드시트는 아직 부족한 점도 있으나, 여러 명이 함께할 수 있는 동시 작업을 포함하여 엑셀에서 '이런 건 어떻게 잘 안 되나?' 했던 많은 기능들을 클라우드 환경에서 깔끔하게 해결하고 있습니다.

이 책은 구글 문서 도구를 처음 시작하는 방법, 스프레드시트 기초 사용법, 주요 함수 사용법부터 QUERY 함수나 앱스 스크립트처럼 구글 스프레드시트에서만 가능한 고급 기능까지 거의 완벽한 커버리지를 자랑합니다.

저자는 모든 장에서 각 기능의 핵심을 명료한 예제 그리고 가독성 좋은 스크린샷과 함께 잘 설명하고 있습니다. 그 결과 스프레드시트와 같은 생산성 도구가 왜 필요하며 우리를 얼마나 편하게 만들어줄 수 있을지에 대한 저자의 집필 의도를 엿볼 수 있었습니다.

친절한 예제가 포함된 참고서로 분류될 수 있는 이 책은 제목과 핵심 함수 설명표 위주로 빠르게 먼저 훑어보고, 필요한 부분을 하나씩 정독하면 좋을 것 같습니다.

부디 이 책을 펼쳐 든 모든 분들이 구글 스프레드시트로 조금 더 여유로운 삶을 영위할 수 있기를 기대합니다.

이노베이션아카데미 학장 이민석

이제는 원격 근무가 일상화되었습니다. 이는 글로벌 기업뿐만 아니라 로컬 기업들도 맞이하고 있는 현실입니다. 원활한 원격 근무를 위해 경영진들이 가장 먼저 고민하는 것은 협업 툴일 것입니다. 저희 회사 역시 글로벌 사업 진출 과정에서 현지와의 커뮤니케이션 등을 위해 적합한 업무 툴을 찾아보았으나 이에 가장 적합한 툴은 다름 아닌 구글 스프레드시트라는 소결에 이르렀습니다. 유연성과 확장성을 갖춘 구글 스프레드시트는 급변하는 환경에 가장 적합한 도구입니다.

개발과 커스텀에 시간과 비용이 필요하거나 이를 배우기에 진입장벽이 높은 다른 업무 도구들과 달리 구글 스프레드시트는 누구나 쉽게 접할 수 있고 어떤 환경에서도 추가 설치 없이 동일하게 사용이 가능한 유연성을 갖고 있습니다. 동시에 다양한 협업 툴과 손쉽게 연결되고 광범위한 데이터 소스를 바로 활용할 수 있는 확장성도 갖추고 있습니다.

똑같은 펜으로 다양한 글과 그림이 만들어지는 것처럼 동일한 스프레드시트라는 도구를 사용하더라도 작업의 효과는 사람에 따라 크게 달라집니다. 스프레드시트로 해결해야 하는 문제를 정의하고 효율적인 해법을 찾아 그것을 구현하는 과정이 사람마다 차이가 있기 때문입니다.

저자는 이 책의 목적이 스프레드시트라는 도구를 이용하여 조금이라도 더 게을러지는 것이라고 말합니다. 실제로 이 책은 일반적인 책과 달리 한 가지 문제를 해결하는 다양한 방법들을 설명합니다. 다양한 방법 중 예시로 든 상황에 적합한 해법을 선택하는 과정과 그 이유에 대한 해설을 통해 독자들은 비슷한 고민에 허비하는 시간을 줄일 수 있을 것입니다. 실제로 스프레드시트 업무에서 가장 시간이 많이 소요되는 것은 어떤 기능에서 오류가 발생했을 때 그 이유를 찾는 것이니까요.

비슷한 이유로 이 책은 '엑셀까지 한 번에'로 구글 스프레드시트와 엑셀의 차이점을 정리해두어 기존 엑셀 사용자로서 쉽게 이해할 수 있었습니다. 한 걸음 더 나아가기 위해 고민하는 많은 사용자들이 이 책을 통해 단순 반복 작업을 줄이고 문제의 본질에 집중할 시간을 확보하게 되기를 기대합니다.

카카오엔터테인먼트 전략담당 부사장 차상훈

저자는 회계법인부터 벤처 회사의 CFO까지 여러 직무를 수행했습니다. 그리고 그 직무만큼 다양하고 많은 일을 정확하고 빠르게 처리하는 사람입니다. 그럼에도 불구하고 옆에서 보면 항상 새로운 일을 시작하는 여유가 있습니다. 정말 부러운 사람입니다. '어쩌면 그렇게 일을 해낼까?' 주변에서 보면서 배우고 싶었던 적이 한두 번이 아닙니다.

이 책은 구글 스프레드시트의 사용법을 가르쳐주는 것뿐만 아니라, 제가 배우고 싶어 했던 저자의 업무 방식과 생각을 배울 수 있는 아주 좋은 책입니다. 업무와 관계된 데이터를 어떻게 보관해야 효율적인지 그리고 그것을 어떻게 처리해야 시간을 절약할 수 있는지 수많은 경험을 통해서 배우고 익힌 것을 모두 쏟아 내고 있습니다.

이제는 어느 인더스트리에서 어떤 업무를 하든 구글 스프레드시트에서 벗어나서 일하는 것은 불가능합니다. 특히 국내 최초의 가상거래소인 코빗을 운영하는 저희는 이 사실을 절실히 느끼고 있습니다. 코빗에는 여러 사업 부문에서 대용량 데이터가 매일매일 들어옵니다. 숫자의 홍수 속에서 숫자가 알려주는 본질을 알기 위해서는 잘 저장하고 처리하여 필요한 정보를 캐내는 것이 필수적입니다. 이런 환경에서 구글 스프레드시트를 통한 협업과 효율적인 업무 처리 능력은 회사의 관점에서나 구성원 측면에서나 생존을 위한 기본적인 기술입니다.

게으른 사람이 되기 위해, 다르게 해석하면 아주 효율적으로 많은 일을 처리하기 위해 오늘도 스프레드시트와 싸우는 모든 직장인에게 이 책은 많은 영감을 주는 책입니다. 구글 스프레드시트를 사용하는 사람들은 물론이고 엑셀을 주로 쓰는 사람들에게도 업무 개선에 좋은 참고가 될 것입니다.

코빗 CFO 김희석

각 장에서 배울 내용을 먼저 확인하고 따라 하기를 통해 구글 스프레드시트의 기능을 익혀보세요. 좀 더 깊이 있는 내용은 '여기서 잠깐'을 참고하고, 별도로 정리한 '엑셀까지 한 번에'와 '게을러지기'도 놓치지 마세요.

CHAPTER **01**

구글 스프레드시트가
뭔가요

우리에게 이미 익숙한 엑셀과 비교해서 구글 스프레드시트의 특징을 확인하고 왜 구글 스프레드시트를 써야 하는지 알아봅니다. 먼저 구글 스프레드시트를 효율적으로 사용하기 위해 필요한 구글 드라이브의 사용 방법을 이해해보고, 구글 스프레드시트와 엑셀 파일을 서로 변환하거나 새 스프레드시트를 생성하고 공유 작업을 위해 버전을 관리하는 방법을 배웁니다.

이 장에서 배울 내용

이 장에서 앞으로 배울 내용에 대해 한눈에 파악할 수 있습니다.

예제

실습에서 사용할 예제 파일을 알려줍니다.

STEP BY STEP

직접 손으로 따라 해볼 수 있도록 단계별로 작업 과정을 보여줍니다. 수식을 실제 구글 스프레드시트와 같은 색으로 표시해서 가독성을 높였습니다.

NOTE

본문 내용과 관련해서 필요한 정보나 주의해야 할 사항들에 대해 간략히 설명합니다.

자동으로 계산되는 생년월일과 이메일 주소 만들기

배열 수식을 [A:A] 혹은 [A2:A]와 같은 열린 참조와 함께 사용하면 데이터가 늘어나더라도 수식을 수정하지 않아도 됩니다. 직원 명단에 사람이 추가될 때 자동으로 이메일 주소를 생성하고, 수작업으로 입력하거나 수식을 복사&붙여넣기했던 생년월일, 전화번호, 본부명이 자동으로 조회되도록 변경해보겠습니다.

01 예제 | ARRAYFORMULA(DATE&MAIL) ID에 회사 도메인을 붙여서 EMAIL 주소를 생성하기 위해 [D2]셀에 수식 **=ARRAYFORMULA**($C2:$C&"@jncd.com")를 입력합니다. [C2:C] 범위의 ID 뒤에 "@jncd.com"을 붙여주는 수식입니다.

NOTE 함수가 아니라 연산자만 들어 있는 수식의 경우에도 이렇게 ARRAYFORMULA 함수를 사용할 수 있습니다. [C2:C]로 아래쪽으로 열린 범위를 사용했으므로 새로운 데이터가 아래에 추가되었을 때 수식을 수정하지 않아도 자동으로 ARRAYFORMULA 수식이 계산됩니다.

여러 조건들을 확인하는 두 가지 방법

핵심 함수 | IF, IFS •

설명	IF: 논리 표현식이 'TRUE(참)'인지 'FALSE(거짓)'인지에 따라 인수에 지정된 값을 반환합니다. IFS: 여러 조건을 차례로 확인하다가 첫 번째로 참인 조건의 값을 반환합니다.
구문	=IF(논리_표현식, TRUE인_경우_값, FALSE인_경우_값) =IFS(조건1, 값1, [조건2, 값2, ...])
인수	**논리_표현식/조건1, 2, ...**: 논리값(예: TRUE 또는 FALSE)으로 표시되는 조건들 또는 셀 참조입니다. **TRUE인_경우_값/값1, 2, ...**: 논리_표현식이 TRUE인 경우 반환할 값입니다. **FALSE인_경우_값**: [선택사항] 논리_표현식이 FALSE인 경우 반환할 값입니다.
더보기	IFERROR: 수식에 오류가 없으면 수식의 결과값을, 오류가 있으면 다른 인수를 반환합니다. SWITCH: 항목 목록에 정규식을 적용하여 테스트하고, 첫 번째로 일치하는 항목에 해당하는 값을 반환합니다.

핵심 함수

해당 예제에서 중점적으로 다루는 함수를 설명합니다.

엑셀까지 한 번에

닮은 듯 다른 구글 스프레드시트와 엑셀의 차이를 명쾌하게 설명합니다.

엑셀까지 한 번에 ▶　　　　　　　　　　　　　　**검색 옵션의 차이**

엑셀의 찾기 및 바꾸기는 옵션이 더 다양해서 서식을 기준으로 찾거나 검색 방향을 지정할 수 있습니다. 또 특수기호를 사용해 문장부호를 검색할 수도 있습니다. 구글 스프레드시트의 찾기 및 바꾸기 기능은 엑셀에 비해 제한적이지만, 검색에 대해서는 정규 표현식이라는 강력한 기능을 활용할 수 있습니다.

한편, 엑셀에서는 현재 시트가 검색 영역의 기본값인데 구글 스프레드시트에서는 모든 시트가 기본값이어서 무심코 '모두 바꾸기'를 하다 실수할 수 있으니 유의하도록 합니다.

여기서 잠깐

본문에서 다루지 못한 내용이나 알아두면 좋은 내용을 추가적으로 설명합니다.

여기서 잠깐 ▶　　　　　　　　　　　　　　**다른 사용자와 공유 설정**

[공유] 창에서 설정(⚙) 아이콘을 클릭하면 다른 사용자와 스프레드시트를 공유할 때 편집자, 뷰어 및 댓글 작성자에게 어느 정도까지 권한을 허용할지 추가적으로 설정할 수 있습니다. 보안을 위한 효과적인 권한 설정 방법에 대해서는 8장에서 더 자세히 설명합니다.

← "Hello World"의 설정

☑ 편집자가 권한을 변경하고 공유할 수 있습니다.

☑ 뷰어 및 댓글 작성자에게 다운로드, 인쇄, 복사 옵션 표시

공유 설정 옵션

- **편집자가 권한을 변경하고 공유할 수 있습니다:** 편집자 권한을 가진 사용자들은 기본적으로 다른 사용자를 추가하거나 다른 사용자의 권한을 변경할 수 있습니다. 편집자들은 문서를 편집할 권한만 갖게 하고 권한 변경은 소유자만 할 수 있게 하려면 '편집자가 권한을 변경하고 공유할 수 있습니다.' 항목을 체크 해제해야 합니다.

- **뷰어 및 댓글 작성자에게 다운로드, 인쇄, 복사 옵션 표시:** 뷰어 권한을 가진 사용자들은 파일을 다운로드할 권한을 기본적으로 부여받게 됩니다. 다운로드된 파일에서는 숨김, 보호 처리된 내용들이 더 이상 유지되지 않습니다. 따라서 보안이 중요한 문서라면 '뷰어 및 댓글 작성자에게 다운로드, 인쇄, 복사 옵션 표시' 항목을 체크 해제해야 합니다.

게을러지기

구글 스프레드시트의 특징을 이용해서 좀 더 편하게 일할 수 있는 방법을 소개합니다.

게을러지기 ▶　　　　　　　　　　**전광석화처럼 새 스프레드시트를 만들어 봅니다**

구글에는 new 도메인이 있습니다. 웹 브라우저의 주소 창에 'sheet.new'를 입력하고 [Enter] 키를 누르면 새 스프레드시트가 생깁니다. 스프레드시트뿐만 아니라 구글 문서, 프레젠테이션, 설문지, 사이트도 이런 방법으로 생성할 수 있습니다. 지원되는 url은 다음과 같습니다.

- **스프레드시트:** sheet.new / sheets.new / spreadsheet.new
- **문서:** docs.new / documents.new
- **프레젠테이션:** slide.new / slides.new / deck.new / presentation.new
- **설문지:** form.new / forms.new
- **사이트:** site.new / sites.new / website.new

▶▶ 이 책을 보는 방법

이 책에 수록된 예제, 완성 파일은 구글 드라이브에 업로드되어 있습니다. 기능을 정확하게 이해하기 위해 직접 실습해보기를 권합니다. 파일에는 뷰어 권한만 부여되어 있으므로 실습을 위해서는 다음과 같은 과정을 통해 개별 파일 혹은 전체 파일의 사본을 생성해야 합니다.

예제 파일 안내 페이지

예제 파일에 접근하기 위해서는 구글 계정 로그인이 필요합니다. 구글에 로그인한 후 예제 파일 안내 페이지(https://gsheet.github.io)로 이동합니다.

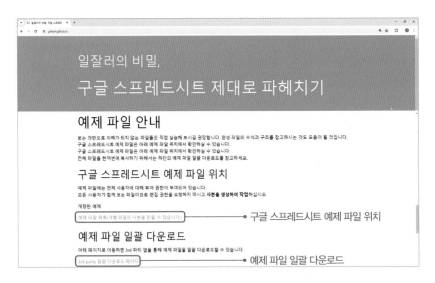

NOTE 계정 생성과 로그인은 1.2절의 〈구글 계정 만들기〉를 참고하세요.

1. 구글 스프레드시트 예제 파일 위치

[예제 파일 목록] 링크를 클릭하면 뷰어 권한이 부여된 스프레드시트로 연결됩니다. 행별로 개별 파일을 확인하고 사본을 만들 수 있습니다.

NOTE 원본 예제 파일의 편집 권한을 요청하는 독자님들이 많습니다. 원본 파일의 편집 권한을 드릴 수 없으니 사본을 만들어서 사용하세요. 사본 생성 방법은 1.3절의 〈스프레드시트 버전 관리와 사본 만들기〉를 참고하세요.

2. 예제 파일 일괄 다운로드

① 전체 예제 파일을 한꺼번에 다운로드하려면 [3rd party 일괄 다운로드 페이지] 링크를 클릭합니다. 사용자의 구글 드라이브에 폴더와 파일을 생성하기 위해서는 먼저 다음과 같은 과정을 거쳐 필요한 권한을 부여해야 합니다.

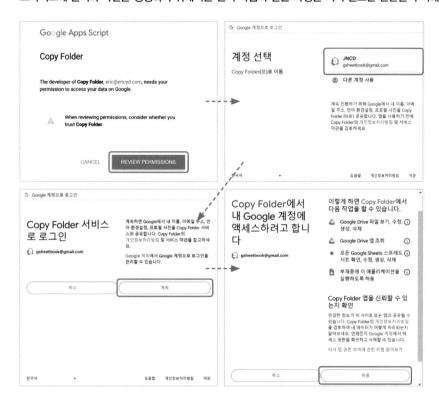

② [Copy Folder for Google Drive] 창에 연결되면 [Paste Folder URL] 입력란에 'https://drive.google.com/drive/folders/19-dTxTh376dEZp5jBf06tQUZc1VOibP4'를 입력합니다.

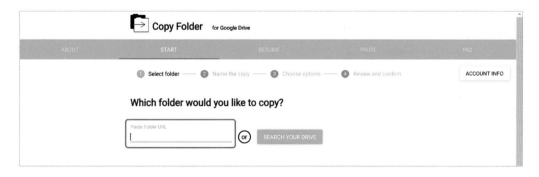

NOTE 예제 파일 안내 페이지(https://gsheet.github.io) 하단에서 URL을 찾아 복사할 수 있습니다.

③ '구글시트 책 예제_개정판' 폴더에 연결되면 'Select folder' → 'Name the copy' → 'Choose options' → 'Review and confirm' 순서를 따라 다음과 같이 클릭합니다.

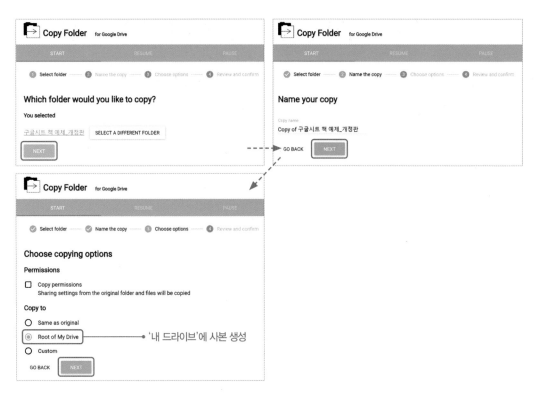

④ 'Review and confirm' 단계에서 [COPY FOLDER] 버튼을 클릭하면 폴더 사본이 생성됩니다.

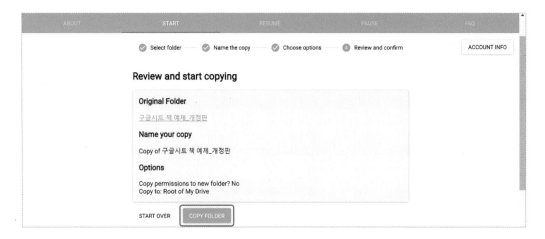

NOTE 부여한 권한은 다운로드 완료 후 https://myaccount.google.com/permissions에서 삭제할 수 있습니다.

⑤ [Copy of 구글시트 책 예제_개정판] 링크를 클릭하면 [내 드라이브]에 생성된 예제 폴더의 사본으로 이동합니다.

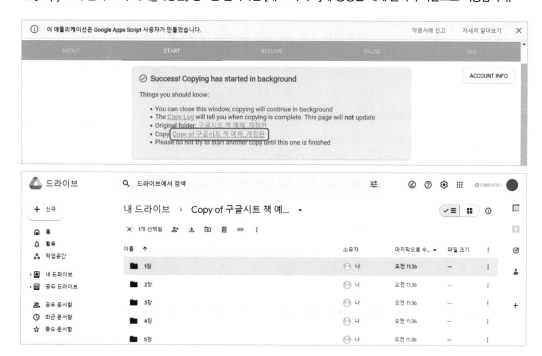

NOTE 여러 개의 구글 계정에 로그인된 경우에는 정상적으로 다운로드되지 않을 수 있으니 먼저 [로그아웃] 버튼을 클릭하여 로그아웃한 후 다시 로그인해주세요.

스프레드시트의 기본 작업법

2.1 ▶ 셀에 값을 입력하고 내용 바꾸기

2.2 ▶ 셀에 수식 입력하기

2.3 ▶ 시트를 이용해 스프레드시트 넓게 쓰기

3.4 ▶ 조건/탐색 함수

CHAPTER 04 데이터로 작업하기

CHAPTER 05 배열 수식으로 엑셀 밟고 퇴근하기

5.1 ▶ 배열 함수 사용하기

CHAPTER
06 함수로 데이터 가져와서 분석하기

8.5 ▶ **챗GPT의 도움으로 일잘러 되기**

구글 스프레드시트가 뭔가요

▶▶▶

우리에게 이미 익숙한 엑셀과 비교해서 구글 스프레드시트의 특징을 확인하고 왜 구글 스프레드시트를 써야 하는지 알아봅니다. 먼저 구글 스프레드시트를 효율적으로 사용하기 위해 필요한 구글 드라이브의 사용 방법을 이해해보고, 구글 스프레드시트와 엑셀 파일을 서로 변환하거나 새 스프레드시트를 생성하고 공유 작업을 위해 버전을 관리하는 방법을 배웁니다.

엑셀보다 나은
구글 스프레드시트

▶▶ 구글 스프레드시트는 엑셀과 유사한 기능을 가진 구글의 클라우드 기반 프로그램입니다. 이미 익숙해진 엑셀을 놔두고 이제 와서 정말 구글 스프레드시트를 써야 할까요? 다른 사람들은 모두 엑셀을 공부하는데, 구글 스프레드시트만 공부해도 괜찮을까요? 구글 스프레드시트로 내 워크 라이프 밸런스가 개선될까요? 업무 프로세스가 급격하게 변하고 빠른 속도가 요구되는 근무 환경에서 구글 스프레드시트가 왜 엑셀보다 더 효과적인지 알아봅니다.

구글 문서 편집기와 구글 워크스페이스

구글 스프레드시트는 구글 문서, 구글 스프레드시트, 구글 프레젠테이션, 구글 설문지로 구성된 생산성 앱인 구글 문서 편집기의 일부입니다. Gmail을 사용하는 개인 사용자들에게는 무료로 제공되며 구글의 클라우드 서비스인 구글 드라이브 위에서 작동합니다.

구글 스프레드시트는 클라우드 환경을 기반으로 하기 때문에 인터넷에 연결되어 있는 상태라면 운영체제와 관계없이 웹 브라우저로 실행할 수 있습니다. 특히 구글의 웹 브라우저인 크롬 위에서 가장잘 돌아가고 파이어폭스, 엣지, 맥의 사파리에서도 작동합니다.

안드로이드 5.0 이상, iOS 11 이상의 모바일 디바이스의 브라우저에서도 사용할 수 있고 모바일 앱도 별도로 제공하고 있습니다. 그러나 모바일 환경에서는 피벗 테이블 작성이나 앱스 스크립트 실행과 같은 데스크톱 사용 환경의 일부 기능이 지원되지 않습니다.

구글은 기업 사용자들을 위해서 구글 워크스페이스(Google Workspace)라는 서비스를 유료로 제공합니다. 개인 사용자용 계정과의 가장 큰 차이는 자신이 보유한 도메인 주소를 이용해 Gmail을 사용할 수 있고 구글 워크스페이스에 가입되어 있는 조직 단위로 공유, 보안, 제어 작업이 이루어진다는 점입니다. 개인 사용자의 계정은 전 세계 수많은 Gmail 가입자 중 하나로 취급되지만, 구글 워크스페이스 사용자의 계정은 관리자가 설정한 조직과 하위 그룹을 기준으로 관리됩니다.

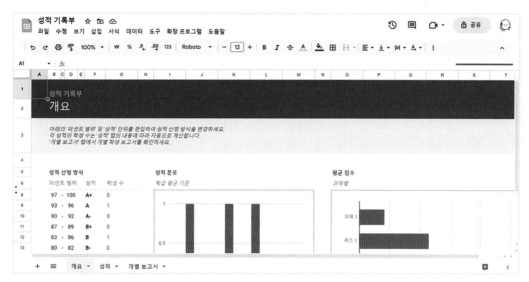

구글 스프레드시트는 웹 브라우저만 있으면 실행할 수 있습니다

개인 계정은 Gmail과 구글 드라이브에 15GB의 저장 용량을 부여하는 반면, 구글 워크스페이스 계정은 Business Starter, Business Standard, Business Plus, Enterprise 등의 버전(2023년 10월 기준)에 따라 다양한 용량을 부여하고 있으며 버전별로 지원되는 보안 기능에도 차이가 있습니다.

구글 워크스페이스 버전에 따른 지원 내용

우리가 사용할 구글 스프레드시트의 기능은 개인 계정이나 구글 워크스페이스 계정이나 거의 유사하며, 조직 단위로 수행되는 공유, 보안 설정 부분만 일부 차이가 존재합니다. 이 책에서는 개인 계정과 구글 워크스페이스 간에 차이가 있는 경우 따로 안내하겠습니다.

엑셀 vs 구글 스프레드시트

구글 스프레드시트는 엑셀과 매우 비슷한 스프레드시트 프로그램입니다. 참고로 스프레드시트는 열과 행으로 구분되는 셀들에 데이터를 입력하고 이 데이터로 다양한 계산을 수행할 수 있도록 해주는 프로그램입니다.

엑셀과 같아요

구글 스프레드시트는 엑셀과 데이터의 입력 방식, 계산 방식이 매우 유사합니다. 실제로 엑셀과 구글 스프레드시트는 작업 화면부터 아주 닮아 있으며, 일반적인 기능들도 차이가 거의 없습니다.

실무에서 많이 사용하는 대부분의 함수 사용법이 거의 동일하고 필터, 피벗 테이블, 차트와 같은 스프레드시트의 기본 기능들 역시 유사하게 사용할 수 있습니다.

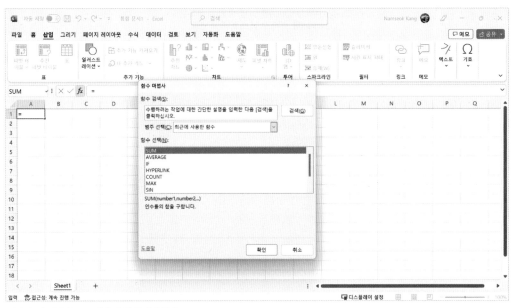

셀과 수식 입력줄로 구성된 엑셀 화면과 함수

또한, 엑셀 파일을 구글 스프레드시트에서 직접 편집할 수도 있고, 엑셀과 구글 스프레드시트 간의 변환도 아주 쉽게 할 수 있습니다. 그래서 엑셀을 사용해봤던 분들은 아무 어려움 없이 그대로 구글 스프레드시트를 사용할 수 있고, 구글 스프레드시트만 사용해본 분들도 엑셀에 쉽게 적응할 수 있습니다.

엑셀과 유사한 구글 스프레드시트의 화면과 함수

엑셀과 달라요

물론 엑셀과 다른 점도 존재합니다. 가장 근본적인 차이는 엑셀은 컴퓨터상의 로컬 파일을 기반으로 하는 반면, 구글 스프레드시트는 구글 클라우드상에서 돌아간다는 점입니다.

크롬이나 엣지와 같은 웹 브라우저를 통해 실행되는 구글 스프레드시트는 별도의 프로그램을 설치하지 않고도 인터넷이 연결된 곳이라면 어디서든 사용할 수 있다는 특징을 가지고 있습니다. 하지만 개별 컴퓨터에서 실행되는 엑셀에 비해 무겁고 복잡한 작업을 하기에 적합하지 않을 수도 있습니다.

구글 스프레드시트의 메뉴는 슬쩍 봐도 엑셀보다 빈약해 보입니다. 실제로 클라우드에서 실행되고 웹 브라우저를 통해 접근한다는 특성 때문에 엑셀에 비해 여러 가지 제약이 있습니다.

엑셀 메뉴

구글 스프레드시트 메뉴

엑셀 파일은 최대 16,384열, 1,048,576행, 총 17,179,869,184셀의 데이터를 처리할 수 있습니다. 반면 구글 스프레드시트는 최대 1천만 셀의 데이터만 담을 수 있습니다. 구글 스프레드시트의 느린 속도도 실무에서는 종종 걸림돌이 됩니다. 엑셀도 복잡한 수식에서 느려지는 것은 마찬가지지만, 웹 브라우저 위에서 실행되는 구글 스프레드시트는 엑셀보다 더 느린 편입니다.

엑셀에서 제공하는 파워 쿼리와 같은 고급 기능도 구글 스프레드시트에서는 지원하지 않기 때문에 불편을 겪을 수도 있습니다. 무엇보다 구글 스프레드시트의 서식 기능이 엑셀보다 간단하기 때문에 엑셀처럼 다양한 색상과 모양으로 꾸미기에는 한계가 있습니다.

> **NOTE** 이 책에서는 앞으로 구글 스프레드시트 프로그램은 '구글 스프레드시트'로, 개별 스프레드시트 파일은 '스프레드시트'로 지칭하고, 각 스프레드시트의 하위 시트는 '시트'로 표기합니다.

구글 스프레드시트의 특징과 장점

이렇게 엑셀을 어느 정도 사용해본 사람이 흔히 느끼는 구글 스프레드시트의 단점은 느린 속도, 데이터 양의 제한, 부족한 함수, 단순한 서식, 피벗 테이블 등의 불편한 인터페이스와 같은 것들입니다. 그럼에도 불구하고 구글 스프레드시트는 엑셀과 비교하여 공동 작업, 클라우드, 배열 수식, 앱스 스크립트라는 뚜렷한 장점을 갖고 있고, 이로 인해 엑셀에서는 불가능하거나 번거로운 작업들을 쉽게 수행할 수 있습니다.

단점에도 불구하고 많은 장점이 있습니다

공동 작업

개별 파일로 작업하는 엑셀과 달리 구글 스프레드시트는 처음부터 공동 작업을 전제로 합니다. 모든 작업자들의 작업 내용은 실시간으로 반영되어 자동으로 저장되고, 히스토리가 자동으로 기록되며 모든 사람들은 똑같은 버전의 파일을 보게 됩니다. 즉, 최종 파일이 단 하나만 존재합니다.

클라우드

구글 스프레드시트의 스프레드시트는 클라우드에 업로드되어 있습니다. 즉, 사용자가 컴퓨터를 종료해도 스프레드시트에 항상 접근 가능한 상태이며, 스프레드시트 자체의 데이터도 실시간으로 업데이트됩니다. 파일 저장소의 물리적인 위치와 무관하게 다른 파일을 참조할 수 있으며, 외부 데이터 업데이트도 자유롭습니다.

배열 수식

배열이란 어떤 값을 열과 행으로 이루어진 표로 나타낸 것을 말하는데, 구글 스프레드시트에는 인수를 배열로 사용하거나 반환값이 배열인 함수들이 굉장히 많습니다. 이 함수들은 함수들이 참조하는 범위를 유동적으로 지정할 수 있기 때문에 데이터 양의 변화에 따라 함수를 수작업으로 수정할 필요가 없습니다.

앱스 스크립트

엑셀의 강력한 매크로와 대응되는 것이 구글 스프레드시트의 앱스 스크립트입니다. 엑셀의 매크로는 비주얼 베이직 기반의 VBA(Visual Basic for Application)를 사용하는 반면, 구글 스프레드시트의 앱스 스크립트는 자바스크립트(JavaScript) 기반입니다. 앱스 스크립트는 공동 작업, 클라우드라는 특징 덕분에 상시 작동 가능한 자동화를 손쉽게 구현할 수 있어 엑셀 매크로보다 더 편리하게 사용할 수 있습니다.

엑셀과 구글 스프레드시트의 작업 방식을 비교하기 위해 직영몰과 오픈마켓에서 상품을 판매하는 가상의 회사를 상상해봅시다. 이 회사에서는 매일 현재 판매 중인 상품이 어제와 오늘 얼마나 팔렸는지 체크하고 있습니다. 회사의 시스템에서는 상품별 판매 데이터를 다운로드할 수 있습니다.

다음 그림의 왼쪽은 엑셀을 이용한 기존의 작업 방식이고, 오른쪽은 구글 스프레드시트를 이용하면서 변화된 작업 흐름입니다. 스프레드시트의 작업 순서 옆에는 작업의 변화를 가능하게 하는 구글 스프레드시트의 특징을 기재했습니다.

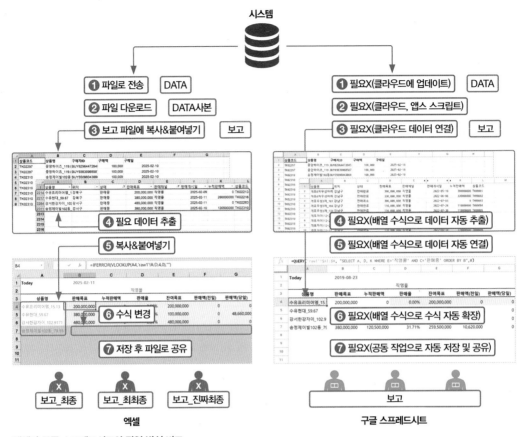

엑셀과 구글 스프레드시트의 작업 방식 비교

엑셀을 이용할 때는 ❶ 시스템에서 전송해준 데이터를 ❷ 다운로드해서 파일을 열고 ❸ 데이터를 복사하여 기존 방식과 같이 보고서 파일에 붙여 넣은 뒤 ❹ 필요한 데이터를 필터로 추출합니다. ❺ 다시 복사&붙여넣기해서 ❻ 수식이 채워져 있지 않은 부분에는 수식을 변경한 뒤 ❼ 최종 파일을 저장하여 파일로 다른 사람들에게 공유했습니다.

그러나 구글 스프레드시트는 클라우드에 올라와 있는 스프레드시트에 데이터를 직접 연결하기 때문에 ❶❷❸의 절차가 필요 없고, 수식 하나로 전체 범위를 처리하는 배열 수식 덕분에 ❹❺❻ 역시 생략할 수 있습니다. ❼은 공동 작업 기반이라는 특성 때문에 별도의 파일 전달 없이도 모든 사람들이 동일한 결과물을 공유할 수 있습니다.

또한, 이 작업 프로세스에서 파일마다 단절이 존재하는 엑셀과 달리 구글 스프레드시트는 프로세스 전체를 하나로 연결할 수 있습니다. 즉, 구글 스프레드시트는 공동 작업에 최적화되어 있습니다.

이 책에서 구글 스프레드시트와 엑셀을 비교할 때는 이와 같은 특성들을 기준으로 구글 스프레드시트가 엑셀과 구조적으로 어떻게 같고 다른지, 그리고 업무에서 구글 스프레드시트의 장점을 어떻게 활용하는지 설명합니다.

구글 드라이브 사용 방법

▶▶ 구글 스프레드시트는 구글의 클라우드 파일 저장소인 구글 드라이브에 저장됩니다. 컴퓨터에 저장된 폴더와 파일 기반의 작업에 익숙한 경우 클라우드를 기반으로 작업하는 구글 스프레드시트의 업무 방식이 낯설게 느껴질 수 있습니다. 구글의 클라우드 서비스인 구글 드라이브를 이용하기 위해 구글 계정을 생성하는 방법을 알아보고 구글 드라이브에서의 작업 방식을 배워봅니다.

구글 계정 만들기

구글 문서 편집기를 사용하기 위해서는 구글 계정이 필요합니다. 개인 사용자에게는 무료로 제공되므로 부담 없이 만들어봅시다. 회사에서 구글 워크스페이스를 사용하는 경우는 회사의 관리자가 계정을 생성해줄 것입니다.

01 구글 스프레드시트를 시작하기 위해 'sheets.google.com(sheet 뒤에 s를 붙여야 합니다)'으로 접속합니다. 구글 계정으로 로그인해야 하므로 계정이 없으면 [계정 만들기]를 클릭하고 [개인용]을 선택합니다.

NOTE 이미 계정이 있다면 구글 스프레드시트에 로그인한 후 13쪽 〈구글 드라이브에서 폴더, 파일 생성하기〉 단계로 넘어가세요.

02 [성]과 [이름]을 입력하고 [다음] 버튼을 클릭합니다.

03 이번에는 [생일]과 [성별]을 입력하고 [다음] 버튼을 클릭합니다.

04 입력한 이름에 따라 추천된 Gmail 주소를 선택하거나 [내 Gmail 주소 만들기]를 클릭하여 새로운 Gmail 주소를 입력한 후 [다음] 버튼을 클릭합니다. Gmail 주소가 계정(account)으로 사용되며, @gmail.com을 제외한 앞부분이 ID로 사용됩니다.

05 [비밀번호]와 [확인]에 동일한 비밀번호를 입력한 후 [다음] 버튼을 클릭합니다.

NOTE 비밀번호는 8자 이상이어야 합니다.

06 본인 확인을 위해 [전화번호]를 입력하고 [다음] 버튼을 클릭합니다.

07 휴대전화로 전송된 6자리 인증 코드를 [코드 입력]의 'G–' 다음에 입력하고 [확인] 버튼을 클릭합니다.

08 [복구 이메일 주소]를 입력하고 [다음] 버튼을 클릭합니다.

NOTE [복구 이메일 주소]는 선택 사항이므로 입력을 원하지 않는 경우 [건너뛰기] 버튼을 클릭하여 생략해도 괜찮습니다.

09 계정 정보를 검토하고 [다음] 버튼을 클릭합니다.

10 서비스 약관과 개인정보 처리 방침에 동의하고 [계정 만들기] 버튼을 클릭하여 계정 만들기를 완료합니다. 계정 만들기가 완료되면 구글 스프레드시트의 첫 화면으로 이동합니다.

NOTE 구글이 계정의 활동이나 유튜브 기록을 저장하여 맞춤 광고에 활용하지 못하게 하려면 [옵션 더보기]를 클릭하여 원하는 옵션으로 설정합니다.

구글 드라이브에서 폴더, 파일 생성하기

구글 드라이브는 클라우드 파일 저장소입니다. 윈도우나 맥 컴퓨터의 파일 저장소와 비슷하게 작동하며 하위에 트리 구조로 폴더를 생성할 수도 있습니다. 파일 이름을 기반으로 관리되는 컴퓨터의 파일 저장소와 달리 구글 드라이브 내의 파일들은 파일마다 부여되는 고유 ID를 통해 관리됩니다. 고유 ID는 파일의 내용이 바뀌더라도 동일하게 유지됩니다. 구글 드라이브로 이동해 폴더를 생성하고 폴더 내부에 파일을 직접 만들어보겠습니다.

01 브라우저의 URL 입력란에 'drive.google.com'을 입력하여 구글 드라이브로 이동합니다. 구글 드라이브의 첫 화면은 다음과 같습니다. 좌측 상단에서 [신규] 버튼을 클릭합니다.

02 폴더, Google 문서, Google 스프레드시트, Google 프레젠테이션 등을 새로 생성하거나 컴퓨터에 있는 파일, 폴더를 업로드할 수 있습니다. 여기서는 폴더를 생성하기 위해 [새 폴더]를 선택합니다.

03 [새 폴더] 창이 나타나면 폴더 이름을 지정한 뒤 [만들기] 버튼을 클릭합니다. 필자는 '제목없는 폴더'를 지우고 '구글 스프레드시트'로 폴더 이름을 지정했습니다.

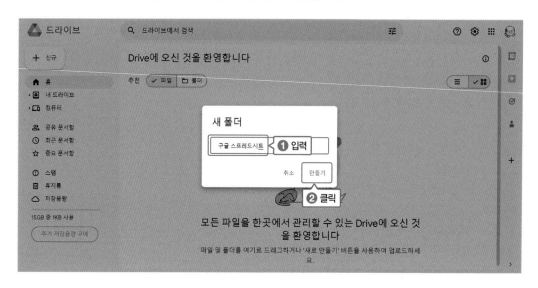

> **NOTE** 구글 드라이브 내의 파일들은 파일마다 부여되는 고유 ID를 통해 관리되기 때문에 한 폴더 내에 동일한 이름의 파일들이 여러 개 존재할 수 있습니다.

04 [내 드라이브] 아래에 '구글 스프레드시트' 폴더가 생성된 것을 확인할 수 있습니다. 폴더를 더블 클릭하여 폴더 내부로 이동합니다. 새 구글 스프레드시트를 생성하기 위해 폴더를 만들 때와 동일하게 [신규] 버튼을 클릭합니다.

05 팝업 메뉴가 나타나면 [Google 스프레드시트] – [빈 스프레드시트]를 선택합니다.

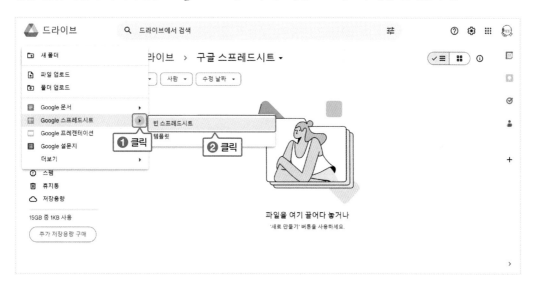

06 새 창으로 열린 '제목 없는 스프레드시트'의 제목을 클릭하고 'Hello World'로 수정합니다.

NOTE 공동 작업과 클라우드라는 특징에서 살펴본 내용처럼, 새로 생성된 스프레드시트는 수정을 하는 순간부터 구글 드라이브에 자동으로 저장됩니다. 따라서 새로 생성한 파일을 저장할 필요가 없을 때는 바로바로 삭제하는 것이 좋습니다.

구글 드라이브의 파일 위치 확인하기

구글 드라이브는 파일별로 고유 ID를 부여하고, 구글의 강력한 검색 기능을 이용하면 파일을 쉽게 찾을 수 있습니다. 구글 스프레드시트 화면과 구글 드라이브 화면에서 스프레드시트 위치를 확인 하는 방법을 알아보겠습니다.

구글 스프레드시트 화면에서 파일 위치 확인하기

스프레드시트가 열려 있는 상태에서 해당 파일의 위치를 확인하는 방법입니다.

01 스프레드시트가 열려 있을 경우에는 제목 우측에서 폴더 모양의 이동(🗁) 아이콘을 클릭합니다.

02 현재 파일의 위치가 나타납니다. 해당 위치로 이동하기 위해 새 탭에서 열기(🔗) 아이콘을 클릭 합니다.

03 다음과 같이 새 탭에서 현재 파일이 위치한 폴더가 열립니다.

구글 드라이브 화면에서 파일 위치 확인하기

구글 드라이브의 검색 결과에 표시된 파일이나, 경로가 길어서 전부 표시되지 않는 경우 파일의 정확한 위치를 탐색하고 싶을 때가 있습니다. 구글 드라이브에서 파일의 위치를 확인하는 방법을 알아봅시다.

01 구글 드라이브의 검색 결과로 표시된 파일에서 마우스 오른쪽 버튼을 클릭한 뒤 [파일 정보] − [세부정보]를 선택합니다. 오른쪽 사이드바의 [파일 세부정보] − [위치]에서 파일이 위치한 폴더를 확인할 수 있습니다.

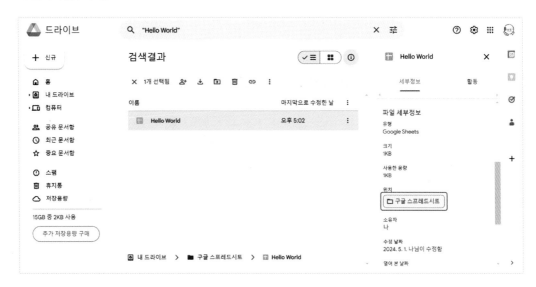

02 폴더를 클릭하면 현재 파일이 위치한 폴더로 이동됩니다.

구글 드라이브 문서의 권한 설정

앞서 여러분이 생성한 파일은 인터넷에 업로드되어 있으며 누구에게나 공유할 수 있습니다. 하지만 당황하지 마세요. 직접 공유 설정을 하지 않은 폴더와 파일은 소유자에게만 공개됩니다. 여기서는 구글 드라이브 문서의 권한 설정에 대해 알아보겠습니다. 당장 구글 스프레드시트부터 사용해보고 싶은 분은 다음 절을 먼저 진행해도 괜찮습니다.

링크 공유 사용하기

링크 공유는 구글 스프레드시트의 URL을 가지고 있는 사용자들이 스프레드시트에 접근할 수 있도록 허용한 뒤 URL을 공유하여 다른 사람들이 스프레드시트를 보거나 편집할 수 있도록 하는 방식입니다.

01 구글 스프레드시트 우측 상단의 [공유] 버튼을 클릭하여 공유 설정을 시작합니다.

NOTE [파일] – [공유] – [다른 사용자와 공유] 메뉴를 클릭해도 공유 설정 화면을 실행할 수 있습니다.

02 [일반 액세스]의 '제한됨'을 클릭하고 '링크가 있는 모든 사용자'를 선택하여 누구든지 스프레드시트를 볼 수 있는 상태로 변경합니다.

03 스프레드시트가 링크 공유 상태로 변경됩니다. 링크가 있는 모든 사용자에 대한 역할이 '뷰어'로 설정되어 있는지 확인합니다.

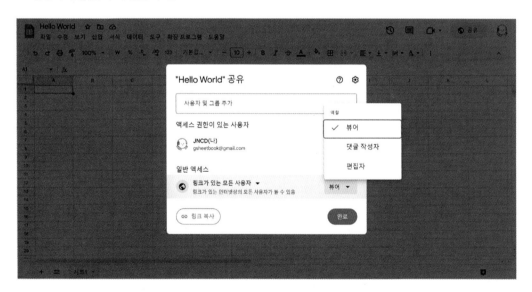

> **NOTE** 링크가 있는 모든 사용자에게 뷰어, 댓글 작성자, 편집자 역할을 부여할 수 있습니다. 구글 워크스페이스의 경우 조직의 보안 정책에 따라 '링크가 있는 모든 사용자' 외에도 '링크가 있는 이 그룹의 모든 사용자'를 기준으로 접근 권한을 줄 수도 있습니다. '그룹'은 워크스페이스의 조직을 의미합니다.

04 [링크 복사]를 클릭하여 구글 스프레드시트의 링크를 복사합니다. 복사한 링크는 메신저나 이메일 등을 통해 공유하고자 하는 사람에게 보낼 수 있습니다.

NOTE '링크가 있는 모든 사용자'로 설정된 링크를 공유하면 구글 계정으로 로그인하지 않아도 파일에 접근할 수 있습니다. 링크를 알고 있는 사람은 이제 누구든지 이 파일을 볼 수 있으며, 구글 워크스페이스 사용자는 검색 옵션을 켜 둔 경우 검색을 통해 파일에 접근하는 것도 가능해집니다. 따라서 링크 공유는 정말로 공개되어도 괜찮은 스프레드시트에 대해서만 사용하는 것이 좋습니다. 보안을 유지하는 권한 설정에 대해서는 8장에서 더 자세히 알아보겠습니다.

여기서 잠깐 ▶   구글 워크스페이스의 검색할 수 있음 옵션

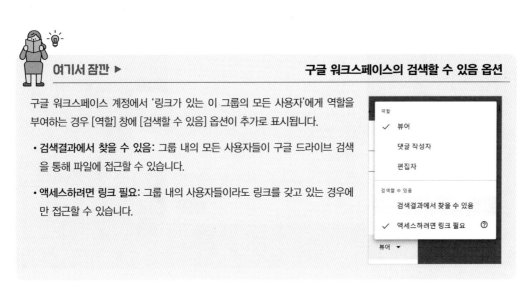

구글 워크스페이스 계정에서 '링크가 있는 이 그룹의 모든 사용자'에게 역할을 부여하는 경우 [역할] 창에 [검색할 수 있음] 옵션이 추가로 표시됩니다.

- **검색결과에서 찾을 수 있음**: 그룹 내의 모든 사용자들이 구글 드라이브 검색을 통해 파일에 접근할 수 있습니다.
- **액세스하려면 링크 필요**: 그룹 내의 사용자들이라도 링크를 갖고 있는 경우에만 접근할 수 있습니다.

특정 사용자 및 그룹과 공유

이번에는 불특정 다수에게 스프레드시트를 공유하는 링크 공유 대신 특정 사용자 및 그룹에게만 공유하는 방법을 알아보겠습니다. 이 사용자 및 그룹이 구글 계정이 아닌 경우 링크 공유로 부여된 역할을 사용하게 됩니다.

01 앞서 설정한 것처럼 구글 스프레드시트 우측 상단의 [공유] 버튼을 클릭하고 공유 설정 화면이 나타나면 [사용자 및 그룹 추가]에 공유하고자 하는 사람의 이메일 주소를 입력하고 아래에 나타나는 이메일 프로필을 선택합니다. 필자는 후배의 이메일 주소인 gsheetbook.101@gmail.com을 입력했습니다. 엑셀을 주로 쓰는 후배의 얼굴에 다크서클이 보이는 것은 기분 탓이겠지요?

02 사용자별로 역할을 부여할 수 있습니다. 기본 역할은 '편집자'로 되어 있으나, 업무에 서툰 후배가 제 스프레드시트를 함부로 편집하지 못하도록 '뷰어' 역할을 부여하겠습니다.

NOTE 폴더도 파일과 동일한 방식으로 공유할 수 있습니다. 역할을 부여하면 이후 해당 폴더에 생성되는 파일들은 기본적으로 폴더의 역할을 동일하게 부여받습니다. 폴더 안에 있는 개별 파일에 다른 공유 역할을 설정할 수도 있습니다. 실수를 방지하기 위해서 특정 폴더 내의 문서를 모두 공유하려는 목적이 아니라면 폴더 공유는 사용하지 않는 편이 좋습니다.

03 역할을 부여하면 기본적으로 [이메일 알림 보내기]가 체크되며, [메시지] 입력란에 작성한 내용이 스프레드시트의 링크와 함께 상대방에게 이메일로 전송됩니다. 후배가 지금 당장 확인할 필요 없는 파일이므로 [이메일 알림 보내기]를 체크 해제합니다. [공유] 버튼을 클릭하면 역할 부여가 완료됩니다.

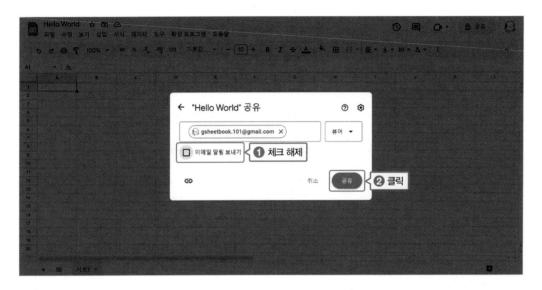

NOTE 간단한 메시지와 함께 공유 사실을 알려주기 위해서는 '이메일 알림 보내기' 기능을 유용하게 사용할 수 있습니다. [이메일 알림 보내기]를 체크 해제하면 별도의 알림 없이 파일이 공유되고 역할만 부여됩니다.

여기서 잠깐 ▶   다른 사용자와 공유 설정

[공유] 창에서 설정(⚙) 아이콘을 클릭하면 다른 사용자와 스프레드시트를 공유할 때 편집자, 뷰어 및 댓글 작성자에게 어느 정도까지 권한을 허용할지 추가적으로 설정할 수 있습니다. 보안을 위한 효과적인 권한 설정 방법에 대해서는 8장에서 더 자세히 설명합니다.

공유 설정 옵션

- **편집자가 권한을 변경하고 공유할 수 있습니다:** 편집자 권한을 가진 사용자들은 기본적으로 다른 사용자를 추가하거나 다른 사용자의 권한을 변경할 수 있습니다. 편집자들은 문서를 편집할 권한만 갖게 하고 권한 변경은 소유자만 할 수 있게 하려면 '편집자가 권한을 변경하고 공유할 수 있습니다.' 항목을 체크 해제해야 합니다.

- **뷰어 및 댓글 작성자에게 다운로드, 인쇄, 복사 옵션 표시:** 뷰어 권한을 가진 사용자들은 파일을 다운로드할 권한을 기본적으로 부여받게 됩니다. 다운로드된 파일에서는 숨김, 보호 처리된 내용들이 더 이상 유지되지 않습니다. 따라서 보안이 중요한 문서라면 '뷰어 및 댓글 작성자에게 다운로드, 인쇄, 복사 옵션 표시' 항목을 체크 해제해야 합니다.

문서의 소유자 변경

스프레드시트의 소유권을 이전할 수도 있습니다. 소유자는 파일의 주인이므로 모든 권한을 보유하게 되며, 단 한 명만 지정할 수 있습니다. 소유자를 변경하는 방법을 알아봅시다.

01 [공유] 버튼을 클릭해서 나타나는 공유 설정 화면에서 소유자로 변경할 사용자 오른쪽의 '뷰어' 권한이 표시된 드롭다운 버튼을 클릭한 뒤 '소유권 이전'을 선택합니다.

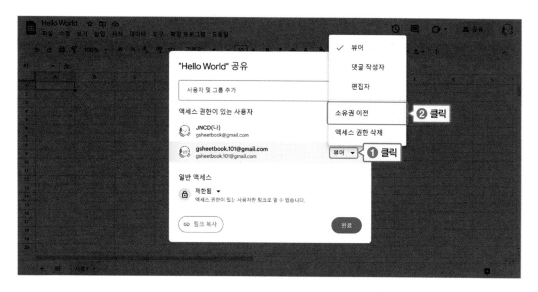

NOTE 소유자를 변경하기 위해서는 문서를 공유받은 다른 사용자가 한 명 이상 있어야 합니다.

02 소유권을 이전할 것인지 묻습니다. 계속 진행하기 위해서는 [초대 보내기] 버튼을 클릭합니다. 소유권 요청을 수락하면 기존 소유자의 역할은 '편집자'로 변경됩니다.

NOTE 구글 워크스페이스 계정의 경우 조직 외부의 사용자에게는 소유권을 이전할 수 없습니다.

여기서 잠깐 ▶   구글 워크스페이스의 게스트 공유

2021년 7월 구글 워크스페이스에는 '게스트 공유(Visitor Sharing)' 기능이 생겼습니다. 구글 계정이 없는 사용자에게 파일을 공유하면 해당 사용자도 7일마다 인증을 통해 파일에 접근할 수 있게 되었습니다. 사용자가 메일로 전송된 파일의 링크를 클릭하면 인증코드가 이메일로 다시 전송되며 이 인증코드를 입력하여 부여된 역할의 작업을 수행할 수 있습니다.

구글 스프레드시트가
처음이라면

▶▶ 이제 구글 스프레드시트의 사용 방법을 본격적으로 알아보겠습니다. 구글 스프레드시트는 템플릿이나 기존의 엑셀 파일을 이용해 생성할 수 있습니다. 반대로 구글 스프레드시트를 엑셀이나 PDF 파일 등 다른 형식의 파일로 다운로드할 수도 있습니다. 작업 내용을 안전하게 지켜주는 구글 스프레드시트의 버전 관리 방법과 복사, 첨부, 삭제 등 스프레드시트를 다루는 기본적인 방법들을 실습해보겠습니다.

템플릿으로 구글 스프레드시트 시작하기

구글 드라이브에서 스프레드시트를 만드는 방법은 앞에서 이미 배웠습니다. 여기서는 스프레드시트 초기 화면에서 템플릿을 이용해 새 스프레드시트를 만들어보겠습니다.

01 웹 브라우저에서 'sheets.google.com'에 접속해 로그인하면 다음과 같은 화면이 나타납니다. [새 스프레드시트 시작하기]에서 '연간 가계부' 템플릿을 클릭하여 연간 가계부 스프레드시트를 만듭니다.

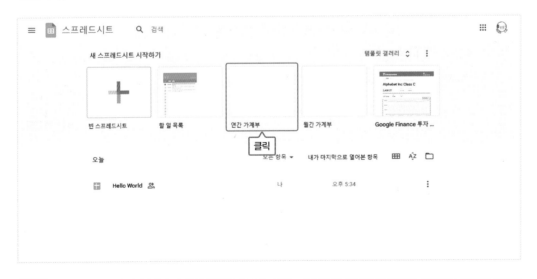

NOTE 최근 템플릿 화면에서 '연간 가계부' 템플릿이 보이지 않는다면 [템플릿 갤러리] 버튼을 클릭하고 템플릿 갤러리 (구글 워크스페이스 사용자는 템플릿 갤러리의 [일반] 탭)에서 '연간 가계부' 템플릿을 클릭합니다.

02 새로운 연간 가계부가 만들어졌습니다. 현지화가 제대로 되지 않아 초기 잔고가 ₩5,000으로 나와서 좀 슬프지만 무시합니다.

NOTE 템플릿을 이용해 스프레드시트를 만들면 만들 때마다 새로운 스프레드시트가 생성됩니다. 구글 워크스페이스를 사용하는 경우 사용자가 직접 만든 템플릿을 저장해두고 사용할 수도 있습니다.

구글 스프레드시트 초기 화면의 [새 스프레드시트 시작하기] 부분에서는 '빈 스프레드시트' 템플릿을 클릭해 내용이 없는 빈 스프레드시트를 새로 만들거나, 다양하게 제공되는 기본 템플릿으로 새 스프레드시트를 생성할 수 있습니다. 새로 생성되는 구글 스프레드시트 파일들은 구글 문서, 구글 프레젠테이션 파일들과 함께 구글 드라이브에 저장됩니다.

화면 좌측 상단의 기본 메뉴(☰)를 클릭하면 다음과 같이 문서, 스프레드시트, 프레젠테이션, 설문지를 실행하거나 구글 드라이브로 이동할 수 있습니다.

스프레드시트 기본 메뉴

기존 엑셀 파일로 작업하기

엑셀 파일은 드래그 앤 드롭 방식이나 업로드 메뉴를 통해 구글 드라이브에 업로드할 수 있습니다. 이렇게 업로드된 엑셀 파일은 구글 드라이브에 엑셀 형식으로 보관됩니다. 구글 스프레드시트에서는 엑셀 파일을 구글 스프레드시트로 변환하거나 엑셀 형식 상태로 편집할 수 있습니다.

엑셀 파일로 새 구글 스프레드시트 만들기

먼저 엑셀 파일을 가져와서 구글 스프레드시트로 변환해보겠습니다.

01 'sheets.google.com'에서 [새 스프레드시트 시작하기]의 '빈 스프레드시트' 템플릿을 클릭해서 새 스프레드시트를 생성합니다.

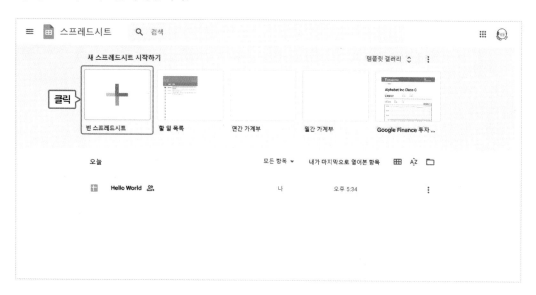

NOTE [새 스프레드시트 시작하기]가 보이지 않는다면 25쪽의 [여기서 잠깐]을 참고하세요.

02 엑셀 파일을 가져오기 위해 [파일] – [가져오기] 메뉴를 선택합니다.

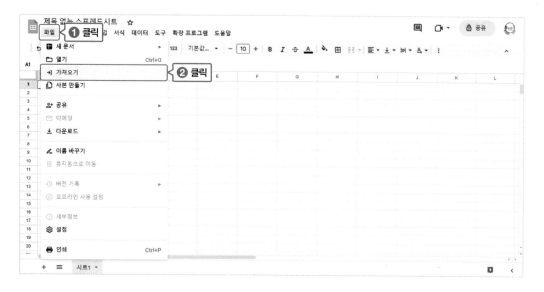

03 예제 | Financial Sample.xlsx [파일 가져오기] 창에서 [업로드] 탭을 클릭하고 가져올 엑셀 파일을 창으로 드래그합니다. 파일은 엑셀 파일이면 무엇이든 상관없으며, 필자는 마이크로소프트 홈페이지에서 제공하는 'Financial Sample.xlsx' 파일을 가져오겠습니다.

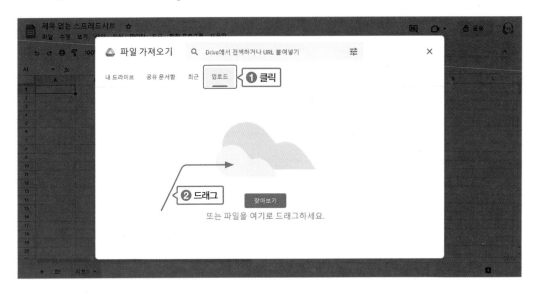

NOTE [찾아보기] 버튼을 클릭하여 로컬 파일을 선택할 수도 있고, [내 드라이브]나 [공유 문서함] 탭을 클릭하여 구글 드라이브에 이미 업로드되어 있는 엑셀 파일을 가져올 수도 있습니다.

04 우리는 이미 만들어놓은 빈 스프레드시트에 엑셀 파일을 가져올 것이므로 [파일 가져오기] 창에서 '스프레드시트 바꾸기'를 선택한 후 [데이터 가져오기] 버튼을 클릭합니다.

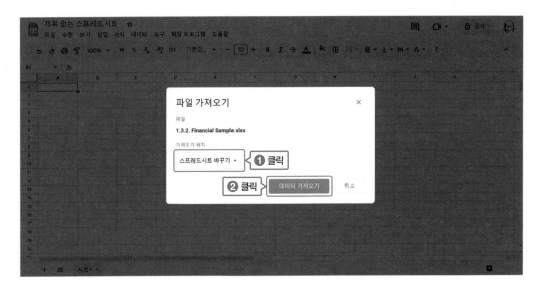

05 엑셀 파일이 구글 스프레드시트로 변환되었습니다.

제목 없는 스프레드시트 ☆ ⬚ ☁
파일 수정 보기 삽입 서식 데이터 도구 확장 프로그램 도움말

	A	B	C	D	E	F	G	H	I	J	K	P
1	Segment	Country	Product	Discount Band	Units Sold	Manufacturing	Sale Price	Gross Sales	Discounts	Sales	COGS	P
2	Government	Canada	Carretera	None	1618.5	$ 3.00	$ 20.00	$ 32,370.00	$ -	$ 32,370.00	$ 16,185.00	$
3	Government	Germany	Carretera	None	1321	$ 3.00	$ 20.00	$ 26,420.00	$ -	$ 26,420.00	$ 13,210.00	$
4	Midmarket	France	Carretera	None	2178	$ 3.00	$ 15.00	$ 32,670.00	$ -	$ 32,670.00	$ 21,780.00	$
5	Midmarket	Germany	Carretera	None	888	$ 3.00	$ 15.00	$ 13,320.00	$ -	$ 13,320.00	$ 8,880.00	$
6	Midmarket	Mexico	Carretera	None	2470	$ 3.00	$ 15.00	$ 37,050.00	$ -	$ 37,050.00	$ 24,700.00	$
7	Government	Germany	Carretera	None	1513	$ 3.00	$ 350.00	$ 529,550.00	$ -	$ 529,550.00	$ 393,380.00	$
8	Midmarket	Germany	Montana	None	921	$ 5.00	$ 15.00	$ 13,815.00	$ -	$ 13,815.00	$ 9,210.00	$
9	Channel Partners	Canada	Montana	None	2518	$ 5.00	$ 12.00	$ 30,216.00	$ -	$ 30,216.00	$ 7,554.00	$
10	Government	France	Montana	None	1899	$ 5.00	$ 20.00	$ 37,980.00	$ -	$ 37,980.00	$ 18,990.00	$
11	Channel Partners	Germany	Montana	None	1545	$ 5.00	$ 12.00	$ 18,540.00	$ -	$ 18,540.00	$ 4,635.00	$
12	Midmarket	Mexico	Montana	None	2470	$ 5.00	$ 15.00	$ 37,050.00	$ -	$ 37,050.00	$ 24,700.00	$
13	Enterprise	Canada	Montana	None	2665.5	$ 5.00	$ 125.00	$ 333,187.50	$ -	$ 333,187.50	$ 319,860.00	$
14	Small Business	Mexico	Montana	None	958	$ 5.00	$ 300.00	$ 287,400.00	$ -	$ 287,400.00	$ 239,500.00	$
15	Government	Germany	Montana	None	2146	$ 5.00	$ 7.00	$ 15,022.00	$ -	$ 15,022.00	$ 10,730.00	$
16	Enterprise	Canada	Montana	None	345	$ 5.00	$ 125.00	$ 43,125.00	$ -	$ 43,125.00	$ 41,400.00	$
17	Midmarket	United States of America	Montana	None	615	$ 5.00	$ 15.00	$ 9,225.00	$ -	$ 9,225.00	$ 6,150.00	$
18	Government	Canada	Paseo	None	292	$ 10.00	$ 20.00	$ 5,840.00	$ -	$ 5,840.00	$ 2,920.00	$
19	Government	Mexico	Paseo	None	974	$ 10.00	$ 15.00	$ 14,610.00	$ -	$ 14,610.00	$ 9,740.00	$
20	Channel Partners	Canada	Paseo	None	2518	$ 10.00	$ 12.00	$ 30,216.00	$ -	$ 30,216.00	$ 7,554.00	$
21	Government	Germany	Paseo	None	1006	$ 10.00	$ 350.00	$ 352,100.00	$ -	$ 352,100.00	$ 261,560.00	$

+ ≡ Sheet1 ▾

NOTE 수식이 없다면 엑셀 파일을 변환하지 않고 엑셀의 데이터를 복사해서 붙여넣기만 해도 구글 스프레드시트로 문제없이 옮길 수 있습니다.

여기서 잠깐 ▶ 　　　　　　　　　　　　　　　　　　　**파일 가져오기**

[파일 가져오기] 창에서 선택할 수 있는 옵션은 다음과 같습니다. 파일 형식에 따라 사용 가능한 옵션이 달라집니다. .xls, .xlsx, .xlsm 등의 엑셀 문서뿐만 아니라 .csv나 .txt, .tab, .ods와 같은 다양한 형식의 문서들을 스프레드시트로 변환할 수 있습니다.

파일 가져오기 옵션

- **새 스프레드시트 만들기**: 가져온 데이터로 새 스프레드시트를 만듭니다.
- **새 시트 삽입**: 가져온 데이터를 기존 스프레드시트의 새로운 시트에 추가합니다.
- **스프레드시트 바꾸기**: 열려 있는 스프레드시트 전체를 가져온 파일로 교체합니다.
- **현재 시트 바꾸기**: 현재 시트의 콘텐츠를 가져온 데이터로 교체합니다. 스프레드시트의 나머지 시트는 유지됩니다.
- **현재 시트에 추가**: 현재 시트에서 데이터가 있는 마지막 행 다음에 가져온 데이터를 추가합니다.
- **선택한 셀에서 데이터 바꾸기**: 선택한 셀에 가져온 데이터를 붙여 넣습니다.

.csv나 .txt 파일을 불러올 때는 열을 구분하는 구분자를 지정하거나 텍스트를 어떤 형식으로 변환할지 지정할 수 있습니다. 엑셀에서 외부 데이터를 가져올 때는 더 다양한 옵션을 지정하거나 파워 쿼리도 사용할 수 있지만, 세계 최고의 AI 회사인 구글을 믿어봅시다.

구글 드라이브에서 엑셀 파일 바로 편집하기

구글 드라이브에 저장된 엑셀 파일은 구글 스프레드시트로 변환하지 않고도 구글 스프레드시트에서
직접 열 수 있습니다. 마이크로소프트 홈페이지에서 제공하는 'Financial Sample.xlsx' 파일을 구
글 스프레드시트로 변환해 편집해보겠습니다.

01 예제 | Financial Sample.xlsx 구글 드라이브에서 엑셀 파일의 경로를 찾아갑니다. 파일은 예제의
1장 폴더에 위치해 있습니다. 파일을 더블클릭해서 엽니다.

02 구글 스프레드시트에서 바로 엑셀 파일이 열렸습니다. 엑셀 파일을 구글 스프레드시트로 변환
하기 위해 [파일] – [Google Sheets로 저장] 메뉴를 선택합니다.

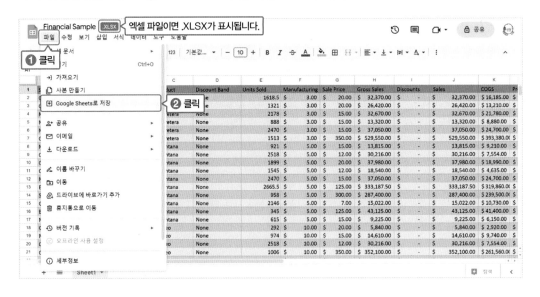

03 엑셀 파일이 구글 스프레드시트로 변환되어 새로운 사본이 생성되었습니다. 화면에 있었던 .XLSX 표시가 사라졌습니다. 이것으로 구글 스프레드시트로 변환된 것을 확인할 수 있습니다. 이 스프레드시트는 엑셀 파일과 별개의 새로운 스프레드시트입니다.

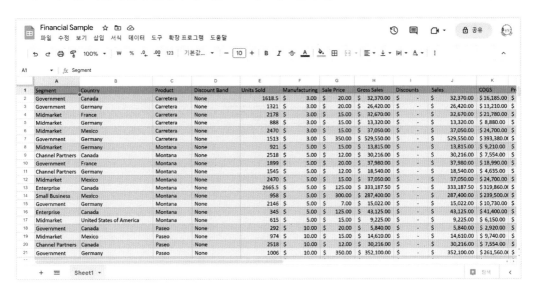

> **NOTE** 구글 스프레드시트로 변환하지 않고 스프레드시트에서 엑셀 파일을 바로 편집할 수도 있습니다. 하지만 복잡한 작업을 하려면 구글 스프레드시트로 변환하는 것이 좋습니다. 편집한 엑셀 파일은 스프레드시트와 동일하게 편집 즉시 구글 드라이브에 자동으로 저장되며 편집 이력을 추적할 수 있습니다.

스프레드시트를 변환해서 활용하기

스프레드시트를 보관하거나 공유하기 위해 다른 파일 형식으로 변환이 필요할 수도 있습니다. 스프레드시트는 다양한 형식으로 다운로드할 수 있고, 스프레드시트에서 변환한 파일을 첨부하여 바로 메일을 발송할 수도 있습니다.

스프레드시트 다운로드받기

엑셀 파일을 구글 스프레드시트로 변환하는 것과 마찬가지로 구글 스프레드시트를 로컬 파일로 다운로드할 수 있습니다. 다운로드할 수 있는 형식은 Microsoft Excel(.xlsx), OpenDocument 형식(.ods), PDF(.pdf), 웹 페이지(.html, 압축됨), 쉼표로 구분된 값(.csv, 현재 시트), 탭으로 구분된 값(.tsv, 현재 시트)입니다. html 파일은 zip 파일로 압축하여 제공됩니다.

01 파일을 다운로드하기 위해 [파일] – [다운로드] – [Microsoft Excel(.xlsx)] 메뉴를 클릭합니다.

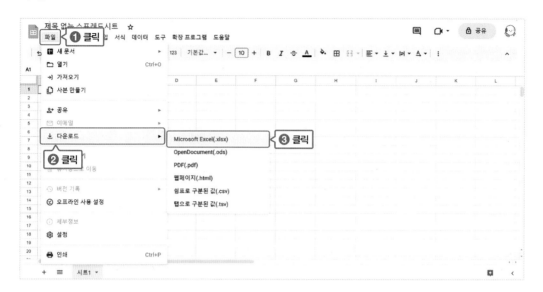

02 스프레드시트와 동일한 이름의 xlsx 파일이 다운로드됩니다.

NOTE 브라우저 설정에 따라 다르지만 다운로드한 파일은 기본적으로 로컬 데스크톱의 다운로드 폴더에 저장됩니다. 파일의 다운로드 경로를 재설정하고 싶다면 브라우저의 설정에서 파일을 저장할 위치를 선택하세요.

엑셀과 구글 스프레드시트 간의 수식 변환

일반적인 수식이라면 스프레드시트를 엑셀로 변환하여 다운로드해도 그대로 잘 작동합니다. 엑셀과 호환되지 않는 스프레드시트 수식의 경우 최대한 작동 가능한 방식으로 변환됩니다. 물론, 복잡한 수식은 구글도 포기합니다.

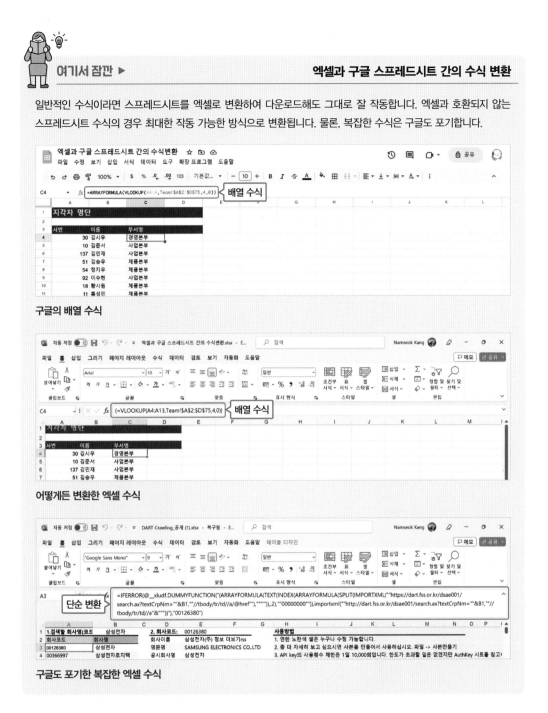

구글의 배열 수식

어떻게든 변환한 엑셀 수식

구글도 포기한 복잡한 엑셀 수식

스프레드시트를 메일에 첨부하기

구글 스프레드시트는 18쪽 〈구글 드라이브 문서의 권한 설정〉에서 설명한 것처럼 URL을 이용하여 공유할 수도 있지만, PDF나 엑셀 파일로 변환한 후 이메일에 첨부하여 전송할 수도 있습니다.

01 [파일] – [이메일] – [이메일로 파일 보내기] 메뉴를 클릭합니다.

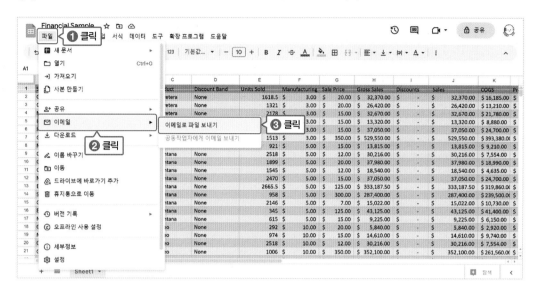

02 [파일을 이메일로 보내기] 창의 하단에서 [파일 형식] 드롭다운 버튼을 클릭하여 'Microsoft Excel'을 선택합니다.

NOTE 파일 형식은 PDF와 OpenOffice 스프레드시트, Microsoft Excel로 지정할 수 있습니다. 그러나 이처럼 파일을 이메일로 직접 보내는 방식은 변환된 파일의 결과물을 확인하기 어려워서 간단한 스프레드시트가 아니라면 잘 사용하지 않습니다. 공유 가능한 링크를 메일에 붙여넣기해서 보내는 것이 공유에도, 유지보수에도 더 편리합니다.

03 [받는사람]에 이메일 주소를 추가하고 [제목]과 [메시지]를 입력한 후 [전송] 버튼을 클릭하면 이메일이 전송됩니다.

스프레드시트 버전 관리와 사본 만들기

자동으로 저장되는 스프레드시트의 버전을 관리하는 방법에 대해 알아보겠습니다. 또한 스프레드시트를 복사하여 사본을 만들거나 삭제하고, 삭제된 스프레드시트를 복구해보겠습니다.

스프레드시트가 자동으로 저장되어 버린다고요?

스프레드시트의 모든 변경 사항은 자동으로 기록됩니다. 많은 엑셀 사용자들이 이 점을 어색해합니다. 엑셀에서는 저장 버튼을 클릭하기 전까지는 어떤 테스트를 해도 괜찮았는데, 구글 스프레드시트는 모든 작업이 바로바로 저장되어 서버에 반영되어 버립니다.

반면, 저장하지 않아서 파일을 날리는 일은 없습니다. 저장이 바로바로 되는 만큼 다시 스프레드시트를 예전으로 돌리기 위한 기능도 잘 지원됩니다. 수정이 언제 이뤄졌는지 확인하고 기록된 버전으로 복원해보겠습니다.

01 누가 스프레드시트의 [B3:G3] 부분을 지워 버렸군요. 버전 기록을 보기 위해 스프레드시트 우측 상단에서 시계 모양 버전 기록(🕓) 아이콘을 클릭합니다. [파일] – [버전 기록] – [버전 기록 보기] 메뉴를 선택해도 버전 기록을 볼 수 있습니다.

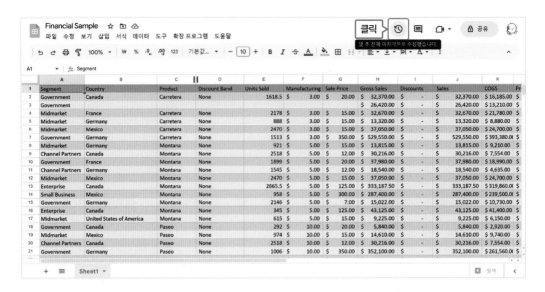

NOTE 버전 기록(🕐) 아이콘에 마우스 커서를 올리면 '○○ 전에 마지막으로 수정했습니다.'라는 메시지가 나타나 마지막 수정 시간을 확인할 수 있습니다.

02 화면의 오른쪽에 [버전 기록] 창이 펼쳐지고, 기록된 버전을 선택하면 수정된 내용을 확인할 수 있습니다. 수정된 셀이 다른 색상으로 구분되어 표시되죠. 수정하기 전 버전을 복원하고 싶다면 복원하고 싶은 버전을 선택하고 [이 버전 복원하기]를 클릭한 후 나타나는 창에서 [복원] 버튼을 클릭합니다.

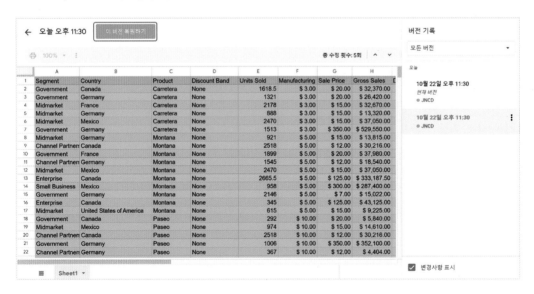

여기서 잠깐 ▶

버전별로 사본 만들기

버전을 별도의 사본으로 만들 수도 있습니다. [버전 기록] 창에서 원하는 버전을 선택하고 오른쪽의 추가 작업(⋮) 아이콘을 클릭한 후 [사본 생성]을 선택합니다. [버전 복사] 창이 나타나면 [이름]과 [폴더]를 지정하고 [사본 생성] 버튼을 클릭하여 사본을 저장합니다.

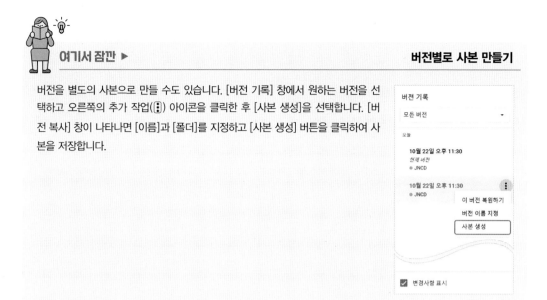

사본 생성

03 이번에는 스프레드시트 화면의 수정된 셀에서 마우스 오른쪽 버튼을 클릭하고 [수정 기록 표시]를 선택하여 이 셀을 누가 수정했는지 바로 이력을 확인해봅니다.

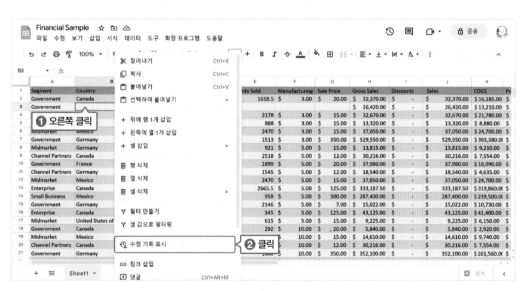

04 다음과 같이 수정 기록이 표시됩니다. 셀 단위의 '수정 기록 표시' 기능은 2019년에 업데이트로 생긴 무서운 기능입니다. 제가 삭제한 것이었군요.

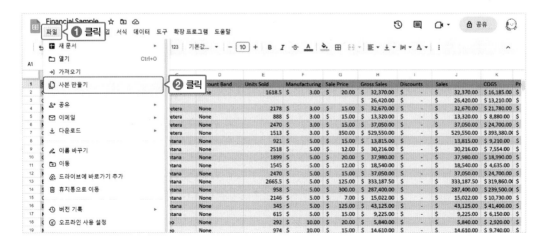

NOTE 버전 기록이나 셀 단위 수정 기록 표시 기능은 스프레드시트의 편집자 권한이 있어야 사용할 수 있습니다.

스프레드시트의 사본 만들기

스프레드시트를 복사해서 새로운 스프레드시트를 만들어보겠습니다. 사본이 만들어지면 사본에는 새로운 스프레드시트 ID가 부여됩니다. 사본에는 원본 구글 스프레드시트에 부여되었던 접근 권한이 사라지므로 IMPORTRANGE와 같이 외부 문서를 참조하는 함수를 사용한 경우에는 권한을 다시 부여해야 합니다.

01 [파일] - [사본 만들기] 메뉴를 클릭합니다. 혹은 구글 드라이브 화면의 파일에서 마우스 오른쪽 버튼을 클릭하고 [사본 만들기]를 선택할 수도 있습니다.

02 [문서 복사] 창이 나타나면 저장할 이름과 저장할 위치를 지정하고 원본과 동일한 사람에게 공유할 것인지, 원본의 댓글을 복사할 것인지를 체크한 후 [사본 생성] 버튼을 클릭합니다.

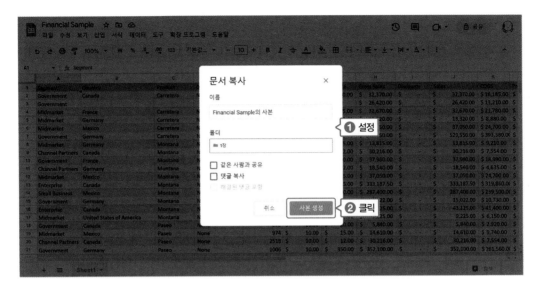

03 내용이 동일한 새로운 스프레드시트가 생성되었습니다.

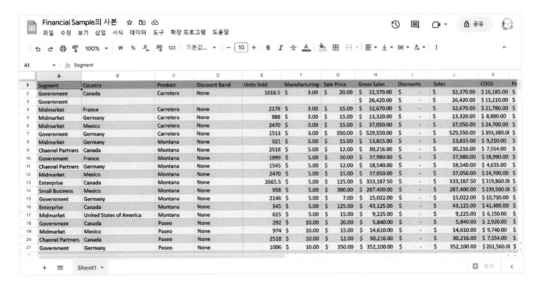

스프레드시트 삭제하고 복구하기

스프레드시트를 삭제하고 삭제한 파일을 복구하는 방법에 대해 알아보겠습니다.

01 먼저 파일을 삭제해보겠습니다. [파일] – [휴지통으로 이동] 메뉴를 선택합니다.

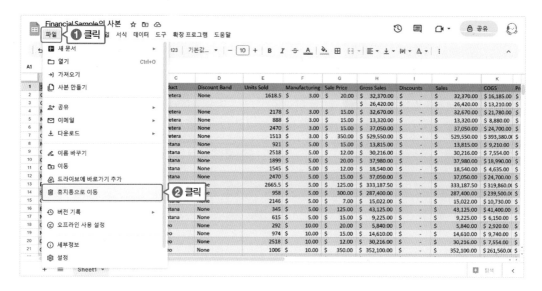

02 삭제를 안내하는 [파일을 휴지통으로 이동되었습니다] 창에서 [스프레드시트 홈 화면으로 이동]
버튼을 클릭합니다.

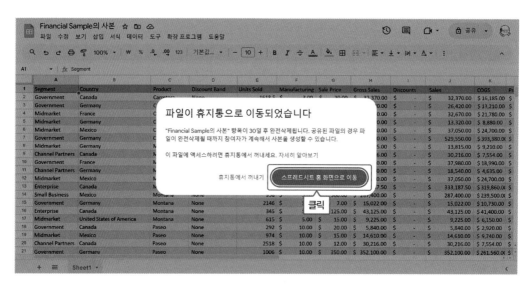

NOTE [휴지통에서 꺼내기] 버튼을 클릭하면 삭제를 취소합니다.

03 아뿔싸, 파일을 잘못 지웠습니다. 휴지통으로 이동하기 위해 우측 상단의 Google 앱(▦) 아이콘을 클릭하고 [드라이브]를 선택하여 구글 드라이브(drive.google.com)로 이동합니다.

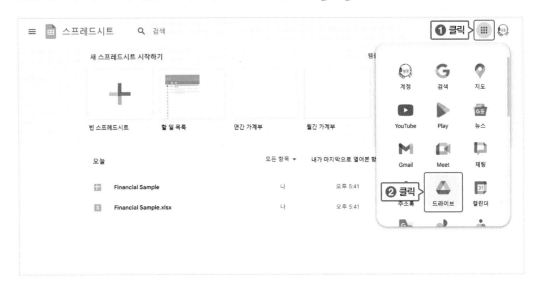

04 구글 드라이브의 왼쪽 메뉴에서 [휴지통]을 선택합니다. 지운 스프레드시트가 예쁘게 잘 있는 것을 확인한 뒤 파일을 마우스 오른쪽 버튼으로 클릭하여 [복원]을 선택합니다.

05 파일이 복원됩니다. 복원된 파일의 위치를 표시하려면 하단 메시지가 사라지기 전에 [파일 위치 표시]를 클릭합니다.

여기서 잠깐 ▶　　　　　　　　**휴지통에 들어가도 끝날 때까지는 끝난 게 아닙니다**

휴지통에 있는 파일은 휴지통을 비우기 전까지는 30일 동안 삭제되지 않습니다. 파일이 이미 삭제되어 휴지통으로 옮겨졌더라도 공유를 받았던 사용자는 휴지통에 있는 파일의 사본을 만들 수 있습니다. 휴지통에 있는 파일에 접근하는 것을 막으려면 휴지통에 있는 파일을 마우스 오른쪽 버튼으로 클릭하고 [영구 삭제]를 선택하여 파일을 완전히 삭제해야 합니다.

구글 워크스페이스의 일부 상위 버전은 휴지통에서 삭제된 경우에도 일정 기간 동안 복원할 수 있는 옵션을 제공합니다. 중요한 파일을 실수로 영구 삭제했을 경우에는 울지 마시고 회사 시스템 관리자와 상의하세요.

CHAPTER 02

스프레드시트의
기본 작업법

▷▷▷

구글 스프레드시트와 엑셀의 셀과 셀이 모여 있는 페이지를 뜻하는 시트는 스프레드시트 작업의 기본 단위입니다. 이 장에서는 셀에 값이나 수식을 입력하고 시트를 다루는 방법에 대해 알아봅니다. 그리고 셀과 시트를 이용해 일하기에 좋은 스프레드시트를 만드는 법도 확인해보겠습니다. 마지막으로 구글 스프레드시트의 기본적인 공동 작업 방법도 배워보겠습니다. 엑셀을 사용해본 분들이라면 이 장에서는 [엑셀까지 한 번에] 부분만 보셔도 무방합니다.

셀에 값을 입력하고
내용 바꾸기

▶▶ 셀에는 다양한 값을 입력할 수 있습니다. 여기서는 셀에 값을 편하게 입력하기 위해 커서를 신속하게
이동하고 여러 셀을 한꺼번에 선택하는 방법에 대해 알아보겠습니다. 셀의 모양을 변경하거나 다른 셀
의 값을 복사하여 붙여 넣고 내용을 검색해서 바꾸는 방법도 확인해보겠습니다.

셀에 내용 입력하기

셀은 그 안에 값을 입력했을 때 비로소 의미를 가집니다. 스프레드시트는 셀에 입력된 값을 다른 셀
이 참조할 수 있기 때문에 복잡한 계산도 간단히 수행합니다. 셀에 값을 편하게 입력하는 방법을 배
우면 스프레드시트 작업을 보다 쉽게 처리할 수 있겠지요. 셀을 다루는 방법과 셀에 문자와 숫자를
입력하는 방법에 대해 살펴봅시다.

셀과 셀의 주소

스프레드시트를 열면 다음과 같은 화면을 만나게 됩니다. 구글 스프레드시트나 엑셀 같은 스프레드
시트 프로그램은 수많은 행과 열로 구성되어 있습니다. 행과 열이 만나서 만들어지는 칸을 '셀'이라고
부릅니다.

행은 1부터 시작하는 숫자로, 열은 A부터 시작하는 알파벳으로 이름이 지정되어 있고 행과 열의 주
소를 이용해서 셀의 주소를 구분합니다. 즉, 다음 그림에서 선택된 A열과 1행이 만나는 위치의 셀의
주소는 [A1]입니다.

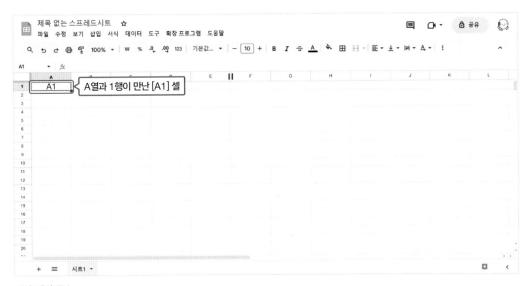

셀과 셀의 주소

1개의 셀을 선택한 상태에서 드래그하면 여러 셀을 선택할 수도 있습니다. 이렇게 선택된 여러 셀 범위의 주소는 왼쪽 위 셀과 오른쪽 아래 셀의 주소를 따서 [B2:D12]로 표시합니다. 셀과 범위의 주소는 나중에 수식을 입력할 때 다시 설명하겠습니다.

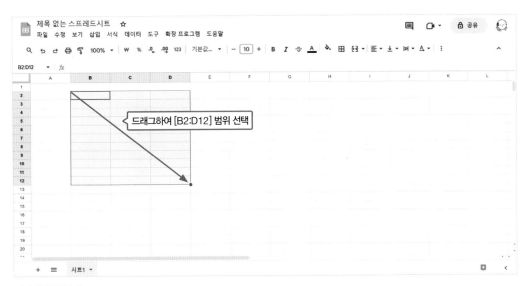

여러 셀 선택하기

행이나 열을 한꺼번에 선택하기

스프레드시트의 가로줄을 '행(row)'이라 부르고 세로줄을 '열(column)'이라 부릅니다. 스프레드시트의 행 번호나 열 문자를 클릭하여 행이나 열을 한꺼번에 선택할 수 있고, 행 번호나 열 문자를 클릭한 상태에서 드래그하면 여러 행이나 여러 열을 선택할 수 있습니다. 시트 전체를 선택하기 위해서는 좌측 상단의 행 번호와 열 문자가 만나는 모서리를 클릭합니다.

01 예제 | 셀이동 예제 스프레드시트를 열고 C열을 전체 선택하기 위해 열 문자 중 C를 클릭합니다.

	A	B	C	D	E	F	G	H
1	세무서	법정동코드	주소-1	주소-2	주소-3		우편번호	
2	101	1111010100	서울특별시	종로구	청운동		110-030	
3	101	1111010200	서울특별시	종로구	신교동		110-032	
4	101	1111010300	서울특별시	종로구	궁정동		110-031	
5	101	1111010400	서울특별시	종로구	효자동		110-033	
6	101	1111010500	서울특별시	종로구	창성동		110-034	
7	101	1111010600	서울특별시	종로구	통의동		110-040	
8	101	1111010700	서울특별시	종로구	적선동		110-052	
9	101	1111010800	서울특별시	종로구	통인동		110-043	
10	101	1111010900	서울특별시	종로구	누상동		110-041	
11	101	1111011000	서울특별시	종로구	누하동		110-042	
12	101	1111011100	서울특별시	종로구	옥인동		110-035	
13	101	1111011200	서울특별시	종로구	체부동		110-045	
14	101	1111011300	서울특별시	종로구	필운동		110-044	
15	101	1111011400	서울특별시	종로구	내자동		110-053	
16								
17								

02 이번에는 2행부터 7행을 선택하기 위해 행 번호 중 2를 클릭한 채로 7까지 아래 방향으로 드래그합니다. 2행부터 7행까지 선택되었습니다.

	A	B	C	D	E	F	G	H
1	세무서	법정동코드	주소-1	주소-2	주소-3		우편번호	
2	101	1111010100	서울특별시	종로구	청운동		110-030	
3	101	1111010200	서울특별시	종로구	신교동		110-032	
4		1111010300	서울특별시	종로구	궁정동		110-031	
5		1111010400	서울특별시	종로구	효자동		110-033	
6	101	1111010500	서울특별시	종로구	창성동		110-034	
7	101	1111010600	서울특별시	종로구	통의동		110-040	
8	101	1111010700	서울특별시	종로구	적선동		110-052	
9	101	1111010800	서울특별시	종로구	통인동		110-043	
10	101	1111010900	서울특별시	종로구	누상동		110-041	
11	101	1111011000	서울특별시	종로구	누하동		110-042	
12	101	1111011100	서울특별시	종로구	옥인동		110-035	
13	101	1111011200	서울특별시	종로구	체부동		110-045	
14	101	1111011300	서울특별시	종로구	필운동		110-044	
15	101	1111011400	서울특별시	종로구	내자동		110-053	
16								
17								

NOTE 여러 행이나 열을 선택하려면 행이나 열이 선택되지 않은 상태에서 행 번호나 열 문자를 드래그해야 합니다. 스프레드시트는 이미 선택되어 있는 행이나 열을 드래그하는 경우 행이나 열을 이동하라는 것으로 이해하므로 주의해야 합니다.

연속된 셀을 한 번에 선택하기

셀을 선택할 때 키보드를 사용하면 좀 더 게으르게 작업할 수 있습니다. 여러 개의 셀을 선택할 때는 [Shift] 키를 누르고 방향키를 누르면 됩니다. [Ctrl] 키를 누르고 방향키를 누르면 연속된 셀의 가장 마지막 셀로 이동합니다. 따라서 [Ctrl] 키와 [Shift] 키를 동시에 누른 상태에서 방향키를 누르면 해당 방향으로 연속된 가장 마지막 셀까지 이동하여 선택됩니다. 같은 예제 파일에서 작업해 보겠습니다.

01 예제 | 셀이동 [A1] 셀을 선택한 상태에서 [Shift] 키를 누른 채로 [Ctrl]+[↓] 키를 누릅니다. 데이터가 있는 맨 아래 셀까지 한꺼번에 선택되었습니다.

	A	B	C	D	E	F	G	H
1	세무서	❶클릭 코드	주소-1	주소-2	주소-3		우편번호	
2	101	1111010100	서울특별시	종로구	청운동		110-030	
3	101	❷[Shift]+[Ctrl]+[↓] 별시		종로구	신교동		110-032	
4	101	1111010300	서울특별시	종로구	궁정동		110-031	
5	101	1111010400	서울특별시	종로구	효자동		110-033	
6	101	1111010500	서울특별시	종로구	창성동		110-034	
7	101	1111010600	서울특별시	종로구	통의동		110-040	
8	101	1111010700	서울특별시	종로구	적선동		110-052	
9	101	1111010800	서울특별시	종로구	통인동		110-043	
10	101	1111010900	서울특별시	종로구	누상동		110-041	
11	101	1111011000	서울특별시	종로구	누하동		110-042	
12	101	1111011100	서울특별시	종로구	옥인동		110-035	
13	101	1111011200	서울특별시	종로구	체부동		110-045	
14	101	1111011300	서울특별시	종로구	필운동		110-044	
15	101	1111011400	서울특별시	종로구	내자동		110-053	
16								
17								

A1:A15 fx 세무서

02 이 상태에서 오른쪽까지 선택 범위를 확장하기 위해 다시 [Ctrl]+[Shift]+[→] 키를 누릅니다.

	A	B	C	D	E	F	G	H
1	세무서	법정동코드	주소-1	주소-2	주소-3		우편번호	
2	101	1111010100	서울특별시	종로구	청운동		110-030	
3	101	1111010200	서울특별시	종로구	신교동		110-032	
4	101	1111010300	서울특별시	종로구	궁정동		110-031	
5	101	1111010400	서울특별시	종로구	효자동		110-033	
6	101	1111010500	서울특별시	종로구	창 [Ctrl]+[Shift]+[→]		110-034	
7	101	1111010600	서울특별시	종로구	통의동		110-040	
8	101	1111010700	서울특별시	종로구	적선동		110-052	
9	101	1111010800	서울특별시	종로구	통인동		110-043	
10	101	1111010900	서울특별시	종로구	누상동		110-041	
11	101	1111011000	서울특별시	종로구	누하동		110-042	
12	101	1111011100	서울특별시	종로구	옥인동		110-035	
13	101	1111011200	서울특별시	종로구	체부동		110-045	
14	101	1111011300	서울특별시	종로구	필운동		110-044	
15	101	1111011400	서울특별시	종로구	내자동		110-053	
16								
17								

A1:E15 fx 세무서

03 우편번호까지 범위를 선택하려고 했는데, [F1] 셀이 비어 있기 때문에 [A1:E15] 범위까지만 선택되었습니다. 우편번호까지 선택하기 위해 Ctrl + Shift + → 키를 한 번 더 누르면 [A1:G15] 범위가 모두 선택됩니다.

	A	B	C	D	E	F	G	H
1	세무서	법정동코드	주소-1	주소-2	주소-3		우편번호	
2	101	1111010100	서울특별시	종로구	청운동		110-030	
3	101	1111010200	서울특별시	종로구	신교동		110-032	
4	101	1111010300	서울특별시	종로구	궁정동		110-031	
5	101	1111010400	서울특별시	종로구	효자동		110-033	
6	101	1111010500	서울특별시	종로구	창성동		110-034	
7	101	1111010600	서울특별시	종로구	통의동		110-040	
8	101	1111010700	서울특별시	종로구	적선동		110-052	
9	101	1111010800	서울특별시	종로구	통인동		110-043	
10	101	1111010900	서울특별시	종로구	누상동		110-041	
11	101	1111011000	서울특별시	종로구	누하동		110-042	
12	101	1111011100	서울특별시	종로구	옥인동		110-035	
13	101	1111011200	서울특별시	종로구	체부동		110-045	
14	101	1111011300	서울특별시	종로구	필운동		110-044	
15	101	1111011400	서울특별시	종로구	내자동		110-053	

행/열 추가, 삭제하기

스프레드시트가 새로 생성되면 기본적으로 열은 Z열까지, 행은 1000행까지 지정됩니다. 행이나 열이 더 필요할 경우 추가하면 됩니다. 구글 스프레드시트에는 여러 셀을 반환하는 배열 함수가 많아서 함수의 반환값이 시트 크기를 넘어갈 수 있습니다. 이런 경우 행이나 열을 더 삽입하라는 에러가 발생합니다. 행과 열을 추가하고 삭제해보겠습니다.

01 예제 | 열과 행 추가　추가하고 싶은 만큼 행 번호를 드래그해서 행을 선택합니다. 필자는 5행 아래에 2개 행을 추가하기 위해 6행의 행 번호를 클릭하고 7행까지 드래그했습니다.

	A	B	C	D	E	F	G	H
1	세무서	법정동코드	주소-1	주소-2	주소-3		우편번호	
2	101	1111010100	서울특별시	종로구	청운동		110-030	
3	101	1111010200	서울특별시	종로구	신교동		110-032	
4	101	1111010300	서울특별시	종로구	궁정동		110-031	
5	101	1111010400	서울특별시	종로구	효자동		110-033	
6	드래그	1111010500	서울특별시	종로구	창성동		110-034	
7		1111010600	서울특별시	종로구	통의동		110-040	
8	101	1111010700	서울특별시	종로구	적선동		110-052	
9	101	1111010800	서울특별시	종로구	통인동		110-043	
10	101	1111010900	서울특별시	종로구	누상동		110-041	
11	101	1111011000	서울특별시	종로구	누하동		110-042	
12	101	1111011100	서울특별시	종로구	옥인동		110-035	
13	101	1111011200	서울특별시	종로구	체부동		110-045	
14	101	1111011300	서울특별시	종로구	필운동		110-044	
15	101	1111011400	서울특별시	종로구	내자동		110-053	

02 선택된 영역에서 마우스 오른쪽 버튼을 클릭하고 6행 위에 행을 삽입하기 위해 [위에 행 2개 삽입]을 선택합니다.

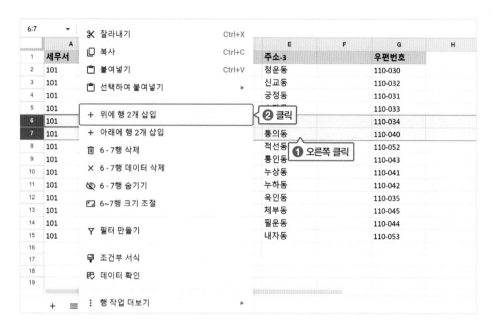

03 기존에 있던 6, 7행은 아래로 내려가고 새로운 6, 7행이 삽입되었습니다.

NOTE 행과 열 전체를 선택하지 않고 셀을 드래그해서 선택한 뒤 마우스 오른쪽 버튼을 클릭하여 행과 열을 삽입할 수도 있습니다. 이 경우 항상 위쪽이나 왼쪽에 행과 열이 삽입됩니다.

04 이번에는 F열을 삭제하기 위해 F열의 열 문자를 클릭하여 F열을 선택합니다. 역시 마우스 오른쪽 버튼을 클릭한 뒤 [열 삭제]를 선택합니다.

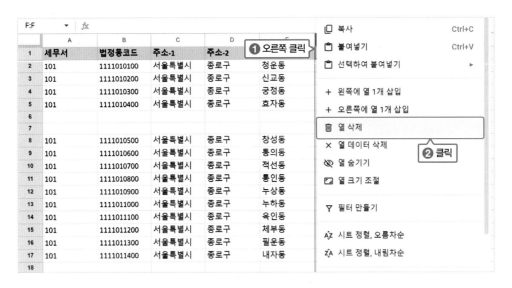

> **NOTE** [열 데이터 삭제]를 선택하여 셀의 모양은 그대로 유지한 채 데이터만 삭제할 수도 있습니다. 데이터만 삭제하는 기능은 Del 키를 누르는 것과 결과가 동일합니다.

05 F열이 삭제되고 오른쪽 G열에 있던 내용이 자동으로 F열 자리에 채워졌습니다.

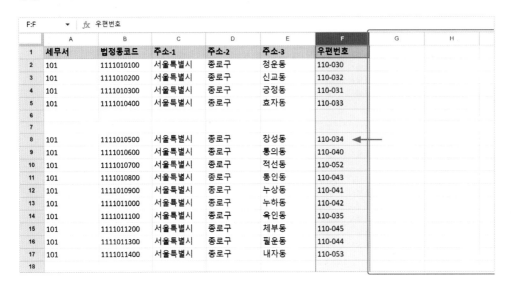

여기서 잠깐 ▶

행을 추가하는 다른 방법

스프레드시트의 맨 아래로 내려가보면 '하단에 ○○○○개의 행 추가'라는 문구가 있습니다. 추가할 행의 개수를 입력하고 [하단에] 버튼을 클릭합니다(버튼 이름이 '추가'가 아닌 '하단에'라고 되어 있는 이유는 한국어 어순 때문입니다. 영어 버전은 'Add'라고 되어 있습니다).

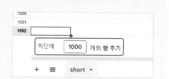

하단에 행 추가

엑셀까지 한 번에 ▶

구글 스프레드시트에는 '복사한 셀 삽입'이 없어요

엑셀에서는 기본적으로 행이나 열, 셀을 복사하면 [삽입] 메뉴가 [복사한 셀 삽입]으로 변경되지만, 구글 스프레드시트에서는 복사한 셀을 삽입하는 기능이 없습니다. 따라서 필요한 만큼 빈 행이나 열을 삽입한 뒤에 내용을 붙여 넣어야 합니다.

셀에 문자, 숫자 입력하기

셀에는 문자와 숫자, 수식을 입력할 수 있습니다. 키보드로 내용을 입력하면 스프레드시트가 자동으로 문자인지 숫자인지 구분하여 처리하며, 수식은 맨 앞에 등호(=)를 추가하여 입력합니다. 스프레드시트를 처음 사용하는 사람들은 숫자와 문자를 헷갈리기 쉽습니다. 숫자처럼 보이는데 문자인 경우도 있고 날짜와 같이 문자처럼 보이는데 숫자인 경우도 있기 때문입니다. 이에 대해 살펴보겠습니다.

01 예제 | 문자와 숫자   셀을 선택하면 셀에 입력되어 있는 내용이 수식 입력줄에 표시됩니다. 셀에 내용을 입력하려면 셀을 선택하여 직접 입력할 수도 있고, 셀을 선택한 후 수식 입력줄에 입력할 수도 있습니다. [A1] 셀을 선택하고 **00360**을 입력한 뒤 Enter 키를 누릅니다.

02 [A2] 셀을 선택합니다. 작은따옴표(')를 입력한 뒤 00360을 입력하고 Enter 키를 누릅니다. 즉 '00360을 입력합니다.

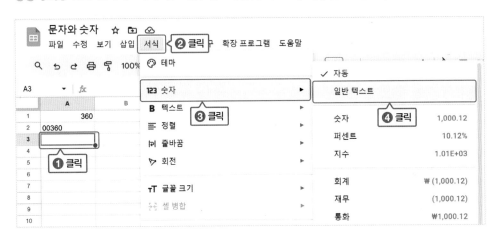

03 [A3] 셀을 선택하고 [서식] – [숫자] – [일반 텍스트] 메뉴를 클릭합니다.

04 서식이 일반 텍스트로 변경된 [A3] 셀을 선택하고 **00360**을 입력한 뒤 Enter 키를 누릅니다. 그냥 00360을 입력했을 때는 숫자로 변환되어 앞의 0이 사라졌지만, 작은따옴표를 먼저 입력하거나 셀의 서식을 일반 텍스트로 변경한 후에 00360을 입력하면 문자로 인식되어 앞의 0이 여전히 남아 있는 것을 볼 수 있습니다.

여기서 잠깐 ▶

셀에 넣을 내용이 많다면?

한 셀에 두 줄 이상을 입력하려면 어떻게 해야 할까요? 스프레드시트를 데이터 처리 용도로만 쓰는 것은 아니기 때문에 한 셀에 두 줄 이상의 내용을 작성할 일이 생기기도 합니다. 이 경우 셀의 편집 상태에서 [Alt]+[Enter] 키를 누르면 셀 안에서 줄바꿈을 할 수 있습니다. [Ctrl]+[Enter] 키도 쓸 수 있으나 셀 복사 단축키와 혼용되므로 [Alt]+[Enter] 키를 이용합시다.

열 너비를 셀에 들어 있는 값에 맞춰 늘리고 싶다면 마우스를 열 사이로 가져가서 커서가 양쪽 화살표 모양으로 바뀌었을 때 더블클릭합니다.

셀 안에서 줄바꿈하기

열 너비 자동 맞추기

엑셀까지 한 번에 ▶

셀의 크기보다 입력된 숫자의 길이가 길 경우

엑셀은 셀에 입력된 숫자가 셀의 너비보다 길 경우 숫자 서식에 따라 지수 형태나 ######와 같이 표시합니다. 반면 구글 스프레드시트에서는 숫자의 길이가 셀의 너비보다 긴 경우에도 별다른 처리를 하지 않아 숫자의 오른쪽 부분이 가려집니다. 따라서 화면을 보거나 출력할 때 주의해야 합니다. 구글 스프레드시트는 15자리 이상의 숫자의 경우 1의 자리가 0이면 지수 형태로 표시하고, 그외에는 문자열로 취급합니다.

엑셀의 숫자 표시

구글 스프레드시트의 숫자 표시

복사와 붙여넣기

셀의 복사는 [Ctrl]+[C] 키, 붙여넣기는 [Ctrl]+[V] 키로 아주 간단하게 처리할 수 있습니다. 여기서는 기본적인 복사/붙여넣기 외에 패턴이 있는 데이터를 자동 완성으로 채워 넣는 방법과 단축키를 통해 여러 셀에 동일한 내용을 입력하는 방법, 그리고 선택하여 붙여넣기 옵션을 살펴보겠습니다.

여러 셀에 자동 완성을 사용하여 숫자, 문자, 날짜 생성하기

셀에 1, 2, 3, …과 같이 숫자를 차례로 입력하거나 요일, 날짜처럼 순서가 있는 내용을 하나하나 입력하는 것은 귀찮은 일입니다. 이럴 때 자동 완성을 사용할 수 있습니다. 규칙성이 존재하는 두 개 이상의 셀을 선택하고 자동 완성 기능을 사용하면 규칙에 따라 생성된 값이 채워집니다.

01 **예제 | 자동완성** 예제 스프레드시트를 열어 [A1:E2] 범위를 선택하고 선택 영역의 우측 하단에 표시되는 채우기 핸들을 클릭한 채 7행까지 드래그합니다. 채워질 영역이 점선으로 표시되면 정확한 영역이 선택되었는지 확인하고 마우스 왼쪽 버튼을 놓습니다.

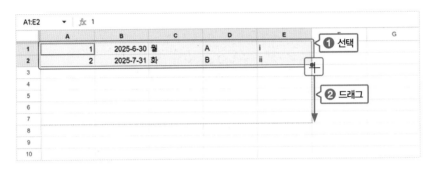

NOTE 자동 완성은 선택 범위에 규칙성이 존재해야 작동합니다. 예를 들어 1, 2, 3, ...과 같이 증가하도록 하기 위해서는 1이 입력된 셀만 선택하는 것이 아니라 1, 2가 입력된 범위를 선택한 뒤 드래그해야 합니다.

02 자동으로 채울 수 있는 항목들이 채워졌습니다. 숫자, 날짜, 요일은 자동으로 값이 하나씩 증가하며 채워지고 A, B와 ⅰ, ⅱ는 규칙에 따라 값이 반복되며 채워집니다.

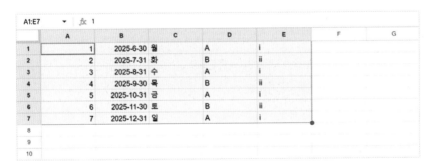

단축키로 행이나 열 방향으로 동일한 내용 붙여넣기

[Ctrl]+[C], [Ctrl]+[V] 키도 때로는 매우 귀찮습니다. 여러 셀을 선택하고 [Ctrl]+[D] 키나 [Ctrl]+[R] 키를 누르면 선택 영역의 제일 위 혹은 제일 왼쪽 셀의 내용(값 또는 수식)이 전체 선택 영역에 채워집니다. 제일 위 혹은 제일 왼쪽 셀을 복사해서 전체 영역에 붙여 넣는 것과 같은 결과지만 클릭을 한 번이라도 줄일 수 있어서 더 편리합니다.

01 **예제 | 채워넣기** 예제 스프레드시트를 열고 [A1:A10] 범위를 선택합니다. 아래 방향 복사 단축키인 Ctrl + D 키를 눌러 제일 위 [A1] 셀의 내용인 **2025-6-30**을 [A1:A10] 범위에 붙여 넣습니다.

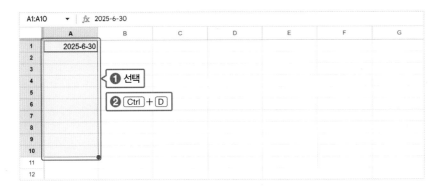

02 [A1:A10]에 [A1] 셀의 내용이 채워졌습니다. 이어서 [A1:A10]이 선택된 상태에서 Shift 키를 누른 채로 → 키를 두 번 눌러 [A1:C10] 범위를 선택합니다. 오른쪽 방향 복사 단축키인 Ctrl + R 키를 눌러 왼쪽 [A1:A10] 범위의 값들을 [A1:C10] 전체에 붙여 넣습니다.

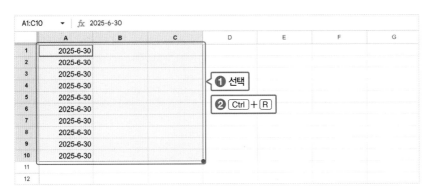

03 제일 왼쪽 셀의 내용을 선택 범위에 모두 붙여 넣었습니다.

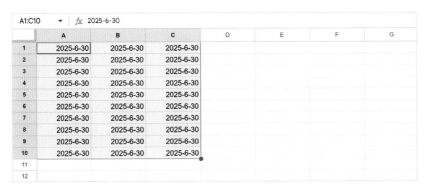

단축키로 선택 범위에 동일한 내용 일괄 입력하기

범위를 선택하고 [Ctrl]+[Enter] 키를 누르면 첫 셀의 내용을 선택 영역에 일괄 입력할 수 있습니다. 셀이 편집 상태에 있을 때 [Ctrl]+[Enter] 키는 줄바꿈으로 작동합니다. 방금 배웠던 [Ctrl]+[D] 키, [Ctrl]+[R] 키는 열 방향 또는 행 방향으로만 작동하지만 [Ctrl]+[Enter] 키는 선택한 범위 전체에 대해 최초 선택한 셀의 내용이 입력됩니다.

01 예제 | 일괄 입력하기 빈 스프레드시트를 생성하고 [A1] 셀에 **2025-6-30**을 입력한 후 [A1:C10] 범위를 선택합니다.

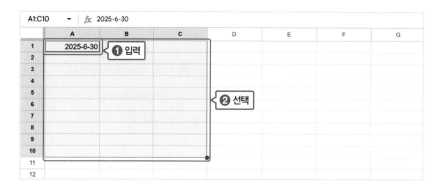

02 [Ctrl]+[Enter] 키를 입력하면 선택 영역 전체에 선택 영역의 왼쪽 제일 위에 있는 셀의 내용이 일괄적으로 입력됩니다.

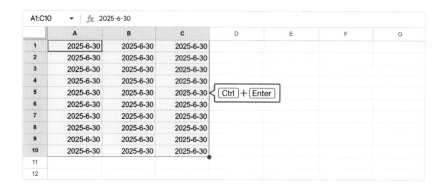

 엑셀까지 한 번에 ▶   [Ctrl]+[Enter] **키의 작동 방식이 달라요**

구글 스프레드시트에서는 셀에 내용을 입력한 후에 범위를 지정하고 [Ctrl]+[Enter] 키를 눌러야 선택 영역에 붙여넣기 되지만, 엑셀에서는 범위를 먼저 선택한 후에 내용을 입력하고 [Ctrl]+[Enter] 키를 눌러야 선택 영역에 붙여넣기됩니다.

선택하여 붙여넣기

Ctrl + V 키로 셀을 붙여넣으면 셀의 우측 하단에 폴더 모양의 붙여넣기 옵션(📋▼) 아이콘이 나타납니다. 아이콘을 클릭하면 '값만 붙여넣기'나 '서식만 붙여넣기' 중 하나를 선택할 수 있습니다. 텍스트를 붙여넣으면서 특정 기호를 기준으로 여러 열로 분할하는 '텍스트를 열로 분할' 옵션도 선택 가능합니다. 엑셀의 다양한 옵션에 비해 단출하지만 직접 진행해보겠습니다.

01 예제 | 선택하여 붙여넣기 예제의 [보고서] 시트에는 회사의 요약재무제표가 들어 있습니다. 2022년과 2021년 자료에 대해 이미 서식을 편집해둔 상태에서 [자료] 시트에 있는 2023년 자료를 복사해 오려고 합니다. [자료] 시트의 [C2:C36] 범위를 선택한 뒤 Ctrl + C 키를 눌러 내용을 복사합니다.

02 [보고서] 시트의 [C2] 셀을 선택하고 Ctrl + V 키를 눌러 복사한 내용을 붙여 넣습니다.

	C2:C36 ▾	*fx* 제55기 1분기					
	A	B	C	D	E	F	G
1							
2	구 분	① 선택	제55기 1분기	제54기	제53기		
3		② Ctrl + V	2023년 3월말	2022년 12월말	2021년 12월말		
4	[유동자산]		214,442,141	218,470,581	218,163,185		
5	· 현금및현금성자산		72,949,377	49,680,710	39,031,415		
6	· 단기금융상품		35,200,184	65,102,886	81,708,986		
7	· 기타유동금융자산		32,911	443,690	3,409,791		
8	· 매출채권		36,632,159	35,721,563	40,713,415		
9	· 재고자산		54,419,586	52,187,866	41,384,404		
10	· 기타		15,207,924	15,333,866	11,915,174		
11	[비유동자산]		239,649,636	229,953,926	208,457,973		
12	· 기타비유동금융자산		14,667,502	12,802,480	15,491,183		
13	· 관계기업 및 공동기업 투자		11,198,623	10,893,869	8,932,251		
14	· 유형자산		171,857,516	168,045,388	149,928,539		
15	· 무형자산		23,617,703	20,217,754	20,236,244		
16	· 기타		18,308,292	17,994,435	13,869,756		
17	자산총계		454,091,777	124,507	426,621,158		
18	[유동부채]		76,057,448	6,344,852	88,117,133		
19	[비유동부채]		18,234,913	15,330,051	33,604,094		

＋ ≡ 보고서 ▾ 자료 ▾

03 공들여 만들어둔 서식이 엉망이 되었습니다. 당황하지 말고 셀의 오른쪽 아래에서 서식 붙여넣기(📋 ▾) 아이콘을 클릭하고 [값만 붙여넣기]를 선택합니다.

	C2:C36 ▾	*fx* 제55기 1분기					
	A	B	C	D	E	F	G
1							
2	구 분		제55기 1분기	제54기	제53기		
3			2023년 3월말	2022년 12월말	2021년 12월말		
4	[유동자산]		214,442,141	218,470,581	218,163,185		
5	· 현금및현금성자산		72,949,377	49,680,710	39,031,415		
6	· 단기금융상품		35,200,184	65,102,886	81,708,986		
7	· 기타유동금융자산		32,911	443,690	3,409,791		
8	· 매출채권		36,632,159	35,721,563	40,713,415		
9	· 재고자산		54,419,586	52,187,866	41,384,404		
10	· 기타		15,207,924	15,333,866	11,915,174		
11	[비유동자산]		239,649,636	229,953,926	208,457,973		
12	· 기타비유동금융자산		14,667,502	값만 붙여넣기 ② 클릭			
13	· 관계기업 및 공동기업 투자		11,198,623	32,251			
14	· 유형자산		171,857,516	서식만 붙여넣기 28,539			
15	· 무형자산		23,617,703	36,244			
16	· 기타		18,308,292	텍스트를 열로 분할 69,756			
17	자산총계		454,091,777	📋 ▾ 124,507	426,621,158		
18	[유동부채]		76,057,448	6,344,852	88,117,133		
19	[비유동부채]		18,234,913	① 클릭 051	33,604,094		

＋ ≡ 보고서 ▾ 자료 ▾

NOTE 텍스트를 열로 분할하는 방법은 4장의 〈텍스트를 열로 분할〉에서 설명합니다.

04 빈 칸에 설정되었던 서식이 유지된 채로 붙여 넣어졌습니다.

	구분	제55기 1분기	제54기	제53기
		2023년 3월말	2022년 12월말	2021년 12월말
4	[유동자산]	214,442,141	218,470,581	218,163,185
5	· 현금및현금성자산	72,949,377	49,680,710	39,031,415
6	· 단기금융상품	35,200,184	65,102,886	81,708,986
7	· 기타유동금융자산	32,911	443,690	3,409,791
8	· 매출채권	36,632,159	35,721,563	40,713,415
9	· 재고자산	54,419,586	52,187,866	41,384,404
10	· 기타	15,207,924	15,333,866	11,915,174
11	[비유동자산]	239,649,636	229,953,926	208,457,973
12	· 기타비유동금융자산	14,667,502	12,802,480	15,491,183
13	· 관계기업 및 공동기업 투자	11,198,623	10,893,869	8,932,251
14	· 유형자산	171,857,516	168,045,388	149,928,539
15	· 무형자산	23,617,703	20,217,754	20,236,244
16	· 기타	18,308,292	17,994,435	13,869,756
17	자산총계	454,091,777	448,424,507	426,621,158
18	[유동부채]	76,057,448	78,344,852	88,117,133
19	[비유동부채]	18,234,913	330,051	33,604,094
20	부채총계	94,292,361	374,903	121,721,227
21	[지배기업 소유주지분]	350,019,928	345,186,142	296,237,697

보고서 ▾   자료 ▾

여기서 잠깐 ▶   선택하여 붙여넣기

[수정] – [선택하여 붙여넣기] 메뉴에서는 조금 더 많은 옵션을 제공합니다.

- **[값만]**: 셀의 서식은 제외하고 내용만 붙여넣기(Ctrl + Shift + V)
- **[서식]**: 내용은 제외하고 글꼴, 숫자 형식, 테두리, 색상 등 서식만 붙여넣기(Ctrl + Alt + V)

자주 사용하는 기능은 단축키를 기억해두면 편리합니다. 나머지 항목은 해당 기능을 배우고 나면 쉽게 이해할 수 있는 내용이므로 별도의 설명은 생략하겠습니다.

메뉴에서 선택하여 붙여넣기

엑셀에서는 숨겨진 행이나 열을 제외하고 화면에 보이는 셀만 선택해서 복사할 수 있습니다. 구글 스프레드시트에서는 숨겨진 행과 열도 모두 일괄적으로 복사되므로 일부 셀을 제외하고 복사하려는 경우에는 `Ctrl` 키를 누르고 복사할 부분을 각각 선택해서 복사해야 합니다. 구글 스프레드시트에서도 필터링된 경우에는 화면에 보이는 셀만 복사됩니다.

셀 찾기/바꾸기

스프레드시트에서 특정한 내용을 찾거나 어떤 단어를 다른 단어로 바꿔야 하는 경우에는 셀 찾기/바꾸기 기능을 이용합니다. 값이나 수식의 일부분을 검색할 수 있고 모든 시트나 현재 시트 또는 특정 범위로 한정하여 검색하는 것도 가능합니다. 여기서는 조직 개편으로 바뀐 부서명을 수정해보겠습니다.

01 **예제 | 셀 찾기/바꾸기** 조직 개편으로 인해 '경영본부'가 '경영지원본부'로 변경되었습니다. 다른 부서에는 변동이 없고 구성 인원도 바뀌지 않았으니 스프레드시트를 이용하면 쉽게 변경할 수 있습니다. 예제 스프레드시트를 열고 `Ctrl`+`F` 키를 누르면 우측 상단에 검색창이 나타납니다. 검색창에 '경영본부'라고 입력해 보세요. '경영본부'가 들어 있는 셀이 다른 색으로 표시됩니다.

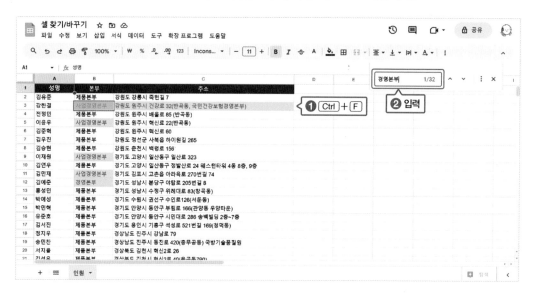

02 '경영본부'라는 단어가 생각보다 많이 보이는군요. '바꾸기' 기능을 이용하려면 작은 검색창의 옵션 더보기(⋮) 아이콘을 클릭하거나 `Ctrl`+`H` 키를 누릅니다.

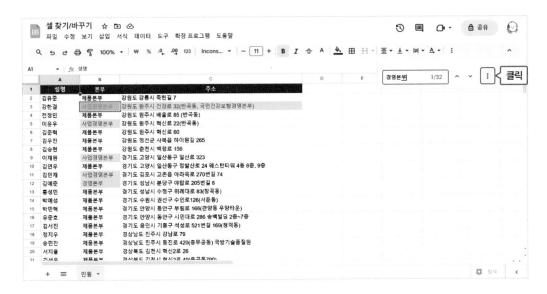

NOTE [수정] - [찾기 및 바꾸기] 메뉴를 클릭해도 [찾기 및 바꾸기] 창을 실행할 수 있습니다.

03 우리는 '경영본부'를 '경영지원본부'로 바꿀 것입니다. [바꾸기]에 '경영지원본부'를 입력합니다. 그런데 '사업경영본부', '국민건강보험경영본부' 등 '경영본부'가 포함된 문자열이 있기 때문에 [전체 일치]에 체크하여 셀 전체의 내용이 '경영본부'인 셀만 바꾸겠습니다. [모두 바꾸기] 버튼을 클릭합니다.

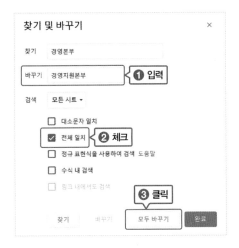

엑셀까지 한 번에 ▶

검색 옵션의 차이

엑셀의 찾기 및 바꾸기는 옵션이 더 다양해서 서식을 기준으로 찾거나 검색 방향을 지정할 수 있습니다. 또 특수기호를 사용해 문장부호를 검색할 수도 있습니다. 구글 스프레드시트의 찾기 및 바꾸기 기능은 엑셀에 비해 제한적이지만, 검색에 대해서는 정규 표현식이라는 강력한 기능을 활용할 수 있습니다.

한편, 엑셀에서는 현재 시트가 검색 영역의 기본값인데 구글 스프레드시트에서는 모든 시트가 기본값이어서 무심코 '모두 바꾸기'를 하다 실수할 수 있으니 유의하도록 합니다.

04 조직 개편이 의도대로 적용되었는지 확인한 후 [완료] 버튼을 클릭합니다.

여기서 잠깐 ▶   **찾기 및 바꾸기의 검색 옵션**

검색 범위를 시트 혹은 선택 영역 등으로 지정하여 찾기 및 바꾸기를 수행할 수 있습니다. 수식 내 검색을 위해서는 따로 체크해야 합니다.

- **검색 범위**
  - **모든 시트**: 스프레드시트의 전체 시트에 대해 찾기 및 바꾸기를 실행합니다.
  - **이 시트**: 현재 화면이 위치한 시트에 대해서만 찾기 및 바꾸기를 실행합니다.
  - **특정 범위**: 선택한 범위 내에서만 찾기 및 바꾸기를 실행합니다.
- **대소문자 일치**: 영어 단어로 찾기 및 바꾸기를 할 때 대소문자가 정확히 일치하는 경우만 탐색합니다.
- **전체 일치**: 셀 전체의 내용이 일치하는 경우만 탐색합니다.
- **정규 표현식을 사용하여 검색**: 정규 표현식은 문자열의 패턴을 다루는 문법입니다. 정규 표현식은 다루기 어려운 문법이지만, 챗GPT와 같은 생성형 AI를 이용하면 쉽게 활용할 수 있습니다. 정규 표현식을 활용한 강력한 검색은 8장에서 설명하겠습니다.
- **수식 내 검색**: 수식의 결괏값이 아닌 수식 안의 문자에 대해서도 검색을 수행합니다.
- **링크 내에서도 검색**: 검색 범위 내에 하이퍼링크가 활성화되어 있으면 링크 주소에서도 검색을 수행합니다.

SECTION 2.2 ▶ 셀에 수식 입력하기

▶▶ 셀에 문자만 입력할 것이라면 워드프로세서를 사용했겠죠? 이제 수식을 입력해봅시다. 스프레드시트의 수식이 편리한 것은 셀의 수식에서 다른 셀의 값을 참조할 수 있기 때문입니다. 상대 참조와 절대 참조를 이용해서 참조를 더 편하게 하는 방법을 알아보겠습니다. AI를 탑재해 영리해진 구글 스프레드시트의 수식 제안 기능도 살펴보겠습니다.

간단한 수식 입력해보기

빈 셀에 등호(=)를 입력하면 등호 뒤의 내용이 수식으로 인식되어 회색 커서가 표시됩니다. 이 상태에서 키보드의 방향키를 눌러 이동하면 다른 셀을 참조할 수 있도록 선택된 셀이 점선으로 표시되며, 입력 셀에는 참조할 셀의 주소가 나타납니다. 입력 셀에 표시된 셀 주소의 색상과 선택된 셀의 색상을 통해 현재 수식이 어떤 부분을 참조하는지 확인할 수 있습니다. 간단한 계산을 해볼까요? 조직 개편을 완료했으니 조직별 연봉 인상안을 확정할 차례입니다.

01 예제 | 간단한 수식 부서별 인상률은 대표님이 정해주셨습니다. 조직 개편의 풍파를 겪은 경영지원본부의 급여 인상률이 높아졌네요. 인상률을 적용한 본부별 급여총계를 구하기 위해 급여를 계산할 [E4] 셀을 선택하고 등호(=)를 입력하여 수식 작성 상태로 들어갑니다.

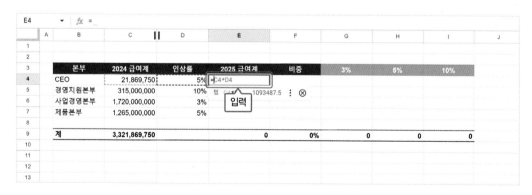

NOTE 셀에 등호(=)를 입력하면 영리한 구글 스프레드시트가 자동으로 적절한 수식을 추천합니다. 하지만 그대로 두세요. 우리는 수식을 직접 입력해볼 것입니다.

02 우리는 C열에 있는 2024년의 급여에 (1 + 인상률)을 곱해서 2025년의 급여를 구할 것입니다. [C4] 셀에 있는 CEO의 2024년 급여를 참조하기 위해 [E4] 셀이 수식 작성 중인 상태에서 ← 키를 두 번 눌러 [C4] 셀을 선택합니다. 이어서 곱하기 연산자 *를 입력합니다.

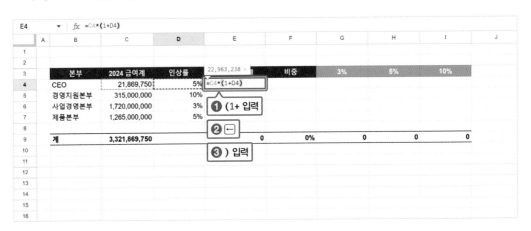

NOTE 참조되는 셀은 수식의 주소와 같은 색의 점선 테두리로 표시됩니다.

03 (1 + 인상률)을 입력하기 위해 키보드로 (1+를 입력하고 ← 키를 한 번 눌러 [D4] 셀을 선택한 후)를 입력합니다. 스프레드시트에서는 수식을 입력할 때 수식의 결괏값을 말풍선 모양의 수식 미리보기 창으로 표시합니다.

NOTE 수식 미리보기 기능은 F9 키로 켜고 끌 수 있습니다.

여기서 잠깐 ▶ **문자열 편집 상태와 수식 작성 상태**

문자열 편집 상태와 수식 작성 상태는 커서 뒤의 범위 선택 기호(회색 커서)로 구분할 수 있습니다. 커서 뒤에 아무 표시도 없는 문자열 편집 상태에서는 키보드의 방향키를 눌러도 다른 셀로 이동할 수 없습니다.

문자열 편집 상태   **수식 작성 상태**

04 Enter 키를 눌러 수식을 완성합니다. **01**부터 **03**까지의 과정은 [E4] 셀에 **=C4*(1+D4)**라는 수식을 직접 입력하여 처리할 수도 있습니다.

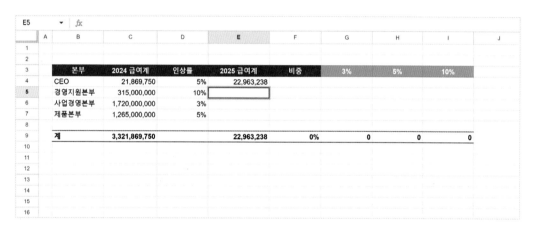

여기서 잠깐 ▶ **자동 완성 제안사항**

구글 스프레드에 수식을 입력하면 구글이 패턴을 인식하여 자동으로 채울 범위와 적합한 내용을 제안합니다. 미리 표시된 값을 확인한 뒤 '자동 완성 제안사항'을 승인하려면 Ctrl + Enter 키를 누릅니다. 수식을 직접 확인하려면 [수식 표시] 링크를 클릭합니다.

이 자동 완성 제안사항은 [도구] – [자동완성 사용] 메뉴에서

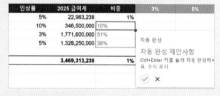

자동 완성 제안사항

켜고 끌 수 있습니다. 이 책에서는 사용자마다 다른 환경설정과 자동 완성 제안사항이 사용자의 의도와 다르게 동작할 가능성을 고려해서 자동 완성 기능을 사용하지 않는 것으로 가정하고 설명하겠습니다.

05 [E5:E7]에도 동일한 형태의 수식을 입력하기 위해 [E4:E7] 범위를 선택하고 Ctrl + D 키를 누릅니다. [E4] 셀의 수식이 각 셀에 맞게 자동으로 변경되어 [E5:E7] 범위에 채워집니다.

	A	B	C	D	E	F	G	H	I	J
E4:E7			fx	=C4*(1+D4)						
1										
2										
3		본부	2024 급여계	인상률	2025 급여계	비중	3%	5%	10%	
4		CEO	21,869,750	5%	22,963,238	❶ 선택				
5		경영지원본부	315,000,000	10%	346,500,000					
6		사업경영본부	1,720,000,000	3%	1,771,600,000	❷ Ctrl + D				
7		제품본부	1,265,000,000	5%	1,328,250,000					
8										
9		계	3,321,869,750		3,469,313,238	0%	0	0	0	
10										
11										
12										
13										
14										
15										

게을러지기 ▶ 　　　　　　　　　　　　　　　　　　　　　　　　　　　= 대신 + 사용

스프레드시트를 본격적으로 사용하다보면 키보드 오른쪽의 숫자 패드를 자주 사용하게 됩니다. 그런데 숫자 패드에는 수식에서 많이 쓰는 등호(=)가 없습니다. 구글 스프레드시트는 수식에서 사용된 더하기(+)를 자동으로 등호(=)로 변경해주기 때문에 = 대신 +를 이용하면 좀 더 편하게 입력할 수 있습니다.

절대적이고 상대적인 셀 참조

스프레드시트의 셀 참조는 상대 참조와 절대 참조, 혼합 참조로 나뉩니다. 상대 참조는 수식을 복사하고 붙여 넣는 위치에 따라 참조가 변경되며, 절대 참조는 위치에 상관없이 고정된 셀을 참조합니다. 혼합 참조는 상대 참조와 절대 참조가 섞여 있죠. 그리고 범위의 방향이 열려 있는 열린 참조도 존재합니다. 스프레드시트의 참조에 대해 알아봅시다.

상대 참조

앞서 2025년 급여 계산 시 제일 위 셀의 수식을 아래 범위에 붙여 넣었더니 해당 셀에 맞는 수식으로 자동 변경되었습니다. 즉, 원본 셀이었던 [E4] 셀의 수식은 =C4*(1+D4)였는데 이 수식을 [E5] 셀에 붙여 넣었더니 =C5*(1+D5)로 변경되었습니다.

이렇게 원본 셀과 붙여넣는 셀의 상대적인 위치에 따라 참조가 변경되는 방식을 상대 참조라고 부릅니다. 이에 대한 실습은 63쪽 〈간단한 수식 입력해보기〉에서 이미 진행해보았습니다.

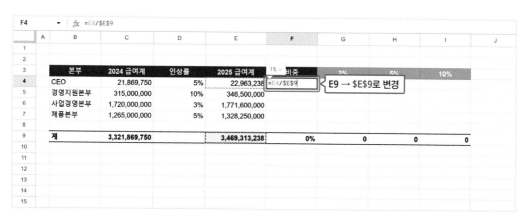

본부	2024 급여계	인상률	2025 급여계	비중	3%	5%	10%
CEO	21,869,750	5%	346,500,000 ×238				
경영지원본부	315,000,000	10%	=C5*(1+D5)				
사업경영본부	1,720,000,000	3%	1,771,600,000				
제품본부	1,265,000,000	5%	1,328,250,000				
계	3,321,869,750		3,469,313,238	0%	0	0	0

상대 참조

절대 참조

한편 동일한 셀을 고정해서 참조해야 하는 경우가 있죠. 그런 경우에는 고정하고 싶은 참조의 셀 주소 앞에 $를 붙입니다. 예를 들어 [E9] 셀의 행과 열을 모두 고정하는 절대 참조는 [$E$9]입니다. 절대 참조를 사용해서 부서별 급여 합계가 전체 급여에서 차지하는 비중을 구해보겠습니다.

01 **예제 | 상대참조/절대참조** [F4] 셀에는 CEO의 급여가 총 급여에서 차지하는 비중을 구하기 위한 수식 =E4/E9가 이미 입력되어 있습니다. 이 수식은 상대 참조이므로 아래 셀들에 붙여 넣으면 분자인 [E4] 셀은 [E5], [E6], …로, 분모인 [E9] 셀 역시 [E10], [E11], …로 참조가 변경될 것입니다. 분자는 각 부서별 급여로 변경되면서 분모는 항상 총 급여인 [E9] 셀을 참조하도록 하기 위해 수식을 =E4/$E$9로 변경합니다.

NOTE 셀의 수식을 편집할 때는 단축키를 이용하면 편합니다. 셀을 선택하고 F2 키를 누르면 문자열 편집 모드로 전환됩니다. 수식 =E4/E9에서 E9를 절대 참조로 변경하기 위해서는 수식에서 E9 참조에 커서를 위치시키고 F4 키를 한 번 누릅니다. 물론 키보드로 $를 직접 입력해도 됩니다.

02 아래 범위에 동일한 수식을 붙여 넣기 위해 [F4:F7] 범위를 선택하고 Ctrl + D 키를 누릅니다.

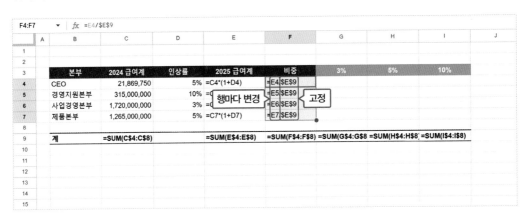

03 수식이 어떻게 입력되었는지 확인하려면 Ctrl + ˋ 키를 누릅니다. 분자는 수식을 붙여 넣은 셀의 상대적 위치에 따라 참조가 변경되었지만, 분모는 모두 $E$9로 고정되어 있는 것을 확인할 수 있습니다.

	A	B	C	D	E	F	G	H	I	J
1										
2										
3		본부	2024 급여계	인상률	2025 급여계	비중	3%	5%	10%	
4		CEO	21,869,750	5%	=C4*(1+D4)	=E4/$E$9				
5		경영지원본부	315,000,000	10%	=0	=E5/$E$9				
6		사업경영본부	1,720,000,000	3%	=0	=E6/$E$9				
7		제품본부	1,265,000,000	5%	=C7*(1+D7)	=E7/$E$9				
8										
9		계	=SUM(C$4:C$8)		=SUM(E$4:E$8)	=SUM(F$4:F$8)	=SUM(G$4:G$8)	=SUM(H$4:H$8)	=SUM(I$4:I$8)	

NOTE Ctrl + ˋ 키를 한 번 더 누르면 '모든 수식 표시' 모드가 종료됩니다.

혼합 참조

혼합 참조는 행과 열 중 한쪽 방향으로는 참조 위치를 고정시키고 다른 방향으로는 참조 위치를 이동시키고 싶을 때 사용합니다. 절대 참조에서는 행 번호와 열 문자에 모두 $를 붙였습니다. 혼합 참조에서는 고정하려는 부분에만 $를 붙입니다. 즉, [E9]라는 셀 참조의 열만 고정하고 싶으면 $E9로, 행만 고정하고 싶으면 E$9로 지정합니다. 여기서는 혼합 참조를 이용해서 인상률을 3%, 5%, 10%로 각각 다르게 적용했을 때의 급여 합계를 구하는 수식을 만들어보겠습니다. '상대참조/절대참조' 예제 스프레드시트를 계속 사용합니다.

01 예제 | 상대참조/절대참조 인상률이 3%일 때의 CEO 급여를 계산하기 위해 [G4] 셀에 수식 =C4*(1+ G3)를 입력합니다.

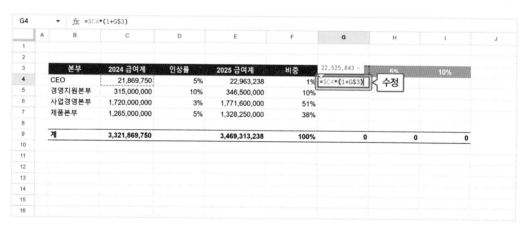

02 [G4] 셀의 수식을 복사해서 [G4:I7] 범위에 한꺼번에 채울 수 있도록 [G4] 셀의 수식을 =$C4*(1+G$3)로 변경합니다. C4는 $C4로 바꿔 열을, G3은 G$3으로 바꿔 행을 고정한 것입니다.

G4	▼	*fx*	=$C4*(1+G$3)						
	A	B	C	D	E	F	G	H	I	J
1										
2										
3		본부	2024 급여계	인상률	2025 급여계	비중	22,525,843 ×	5%	10%	
4		CEO	21,869,750	5%	22,963,238	1%	=$C4*(1+G$3)	수정		
5		경영지원본부	315,000,000	10%	346,500,000	10%				
6		사업경영본부	1,720,000,000	3%	1,771,600,000	51%				
7		제품본부	1,265,000,000	5%	1,328,250,000	38%				
8										
9		계	3,321,869,750		3,469,313,238	100%	0	0	0	
10										

NOTE 참조 주소는 F4 키를 누를 때마다 상대 참조 → 절대 참조 → 행 고정 혼합 참조 → 열 고정 혼합 참조 형태로 순환하면서 변경됩니다.

03 자동 완성 제안사항을 무시하고 [G4:I7] 범위를 선택한 뒤 Ctrl + Enter 키를 눌러 제일 왼쪽 위에 있는 [G4] 셀의 내용을 전체 범위에 붙여 넣습니다.

본부	2024 급여계	인상률	2025 급여계	비중	3%	5%	10%
CEO	21,869,750	5%	22,963,238	❶ 선택	22,525,843	22,963,238	24,056,725
경영지원본부	315,000,000	10%	346,500,000	%	324,450,000	330,750,000	346,500,000
사업경영본부	1,720,000,000	3%	1,7 ❷ Ctrl + Enter		1,771,600,000	1,806,000,000	1,892,000,000
제품본부	1,265,000,000	5%	1,3		1,302,950,000	1,328,250,000	1,391,500,000
계	3,321,869,750		3,469,313,238	100%	3,421,525,843	3,487,963,238	3,654,056,725

04 셀들에 수식이 어떻게 입력되었는지 Ctrl + ` 키를 눌러 살펴봅니다. [G4] 셀의 수식 =$C4*(1+G$3)에서 2024년의 급여가 들어 있던 셀을 $C4로 지정했으므로 셀을 오른쪽 방향으로 붙여 넣을 때 C열의 참조는 그대로 유지됩니다. 셀을 아래 방향으로 붙여넣을 때는 $C5, $C6, $C7과 같이 행 번호가 변경됩니다. 한편 인상률을 참조하는 G$3의 경우 아래 행으로 내려가도 항상 인상률이 위치하는 3행을 참조하고 오른쪽으로 이동할 때는 해당 열의 인상률을 H$3, I$3과 같이 참조하게 됩니다.

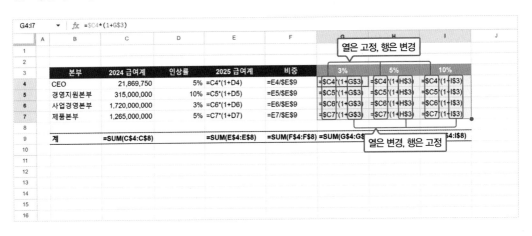

열린 참조

행 전체 또는 열 전체를 참조할 경우에는 [A:A] 혹은 [1:1]과 같이 행이나 열을 생략한 형태로 참조 주소를 기재합니다. [A:A]는 A열 전체, [1:1]은 1행 전체를 의미합니다. 참조를 한쪽만 열린 형태로

[A2:A] 혹은 [B1:1]과 같이 적을 수도 있습니다. 이렇게 참조를 열린 형태로 지정하면 나중에 추가되는 데이터, 행, 열이 있더라도 수식을 고치지 않아도 됩니다. 이런 참조를 '열린 참조'라고 부릅니다. SUM 함수를 사용해서 열린 참조의 사용법을 알아보겠습니다.

01 **예제 | 열린 참조**   예제에서는 한눈에 보기 편하도록 시트의 크기를 줄여 놓았습니다. D열 전체의 합을 구하기 위해 [B1] 셀에 수식 **=SUM(D:D)**를 입력합니다. 참조 영역이 D열 전체로 지정됩니다.

NOTE SUM 함수는 지정된 범위의 합계를 구해주는 함수입니다. 자세한 사용 방법은 3장에서 배웁니다.

02 [B2] 셀에는 [D6] 셀부터 아래쪽으로 D열 전체의 합을 구하기 위해 수식 **=SUM(D6:D)**를 입력합니다. 참조 영역이 [D6] 셀에서 시작해서 아래 방향으로 D열 전체로 지정되는 것을 볼 수 있습니다.

03 [B3] 셀에 6행 전체의 합을 구하기 위해 수식 **=SUM(6:6)**를 입력합니다. 참조 영역이 6행 전체로 지정되는 것을 볼 수 있습니다.

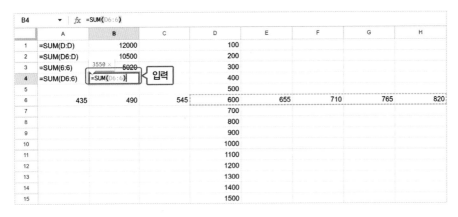

04 [B4] 셀에 [D6] 셀부터 오른쪽으로 6행 전체의 합을 구하기 위해 수식 **=SUM(D6:6)**를 입력합니다. 참조 영역이 [D6] 셀에서 시작해서 오른쪽 방향으로 6행 전체가 지정되는 것을 볼 수 있습니다.

B4	▼	ƒx	=SUM(D6:6)					
	A	B	C	D	E	F	G	H
1	=SUM(D:D)	12000		100				
2	=SUM(D6:D)	10500		200				
3	=SUM(6:6)	5020		300				
4	=SUM(D6:6)	=SUM(D6:6) 입력		400				
5				500				
6	435	490	545	600	655	710	765	820
7				700				
8				800				
9				900				
10				1000				
11				1100				
12				1200				
13				1300				
14				1400				
15				1500				

NOTE 열린 참조는 구글 스프레드시트의 배열 기반 함수들을 사용할 때 매우 빈번하게 사용됩니다. 사용법을 잘 이해해두면 편합니다.

수식을 편하게 입력하고 계산하는 방법

구글 스프레드시트는 입력된 내용을 바탕으로 사용자의 의도를 파악하여 수식을 제안합니다. 또한 수식을 이용하지 않고도 선택된 범위와 관련된 값들을 파악할 수 있도록 주요 정보들을 계산해서 알려줍니다. 여기서는 수식 제안과 통곗값에 대해 알아보겠습니다.

수식 제안

수식을 사용하기 위해 등호를 입력해서 수식 입력 모드에 들어가면 구글 스프레드시트는 적합할 것으로 보이는 수식을 스스로 판단해서 제안합니다. 엑셀에도 유사한 자동 합계 기능이 있지만, 주변셀의 수식을 기반으로 수식을 추천하기 때문에 구글 스프레드시트가 약간 더 똑똑하게 느껴집니다. 2022년에는 AI가 잘못 입력된 수식을 수정하고 올바른 수식을 제안하는 기능도 생겼습니다. 머지않아 구글 스프레드시트의 수식을 직접 입력하지 않는 시대가 올 수도 있겠어요.

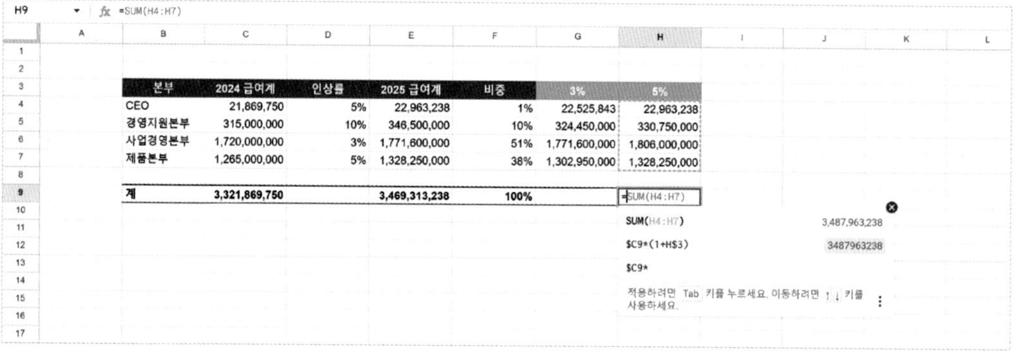

구글의 수식 제안

데이터의 간단한 통곗값 보기

셀을 선택한 상태에서 화면의 우측 하단 부분을 보면 간단한 통곗값을 볼 수 있습니다. 확인 가능한값은 합, 평균, 최소, 최대, 개수, 횟수입니다. 수식이나 계산기를 이용하지 않고도 간단한 정보들을확인할 수 있기 때문에 잘 활용하면 편리합니다. 특히 참조가 누락되어 수식이 잘못 계산되지 않았는지 교차 검증할 때도 간단하게 사용할 수 있습니다.

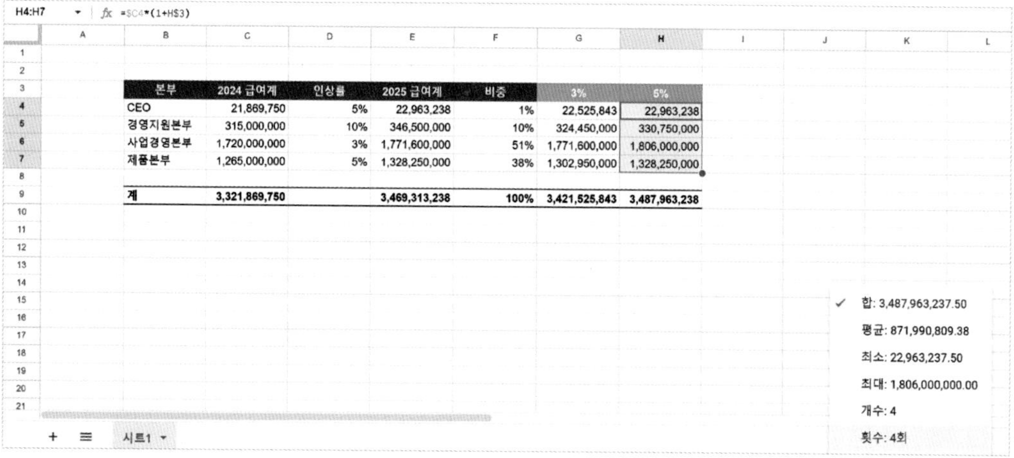

자세히 봐도 간단함

시트를 이용해
스프레드시트 넓게 쓰기

▶▶ 스프레드시트는 독립적인 내용을 담은 시트를 여러 개 생성할 수 있습니다. 마치 여러 장의 종이를 클립으로 엮어내는 것처럼요. 지금까지는 한 시트에 있는 데이터로만 작업해왔지만, 이제 스프레드시트에 시트를 추가하고 삭제해보며 시트의 구조를 알아보겠습니다. 또 다른 시트에 있는 셀을 참조하고, URL을 통해 스프레드시트에 접근하는 방법을 살펴봅시다.

시트의 추가/삭제/복사

시트가 무엇인지, 어떤 구조로 동작하는지 이해하기 위해 시트를 추가, 복사하고 이름을 변경하거나 색상으로 구분하는 방법을 실습을 통해 알아봅시다.

01 빈 스프레드시트를 엽니다. 시트를 두 개 추가하기 위해 화면 좌측 하단의 시트 추가(➕) 아이콘을 두 번 클릭합니다.

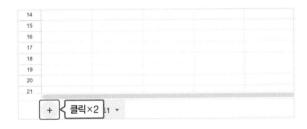

02 모든 시트(☰) 아이콘을 클릭하면 스프레드시트에 있는 전체 시트의 목록을 확인하고 원하는 시트로 바로 이동할 수 있습니다. [시트1] 시트로 이동합니다.

03 [시트1] 시트를 삭제하기 위해 [시트1] 시트 탭 위에서 마우스 오른쪽 버튼을 클릭하거나 드롭다운 버튼을 클릭하여 메뉴에서 [삭제]를 선택합니다.

NOTE 시트 메뉴에서는 삭제, 복사, 이름 바꾸기, 색상 변경, 시트 보호, 시트 숨기기, 시트 이동 등 시트와 관련된 작업을 할 수 있습니다. 시트의 순서는 시트 탭을 드래그 앤 드롭해서 바꿀 수도 있습니다.

04 정말로 삭제할 것인지 묻는 [주의] 창이 나타나면 [확인] 버튼을 클릭하여 정말로 삭제합니다.

05 [시트2] 시트의 이름을 변경해보겠습니다. 시트 메뉴를 이용해도 되지만 여기서는 [시트2] 탭을 더블클릭하여 '원본'으로 변경합니다.

NOTE 시트의 이름을 적절하게 지으면 더 효율적으로 일할 수 있습니다. 그러니 시트를 생성하면 반드시 시트의 이름을 변경합시다. 시트의 이름만 봐도 내용을 예상할 수 있도록 하는 것이 좋습니다.

06 이번에는 시트를 복사해봅시다. [원본] 시트 탭을 마우스 오른쪽 버튼으로 클릭하고 팝업 메뉴에서 [복사]를 선택합니다.

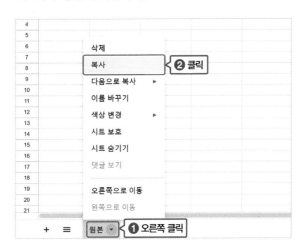

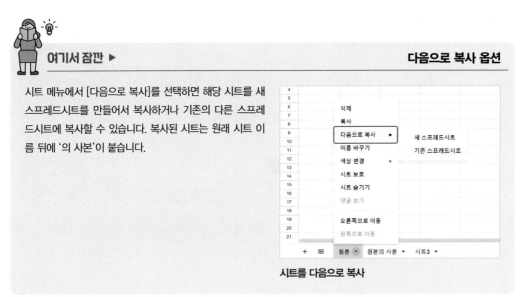

여기서 잠깐 ▶　　　　　　　　　　　　　　　　　　　　　　　**다음으로 복사 옵션**

시트 메뉴에서 [다음으로 복사]를 선택하면 해당 시트를 새 스프레드시트를 만들어서 복사하거나 기존의 다른 스프레드시트에 복사할 수 있습니다. 복사된 시트는 원래 시트 이름 뒤에 '의 사본'이 붙습니다.

시트를 다음으로 복사

엑셀까지 한 번에 ▶　　　　　　　　　　　　　　　　　　　　　　　**파일 간 시트 이동**

엑셀에서는 시트를 파일 간에 '이동'하는 기능이 있지만 구글 스프레드시트에서는 '복사'만 지원됩니다. 따라서 시트를 이동하기 위해서는 복사한 뒤 기존 스프레드시트에서 원본 시트를 삭제해야 합니다.

07 중요한 시트에 색상을 지정할 수도 있습니다. [원본] 시트를 빨간색으로 표시해보겠습니다. [원본] 시트 탭을 마우스 오른쪽 버튼으로 클릭하여 나타나는 팝업 메뉴에서 [색상 변경]을 클릭하고 '빨간색'을 선택합니다.

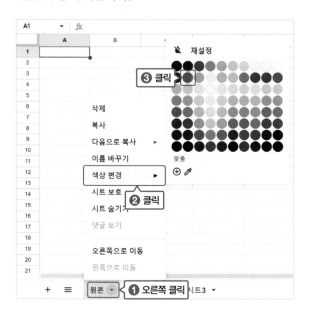

08 [원본] 시트의 탭에 빨간색 띠가 붙었습니다.

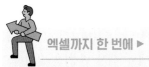

구글 스프레드시트에서도 Ctrl 키 또는 Shift 키를 누르고 시트 탭을 클릭하면 여러 시트를 한꺼번에 선택할 수 있습니다. 그러나 구글 시트에서 여러 시트에 대해 할 수 있는 작업은 아직 복사, 색상 변경에 한정됩니다. 시트 여러 개에 동일한 셀 주소의 내용을 한 번에 바꾸거나 3차원 수식을 넣는 등의 작업 역시 할 수 없습니다.

수식에서 참조하던 시트가 삭제되면 엑셀에서는 수식의 계산 결과와 수식의 참조가 모두 #REF!로 변경됩니다. 구글 스프레드시트에서는 수식에서 삭제된 셀의 주소가 #REF!로 바뀌지 않고 그대로 보존됩니다. 따라서 동일한 이름의 시트를 다시 만들면 삭제된 시트를 참조하는 수식을 쉽게 살릴 수 있습니다.

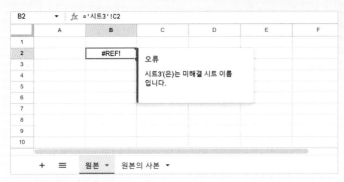

시트는 죽어도 수식을 남깁니다

다른 시트의 셀 참조하기

다른 시트에 있는 셀들도 수식에서 자유롭게 참조할 수 있습니다. 다른 시트의 셀을 참조하려면 '시트명'에 느낌표(!)를 붙이고 그 뒤에 셀 주소를 적으면 됩니다. 시트명에 공백이 있는 경우에는 시트명을 작은따옴표(')로 감싸야 합니다.

01 예제 | 시트 참조   예제 스프레드시트를 열고 [자료] 시트에서 2023년 3월 말 수치를 가져옵니다. [보고서] 시트에서 2023년 3월 말의 현금 및 현금성 자산 금액을 넣을 [C5] 셀을 선택하고 더하기(+)를 입력해 수식 입력 모드로 들어갑니다.

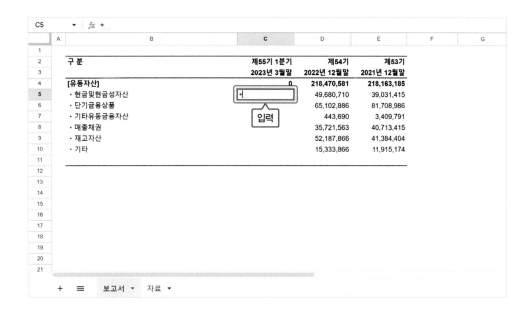

02 [자료] 시트 탭을 클릭하여 [자료] 시트로 이동한 뒤 [B4] 셀을 클릭합니다. [보고서] 시트의 [C5] 셀 수식이 **+'자료'!B4**로 입력됩니다. 직접 키보드로 이 수식을 입력해도 됩니다. 수식이 입력되면 Enter 키를 누릅니다.

03 [보고서] 시트로 이동하고 [C6:C10] 범위에 동일한 수식을 붙여넣기 위해 [C5:C10] 범위를 선택하고 Ctrl + D 키를 입력합니다.

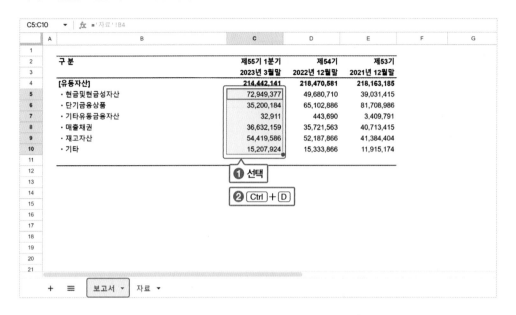

스프레드시트와 시트에 URL로 접근하기

구글 스프레드시트에서 파일 이름은 크게 중요하지 않습니다. 동일한 파일 이름을 가진 여러 개의 파일이 한 폴더에 들어 있어도 사용자가 구분할 수만 있다면 괜찮습니다. 스프레드시트는 클라우드인 구글 드라이브에 생성되고 삭제될 때까지 동일한 고유 주소를 유지합니다. 스프레드시트 내의 시트역시 고유한 값을 부여받습니다.

이 고유 주소는 어디서 찾을 수 있을까요? 바로 주소줄의 docs.google.com/spreadsheets/d/ 다음에 있는 알 수 없는 문자들이 스프레드시트 ID입니다. 이 값은 전 세계에 있는 모든 구글 스프레드시트 중 유일한 값으로, 이 주소만 알면 누구든 이 스프레드시트에 접속할 수 있습니다. 물론 파일을 보기 위해서는 권한이 부여되어 있어야겠지요. 사실 우리는 1.2절의 〈링크 공유 사용하기〉에서 이미 이 주소를 살펴본 적이 있습니다.

주소의 마지막에 있는 'gid'라는 값은 각 시트의 ID입니다. 첫 번째 시트에는 항상 0이, 그 다음 시트부터는 임의의 값이 부여됩니다.

스프레드시트 ID와 첫 번째 시트의 ID

← → C 🔒 docs.google.com/spreadsheets/d/1Y3jx-aL3gwlTy9fBvrC3J_Uf87M6APp49pV_Hjnkvsc/edit#gid=257753578

시트 ID

두 번째 시트부터 gid는 임의의 값으로 부여

URL에 들어 있는 스프레드시트 ID와 시트 ID를 통해 스프레드시트를 다운로드할 수 있는 링크를 생성할 수 있습니다. 8.4절에서 xlsx, html, csv, pdf 등의 형식으로 스프레드시트를 다운로드할 수 있는 URL을 만드는 방법에 대해 알아봅니다. 또한 미리 정해둔 필터를 볼 수 있는 링크도 만들 수 있는데, 이 내용은 4.2절에서 살펴보겠습니다.

게을러지기 ▶ **전광석화처럼 새 스프레드시트를 만들어봅니다**

구글에는 new 도메인이 있습니다. 웹 브라우저의 주소 창에 'sheet.new'를 입력하고 [Enter] 키를 누르면 새 스프레드시트가 생깁니다. 스프레드시트뿐만 아니라 구글 문서, 프레젠테이션, 설문지, 사이트도 이런 방법으로 생성할 수 있습니다. 지원되는 url은 다음과 같습니다.

- **스프레드시트:** sheet.new / sheets.new / spreadsheet.new
- **문서:** docs.new / documents.new
- **프레젠테이션:** slide.new / slides.new / deck.new / presentation.new
- **설문지:** form.new / forms.new
- **사이트:** site.new / sites.new / website.new

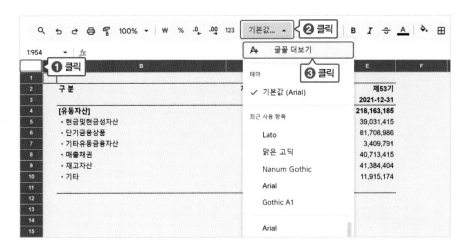

SECTION 2.4

글꼴, 서식 지정하기

▶▶ 이번 절에서는 스프레드시트에 서식을 지정해서 보기 좋게 만들어보겠습니다. 구글 스프레드시트의 서식 기능이 다양하지는 않지만 자주 사용하는 기능 위주로 구성되어 있습니다. 글꼴과 색상을 바꾸는 방법을 비롯해 다양한 숫자, 날짜 서식을 사용하는 방법에 대해 살펴보겠습니다.

글꼴 적용하기

2019년에 구글은 스프레드시트에 대대적인 업데이트를 단행했습니다. 제일 큰 변화는 글꼴을 대폭 늘린 것입니다. 그럼에도 불구하고 지원되는 한국어 글꼴은 34개뿐입니다. 웹 브라우저에서 작동하므로 웹 기반 글꼴을 써야 한다는 한계 때문입니다. 게다가 구글 스프레드시트의 기본값은 Arial로 설정되어 있어 브라우저별로 글꼴이 달라 보일 수 있습니다. 숫자에 어울리는 글꼴로는 맑은 고딕이나 나눔 고딕, 또는 Lato를 추천합니다.

01 예제 | 글꼴과 서식 나눔 고딕을 적용해보겠습니다. 열과 행 표시줄이 만나는 모서리를 클릭해서 시트 전체를 선택하고 글꼴을 적용하기 위해 툴바에서 [글꼴]의 드롭다운 버튼을 클릭합니다. 나눔 고딕 글꼴이 보이지 않으므로 [글꼴 더보기]를 선택합니다.

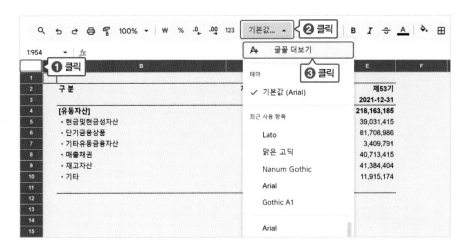

02 [글꼴] 창에서 [문자: 모든 문자]의 드롭다운 버튼을 클릭하여 '한국어'를 선택합니다.

03 추가하고 싶은 글꼴을 선택하여 목록에 추가할 수 있습니다. 여기서는 'Nanum Gothic'과 'Nanum Myeongjo', 'Gothic A1'을 선택한 후 [확인] 버튼을 클릭합니다.

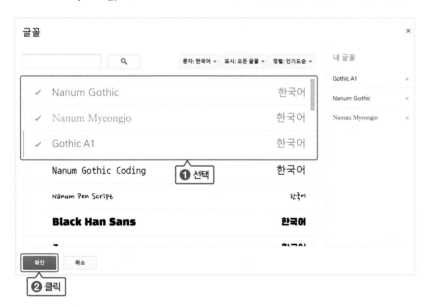

04 다시 툴바에서 [글꼴]의 드롭다운 버튼을 클릭하고 'Nanum Gothic' 글꼴을 선택합니다.

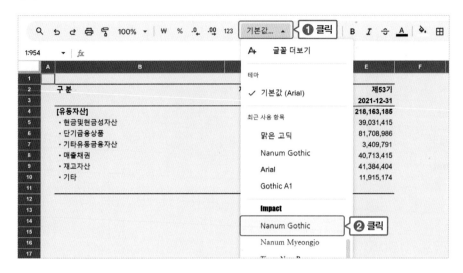

05 시트 전체의 글꼴이 나눔 고딕으로 변경되었습니다.

구 분	제55기 1분기	제54기	제53기
	2023-03-31	2022-12-31	2021-12-31
[유동자산]	214,442,141	218,470,581	218,163,185
· 현금및현금성자산	72,949,377	49,680,710	39,031,415
· 단기금융상품	35,200,184	65,102,886	81,708,986
· 기타유동금융자산	32,911	443,690	3,409,791
· 매출채권	36,632,159	35,721,563	40,713,415
· 재고자산	54,419,586	52,187,866	41,384,404
· 기타	15,207,924	15,333,866	11,915,174

서식 지정하기

구글 스프레드시트에서 적용할 수 있는 서식은 간단한 편입니다. 기본적으로 글꼴 모양, 크기, 정렬 관련 설정이 있고 숫자 서식, 조건부 서식, 교차 색상 등은 추가로 세부 설정을 할 수 있습니다. [서식 지우기] 기능을 이용하면 선택 영역의 서식이 스프레드시트를 처음 생성했을 때와 동일하게 초기화 됩니다. 여기서는 정렬, 셀 병합, 텍스트 줄바꿈에 대해 살펴보겠습니다.

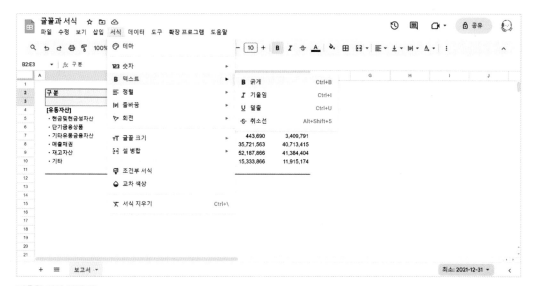

단출한 서식 설정 메뉴

정렬

정렬은 텍스트를 수평 기준으로 왼쪽, 가운데, 오른쪽으로 맞추
거나 수직 기준으로 위, 중간, 아래로 맞추는 기능입니다. 수평
기준 정렬은 숫자의 경우 오른쪽 정렬, 문자의 경우 왼쪽 정렬이
기본값입니다. 수직 기준 정렬은 아래 정렬이 기본값입니다.

수직 및 수평 정렬 옵션

 엑셀까지 한 번에 ▶

수직 기준 정렬의 기본값

엑셀도 수평 기준 정렬은 숫자의 경우 오른쪽 정렬, 문자의 경우 왼쪽 정렬이 기본값입니다. 다만, 수직 기준 정렬은
중간 정렬이 기본값입니다.

줄바꿈

셀에 입력한 내용이 길어질 경우 옆 셀이 비어 있다면 기본적으로 텍스트가 셀을 넘어갑니다. 이때 줄을 바꾸거나 셀 경계를 기준으로 텍스트를 자를 수도 있습니다. 인접 셀에 내용이 있을 경우에는 오버플로우로 설정해도 내용이 잘려서 표시됩니다.

줄바꿈 옵션

엑셀까지 한 번에 ▶ **양쪽 맞춤, 셀 여백 설정**

구글 스프레드시트는 엑셀에서 볼 수 있는 다양한 서식 설정과 선택 영역의 가운데로, 양쪽 맞춤, 들여쓰기, 균등 분할 등과 같은 옵션을 지원하지 않습니다.

셀 병합

셀 병합은 여러 셀을 하나의 셀인 것처럼 병합하는 기능입니다. 주로 보고서의 제목 행이나 표의 제목 부분에 사용합니다. 하지만 참조를 적용할 때 오류가 발생하거나 번거로워질 가능성이 있기 때문에 꼭 필요한 경우가 아니라면 사용하지 않는 것이 좋습니다.

셀 병합 옵션

엑셀까지 한 번에 ▶ **선택 영역의 가운데로 정렬**

엑셀에서는 셀 병합을 하지 않고도 셀 병합을 한 것처럼 표시하기 위해 선택 영역의 가운데로 정렬하는 기능이 있지만, 구글 스프레드시트에서는 이 기능이 지원되지 않습니다.

[서식] – [테마] 메뉴를 클릭하면 [테마] 창에서 간단한 테마를 설정할 수 있고, 새로운 테마를 만들 수도 있습니다. 테마는 스프레드시트의 메뉴를 이용해서 만든 교차 색상, 피벗 테이블, 차트와 같은 서식에 적용됩니다.

아쉽게도 현재로선 맞춤설정으로 지정한 색상표는 다른 스프레드시트에 동일하게 적용할 수 없습니다. 테마에서 사용할 수 있는 글꼴도 기본 글꼴 다섯 가지뿐입니다.

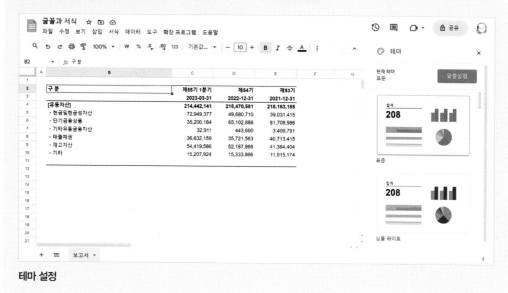

테마 설정

숫자 서식 지정하기

숫자는 다양한 방식으로 표현할 수 있습니다. 1,000 단위로 콤마(,)를 찍거나 소수점 두 자리까지 표시하거나 % 단위로 표시하는 것처럼 말이죠. 스프레드시트는 날짜 역시 숫잣값으로 처리하기 때문에 '2025년 10월 30일'을 '25/10/30' 또는 '2025. 10. 30' 등 다양한 모양으로 나타낼 수 있습니다. 여기서는 기본적인 숫자 서식과 날짜 서식 그리고 맞춤 숫자 서식에 대해 알아보겠습니다.

기본 숫자 서식과 날짜 서식

구글 스프레드시트에서 숫자 서식을 적용하고 싶은 셀들을 선택하고 [서식] – [숫자] 메뉴를 선택하면 간단하게 기본 숫자 서식을 적용할 수 있습니다. 또는 툴바의 [서식 더보기]를 사용해도 됩니다.

01 예제 | 숫자서식 예제 스프레드시트를 열고 E열의 2018년 숫자 서식을 참고해서 2019년과 2020년의 서식도 동일하게 변경해봅시다. 천 단위로 콤마가 입력된 숫자 서식으로 변경하기 위해 [D4:D11]를 선택하고 툴바에서 서식 더보기(123) 아이콘을 클릭합니다.

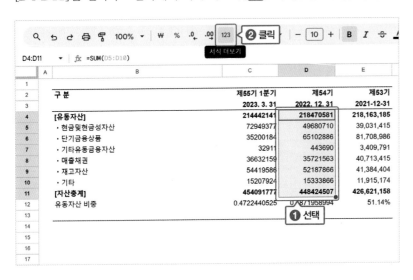

02 나타나는 팝업 메뉴에서 [숫자] 혹은 [재무] 서식을 선택합니다. 두 서식의 차이는 음수를 표현하는 방식입니다. [재무] 서식은 음수를 괄호로 감싸서 표현합니다.

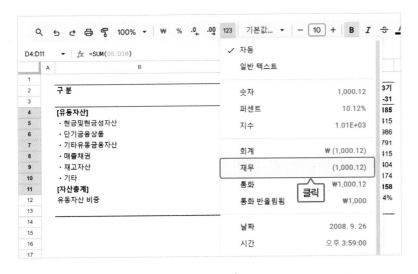

03 숫자가 화폐 단위임을 인식하고 세 자릿수마다 콤마를 찍습니다. 그런데 소수점 아래 두 자리까지 표현하네요. 소수점 이하 자리를 줄이기 위해 툴바에서 소수점 이하 자릿수 감소(.0↓) 아이콘을 두 번 클릭합니다.

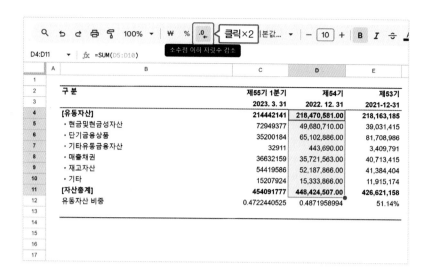

쉼표 스타일

구글 스프레드시트에는 엑셀에서 제일 많이 쓰는 '쉼표 스타일'이 없습니다(세상에!). 1,000.12 형태의 숫자 서식으로 바꾼 뒤에 [소수점 이하 자릿수 감소]로 소수점을 줄여야 합니다.

04 이제 유동자산 비중이 입력되어 있는 [D12] 셀을 퍼센트(%) 서식으로 바꿔보겠습니다. [D12] 셀을 선택하고 툴바에서 퍼센트 형식(%) 아이콘을 클릭합니다.

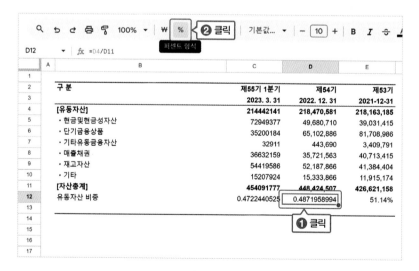

NOTE [퍼센트 형식]은 기본적으로 소수점 아래 두 자리까지 표시해줍니다. 자릿수를 조절하기 위해서는 아까와 동일하게 [소수점 이하 자릿수 감소] 혹은 [소수점 이하 자릿수 증가]를 클릭하면 됩니다.

05 마지막으로 [D3] 셀의 날짜 서식을 **YYYY-MM-DD** 형태로 바꾸겠습니다. [D3] 셀을 선택하고 툴바에서 서식 더보기(**123**) 아이콘을 클릭하고 [맞춤 날짜 및 시간]을 선택합니다.

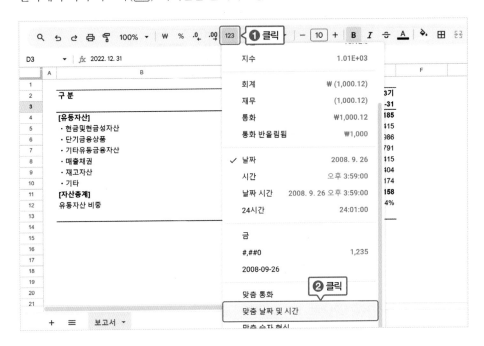

 엑셀까지 한 번에 ▶

날짜 형식

엑셀에서는 날짜 형식의 기본값이 **YYYY-MM-DD**로 설정되어 있지만, 구글 스프레드시트는 **YYYY. M. DD**가 기본값입니다.

06 [맞춤 날짜 및 시간 형식] 창에 연도, 월, 일 사이에 마침표가 찍혀 있고 그 뒤에 공백이 있습니다. 마침표(.)와 공백을 하이픈(–) 한 개로 바꿔줍니다.

07 자세히 보면 월과 일이 한 자리로 표시되어 있습니다. 월과 일 버튼을 눌러 각각 '앞 자리에 0이 있는 월'과 '앞 자리에 0이 있는 일'로 변경합니다. 서식이 제대로 설정되어 있는지 확인하고 [적용] 버튼을 클릭합니다.

NOTE 날짜 서식은 [날짜 및 시간 형식 더보기] 메뉴를 통해 다양한 형태로 지정할 수 있습니다. 폭이 일정하고 다른 프로그램과의 호환성이 좋은 2008-09-26 형태로 사용하는 것을 권장합니다.

08 [D3] 셀에 **YYYY-MM-DD** 형태의 서식이 적용되었습니다.

	A	B	C	D	E	F
2		구 분	제55기 1분기	제54기	제53기	
3			2023. 3. 31	2022-12-31	2021-12-31	
4		[유동자산]	214442141	218,470,581	218,163,185	
5		· 현금및현금성자산	72949377	49,680,710	39,031,415	
6		· 단기금융상품	35200184	65,102,886	81,708,986	
7		· 기타유동금융자산	32911	443,690	3,409,791	
8		· 매출채권	36632159	35,721,563	40,713,415	
9		· 재고자산	54419586	52,187,866	41,384,404	
10		· 기타	15207924	15,333,866	11,915,174	
11		[자산총계]	454091777	448,424,507	426,621,158	
12		유동자산 비중	0.4722440525	48.72%	51.14%	
13						
14						
15						
16						
17						

D3 ▾ | fx 2022-12-31

서식 복사하기

사실 방금 진행했던 서식 변경은 이미 설정된 서식을 그대로 복사해서 가져올 수 있다면 간단하게 해결할 수 있는 작업입니다. 구글 스프레드시트에도 엑셀처럼 서식을 복사하는 기능이 있습니다. D열에 설정한 서식을 C열에 그대로 붙여 넣어봅시다.

01 **예제 | 서식 복사하기** 서식을 복사할 원본 범위인 [D3:D12]를 선택하고 툴바에서 서식 복사(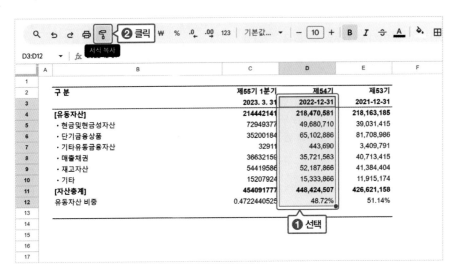) 아이콘을 클릭합니다.

02 서식 복사 상태에서는 서식 복사(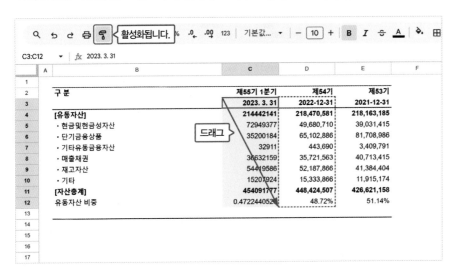) 아이콘이 활성화됩니다. 이 상태에서 서식을 붙여 넣을 범위인 [C3: C12]를 드래그하여 선택하고 마우스를 놓으면 서식이 적용됩니다.

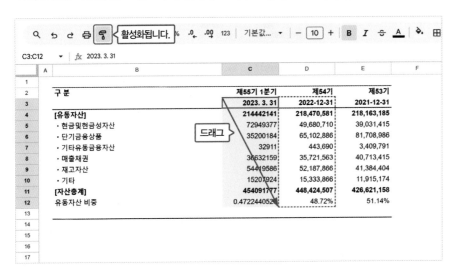

NOTE 범위의 서식을 복사한 상태라면 서식을 붙여넣을 때 셀 하나만 클릭해도 그 셀을 시작점으로 해서 복사한 범위와 동일한 크기의 셀에 서식을 붙여넣을 수 있습니다. 즉, [D3:D12] 범위의 서식을 복사했으므로 [C3:C12] 범위를 선택하는 대신 [C3] 셀만 클릭해도 서식이 적용됩니다.

03 서식 붙여넣기가 완료되었습니다. 셀의 오른쪽 아래에 서식 붙여넣기 아이콘이 생긴 것을 볼 수 있습니다. 사실 서식 복사 및 붙여넣기는 선택하여 붙여넣기의 '서식만'과 동일한 기능입니다.

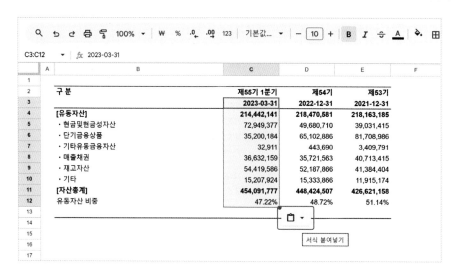

 **여기서 잠깐 ▶** **여러 곳에 서식을 복사할 수 없습니다**

서식을 여러 곳에 붙여 넣고 싶은 경우도 있습니다. 엑셀에는 이런 기능이 있지요. 구글 스프레드시트 고객센터의 설명에는 [서식 복사]를 더블클릭하면 여러 셀에 걸쳐서 서식 복사하기를 적용할 수 있다고 되어 있지만 실제로 이 기능은 동작하지 않습니다. 여러 곳에 서식을 붙여 넣을 때는 57쪽 〈복사와 붙여넣기〉에서 배웠던 선택하여 붙여넣기를 사용해야 합니다.

맞춤 숫자 형식

맞춤 숫자 형식은 구문 문자를 이용해서 다양한 숫자 서식을 지정하는 기능입니다. 구문 문자들은 엑셀과 거의 동일하게 사용됩니다. 실제로 숫자를 천 또는 백만 단위로 표시하는 작업을 자주 하므로 보고서의 숫자를 천원 단위로 바꿔보겠습니다.

01 **예제 | 맞춤 숫자 형식** 천원 단위로 바꿀 [C4:E11] 범위를 선택하고 메뉴에서 [서식] – [숫자] – [맞춤 숫자 형식]을 선택합니다. 툴바에서 [서식 더보기] – [맞춤 숫자 형식]을 선택해도 됩니다.

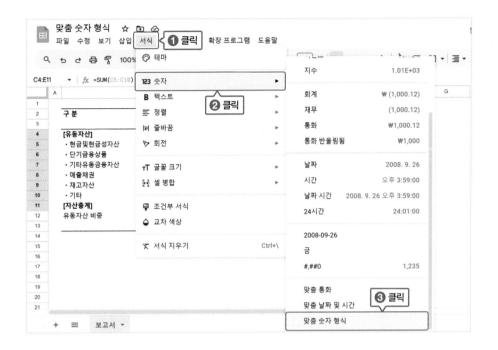

02 [맞춤 숫자 형식] 창에 **#,##0**이라는 형식이 적용되어 있습니다. 이 숫자 형식을 **#,##0, "천원"**으로 변경합니다. **#,##0** 다음에 콤마(,)와 공백이 들어가는 것에 주의하세요.

NOTE 숫자 형식이 아닌 재무 형식을 적용했다면 **#,##0;(#,##0)**이라는 형식으로 지정되어 있을 것입니다. 이 경우 **#,##0, "천원";(#,##0, "천원")**으로 변경합니다.

엑셀까지 한 번에 ▶

시스템의 개입

엑셀과 구글 스프레드시트의 숫자 서식은 유사합니다. 그러나 구글 스프레드시트는 사용자가 입력한 내용의 서식을 판단할 때 엑셀보다 프로그램의 개입이 좀 더 적극적입니다. 예를 들어 '2022년 10월 30일'이라고 년도와 월 사이에 빈칸을 2개 입력하면 엑셀에서는 이를 그냥 문자열로 인식하지만, 스프레드시트에서는 빈칸을 하나로 줄이면서 날짜로 인식합니다. 장점일 수도 있고 단점일 수도 있습니다.

여기서 잠깐 ▶   **맞춤 숫자 형식의 의미**

#과 0은 숫자의 자릿수를 나타내는 구문 문자입니다. #,##0 형식은 숫자가 0일 경우에는 0으로 표시하고 그 이외의 자릿수는 #, 즉 0이 있어도 표시하지 않는다는 의미입니다. 예를 들어 입력된 숫자가 0일 경우 #,### 형식으로 설정되어 있다면 아무 것도 표시되지 않지만, 0,000 형식으로 설정되어 있다면 0,000이라고 표시됩니다.

#,##0,에서는 천 단위 구분자인 콤마 뒤에 숫자의 자릿수를 나타내는 구문 문자가 없기 때문에 천 단위가 생략되어 표시됩니다. 백만 단위로 숫자를 표시하고 싶으면 #,##0, 대신 #,##0,,로 뒤에 콤마를 하나 더 추가해주면 됩니다. 뒤에 추가된 "천원"이라는 텍스트는 그대로 표시됩니다. 백만원 단위를 표시하고 싶으면 "백만원"으로 바꿔주면 되겠지요.

맞춤 형식은 세미콜론(;)으로 구분된 4개 부분(양수, 음수, 0, 숫자가 아닌 값)으로 구성됩니다. 즉 #,##0 ;[RED] (#,##0);- 은 양수에 대해 ,를 찍고 뒤에 공백을 추가하여 표시하고 음수는 괄호로 감싸진 빨간색 숫자로, 0은 뒤에 공백이 추가된 -로 표시합니다.

03 단위가 천원 단위로 변경되고 숫자 뒤에 "천원"이라는 문자열이 추가되었습니다.

C4:E11	▼	ƒx =SUM(C5:C10)			
		B	**C**	**D**	**E**	**F**
2		**구 분**	**제55기 1분기**	**제54기**	**제53기**	
3			**2023-03-31**	**2022-12-31**	**2021-12-31**	
4		**[유동자산]**	**214,442 천원**	**218,471 천원**	**218,163 천원**	
5		· 현금및현금성자산	72,949 천원	49,681 천원	39,031 천원	
6		· 단기금융상품	35,200 천원	65,103 천원	81,709 천원	
7		· 기타유동금융자산	33 천원	444 천원	3,410 천원	
8		· 매출채권	36,632 천원	35,722 천원	40,713 천원	
9		· 재고자산	54,420 천원	52,188 천원	41,384 천원	
10		· 기타	15,208 천원	15,334 천원	11,915 천원	
11		**[자산총계]**	**454,092 천원**	**448,425 천원**	**426,621 천원**	
12		유동자산 비중	47.22%	48.72%	51.14%	

NOTE 실습을 위해 전체 숫자에 단위를 표시했지만, 실제 보고서를 작성할 때는 표의 우측 상단에 (단위: 천원)을 표시하는 것으로 충분합니다.

다음은 맞춤 숫자 형식을 만들 때 사용하는 일반 구문 문자입니다.

- **0**: 숫자의 자릿수입니다. 무의미한 0이 결과에 표시됩니다.
- **#**: 숫자의 자릿수입니다. 무의미한 0이 결과에 표시되지 않습니다.
- **?**: 숫자의 자릿수입니다. 무의미한 0이 결과에 공백으로 표시됩니다.
- **$**: 숫자에 달러 값 형식을 지정합니다.
- **.(소수점)**: 숫자에 소수점 형식을 지정합니다.
- **,(쉼표)**: 숫자에 천 단위 구분자를 지정합니다.
- **/**: 숫자에 분수 형식을 지정합니다.
- **%**: 숫자에 백분율 형식을 지정합니다.
- **E**: 숫자에 지수 형식을 지정합니다.
- **"text"**: 수식에 텍스트를 추가합니다. 원하는 텍스트를 따옴표 안에 삽입하면 텍스트가 표시됩니다.
- **@**: 셀에 입력한 텍스트를 표시합니다.
- *****: 셀에서 남은 공간을 채우기 위해 다음 문자를 반복합니다.
- **_(밑줄)**: 다음 문자와 너비가 동일한 공간을 추가합니다.
- **[색상]**: 영어로 작성된 색상값(BLACK, WHITE, RED, BLUE 등 8가지) 또는 색상#(1~56 중 하나)을 적용합니다.

셀의 테두리와 색상 변경하기

셀은 우리가 흔히 사용하는 표와 비슷하게 생겼습니다. 워드프로세서의 표처럼 적절한 선과 색을 지정하여 정보를 더 효과적으로 전달할 수 있습니다. 예제의 표에 테두리와 색상을 지정해봅시다.

01 예제 | 셀 테두리와 색상 표의 제일 위와 제일 아래에 굵은 가로 테두리를 지정해보겠습니다. [B3: E14] 범위를 선택하고 툴바에서 테두리(⊞) 아이콘과 테두리 스타일(▦) 아이콘을 차례로 클릭한 후 두 번째의 '약간 굵은 선'을 선택합니다.

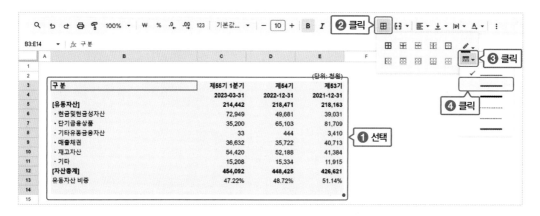

02 이제부터 그리는 테두리는 약간 굵은 선으로 그려집니다. 테두리(⊞) 아이콘이 활성화된 상태에서 '위쪽 테두리', '아래쪽 테두리'를 클릭하여 표의 위와 아래에 약간 굵은 선을 적용합니다.

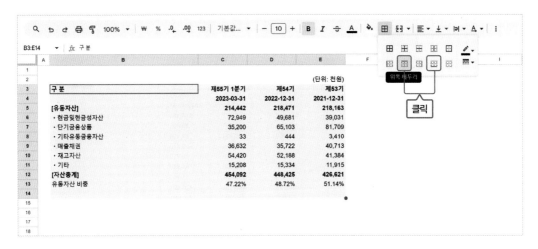

03 제목 행 아래에 가는 선을 긋고 제목 행의 색상을 변경하기 위해 [B3:E4] 범위를 선택합니다. 툴바에서 테두리(⊞), 테두리 스타일(▤) 아이콘을 클릭하고 맨 위의 '가는 선'을 선택합니다.

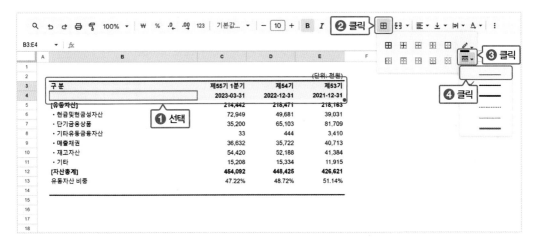

NOTE 추가로 데이터를 입력해야 할 경우를 대비해 표의 맨 아랫줄은 비워두는 편이 좋습니다. 표의 테두리 서식이나 함수들이 맨 아래에 위치하는 경우 빈 줄이 없으면 데이터를 추가할 때마다 서식이나 함수를 수정해야 하기 때문입니다.

04 툴바의 테두리(⊞) 아이콘이 활성화된 상태에서 '아래쪽 테두리'를 클릭해 제목 행 아래에 가는 선을 적용합니다.

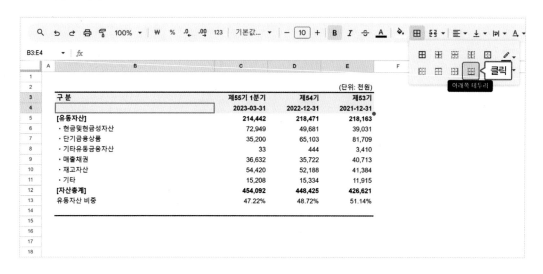

05 이번에는 제목 행에 연한 회색을 적용하겠습니다. [B3:E4] 범위가 선택된 상태에서 툴바의 채우기 색상(🖌) 아이콘을 클릭하고 '연한 회색 1' 색상을 선택합니다.

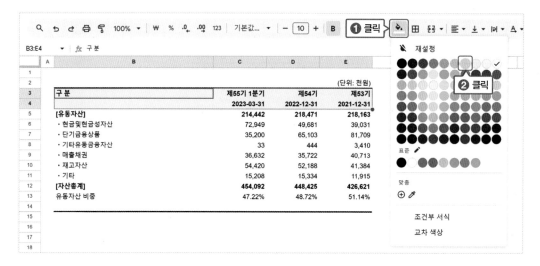

06 테두리와 색상 적용이 완료된 모습입니다.

구분		제55기 1분기	제54기	제53기
		2023-03-31	2022-12-31	2021-12-31
[유동자산]		**214,442**	**218,471**	**218,163**
· 현금및현금성자산		72,949	49,681	39,031
· 단기금융상품		35,200	65,103	81,709
· 기타유동금융자산		33	444	3,410
· 매출채권		36,632	35,722	40,713
· 재고자산		54,420	52,188	41,384
· 기타		15,208	15,334	11,915
[자산총계]		**454,092**	**448,425**	**426,621**
유동자산 비중		47.22%	48.72%	51.14%

(단위: 천원)

행/열 고정하기

데이터가 많은 경우 스크롤을 하다 보면 제목 행이나 제일 왼쪽 열이 보이지 않아 불편할 때가 있습니다. 이때 스크롤을 해도 특정한 부분은 고정되도록 설정하는 기능이 행/열 고정입니다. 제일 왼쪽 위의 행 주소와 열 주소가 만나는 부분의 고정 핸들을 아래쪽 혹은 오른쪽으로 옮기면 셀이 이동하더라도 항상 표시되도록 틀을 고정할 수 있습니다.

01 예제 | 고정 열 문자와 행 번호가 만나는 지점의 고정 핸들 중 수평 핸들을 아래쪽으로 드래그하여 3행까지 고정합니다.

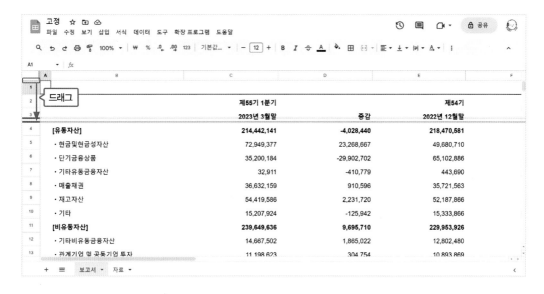

02 이번에는 수직 핸들을 오른쪽으로 드래그하여 B열까지 고정합니다.

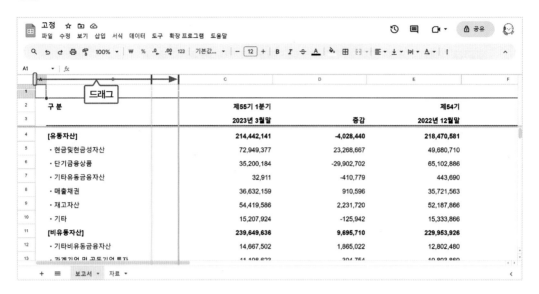

03 이제는 스크롤을 해도 3행 위쪽과 B열 왼쪽은 고정되어 있습니다.

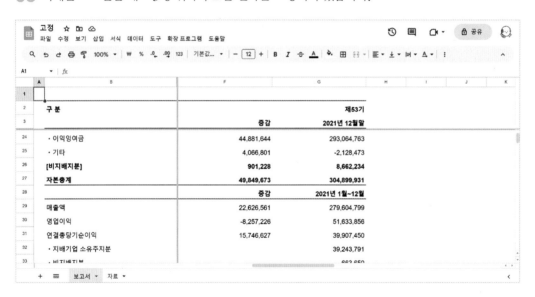

> **NOTE** 행/열 고정은 [보기] - [고정] 메뉴를 통해서도 설정할 수 있습니다. 행/열 고정을 해제하려면 [보기] - [고정] 메뉴에서 '행 고정 없음' 및 '열 고정 없음'을 클릭합니다.

공동 작업: 구글 스프레드시트의 작업 방식

▶▶ 지금까지는 셀과 시트, 서식과 같은 스프레드시트의 일반적인 사용 방법에 대해 알아봤습니다. 여기서는 구글 스프레드시트의 장점으로 손꼽히는 공동 작업에 대해 알아봅니다. 그리고 스프레드시트를 다른 사람들과 함께 사용하는 방법과 효과적으로 일하는 방식도 살펴보겠습니다.

동시에 편집하고 즉시 저장되는 스프레드시트

구글 스프레드시트는 공동 작업을 전제로 합니다. 작성자 외의 다른 사용자에게 스프레드시트를 열람 및 편집할 수 있는 역할을 부여하면, 여러 명이 하나의 스프레드시트에서 동시에 작업을 할 수 있습니다. 특히 구글 워크스페이스를 사용하는 조직은 한 스프레드시트에 대한 권한을 조직 내 여러 사용자에게 부여하는 경우가 많습니다. 여기서는 구글 스프레드시트의 가장 큰 장점 중 하나인 공동 작업이 어떤 방식으로 이루어지는지 알아봅니다.

구글 스프레드시트를 처음 사용하는 사람들은 갑자기 스프레드시트가 제멋대로 바뀌는 상황이 당황스러울 수 있습니다. 기존의 다른 오피스 프로그램에서는 쉽게 경험할 수 없었던 일이죠. 권한이 있는 사람들은 내가 작업 중인 스프레드시트에 접근해서 스프레드시트를 동시에 보거나 수정할 수 있습니다.

스프레드시트에 다른 사람이 들어와 있는 경우 우측 상단에 프로필이 아이콘으로 표시됩니다. 사람들이 현재 선택하고 있는 셀의 위치 역시 프로필 아이콘과 동일한 색상으로 표시됩니다. 또한, 상대방이 셀을 편집 중일 때는 해당 셀이 회색으로 표시됩니다. 모든 편집은 실시간으로 반영되고 실시간으로 저장됩니다.

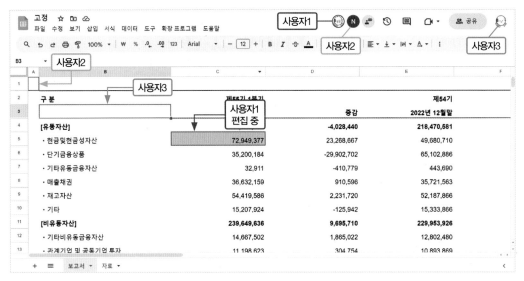

누구냐 넌

사소한 차이로 보일 수 있지만 공동 작업자들이 작업하는 모습을 실시간으로 확인할 수 있다는 점은
실제 사용 경험에서는 매우 큰 변화를 이끌어냅니다. 엑셀로 작업할 경우 상대방이 작업해서 저장한
결과를 받아 보고, 내 작업 역시 결과물로만 상대방에게 전달되기 때문에 작업 과정을 보는 경험은
할 수 없습니다. 이러한 차이로 인해 구글 스프레드시트에서는 결과물만으로 피드백을 주고받던 업
무 형태를 넘어서 과정 전반에 초점을 맞춘 공동 작업이 가능하게 되었습니다.

댓글, 채팅으로 다른 사람에게 업무 전달하기

같은 스프레드시트 화면을 보면서 동시에 일을 하기 때문에 업무 관련 커뮤니케이션도 스프레드시트
내에서 이루어지는 것이 자연스럽습니다. 구글 스프레드시트는 공동 작업을 위해 업무의 할당과 완
료 형태의 의사 소통 수단인 '댓글' 기능과 실시간 커뮤니케이션인 '채팅' 기능을 제공하고 있습니다.

댓글로 말 걸기

스프레드시트에는 메모 기능도 존재하지만, 댓글을 이용하면 다른 사용자에게 메일로 알려 주고 업
무를 할당할 수도 있습니다. 댓글은 기록으로 남고 해결 여부를 한눈에 확인할 수 있습니다. 다른 사
람의 메일 계정으로 직접 테스트해보길 추천합니다.

01 예제 | 댓글 채팅 예제 스프레드시트에서 [C4] 셀의 유동자산 합계가 누락되어 있는 것을 발견했습니다. 작업자에게 수정하라는 댓글을 남기기 위해 [C4] 셀을 선택하고 마우스 오른쪽 버튼을 클릭하여 [댓글]을 선택합니다.

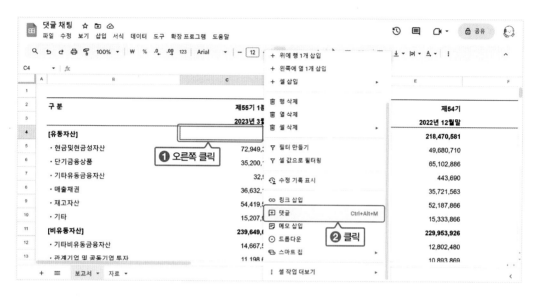

NOTE 댓글의 단축키는 Ctrl + Alt + M 키입니다.

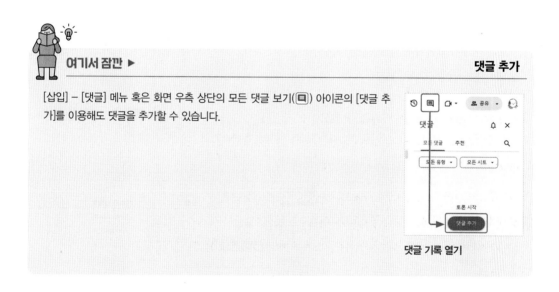

여기서 잠깐 ▶   **댓글 추가**

[삽입] – [댓글] 메뉴 혹은 화면 우측 상단의 모든 댓글 보기(🖻) 아이콘의 [댓글 추가]를 이용해도 댓글을 추가할 수 있습니다.

댓글 기록 열기

02 댓글 창이 나타나면 **@**를 입력한 뒤 댓글을 전달할 사람의 이메일 주소를 입력합니다. 필자는 @gsheetbook.101@gmail.com으로 입력하겠습니다.

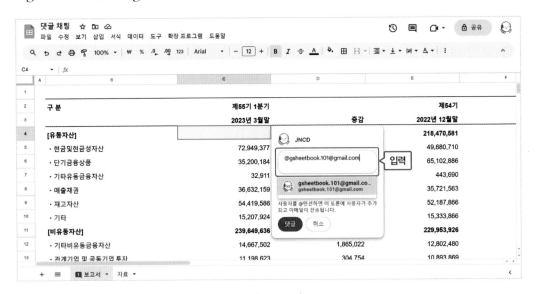

NOTE 댓글은 '메모'와는 달리 기록한 사람의 이름이 표시되고 다른 사용자를 호출하는 것이 가능합니다. 댓글을 적을 때 **+**나 **@**를 입력하면 다른 사용자의 이메일 주소나 주소록에 있는 이름을 입력할 수 있습니다. 이렇게 '멘션(언급)'된 사용자에게는 이메일이 전송됩니다. 사용자를 멘션하지 않으면 스프레드시트의 소유자와 전체 알림을 설정해둔 사용자에게만 이메일이 전송됩니다.

03 합계가 누락되어 있으니 고쳐 달라는 내용을 댓글로 입력했습니다. 입력을 완료하고 [댓글] 버튼을 클릭하여 댓글을 보냅니다.

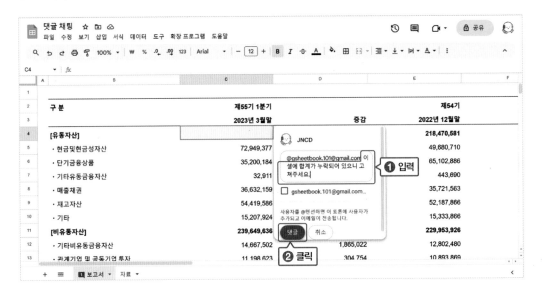

04 댓글 권한이 없는 사용자를 언급하면 다음과 같이 권한을 부여하라는 창이 뜹니다. 댓글을 받는 사용자는 최소한 댓글 권한이 있어야 합니다. 사용자에게 '댓글 작성자' 권한을 설정하고 [댓글] 버튼을 클릭하세요.

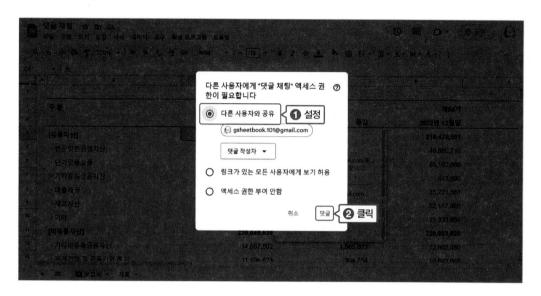

05 [C4] 셀에 댓글이 달렸습니다. 해결되지 않은 댓글이 있는 시트에는 시트 탭에 해결되지 않은 댓글의 개수가 숫자로 표시됩니다.

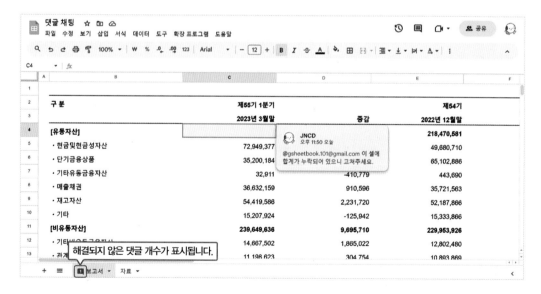

06 댓글에서 다른 사용자를 언급하면 그 사용자에게 다음과 같이 이메일이 전송됩니다. 이메일로 전송된 댓글 알림에서 [답장]에 내용을 입력하고 [답장] 버튼을 클릭하면 바로 답장을 남길 수 있습니다.

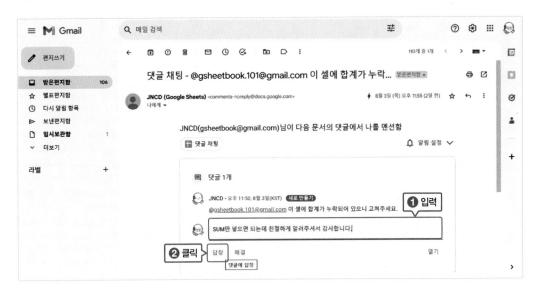

07 바로 답장을 남기지 않고 [열기] 버튼을 클릭하면 스프레드시트의 해당 댓글로 이동합니다.

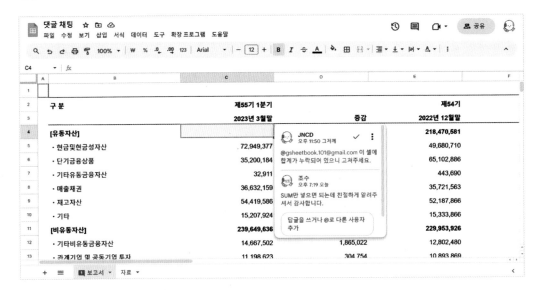

08 해결된 댓글은 [해결] 버튼을 클릭하면 댓글이 '완료' 상태로 전환되고, 댓글을 남겼던 사람의 메일로 댓글이 해결되었다는 알림이 전송됩니다. 완료된 댓글은 셀에서는 더 이상 표시되지 않고 우측 상단의 모든 댓글 보기(🖼)에서만 확인할 수 있습니다. 시트 탭의 댓글 숫자 표시도 사라집니다.

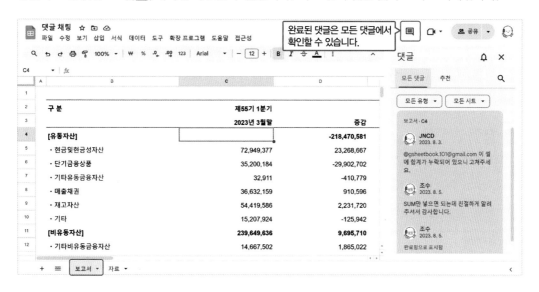

NOTE 모든 댓글 보기(🖼)에서는 댓글의 유형별로 전체, 나와 관련됨, 해결되지 않음, 해결됨을 필터링하거나 댓글 위치를 기준으로 모든 시트, 현재 시트의 댓글을 필터링하여 볼 수 있습니다.

여기서 잠깐 ▶   **댓글 알림 설정하기**

댓글이 달렸을 때 어떤 알림을 받을 것인지 설정하려면 모든 댓글 보기(🖼)를 클릭하고 [댓글] 창 상단 알림 설정(🔔) 아이콘을 클릭하세요. 모든 댓글에 대해 알림을 받을 것인지, 나와 관련된 댓글에 대해서만 알림을 받을 것인지, 알림을 끌 것인지 선택할 수 있습니다.

댓글 알림은 댓글을 작성할 권한이 있는 사용자들(소유자, 편집자, 댓글 작성자)에게 적용됩니다. 알림 설정의 기본값은 소유자는 '모든 댓글', 편집자, 댓글 작성자는 '나와 관련된 댓글'입니다.

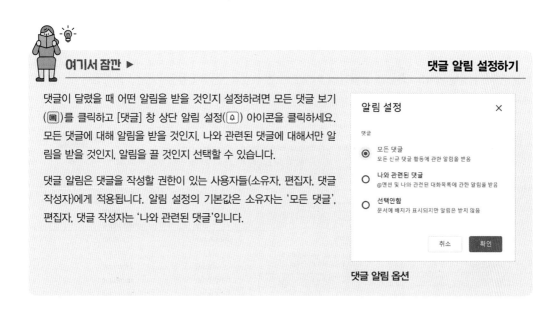

댓글 알림 옵션

댓글로 업무 할당하기

할당은 댓글의 멘션과 유사하지만 '작업'의 개념이 추가됩니다. 할당된 작업 중 완료되지 않은 작업의 개수가 구글 드라이브의 스프레드시트 목록에 표시되고, 할당된 작업을 다른 사용자에게 재할당할 수 있습니다.

01 다른 사용자를 댓글에서 언급할 때 작업을 '할당'하려면 작업을 할당할 사람의 이메일 주소와 댓글을 입력하고 [○○○에게 할당]을 체크한 후 [할당] 버튼을 클릭합니다.

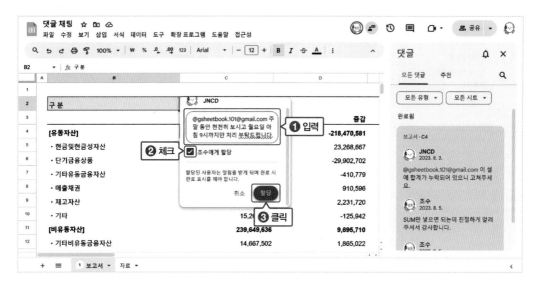

02 업무가 할당되어도 댓글과 동일하게 이메일이 전송되고 댓글에 할당 대상이 표시됩니다. 즐거운 주말 업무가 할당되었습니다.

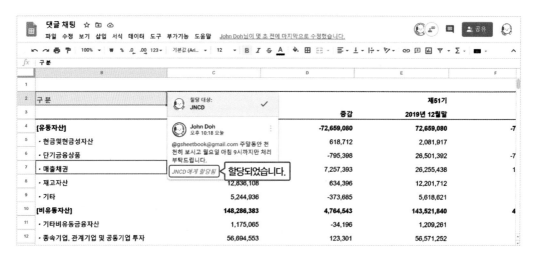

03 할당된 작업을 알려 주는 메일은 약간 더 부담이 가는 제목으로 되어 있습니다. 댓글과 동일하게 메일에서 직접 답장을 적고 완료로 표시하는 작업을 할 수 있습니다.

04 할당된 작업 중 완료되지 않은 작업의 숫자는 구글 드라이브의 스프레드시트 목록에도 표시되어 작업을 놓치는 일이 없도록 도와줍니다.

05 다른 사용자에게 업무를 재할당하려면 답글에 다른 사용자를 멘션하면 생기는 [재할당] 메뉴를 이용하면 됩니다.

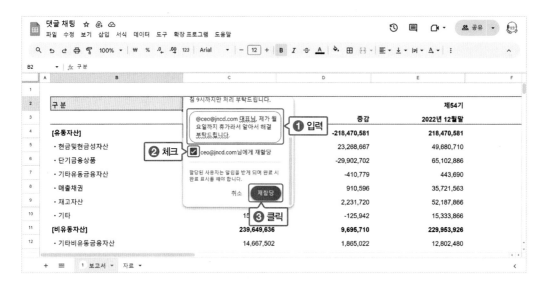

채팅 기능

스프레드시트에 다른 사용자가 접속하면 우측 상단에 사용자 프로필과 함께 채팅 표시(🗨) 아이콘이 생성되어 공동 작업을 하면서 실시간으로 채팅을 할 수 있습니다.

01 스프레드시트의 우측 상단에서 채팅 표시(🗨) 아이콘을 클릭합니다. 채팅 창이 나타나면 메시지를 입력하고 Enter 키를 눌러 메시지를 보냅니다.

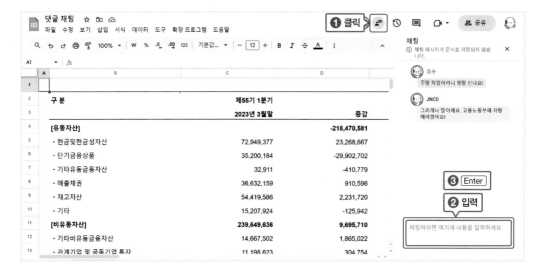

02 읽지 않은 메시지는 채팅 표시(💬) 아이콘에 알림으로 표시됩니다.

NOTE 문서의 '뷰어' 역할 이상을 부여받은 모든 공동 작업자는 채팅에 참여할 수 있습니다. 채팅 기록은 저장되지 않고, 채팅을 종료한 뒤에 문서를 다시 열면 내용이 사라집니다.

알림 규칙: 문서가 편집되면 이메일 받기

여러 사람과 공동 작업을 하는 상황에서 다른 사용자가 시트를 수정했다는 알림을 받을 수 있다면 편리하겠지요. [도구] – [알림 설정] 메뉴를 이용하면 스프레드시트에 변경사항이 있거나 설문지를 제출한 경우 알림을 받을 수 있습니다.

01 빈 스프레드시트를 하나 열어서 따라 해보겠습니다. 알림 규칙을 설정하기 위해 [도구] – [알림 설정] – [알림 수정] 메뉴를 클릭합니다. [알림 규칙 설정] 창에서 [알림 받기]를 '변경사항이 있을 경우'로 선택하고 [알림 방법]을 '이메일 – 하루에 한번'으로 선택한 뒤 [저장] 버튼을 클릭합니다.

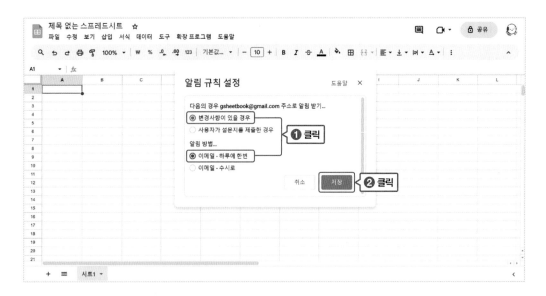

NOTE '하루에 한번'은 모든 변경사항/설문지 응답을 일별로 모아 요약해서 받을 수 있습니다. '수시로'는 모든 변경사항/설문지 응답에 변경사항이 발생할 때마다 알려 줍니다.

02 알림 규칙 목록에 알림 항목이 추가되었습니다. 알림 규칙을 수정/삭제하거나 새로운 알림 규칙을 추가할 수 있습니다. [완료] 버튼을 클릭합니다.

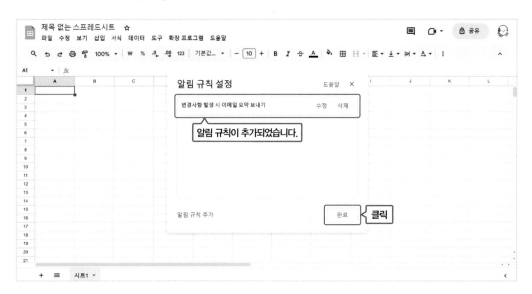

활동 대시보드로 공동 작업 모니터링하기

어떤 사람이 어떤 활동을 했는지 더 자세히 확인하고 싶을 때가 있습니다. 구글 워크스페이스는 활동 대시보드를 통해 공동 작업자들이 어떤 활동을 했는지 보여 줍니다. [도구] – [활동 대시보드] 메뉴를 클릭하면 [활동 대시보드] 창을 통해 뷰어가 누구인지, 뷰어와 댓글의 추세가 어떤지, 공유는 누구에게 언제 추가되었는지 알 수 있습니다. 비즈니스용 계정인 구글 워크스페이스에서만 지원되는 기능이므로 설명 위주로 진행합니다. 일반 계정 사용자도 워크스페이스 사용자가 소유한 문서에서는 활동 대시보드를 볼 수 있습니다.

구글 워크스페이스에 지원되는 활동 대시보드

뷰어

문서의 공유 대상자 목록과 문서를 최근에 조회한 시간을 확인할 수 있고 사용자들에게 이메일을 보낼 수도 있습니다.

구글 워크스페이스의 활동 대시보드

NOTE 보기 기록을 공개하지 않은 사용자의 경우 [뷰어 추세], [댓글 추세]에 포함되지 않고 안내(ⓘ) 아이콘이 표시됩니다.

뷰어 추세

문서를 조회한 사람의 수를 그래프로 파악할 수 있습니다.

뷰어 추세

댓글 추세

새 댓글과 답글의 추세를 보여 줍니다.

댓글 추세

공유 기록

이 파일이 누구에게 언제 공유되었는지 알려 줍니다.

공유 기록

개인정보 보호 설정

보기 기록 표시 여부를 선택할 수 있습니다. [계정 설정]에서 자신의 계정이 문서에 접근한 기록을 남길지 일반 계정 사용자도 활동 대시보드에서 [개인정보 보호 설정] 옵션을 설정할 수 있습니다. [문서설정]에서 이 문서에 대해 기록을 남길지 여부를 선택할 수 있습니다.

개인정보 보호 설정

CHAPTER 03

함수와 수식으로
작업하기

▷ ▷ ▷

복잡한 계산을 손쉽게 만들어주는 함수는 스프레드시트의 꽃입니다. 이 장에서는 우선
함수와 수식을 사용하는 실제 업무의 흐름을 기본적인 함수들을 통해 알아보겠습니다.
그리고 함수 종류별로 사용 빈도가 높은 함수들의 사용 방법도 살펴보겠습니다.

함수와 수식의 기초

▶▶ SUM, COUNT, IF, SUMIF, COUNTIF, VLOOKUP 함수 정도만 알면 기본적인 스프레드시트 작업의 대부분을 처리할 수 있습니다. 이번 절에서는 함수와 수식의 필요성과 수식을 구성하는 연산자에 대해 설명하고 간단한 사례를 통해 가장 기본이 되는 함수들의 사용법을 배워봅니다.

게을러지기 위해 사용하는 함수와 수식

스프레드시트는 셀에 입력된 문자와 숫자 데이터를 집계하고 가공해서 다른 데이터나 리포트를 만드는 도구입니다. 계산기나 워드프로세서를 이용하지 않고 스프레드시트를 사용하는 이유는 함수와 수식을 통해 수작업을 줄일 수 있기 때문입니다. 즉, 함수와 수식은 스프레드시트의 핵심 기능입니다. 함수의 구문을 알아보고 수식을 작성하는 원칙을 이해해봅시다.

함수의 구문

스프레드시트의 다양한 계산, 문자열, 참조 함수들을 이해하고 적절한 함수를 사용하면 매우 복잡한 작업도 손쉽게 처리할 수 있습니다. 예를 들어 [A1] 셀부터 [A20] 셀까지 합계를 내려면 기본 사칙연산으로는 **=A1+A2+...+A20**을 입력해야 하지만, 합계를 계산해주는 SUM 함수를 이용하면 **=SUM(A1:A20)**으로 간단하게 표현할 수 있습니다.

복잡한 작업을 해결하기 위해 함수를 여러 개 섞어서 사용할 수도 있습니다. 예를 들어 매장당 평균 매출을 구하기 위해 **SUM(판매금액)/COUNTA(매장)**처럼 함수의 결괏값끼리 사칙연산을 하거나, 오차 합계의 절댓값을 구할 때 **ABS(SUM(오차))**처럼 한 함수의 결괏값을 다른 함수의 인수로 사용할 수도 있습니다.

우리는 이번 절에서 연산자의 사용 방법을 배우고 기본적인 계산을 처리하는 SUM, COUNT, AVERAGE 함수와 조건에 따른 계산을 수행하는 IF, SUMIF, COUNTIF, VLOOKUP 함수를 살펴보겠습니다.

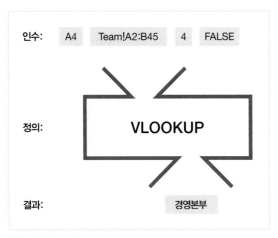

함수의 기본 구문

어떤 함수든 기본은 **=함수명(인수)** 형태입니다. 함수는 ① 인수를 받아서 ② 인수를 함수의 정의대로 처리하고 ③ 결괏값을 반환합니다. 스프레드시트를 통한 작업은 ① 데이터를 불러오고 ② 불러온 데이터를 이용해 계산한 뒤 ③ 결과를 정리하는 단계로 이루어집니다.

즉, 함수의 종류는 다양하지만 기본적인 목적과 구조는 스프레드시트 작업의 목적 및 구조와 동일합니다.

 **여기서 잠깐 ▶**   **함수 설명서 참고하기**

구글 스프레드시트의 도움말(https://support.google.com/docs/table/25273)에는 사용할 수 있는 모든 함수의 목록이 나와 있습니다. 함수를 전부 기억할 필요는 없고, 어떤 기능을 하는 함수들이 있는지 필요할 때 떠올릴 수 있으면 충분합니다. 전자 제품을 사면 매뉴얼을 훑어보는 것처럼 심심할 때 한번쯤 읽어두세요.

모든 함수의 기본 사용법이 동일하기 때문에 함수의 이름만 알면 구글에서 제공하는 함수 설명을 참고해서 함수를 사용할 수 있습니다. 함수 설명은 기본 설명과 상세 설명으로 구성되어 있습니다. 상세 설명에는 기본 설명 외에 참고할 사항과 사용 예시, 비슷한 함수 목록이 나열되어 있습니다.

우리는 '이런 게 있더라' 정도의 지식만 갖추고 매뉴얼을 찾아보는 법을 배우면 됩니다. 함수나 단축키를 달달 외우는 것은 기억력이 좋은 구글에게 맡기고, 우리는 함수를 사용하는 방식에 더 집중해봅시다.

수식 작성의 원칙

조금이라도 더 게을러지기 위해 다음과 같은 원칙에 따라 수식을 작성합니다.

1. 이해하기 쉽게
2. 확장 가능하도록

첫 번째, 수식이 이해하기 쉬워야 하는 이유는 수식을 다시 보는 사람들이 수식을 처음 만든 사람만큼 부지런하지 않기 때문입니다. 수식을 고치는 사람은 자기 자신이 아닐 수도 있고, 본인이 수정하더라도 그 시점이 몇 달 후가 될 수도 있습니다. 동료나 자신의 명민함을 과신하지 말고, 누가 보아도 수식이 의미하는 바가 명확한 수식을 만드는 것이 좋습니다. 그렇지 않으면 십중팔구 고치는 시점에 자신이 과거의 자신보다 멍청해진 이유를 고민하다가 과거의 멋진 수식을 누더기로 만들거나 오류를 발생시킬 수도 있습니다.

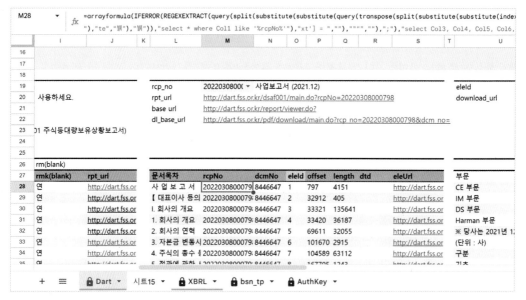

이런 수식은 이해하기 어렵습니다

두 번째, '확장 가능'의 의미는 수식을 자주 고칠 필요가 없어야 한다는 것입니다. 즉, 새로운 데이터가 추가되었을 때 고칠 필요가 없는 수식을 사용해야 합니다. 다음 그림에서 왼쪽 수식은 [C13] 셀 이후에 데이터가 추가되면 수식을 수정해야 하지만, 오른쪽 수식은 열린 참조를 사용하여 데이터가 추가되더라도 고칠 필요가 없습니다.

| | C2 | ▼ | fx | =SUM(C3:C12) | | | | | | |

	A	B	C	D	E	F	G	H	I
			3975 ×			3975 ×			
1									
2		총 판매량	=SUM(C3:C12)		총 판매량	=SUM(F3:F)			
3		2025-01-01	250		2025-01-01	250			
4		2025-01-02	350		2025-01-02	350			
5		2025-01-03	312		2025-01-03	312			
6		2025-01-04	752		2025-01-04	752			
7		2025-01-05	342		2025-01-05	342			
8		2025-01-06	823		2025-01-06	823			
9		2025-01-07	134		2025-01-07	134			
10		2025-01-08	121		2025-01-08	121			
11		2025-01-09	264		2025-01-09	264			
12		2025-01-10	627		2025-01-10	627			
13									
14									
15									
16									
17									
18									
19									
20									
21									

+ ≡ 시트1 ▾

지속 가능한 수식

수식을 작성할 때는 이 두 가지 원칙을 항상 염두에 두어야 합니다. 몇 달이 지나도 수정하지 않아도 되는 수식을 만들되, 몇 달 뒤 정말 수정해야 할 필요가 생겼을 때 쉽게 이해할 수 있어야 합니다.

수식을 만드는 연산자

우리는 이미 2.2절 〈셀에 수식 입력하기〉에서 더하기(+)나 곱하기(*) 연산자를 사용해봤습니다. 연산자는 숫자나 함수를 계산하는 기본 연산자와 값을 비교하는 비교 연산자로 구분할 수 있습니다.

기본 연산자

수식 작성에 쓰이는 기본 연산자는 다음과 같습니다. & 연산자는 문자열을 연결하는 연산자입니다. =10&2와 같이 사용하면 10과 2를 숫자가 아닌 문자로 인식해서 이어 붙입니다. & 외의 기본 연산자는 숫자 연산에만 사용할 수 있습니다.

기본 연산자의 예시

기호	의미	예제	결과 예시
+	더하기	=A1 + B1	= 10 + 2 → 12
−	빼기	=A1 − B1	= 10 − 2 → 8
*	곱하기	=A1 * B1	= 10 * 2 → 20
/	나누기	=A1 / B1	= 10 / 2 → 5
%	퍼센트	=A1%	= 10% → 0.1
^	거듭제곱	=A1 ^ B1	= 10 ^ 2 → 100
&	연결	=A1 & B1	= 10 & 2 → 102 (문자열)

비교 연산자

값들을 서로 비교하기 위한 연산자도 있습니다. 비교 연산자는 결괏값을 TRUE나 FALSE로 반환하며, 스프레드시트에서 TRUE는 숫자로 1, FALSE는 숫자로 0으로 간주합니다.

이상과 이하를 의미하는 >=와 <=는 부등호(>, <)를 등호(=)보다 먼저 써야 합니다. 같지 않음을 표시하는 기호는 < >입니다. 비교 연산자는 숫자뿐 아니라 문자열에 대해서도 쓸 수 있으며, 이때 문자열은 사전 순서에 따라 비교됩니다. 즉, 문자열 "A"는 "B"보다 작습니다.

비교 연산자의 예시

기호	의미	예제	결과 예시
=	같다	=A1=B1	= 10 = 2 → FALSE
>	크다	=A1>B1	= 10 > 2 → TRUE
<	작다	=A1<B1	= 10 < 2 → FALSE
>=	크거나 같다	=A1>=B1	= 10 >= 2 → TRUE
<=	작거나 같다	=A1<=B1	= 10<= 2 → FALSE
< >	같지 않다	=A1< >B1	= 10 < > 2 → TRUE

지각을 제일 많이 하는 부서를 찾아내자

핵심 함수 I SUM, IF, COUNTIF, COUNTIFS

SUM과 IF, COUNT는 가장 자주 쓰이는 함수입니다. 사례를 통해 기본 함수의 사용법을 알아보고 스프레드시트의 기본 작동 원리를 이해해봅시다.

요즘 대표님의 심기가 불편해 보입니다. '9시 1분은 9시가 아니다'라는 모토로 5조원짜리 회사가 된 곳도 있는데 우리 회사 사람들은 지각을 자주 하는 것 같다고요. 1월 첫 사흘간 지각자가 제일 많았던 부서를 찾아내라는 명령이 떨어졌습니다. 대표님은 제가 문 앞에 지키고 서서 출퇴근 시간을 기록하며 사람들에게 압박을 가하길 기대하신 것 같지만 다행히 총무부서가 출입 카드 기록을 가지고 있다고 합니다. 총무부서에 요청해서 9시 이후에 입실한 사람들의 숫자를 뽑아 달라고 부탁했습니다. 이제 이 숫자를 부서별로 취합만 하면 될 것 같습니다.

SUM 함수

설명	숫자들, 셀, 범위에 포함된 숫자 합계를 구합니다.
구문	=SUM(값1, [값2, ...])
인수	**값1**: 더하려는 첫 번째 숫자 또는 범위입니다. **값2**: [선택사항] 값1에 더하려는 추가 숫자 또는 범위입니다.
더보기	**SUMIF**: 범위에서 조건을 만족하는 항목의 합계를 구합니다.

이미 2장에서 살펴보았던 SUM 함수는 합계를 계산합니다. 우선 SUM 함수를 이용해 지각자 수를 확인해보겠습니다.

01 예제 | SUM 　데이터를 받으면 가장 먼저 할 일은 데이터를 점검하는 것입니다. 총무부서에서 받은 자료의 지연 입실자 수를 검증하기 위해 SUM 함수로 [B2:B12] 범위의 합계를 계산하겠습니다. [B13] 셀에 **=SUM(** 까지 입력하고 ↑ 키를 눌러 [B12] 셀을 참조합니다.

B13	▼	fx	=SUM(B12				
	A	B	C	D	E	F	G
1	부서명\날짜	2025. 01. 02	2025. 01. 03	2025. 01. 06			
2	회계	17	16	28			
3	총무	5	4	5			
4	개발	32	28	19			
5	영업	16	14	15			
6	연구	8	7	6			
7	기획	14	16	22			
8	서버	26	29	37			
9	앱	22	30	26			
10	데이터	8	15	9			
11	운영	5	4	9			
12		1	2	3			
13	❶ 입력 =SUM(B12						
14							
15	❷ ↑ 키로 [B12]셀 참조						
16							

02 이 상태에서 [Ctrl]+[Shift] 키를 누르고 [↑] 키를 누르면 위쪽 방향으로 데이터가 연속된 셀이 [B1] 셀까지 모두 선택됩니다.

	A	B	C	D	E	F	G
	B13	▼	ƒx	=SUM(B1:B12)			
		A	B	C	D	E	F	G
1	부서명\날짜	2025. 01. 02	2025. 01. 03	2025. 01. 06			
2	회계	17	16	28			
3	총무	5	4	5			
4	개발	32	28	19			
5	영업	16	14	15			
6	연구	8	7	6			
7	기획	14	16	22			
8	서버	26	29	37			
9	앱	22	30	26			
10	데이터	8	15	9			
11	운영	5	4	9			
12		2025. 06. 05 ×	2	3			
13		=SUM(B1:B12)	[Ctrl]+[Shift]+[↑]				
14							
15							
16							

03 제목 행인 [B1] 셀은 제외할 것이므로 [Ctrl] 키는 떼고 [Shift] 키만 누른 채로 [↓] 키를 눌러 [B2:B12] 범위를 선택합니다. [Enter] 키를 누르면 자동으로)가 입력되면서 수식이 완성됩니다.

	A	B	C	D	E	F	G
	B13	▼	ƒx	=SUM(B2:B12)			
		A	B	C	D	E	F	G
1	부서명\날짜	2025. 01. 02	2025. 01. 03	2025. 01. 06			
2	회계	17	❶ [Shift]+[↓]	28			
3	총무	5		5			
4	개발	32	❷ [Enter]	19			
5	영업	16		15			
6	연구	8	7	6			
7	기획	14	16	22			
8	서버	26	29	37			
9	앱	22	30	26			
10	데이터	8	15	9			
11	운영	5	4	9			
12		154 × 1	2	3			
13		=SUM(B2:B12)					
14							
15							
16							

NOTE 물론 직접 **=SUM(**B2:B12**)**를 입력하거나, **=SUM(**를 입력한 뒤 [B2:B12] 범위를 마우스로 드래그해서 입력할 수도 있습니다.

04 [B13]셀과 동일한 수식을 [C13:D13]에도 채워넣기 위해 [B13] 셀에서 [Shift] 키를 누른 채로 [→] 키를 두 번 눌러 [B13:D13] 범위를 선택하고 [Ctrl]+[R] 키를 눌러 가장 왼쪽 셀인 [B13] 셀의 내용을 [B13:D13] 범위에 붙여 넣습니다.

	A	B	C	D	E	F	G
	B13:D13 ▼	fx	=SUM(B2:B12)				
1	부서명\날짜	2025. 01. 02	2025. 01. 03	2025. 01. 06			
2	회계	17	16	28			
3	총무	5	4	5			
4	개발	32	28	19			
5	영업	16	14	15			
6	연구	8	7	6			
7	기획	14	16	22			
8	서버	26	29	37			
9	앱	22	30	26			
10	데이터	8	15	9			
11	운영	5	4	9			
12		1	2	3			
13		154	165	179			

❶ 선택 ❷ Shift + → ×2 ❸ Ctrl + R

우리 회사의 직원수는 74명인데 지연 입실자 수가 전체 직원 수보다 훨씬 많습니다. 어떻게 이런 일이 생긴 걸까요? 카드 인식기에 찍힌 기록을 모두 가져왔기 때문에 9시 이후에 '입실'한 모든 기록이 들어 있었다고 합니다. 즉, 출근이 아니라 화장실을 다녀온 기록까지 들어 있는 겁니다. 이런 데이터는 사용할 수 없습니다. 우리는 퇴근 시간이나 출입 시간이 아닌 해당 일자의 최초 입실 시간이 필요합니다. 자료에 대한 믿음이 사라져 원본 데이터를 요청했습니다.

IF 함수

설명	논리 표현식이 'TRUE(참)'인지 'FALSE(거짓)'인지에 따라 인수에 지정된 값을 반환합니다.
구문	=IF(논리_표현식, TRUE인_경우_값, FALSE인_경우_값)
인수	논리_표현식: 논리값(예: TRUE 또는 FALSE)으로 표시되는 조건문 또는 셀 참조입니다. TRUE인_경우_값: 논리_표현식이 TRUE인 경우 반환할 값입니다. FALSE인_경우_값: [선택사항] 논리_표현식이 FALSE인 경우 반환할 값입니다.
더보기	IFERROR: 수식에 오류가 없으면 수식의 결괏값을, 오류가 있으면 다른 인수를 반환합니다. IFS: 여러 조건을 차례로 확인하다 첫 번째로 참인 조건의 값을 반환합니다.

최초 입실 시간과 정해진 출근 시간을 비교해서 지각 여부를 판단하겠습니다. 우리 회사는 자유로운 스타트업이므로 출근 시간을 8시~11시 사이로 자유롭게 정해서 출근하도록 하고 있습니다. 사람마다 출근 시간이 다르므로 사람별로 최초 입실 시간과 출근 시간을 비교해야 합니다. 조건의 일치 여부에 따라 다른 값을 반환하는 IF 함수를 사용하여 특정 조건에 맞는 데이터를 지각으로 표시해봅시다.

01 예제 | IF 다음은 총무부서에서 받은 원본 데이터입니다. 이 데이터 중 실제 지각에 해당하는 출입 기록을 골라내야 합니다. 먼저 제목 행인 [I1] 셀에 **지각여부**라고 제목을 기재합니다.

02 G열의 최초 입실 시간이 H열의 출근 시간보다 크면(나중이면) I열에 "지각"이라고 기재할 것입니다. [I2] 셀에 **=IF(G2>H2,"지각","정상출근")**이라고 입력하고 Enter 키를 누릅니다.

NOTE IF 함수는 **=IF(논리_표현식, TRUE인_경우_값, FALSE인_경우_값)** 형태로 사용합니다. 따라서 수식 **=IF(G2>H2, "지각","정상출근")**는 [G2] 셀이 [H2] 셀의 값보다 크면 조건이 참(TRUE)일 때의 값인 "지각"을 표시하고, 그렇지 않으면 조건이 거짓(FALSE)일 때의 값인 "정상출근"을 표시하라는 의미입니다.

03 [I2] 셀의 수식을 붙여 넣을 [I2:I223] 범위를 선택한 상태에서 [Ctrl]+[D] 키를 누릅니다. 전체 셀이 모두 [I2] 셀의 수식으로 채워집니다. 복사하는 [I2] 셀에서 참조하는 셀이 상대 참조 형태로 되어 있으므로 붙여 넣는 셀의 주소에 따라 자동으로 참조하는 셀이 변경될 것입니다.

NOTE [I2:I223] 범위를 선택하기 위해 [I2] 셀에서 바로 [Ctrl]+[Shift]+[↑] 키를 누르면 아래쪽 셀이 비어 있어 선택 영역이 시트 제일 아래까지 이동합니다. 이럴 때는 우선 [H2] 셀을 선택하고 [Ctrl]+[↑] 키로 데이터의 마지막인 [H223] 셀까지 이동한 후 [→] 키를 눌러서 [I223] 셀로 이동합니다. 그런 다음 [Ctrl]+[Shift]+[↑] 키를 누르면 좀 더 편하고 빠르게 범위를 선택할 수 있습니다.

여기서 잠깐 ▶   자동 채우기 핸들 vs 단축키

03과 같은 방법 대신 [I2] 셀을 선택하고 셀의 우측 하단에 + 모양의 자동 채우기 핸들을 더블클릭해도 자동으로 동일한 수식이 채워집니다. 본인이 작업하기 편한 방법을 이용하기 바랍니다.

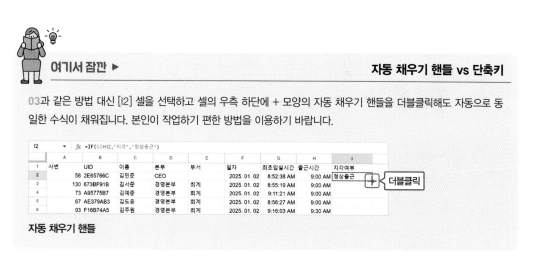

자동 채우기 핸들

COUNTIF, COUNTIFS 함수

설명	COUNTIF: 범위에서 기준에 맞는 항목의 개수를 반환합니다. COUNTIFS: 범위에서 여러 기준에 맞는 항목의 개수를 반환합니다.
구문	COUNTIF: =COUNTIF(기준_범위, 기준) COUNTIFS: COUNTIFS(기준_범위1, 기준1, [기준_범위2, 기준2, ...])
인수	**기준_범위**: 기준에 맞는 항목을 찾을 범위입니다. **기준**: 범위에 적용할 조건. 숫자인 경우 비교 연산자 사용이 가능합니다.
더보기	COUNTA: 값이 들어 있는 셀의 개수를 반환합니다.

IF 함수로 정상출근자와 지각자를 구분하였으니 이제 부서별로 매일 지각자가 몇 명인지 세면 됩니다. COUNTIF 함수는 단일 조건에 맞는 항목의 개수를, COUNTIFS 함수는 여러 조건에 맞는 항목의 개수를 세어주는 함수입니다.

01 예제 | COUNTIF/COUNTIFS 먼저 COUNTIF 함수로 전체 지각 횟수의 총계를 구해봅시다. [최초입실시간] 시트에서 [I224] 셀에 =**COUNTIF**($I$2:$I$223,"지각")를 입력하여 [I2:I223] 범위에서 문자열이 "지각"인 셀의 전체 개수를 셉니다.

	A	B	C	D	E	F	G	H	I	J
214	148	8B6FD6D9	박예성	제품본부	앱	2025. 01. 06	9:29:55 AM	9:30 AM	정상출근	
215	85	CC887D43	박지안	제품본부	앱	2025. 01. 06	9:13:01 AM	9:00 AM	지각	
216	4	C8CA1ADE	박민호	제품본부	앱	2025. 01. 06	9:35:45 AM	9:30 AM	지각	
217	69	11355B75	박하율	제품본부	앱	2025. 01. 06	9:33:47 AM	9:30 AM	지각	
218	127	680D81D1	한우빈	제품본부	앱	2025. 01. 06	10:09:43 AM	10:00 AM	정상출근	
219	28	B393F1C6	오성준	제품본부	데이터	2025. 01. 06	9:17:52 AM	9:30 AM	정상출근	
220	146	2481A13E	서지율	제품본부	데이터	2025. 01. 06	9:47:07 AM	10:00 AM	정상출근	
221	108	3BB13E50	전정민	제품본부	데이터	2025. 01. 06	9:27:42 AM	9:30 AM	정상출근	
222	61	82AFC3BE	권규민	사업본부	운영	2025. 01. 06	9:57:27 AM	10:00 AM	정상출근	
223	77	845AEDA1	권지한	사업본부	운영	2025. 01. 06	9:12:45 AM	9:00 AM		
224									104	

셀 참조: I224 · fx =COUNTIF($I$2:$I$223,"지각")

=COUNTIF($I$2:$I$223,"지각") **입력**

최초입실시간 · 지각자

02 전체 지각 횟수는 104번입니다. 이 숫자를 기억해둡시다.

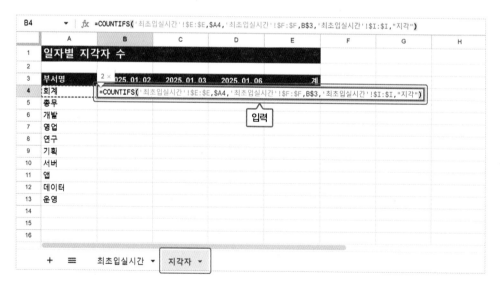

| I224 | ▼ | fx | =COUNTIF($I$2:$I$223,"지각") |

	A	B	C	D	E	F	G	H	I	J
214	148	8B6FD6D9	박예성	제품본부	앱	2025. 01. 06	9:29:55 AM	9:30 AM	정상출근	
215	85	CC887D43	박지안	제품본부	앱	2025. 01. 06	9:13:01 AM	9:00 AM	지각	
216	4	C8CA1ADE	박민호	제품본부	앱	2025. 01. 06	9:35:45 AM	9:30 AM	지각	
217	69	11355B75	박하율	제품본부	앱	2025. 01. 06	9:33:47 AM	9:30 AM	지각	
218	127	680D81D1	한우빈	제품본부	앱	2025. 01. 06	10:09:43 AM	10:00 AM	지각	
219	28	B393F1C6	오성준	제품본부	데이터	2025. 01. 06	9:17:52 AM	9:30 AM	정상출근	
220	146	2481A13E	서지율	제품본부	데이터	2025. 01. 06	9:47:07 AM	10:00 AM	정상출근	
221	108	3BB13E50	전정민	제품본부	데이터	2025. 01. 06	9:27:42 AM	9:30 AM	정상출근	
222	61	82AFC3BE	권규민	사업본부	운영	2025. 01. 06	9:57:27 AM	10:00 AM	정상출근	
223	77	845AEDA1	권지한	사업본부	운영	2025. 01. 06	9:12:45 AM	9:00 AM	지각	
224									104	
225										
226										
227										
228										

NOTE 스프레드시트의 많은 함수가 COUNTIF처럼 고정된 범위에서 조건만 변경하며 사용됩니다. 이런 경우 범위는 고정하기 위해 절대 참조로, 조건에 해당하는 인수는 상대 참조로 설정해야 합니다. 절대 참조를 사용하는 습관은 오류를 예방하는 데 도움이 됩니다. 참조 범위는 꼭 상대 참조일 필요가 없다면 되도록 절대 참조로 지정하는 것이 좋습니다.

03 이제 각 날짜의 부서별 지각자를 세어봅시다. 일자별, 부서별 지각자를 세기 위해서는 부서, 날짜, 지각자라는 조건을 동시에 적용해야 합니다. 이렇게 여러 개의 조건을 적용할 경우 COUNTIFS 함수를 사용합니다. [지각자] 시트의 [B4] 셀에 **=COUNTIFS(**'최초입실시간'!$E:$E,$A4,'최초입실시간'!$F:F,B3,'최초입실시간'!$I:$I,"지각")를 입력합니다.

| B4 | ▼ | fx | =COUNTIFS('최초입실시간'!$E:$E,$A4,'최초입실시간'!$F:F,B3,'최초입실시간'!$I:$I,"지각") |

	A	B	C	D	E	F	G	H
1	**일자별 지각자 수**							
2								
3	부서명	2025. 01. 02	2025. 01. 03	2025. 01. 06	계			
4	회계	=COUNTIFS('최초입실시간'!$E:$E,$A4,'최초입실시간'!$F:F,B3,'최초입실시간'!$I:$I,"지각")						
5	총무							
6	개발							
7	영업							
8	연구							
9	기획							
10	서버							
11	앱							
12	데이터							
13	운영							
14								
15								
16								

입력

최초입실시간 ▼   지각자 ▼

NOTE [최초입실시간] 시트의 E열은 부서, F열은 날짜, I열은 지각 여부에 대한 정보를 갖고 있습니다. 따라서 이 수식은 ① [최초입실시간] 시트의 E열에 기재된 부서가 [$A4] 셀의 부서명과 일치하고 ② [최초입실시간] 시트의 F열에 기재된 날짜가 [B$3] 셀의 날짜와 일치하며 ③ [최초입실시간] 시트의 I열에 "지각"이라고 기재된 모든 항목의 개수를 반환합니다.

04 수식의 결괏값이 제대로 나오는지 확인하고 [B4] 셀의 우측 하단에서 자동 채우기 핸들을 더블 클릭하여 아래 내용을 자동으로 채웁니다.

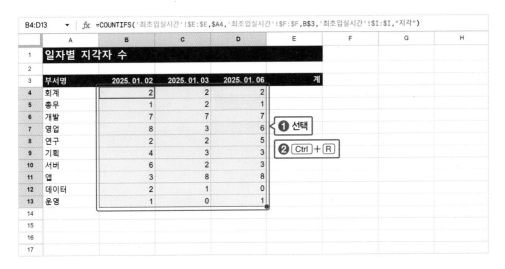

05 1월 3일과 1월 6일에도 동일한 수식을 채워 넣기 위해 [B4:D13] 범위를 선택하고 Ctrl + R 키를 누릅니다.

06 데이터가 잘 들어왔는지 보기 위해 E열에 SUM 함수를 적용해봅시다. [E4] 셀에 **=SUM(B4:D4)** 를 입력합니다.

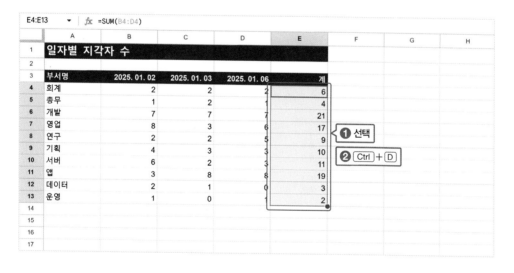

E4	▼	*fx* =SUM(B4:D4)				
	A	B	C	D	E	F
1	일자별 지각자 수					
2						
3	부서명	2025. 01. 02	2025. 01. 03	2025. 01. 06	계	
4	회계	2	2	2	=SUM(B4:D4)	입력
5	총무	1	2	1		
6	개발	7	7	7		
7	영업	8	3	6		
8	연구	2	2	5		
9	기획	4	3	3		
10	서버	6	2	3		
11	앱	3	8	8		
12	데이터	2	1	0		
13	운영	1	0	1		

07 [E4] 셀의 수식을 [E13] 셀까지 복사해 넣기 위해 [E4:E13] 범위를 선택하고 Ctrl + D 키를 누릅니다.

E4:E13	▼	*fx* =SUM(B4:D4)				
	A	B	C	D	E	F
1	일자별 지각자 수					
2						
3	부서명	2025. 01. 02	2025. 01. 03	2025. 01. 06	계	
4	회계	2	2	2	6	
5	총무	1	2	1	4	
6	개발	7	7	7	21	
7	영업	8	3	6	17	❶ 선택
8	연구	2	2	5	9	
9	기획	4	3	3	10	❷ Ctrl + D
10	서버	6	2	3	11	
11	앱	3	8	8	19	
12	데이터	2	1	0	3	
13	운영	1	0	1	2	

08 데이터가 이상한 것을 눈치챘나요? 스프레드시트의 우측 하단을 보면 현재 선택된 범위에 대한 합계 정보가 표시됩니다. 앞서 COUNTIF 함수로 구한 전체 지각자 수는 104명이었는데, 3일간의 지각자 합계는 102명으로 서로 다릅니다.

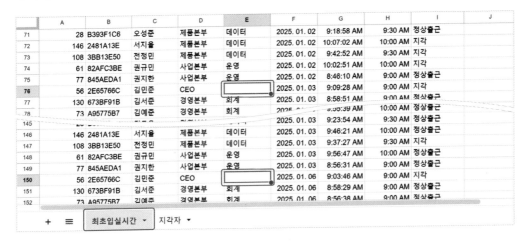

	A	B	C	D	E	F
E4:E13	▼	*fx* =SUM(B4:D4)				

	A	B	C	D	E	F	G	H
1	일자별 지각자 수							
2								
3	부서명	2025. 01. 02	2025. 01. 03	2025. 01. 06	계			
4	회계	2	2	2	6			
5	총무	1	2	1	4			
6	개발	7	7	7	21			
7	영업	8	3	6	17			
8	연구	2	2	5	9			
9	기획	4	3	3	10			
10	서버	6	2	3	11			
11	앱	3	8	8	19			
12	데이터	2	1	0	3			
13	운영	1	0	1	2			
14								
15								

최초입실시간 ▾   지각자 ▾   합: 102 ▾   ‹

09 조건을 여러 개 적용한 수식의 합계와 조건을 하나만 적용한 수식의 합계가 맞지 않는 경우에는 데이터를 의심해봐야 합니다. 조건에 누락된 값이 있는지 찾아보겠습니다. [최초입실시간] 시트의 총무부 자료를 다시 자세히 살펴보니 부서명이 비어 있는 대표님이 2번 지각을 하셨습니다. 즉, COUNTIFS 함수로 구한 부서별 지각자는 부서명이 없는 경우를 고려하지 않아서 부서명이 없는 2건이 누락된 것입니다.

	A	B	C	D	E	F	G	H	I	J
71	28	B393F1C6	오성준	제품본부	데이터	2025. 01. 02	9:18:58 AM	9:30 AM	정상출근	
72	146	2481A13E	서지율	제품본부	데이터	2025. 01. 02	10:07:02 AM	10:00 AM	지각	
73	108	3BB13E50	전정민	제품본부	데이터	2025. 01. 02	9:42:52 AM	9:30 AM	지각	
74	61	82AFC3BE	권규민	사업본부	운영	2025. 01. 02	10:02:51 AM	10:00 AM	정상출근	
75	77	845AEDA1	권지한	사업본부	운영	2025. 01. 02	8:46:10 AM	9:00 AM	정상출근	
76	56	2E65766C	김민준	CEO		2025. 01. 03	9:09:28 AM	9:00 AM	지각	
77	130	673BF91B	김서준	경영본부	회계	2025. 01. 03	8:58:51 AM	9:00 AM	정상출근	
78	73	A95775B7	김예준	경영본부	회계	2025.	9:55:39 AM	10:00 AM	정상출근	
145						2025. 01. 03	9:23:54 AM	9:30 AM	정상출근	
146	146	2481A13E	서지율	제품본부	데이터	2025. 01. 03	9:46:21 AM	10:00 AM	정상출근	
147	108	3BB13E50	전정민	제품본부	데이터	2025. 01. 03	9:37:27 AM	9:30 AM	지각	
148	61	82AFC3BE	권규민	사업본부	운영	2025. 01. 03	9:56:47 AM	10:00 AM	정상출근	
149	77	845AEDA1	권지한	사업본부	운영	2025. 01. 03	8:56:31 AM	9:00 AM	정상출근	
150	56	2E65766C	김민준	CEO		2025. 01. 06	9:03:46 AM	9:00 AM	지각	
151	130	673BF91B	김서준	경영본부	회계	2025. 01. 06	8:58:29 AM	9:00 AM	정상출근	
152	73	A95775B7	김예준	경영본부	회계	2025. 01. 06	8:56:38 AM	9:00 AM	정상출근	

최초입실시간 ▾   지각자 ▾

10 이런 경우에는 원본 데이터나 집계하는 수식을 수정해야 합니다. 여기서는 부서명이 없는 원본 데이터에 부서명을 추가하겠습니다. [지각자] 시트의 제일 아래 14행에서 부서명이 CEO인 사람을 집계하겠습니다. [A14] 셀을 선택하고 **CEO**를 입력합니다.

11 이제 데이터 시트를 수정합니다. [최초입실시간] 시트에서 E열의 부서명이 비어 있는 행을 찾아 **CEO**를 입력합니다. 지각한 2건뿐만 아니라 부서가 비어 있는 셀을 모두 수정해야 합니다. 바로 [E2] 셀, [E76] 셀, [E150] 셀입니다.

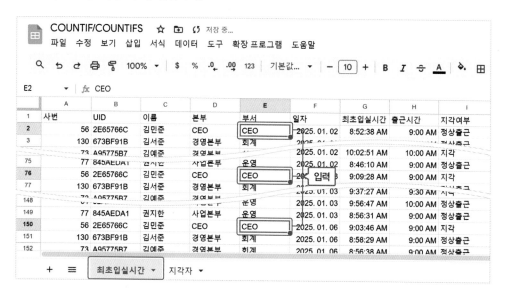

NOTE 4장에서 배울 필터 기능을 이용하면 조건에 맞는 데이터가 있는 행을 편하게 찾을 수 있습니다.

12 다시 [지각자] 시트로 돌아와서 CEO 집계 행(14행)에 수식을 입력합니다. 바로 위에 있는 행의 수식을 복사해 넣기 위해서 [B13:E14] 범위를 선택하고 단축키인 Ctrl + D 키를 누릅니다.

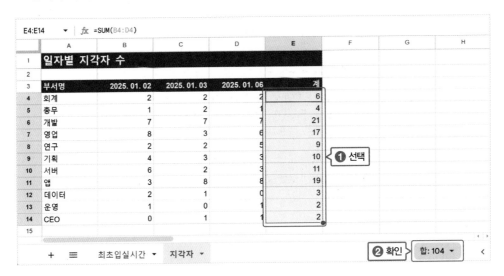

13 다시 합계를 확인해봅시다. [E4:E14] 범위를 선택하고 스프레드시트의 우측 하단을 보면 '104'로 합계가 제대로 계산된 것을 확인할 수 있습니다.

	A	B	C	D	E	F	G	H
	E4:E14	▼	*fx* =SUM(B4:D4)					
1	일자별 지각자 수							
2								
3	부서명	2025. 01. 02	2025. 01. 03	2025. 01. 06	계			
4	회계	2	2	2	6			
5	총무	1	2	1	4			
6	개발	7	7	7	21			
7	영업	8	3	6	17			
8	연구	2	2	5	9			
9	기획	4	3	3	10			
10	서버	6	2	3	11			
11	앱	3	8	8	19			
12	데이터	2	1	0	3			
13	운영	1	0	1	2			
14	CEO	0	1	1	2			
15								

❶ 선택

❷ 확인 합: 104 ▼

+ ≡ 최초입실시간 ▼ 지각자 ▼

이제 각 부서별 지각자 수가 집계되었습니다. 우선 데이터가 정확한지 점검하기 위해 COUNTIF 함수로 지각자 수를 구했고, COUNTIFS 함수로 조건별 지각자 수를 구한 뒤에 데이터를 확인하기 위해 조건별 지각자 합계를 앞에서 구한 총계와 비교해보았습니다. 확인 결과 데이터의 오류를 발견하여 원인을 수정한 뒤 집계 작업을 완료했습니다.

여기서 잠깐 ▶　　　　　　　　　　　　　　　　　　　　**오류는 작업 중간중간 체크합니다**

데이터가 잘못 들어오거나 데이터를 집계하는 수식에서 일부 데이터가 누락되는 것은 흔히 발생하는 일입니다. 그렇기 때문에 계산 과정 동안 데이터가 정확하게 집계되고 있는지 꾸준히 체크해야 합니다.

만약 새벽에 야근을 하다가 출입한 사람이 있었다면 새벽에 출근한 것처럼 인식되었을 것입니다. 간단한 데이터 작업인데도 사소한 예외 사항들을 모두 고려하지 않으면 오류가 발생하고, 때로는 오류를 바로잡는 시간이 데이터를 일일이 정리하는 시간보다 더 많이 소요되기도 합니다. 스프레드시트로 작업할 때는 항상 예외를 처리하는 방법을 고민하고, 이에 들어갈 시간과 노력을 감안해서 업무량을 예측해야 합니다.

평균 지각 횟수와 부서별 순위 구하기

핵심 함수 | AVERAGE, COUNTA, RANK

AVERAGE, COUNTA, RANK 함수의 예제를 통해 평균과 순위를 매기는 방법을 알아보겠습니다.

AVERAGE 함수

설명	숫자들, 셀, 범위에 포함된 숫자의 평균을 구해줍니다.
구문	=AVERAGE(값1, [값2, …])
인수	값1: 평균을 내려는 첫 번째 숫자 또는 범위입니다. 값2: [선택사항] 평균을 내려는 추가 숫자 또는 범위입니다.
더보기	AVERAGEA: 문자열이 있는 범위는 0으로 보고 평균을 계산합니다.

AVERAGE 함수를 사용해 부서별로 일 평균 지각자의 수를 구해봅시다. AVERAGE 함수는 숫자 데이터가 있는 셀의 합계를 셀의 개수로 나누는, 즉 평균을 구하는 함수입니다.

01 예제 | AVERAGE [지각자] 시트의 [F4] 셀을 선택하고 **=AVERAGE(B4:D4)**를 입력합니다. 일자별 평균 지각자 수가 계산됩니다.

02 나머지 셀들도 동일한 수식으로 채워주기 위해 [F4:F14] 범위를 선택한 뒤 `Ctrl`+`D` 키를 누릅니다.

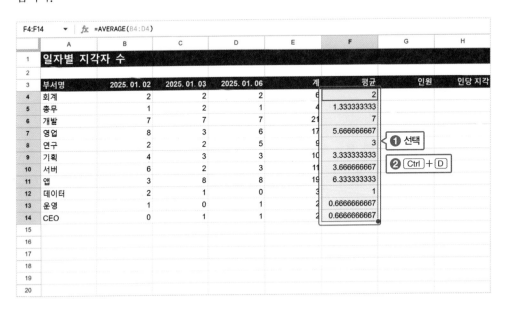

03 소수점 이하 숫자들이 모두 표시되어 지저분합니다. 서식을 깔끔하게 바꿔보겠습니다. [서식] − [숫자] − [숫자] 메뉴를 클릭하여 소수점 이하 둘째 자리까지 표시되도록 숫자 서식을 변경합니다.

F4:F14	fx =AVERAGE(B4:D4)							
	A	B	C	D	E	F	G	H
1	일자별 지각자 수							
2								
3	부서명	2025. 01. 02	2025. 01. 03	2025. 01. 06	계	평균	인원	인당 지각
4	회계	2	2	2	6	2.00		
5	총무	1	2	1	4	1.33		
6	개발	7	7	7	21	7.00		
7	영업	8	3	6	17	5.67		
8	연구	2	2	5	9	3.00		
9	기획	4	3	3	10	3.33		
10	서버	6	2	3	11	3.67		
11	앱	3	8	8	19	6.33		
12	데이터	2	1	0	3	1.00		
13	운영	1	0	1	2	0.67		
14	CEO	0	1	1	2	0.67		
15								

04 집계 결과를 바탕으로 개발부서의 지각자가 제일 많다고 보고하려다 순간 다른 생각이 들었습니다. 부서별 인원수가 다르면 일 평균 지각자의 수 자체는 의미가 없지 않을까요? 부서별 인원수를 고려한 1인당 평균 지각 횟수를 계산해야 합니다. 먼저 [Team] 시트에서 부서별 인원수를 가져옵시다. [지각자] 시트의 [G4] 셀에 **=COUNTIF(** 를 입력합니다.

NOTE 함수 안내창은 수식을 입력하는 위치에 따라 셀 또는 수식 입력줄에 표시됩니다. F1 키를 누르면 함수 안내창을 펼치거나 최소화할 수 있습니다.

05 그 상태에서 [Team] 시트를 클릭하고 부서명이 입력되어 있는 [E2] 셀을 클릭한 뒤 Ctrl + Shift + ↓ 키를 눌러 [E2:E75] 범위를 선택합니다. F4 키를 눌러서 참조 범위를 절대 참조로 바꿔줍니다.

NOTE 셀이 아닌 수식 입력줄에 수식을 입력하면 이동 선택 단축키인 Ctrl + Shift + ↓ 키가 작동하지 않습니다. 셀을 선택한 상태에서 이동 선택 단축키를 사용해주세요.

06 범위를 입력했으니 조건을 지정합니다. 이 범위에 있는 부서명이 수식이 있는 행의 부서명과 일치하는 경우의 수를 세려는 것이므로 ,를 입력한 뒤 [지각자] 시트를 클릭하고 [A4] 셀을 클릭합니다.

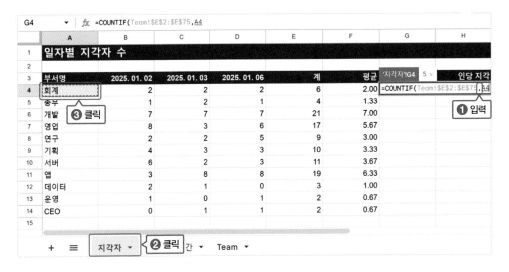

07)를 입력해서 수식을 완성한 뒤 [Enter] 키를 누릅니다. [Team] 시트의 부서명([E2:E75])에서 [A4] 셀의 값인 '회계'와 일치하는 항목의 수가 구해졌습니다.

G4	▼	*fx*	=COUNTIF(Team!$E$2:$E$75,A4)					
	A	B	C	D	E	F	G	H
1	일자별 지각자 수							
2								
3	부서명	2025. 01. 02	2025. 01. 03	2025. 01. 06	계	평균	인원	인당 지각
4	회계	2	2	2	6	2.00	5	
5	총무	1	2	1	4	1.33		
6	개발	7	7	7	21	7.00		
7	영업	8	3	6	17	5.67		
8	연구	2	2	5	9	3.00		
9	기획	4	3	3	10	3.33		
10	서버	6	2	3	11	3.67		
11	앱	3	8	8	19	6.33		
12	데이터	2	1	0	3	1.00		
13	운영	1	0	1	2	0.67		
14	CEO	0	1	1	2	0.67		
15								
16								
17								
18								
19								
20								

＋　≡　　지각자 ▼　　최초입실시간 ▼　　Team ▼

08 [G4] 셀을 선택하고 자동 채우기 핸들을 더블클릭하여 나머지 셀에도 자동으로 수식을 채웁니다. AVERAGE 함수로 일별 평균 지각자 수를, COUNTIF 함수로 부서별 인원을 구하여 각 부서별 인원 대비 평균 지각자 수를 구할 준비를 마쳤습니다.

G4	▼	*fx*	=COUNTIF(Team!$E$2:$E$75,A4)					
	A	B	C	D	E	F	G	H
1	일자별 지각자 수							
2								
3	부서명	2025. 01. 02	2025. 01. 03	2025. 01. 06	계	평균	인원	인당 지각
4	회계	2	2	2	6	2.00	5	
5	총무	1	2	1	4	1.33	2	더블클릭
6	개발	7	7	7	21	7.00	15	
7	영업	8	3	6	17	5.67	11	
8	연구	2	2	5	9	3.00	6	
9	기획	4	3	3	10	3.33	9	
10	서버	6	2	3	11	3.67	9	
11	앱	3	8	8	19	6.33	11	
12	데이터	2	1	0	3	1.00	3	
13	운영	1	0	1	2	0.67	2	
14	CEO	0	1	1	2	0.67	1	
15								
16								
17								
18								
19								
20								

COUNTA 함수

설명	범위에 있는 값의 개수를 반환합니다.
구문	=COUNTA(값1, [값2, ...])
인수	값1: 개수를 셀 첫 번째 범위입니다. 값2: [선택사항] 개수를 셀 추가 범위입니다.
더보기	COUNTIF: 범위에서 기준에 맞는 항목의 개수를 반환합니다.

COUNTA 함수는 지정된 범위에서 값이 있는 셀의 개수를 반환합니다. 인원을 모두 잘 불러왔는지 확인하기 위해 COUNTA로 전체 인원수를 세어 앞에서 구한 COUNTIF 결과의 합계와 비교해보 겠습니다.

01 예제 | COUNTA 부서별 인원수의 합계는 [지각자] 시트의 [G15] 셀에 **=SUM(G4:G14)**로 계산되 어 있습니다. COUNTA 함수를 통해 [Team] 시트의 전체 인원을 구하기 위해 [지각자] 시트의 [G16] 셀을 선택하고 **=COUNTA(**를 입력한 뒤 [Team] 시트를 클릭합니다.

	A	B	C	D	E	F	G	H
1	일자별 지각자 수							
2								
3	부서명	2025. 01. 02	2025. 01. 03	2025. 01. 06	계	평균	인원	인당 지각
4	회계	2	2	2	6	2.00	5	
5	총무	1	2	1	4	1.33	2	
6	개발	7	7	7	21	7.00	15	
7	영업	8	3	6	17	5.67	11	
8	연구	2	2	5	9	3.00	6	
9	기획	4	3	3	10	3.33	9	
10	서버	6	2	3	11	3.67	9	
11	앱	3	8	8	19	6.33	11	
12	데이터	2	1	0	3	1.00	3	
13	운영	1	0	1	2	0.67	2	
14	CEO	0	1	1	2	0.67	1	
15	합계						74	
16	CHECK						=COUNTA(G4:G14)	

G16 ▼ | fx =COUNTA(G4:G14)

❶ 입력

COUNTA(값1, [값2, ...])

적용하려면 Tab 키를 누르세요.

지각자 ▼ 최초입실시간 ▼ Team ▼ **❷ 클릭**

+ ≡

> **NOTE** 우리의 속을 모르는 구글 시트가 자동으로 함수에 [G4:G14] 범위를 채울 것을 추천하지만, 무시합시다.

COUNT 함수는 숫자 데이터가 있는 셀의 개수를 셉니다. 반면 COUNTA 함수는 문자와 숫자를 구분하지 않고 데이터가 있는 셀의 개수를 모두 셉니다. C열의 이름 데이터를 COUNT 함수로 세면 0을 반환하는 반면, COUNTA 함수로 세면 223을 반환합니다.

COUNT와 COUNTA

예제에서는 문자 데이터인 이름의 개수를 셀 것이므로 COUNTA 함수를 사용했습니다. 이처럼 상황에 따라 COUNT와 COUNTA 함수를 구분하여 적재적소에 사용할 수 있어야 합니다.

02 개수를 세려는 것이므로 누락된 데이터가 없는 항목을 선택해야 합니다. 예를 들면 사원번호나 성명처럼요. 우리는 성명을 세기 위해 [Team] 시트의 [C2] 셀을 선택하고 Ctrl + Shift + ↓ 키를 눌러 연속된 데이터 범위의 끝까지 선택합니다.

03 이렇게 하면 [C2:C75] 범위에 있는 비어 있지 않은 셀의 개수, 즉 사람 수가 계산됩니다. 우리는 이 숫자가 [지각자] 시트의 [G15] 셀의 값과 일치하는지 보려고 하는 것이므로 이 숫자에서 [G15] 셀을 빼겠습니다. [지각자] 시트로 돌아와서 **=COUNTA(Team!C2:C75)-G15**라는 수식이 되도록 **)**와 **-G15**를 차례로 입력합니다.

	A	B	C	D	E	F	G	H
	G16 ▾	fx =COUNTA(Team!C2:C75)-G15						
1	**일자별 지각자 수**							
2								
3	부서명	2025. 01. 02	2025. 01. 03	2025. 01. 06	계	평균	인원	인당 지각
4	회계	2	2	2	6	2.00	5	
5	총무	1	2	1	4	1.33	2	
6	개발	7	7	7	21	7.00	15	
7	영업	8	3	6	17	5.67	11	
8	연구	2	2	5	9	3.00	6	
9	기획	4	3	3	10	3.33	9	
10	서버	6	2	3	11	3.67	9	
11	앱	3	8	8	19	6.33	11	
12	데이터	2	1	0	3	1.00	3	
13	운영	1	0	1	2	0.67	2	
14	CEO	0	1	1	2	0.67	1	입력
15	합계						0 × 74	
16	*CHECK*						=COUNTA(Team!C2:C75)-G15	
17								

04 Enter 키를 눌러 값을 확인합니다. 결과가 0으로 나오면 [Team] 시트의 사람 수와 부서별로 각각 집계해서 합한 수가 동일하다는 의미입니다. 차이가 없다는 것을 확인했습니다.

	A	B	C	D	E	F	G	H
	G16 ▾	fx =COUNTA(Team!C2:C75)-G15						
1	**일자별 지각자 수**							
2								
3	부서명	2025. 01. 02	2025. 01. 03	2025. 01. 06	계	평균	인원	인당 지각
4	회계	2	2	2	6	2.00	5	
5	총무	1	2	1	4	1.33	2	
6	개발	7	7	7	21	7.00	15	
7	영업	8	3	6	17	5.67	11	
8	연구	2	2	5	9	3.00	6	
9	기획	4	3	3	10	3.33	9	
10	서버	6	2	3	11	3.67	9	
11	앱	3	8	8	19	6.33	11	
12	데이터	2	1	0	3	1.00	3	
13	운영	1	0	1	2	0.67	2	
14	CEO	0	1	1	2	0.67	1	
15	합계						74	
16	*CHECK*						0	
17								

05 이제 각 부서의 지각 현황을 알아보기 위해 인당 지각 횟수를 계산하겠습니다. [H4] 셀에 **=F4/G4**를 입력하여 평균 지각자를 인원으로 나눠 인당 지각 횟수를 구합니다.

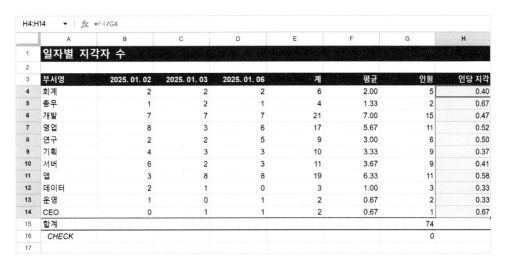

	A	B	C	D	E	F	G	H
	H4	▼	fx =F4/G4					
1	일자별 지각자 수							
2								
3	부서명	2025. 01. 02	2025. 01. 03	2025. 01. 06	계	평균	인원	인당 지각
4	회계	2	2	2	6	2.00	5	=F4/G4
5	총무	1	2	1	4	1.33	2	
6	개발	7	7	7	21	7.00	15	
7	영업	8	3	6	17	5.67	11	
8	연구	2	2	5	9	3.00	6	
9	기획	4	3	3	10	3.33	9	
10	서버	6	2	3	11	3.67	9	
11	앱	3	8	8	19	6.33	11	
12	데이터	2	1	0	3	1.00	3	
13	운영	1	0	1	2	0.67	2	
14	CEO	0	1	1	2	0.67	1	
15	합계						74	
16	CHECK						0	
17								

06 [H4:H14] 범위를 선택한 뒤 `Ctrl`+`D` 키로 나머지 셀들도 모두 채워줍니다. 서식은 소수점 두 번째 자리까지 표시하도록 [서식] – [숫자] – [숫자] 메뉴를 선택합니다. 인당 지각 횟수 계산이 완료되었습니다.

	A	B	C	D	E	F	G	H
	H4:H14	▼	fx =F4/G4					
1	일자별 지각자 수							
2								
3	부서명	2025. 01. 02	2025. 01. 03	2025. 01. 06	계	평균	인원	인당 지각
4	회계	2	2	2	6	2.00	5	0.40
5	총무	1	2	1	4	1.33	2	0.67
6	개발	7	7	7	21	7.00	15	0.47
7	영업	8	3	6	17	5.67	11	0.52
8	연구	2	2	5	9	3.00	6	0.50
9	기획	4	3	3	10	3.33	9	0.37
10	서버	6	2	3	11	3.67	9	0.41
11	앱	3	8	8	19	6.33	11	0.58
12	데이터	2	1	0	3	1.00	3	0.33
13	운영	1	0	1	2	0.67	2	0.33
14	CEO	0	1	1	2	0.67	1	0.67
15	합계						74	
16	CHECK						0	
17								

NOTE 인접한 [G15] 셀에 합계가 들어 있어서 자동 채우기 핸들을 사용하면 [H15] 셀까지 수식이 채워지므로 자동 채우기 핸들은 사용할 수 없습니다.

RANK 함수

설명	데이터 범위에서 지정한 값의 순위를 반환합니다.
구문	=RANK(값, 데이터, [내림차순])
인수	**값:** 순위를 결정할 값입니다. **데이터:** 전체 데이터 범위입니다. **내림차순:** [선택사항, 기본값 0] 내림차순은 0, 오름차순은 1을 지정합니다.
더보기	**SMALL:** 데이터 집합에서 N번째로 작은 요소를 구합니다. **LARGE:** 데이터 집합에서 N번째로 큰 요소를 구합니다.

RANK 함수는 순위를 구하는 함수입니다. 지금 만들어진 표 정도의 크기라면 부서별 순위를 매기는 것은 눈으로도 가능하겠죠. 그러나 데이터 양이 많거나 데이터가 바뀔 때마다 수작업으로 확인하기는 번거롭습니다. 이럴 때 RANK 함수를 사용합니다.

01 예제 | RANK 회계팀의 인당 지각 횟수가 전체 부서 중 몇 등인지 계산해보겠습니다. [지각자] 시트를 보면 회계팀의 인당 지각 횟수는 [H4] 셀에, 전체 부서의 인당 지각 횟수는 [H4:H14] 범위에 입력되어 있습니다. 따라서 [I4] 셀에 들어갈 수식은 **=RANK(H4, $H$4:$H$14)**입니다.

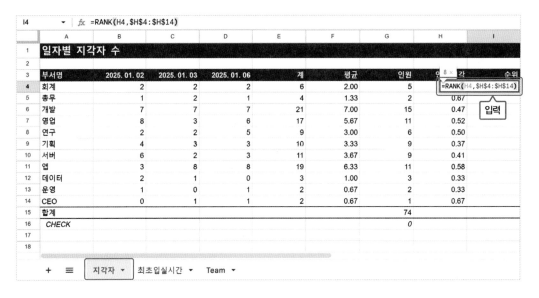

NOTE 데이터 범위인 [H4:H14]를 절대 참조로 바꾸는 것을 잊지 마세요.

02 자동 채우기 핸들을 더블클릭하여 나머지 셀에도 모두 채워줍니다. 지각자가 제일 많아 보였던 개발부서는 6등, 총무부서와 대표님이 나란히 1등을 차지했습니다.

	A	B	C	D	E	F	G	H	I
I4		fx =RANK(H4,$H$4:$H$14)							
1	일자별 지각자 수								
2									
3	부서명	2025. 01. 02	2025. 01. 03	2025. 01. 06	계	평균	인원	인당 지각	순위
4	회계	2	2	2	6	2.00	5	0.40	8
5	총무	1	2	1	4	1.33	2	0.67	1
6	개발	7	7	7	21	7.00	15	0.47	6
7	영업	8	3	6	17	5.67	11	0.52	4
8	연구	2	2	5	9	3.00	6	0.50	5
9	기획	4	3	3	10	3.33	9	0.37	9
10	서버	6	2	3	11	3.67	9	0.41	7
11	앱	3	8	8	19	6.33	11	0.58	3
12	데이터	2	1	0	3	1.00	3	0.33	10
13	운영	1	0	1	2	0.67	2	0.33	10
14	CEO	0	1	1	2	0.67	1	0.67	1
15	합계						74		
16	CHECK						0		

인사 테이블에서 부서명 집계하기

핵심 함수 | VLOOKUP

설명	열 방향 검색. 키를 범위의 첫 열에서 검색한 다음 키가 있는 행에서 지정된 셀의 값을 반환합니다.
구문	=VLOOKUP(검색할_키, 범위, 색인, [정렬됨])
인수	**검색할_키**: 검색할 값입니다. 예: 42, "고양이", I24 **범위**: 검색할 범위입니다. 범위의 첫 번째 열에서 검색할_키에 지정된 키를 찾습니다. **색인**: 범위의 첫 번째 열이 조건에 맞을 경우 반환될 열 색인입니다. **정렬됨**: [선택사항, 기본값 TRUE] 검색 열(지정된 범위의 첫 번째 열)의 정렬 여부를 나타냅니다. 대부분의 경우 FALSE 또는 0으로 설정하며, 이 경우 완전히 일치하는 값만 반환됩니다. 일치 값이 여러 개인 경우 처음으로 발견된 값에 해당하는 셀의 콘텐츠가 반환됩니다. 일치 값이 없는 경우에는 #N/A가 반환됩니다. 정렬됨이 TRUE이거나 생략된 경우 근접한 값(검색할 키보다 작거나 같은 값)이 반환됩니다. 검색 열의 모든 값이 검색할 키보다 큰 경우 #N/A 값이 반환됩니다.
더보기	**QUERY**: 쿼리 언어도 데이터를 검색합니다. **HLOOKUP**: 행 방향으로 검색합니다. **LOOKUP**: 검색 범위와 결과 범위를 구분할 수 있으나 정렬된 데이터에 대해서만 적용할 수 있습니다.

VLOOKUP 함수는 조건에 맞는 데이터 행에서 필요한 값을 가져오는 함수입니다. 예를 들어, 직원 명단에서 특정 사번을 가진 사람의 소속 부서 정보가 필요할 때 사용할 수 있습니다. 사흘 내내 연속으로 지각한 사람들이 있습니다. 이 사람들의 부서명을 적어서 대표님께 보고해야 합니다.

01 예제 | VLOOKUP [명단] 시트에 사흘 내내 연속으로 지각한 사람들의 사번과 이름이 입력되어 있습니다. VLOOKUP 함수를 사용해서 다른 시트에 있는 부서명을 가져와보겠습니다. 사번을 키값으로 사용해서 부서명을 검색하기 위해 [C4] 셀을 선택하고 **=VLOOKUP(A4,** 를 입력합니다.

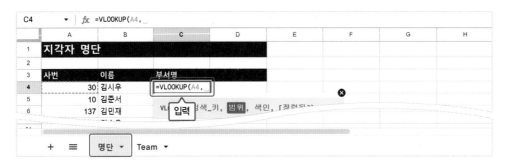

NOTE 다른 데이터를 가져올 기준이 되는 고유한 값을 '키값'이라고 합니다. 키값은 중복되면 안 됩니다. 여기서는 중복이 없는 값인 사번을 '검색할_키' 인수로 사용합니다.

02 이제 데이터를 검색할 범위를 선택해줍니다. [Team] 시트를 클릭하고 [A2:D75] 범위를 선택한 후, 수식을 다른 셀로 복사하더라도 데이터 범위가 고정되도록 F4 키를 한 번 눌러서 범위를 절대참조로 바꿉니다. 이어서 다음 인수로 넘어가기 위해 콤마(,)를 입력합니다.

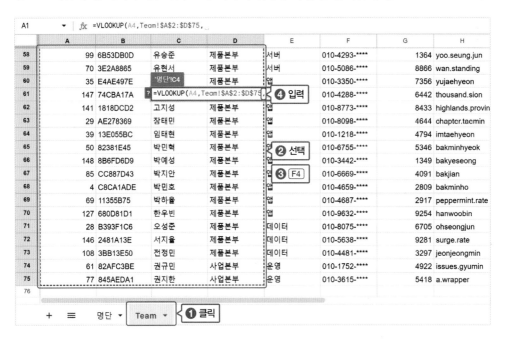

NOTE VLOOKUP 함수는 지정된 범위의 제일 앞에 있는 열에서 키값을 검색합니다. 또한, 색인 인수를 통해 범위에서 몇 번째 열의 값을 가져올 것인지 지정합니다. 그러므로 키값은 제일 앞에 있는 열에 위치하도록 범위를 지정하고, 반환하는 열은 범위 내에 존재해야 합니다. [A2:D75]는 검색할 키값인 사원번호가 있는 A열이 맨 앞에 위치하도록, 반환받을 부서명이 있는 D열이 포함되도록 지정한 것입니다.

03 선택한 범위 중 우리가 가져올 값은 D열에 있는 값이고, [A:D] 범위 중에서 D열은 4번째 열입니다. 따라서 '색인' 인수로 **4**를 입력한 뒤 콤마(,)를 입력합니다.

04 정확하게 일치하는 값을 가져오기 위해서 '정렬됨' 인수는 **0** 혹은 **FALSE**로 설정하고)를 입력한 뒤 Enter 키를 누릅니다. 완성된 수식은 **=VLOOKUP(A4,Team!$A$2:$D$75,4,0)**입니다.

NOTE 범위를 지정할 때 시트의 아랫부분에 다른 데이터가 없다면 위아래 행을 전부 포함해서 [$A:$D]와 같이 지정하거나, 제목을 제외한 아래쪽 행들만 포함하여 [$A2:$D]와 같이 입력하는 것이 더 편리하며 나중에 관리하기에도 더 좋을 수 있습니다.

05 [명단] 시트로 돌아오면 자동 채우기 핸들을 더블클릭하여 나머지 셀에도 수식을 채웁니다.

	C4	▼	*fx*	=VLOOKUP(A4,Team!$A$2:$D$75,4,0)				
	A	B	C	D	E	F	G	H
1	**지각자 명단**							
2								
3	**사번**	**이름**	**부서명**					
4	30	김시우	경영본부					
5	10	김준서	사업본부					
6	137	김민재	사업본부					
7	51	김승우	제품본부					
8	54	정지우	제품본부					
9	92	이수현	사업본부					
10	18	황시원	제품본부					
11	11	홍성민	제품본부					
12	35	유재현	제품본부					
13	85	박지안	제품본부					
14								
15								
16								
17								
18								
19								
20								

더블클릭

+ ≡ 명단 ▾ Team ▾

여기서 잠깐 ▶　　　　　　　　　**키값이 오른쪽에 있을 때는 VLOOKUP 함수를 못 쓰나요?**

앞에서 VLOOKUP 함수를 사용할 때는 키값이 항상 범위의 맨 왼쪽 열에 있어야 한다고 배웠습니다. 그림처럼 키값으로 사용할 사원번호 열이 반환받을 값인 그룹/팀 열보다 오른쪽에 있는 경우에는 사용할 수 없습니다. 따라서 데이터를 가공할 때 키가 될 수 있는 값들을 맨 왼쪽으로 배치하는 습관을 기르는 것이 좋습니다.

이런 데이터의 경우에는 INDEX, MATCH 함수의 조합을 사용하거나 엑셀에서는 최근 추가된 XLOOKUP 함수를 사용하거나, 배열 수식을 통해 처리할 수 있습니다. 배열 수식은 5장에서 배웁니다.

VLOOKUP을 사용하기 어려운 데이터 세트

비교/표시 함수

▶▶ 이제 본격적으로 개별 함수들을 살펴보겠습니다. 제일 먼저 배워볼 함수는 최댓값과 최솟값을 구하는 MAX, MIN 함수입니다. 그리고 숫자를 반올림, 올림, 내림할 때 사용하는 ROUND 계열 함수들도 알아보겠습니다.

초깃값, 미달값 구하기

핵심 함수 | MAX, MIN

설명	**MAX**: 주어진 숫자 데이터 중 최댓값을 반환합니다. **MIN**: 주어진 숫자 데이터 중 최솟값을 반환합니다.
구문	=MAX(값1, [값2, ...]) =MIN(값1, [값2, ...])
인수	**값1**: 최댓값/최솟값을 계산할 때 고려할 첫 번째 값 또는 범위입니다. **값2, ...**: [선택사항] 최댓값/최솟값을 계산할 때 고려할 추가 값 또는 범위입니다.
더보기	**SMALL**: 주어진 숫자 데이터 중 n번째로 작은 값을 반환합니다. **RANK**: 지정된 값의 데이터 집합에서의 순위를 반환합니다. **MEDIAN**: 주어진 숫자의 중간값을 반환합니다. **LARGE**: 주어진 숫자 데이터 중 n번째로 큰 값을 반환합니다.

MAX, MIN 함수는 최댓값과 최솟값을 구하는 간단한 함수입니다. 여기서는 MAX, MIN 함수를 이용해서 지각자가 얼마나 늦었는지 파악해보겠습니다. 특정값을 초과하거나, 특정값에 미달하는 값을 계산하는 방법으로요.

지각 시간은 **최초 입실 시간 – 출근 시간**입니다. 다만 최초 입실 시간이 출근 시간보다 늦어서 지각 시간이 0보다 큰 경우에만 의미가 있고 0보다 작은, 즉 출근을 일찍한 경우는 우리의 관심 대상이 아닙니다. 이제는 은퇴하신 우아한 어느 회사 대표님의 말씀처럼 9시와 다른 것은 8시 59분이 아니라 9시 1분입니다.

01 예제 | MAX, MIN   [H2] 셀에 **=MAX(0,$F2-$G2)**를 입력합니다. 0과 최초 입실 시간에서 출근 시간을 뺀 수치(지각 시간) 중 큰 값을 반환하는 수식입니다. 따라서 지각 시간이 0보다 크면 지각 시간이, 0보다 작으면 더 큰 값인 0이 반환될 것입니다.

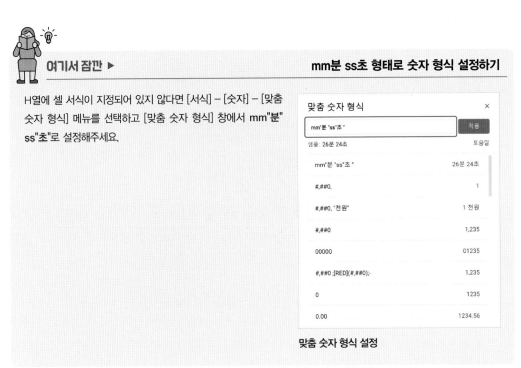

	A	B	C	D	E	F	G	H	I
1	사번	이름	본부	부서	일자	최초입실시간	출근시간	00분 00초 ×	조기출근시간
2	56	김민준	CEO		2025. 01. 02	8:52:38 오전	9:00 오전	=MAX(0,$F2-$G2)	
3	130	김서준	경영본부	회계	2025. 01. 02	8:55:19 오전	9:00 오전		
4	73	김예준	경영본부	회계	2025. 01. 02	9:34:03 오전	9:00 오전		
5	67	김도윤	경영본부	회계	2025. 01. 02	8:56:27 오전	9:00 오전		
6	93	김주원	경영본부	회계	2025. 01. 02	9:16:03 오전	9:30 오전		
7	30	김시우	경영본부	회계	2025. 01. 02	9:12:37 오전	9:00 오전		
8	15	김지후	경영본부	총무	2025. 01. 02	9:27:20 오전	9:30 오전		
9	144	김지호	경영본부	총무	2025. 01. 02	10:14:59 오전	10:00 오전		
10	88	김하준	제품본부	개발	2025. 01. 02	8:53:28 오전	9:00 오전		
11	10	김준서	사업본부	영업	2025. 01. 02	9:38:18 오전	9:30 오전		
12	145	김준우	사업본부	영업	2025. 01. 02	10:16:03 오전	10:00 오전		
13	139	김현우	사업본부	영업	2025. 01. 02	9:08:25 오전	9:00 오전		
14	131	김지훈	제품본부	개발	2025. 01. 02	9:51:10 오전	10:00 오전		
15	62	김도현	제품본부	개발	2025. 01. 02	9:34:06 오전	9:30 오전		
16	140	김건우	제품본부	개발	2025. 01. 02	9:56:07 오전	10:00 오전		
17	38	김우진	제품본부	개발	2025. 01. 02	9:50:14 오전	10:00 오전		
18	137	김민재	사업본부	개발	2025. 01. 02	9:23:32 오전	9:00 오전		
19	114	김현준	제품본부	개발	2025. 01. 02	8:50:05 오전	9:00 오전		
20	83	김선우	제품본부	개발	2025. 01. 02	8:18:32 오전	8:30 오전		

입력

여기서 잠깐 ▶   **mm분 ss초 형태로 숫자 형식 설정하기**

H열에 셀 서식이 지정되어 있지 않다면 [서식] – [숫자] – [맞춤 숫자 형식] 메뉴를 선택하고 [맞춤 숫자 형식] 창에서 **mm"분" ss"초"**로 설정해주세요.

맞춤 숫자 형식   ×

mm"분 "ss"초 "   적용

샘플: 26분 24초   도움말

mm"분 "ss"초 "	26분 24초
#,##0,	1
#,##0, "천원"	1 천원
#,##0	1,235
00000	01235
#,##0 ;[RED](#,##0),-	1,235
0	1235
0.00	1234.56

맞춤 숫자 형식 설정

02 동일한 수식을 아래쪽에도 모두 입력하기 위해 자동 채우기 핸들을 더블클릭합니다.

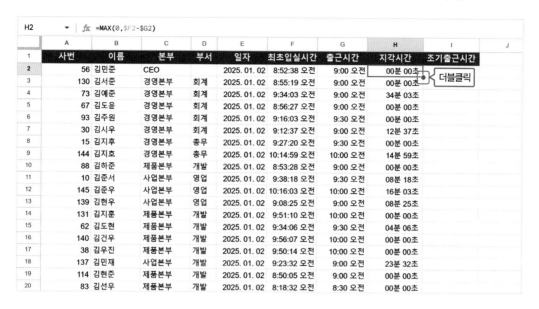

03 내친 김에 조기 출근 시간도 구해봅시다. [I2] 셀에 수식 **=-MIN(0,$F2-$G2)**를 입력합니다. 아까와 똑같은 수식인데 MAX 함수만 MIN 함수로 바뀌었습니다. 조기 출근자의 경우 최초 입실 시간에서 출근 시간을 뺀 수치가 0보다 작으므로 음수가 반환될 것입니다. 우리가 원하는 시간은 양수이므로 **MIN** 앞에 **-**를 붙였습니다.

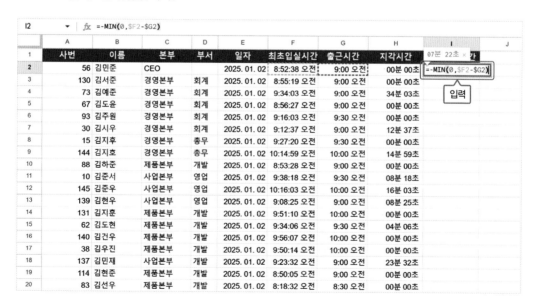

04 동일한 수식을 아래쪽에도 모두 입력하기 위해 자동 채우기 핸들을 더블클릭합니다.

	A	B	C	D	E	F	G	H	I	J
									I2 ▾ ƒx =-MIN(0,$F2-$G2)	
1	사번	이름	본부	부서	일자	최초입실시간	출근시간	지각시간	조기출근시간	
2	56	김민준	CEO		2025. 01. 02	8:52:38 오전	9:00 오전	00분 00초	07분 22초	
3	130	김서준	경영본부	회계	2025. 01. 02	8:55:19 오전	9:00 오전	00분 00초	04분 41초	
4	73	김예준	경영본부	회계	2025. 01. 02	9:34:03 오전	9:00 오전	34분 03초	00분 00초	
5	67	김도윤	경영본부	회계	2025. 01. 02	8:56:27 오전	9:00 오전	00분 00초	03분 33초	
6	93	김주원	경영본부	회계	2025. 01. 02	9:16:03 오전	9:30 오전	00분 00초	13분 57초	
7	30	김시우	경영본부	회계	2025. 01. 02	9:12:37 오전	9:00 오전	12분 37초	00분 00초	
8	15	김지후	경영본부	총무	2025. 01. 02	9:27:20 오전	9:30 오전	00분 00초	02분 40초	
9	144	김지호	경영본부	총무	2025. 01. 02	10:14:59 오전	10:00 오전	14분 59초	00분 00초	
10	88	김하준	제품본부	개발	2025. 01. 02	8:53:28 오전	9:00 오전	00분 00초	06분 32초	
11	10	김준서	사업본부	영업	2025. 01. 02	9:38:18 오전	9:30 오전	08분 18초	00분 00초	
12	145	김준우	사업본부	영업	2025. 01. 02	10:16:03 오전	10:00 오전	16분 03초	00분 00초	
13	139	김현우	사업본부	영업	2025. 01. 02	9:08:25 오전	9:00 오전	08분 25초	00분 00초	
14	131	김지훈	제품본부	개발	2025. 01. 02	9:51:10 오전	10:00 오전	00분 00초	08분 50초	
15	62	김도현	제품본부	개발	2025. 01. 02	9:34:06 오전	9:30 오전	04분 06초	00분 00초	
16	140	김건우	제품본부	개발	2025. 01. 02	9:56:07 오전	10:00 오전	00분 00초	03분 53초	
17	38	김우진	제품본부	개발	2025. 01. 02	9:50:14 오전	10:00 오전	00분 00초	09분 46초	
18	137	김민재	사업본부	개발	2025. 01. 02	9:23:32 오전	9:00 오전	23분 32초	00분 00초	
19	114	김현준	제품본부	개발	2025. 01. 02	8:50:05 오전	9:00 오전	00분 00초	09분 55초	
20	83	김선우	제품본부	개발	2025. 01. 02	8:18:32 오전	8:30 오전	00분 00초	11분 28초	

더블클릭

소수점 아래 반올림, 내림, 올림하기

핵심 함수 | ROUND, ROUNDDOWN, ROUNDUP

설명	숫자를 특정 소수점 이하 자릿수로 반올림(ROUND), 내림(ROUNDDOWN), 올림(ROUNDUP)합니다.
구문	ROUND(값, 소수점_이하_자릿수) ROUNDDOWN(값, 소수점_이하_자릿수) ROUNDUP(값, 소수점_이하_자릿수)
인수	**값**: 소수점_이하_자릿수로 반올림(내림, 올림)할 값입니다. **소수점_이하_자릿수**: [선택사항, 기본값 0] 반올림(내림, 올림)하고 나서 보여줄 소수 이하 자릿수입니다. 음수인 경우 지정된 자릿수로 반올림(내림, 올림)됩니다.
더보기	INT: 해당 숫자보다 작거나 같은 가장 가까운 정수로 숫자를 버립니다.

ROUND, ROUNDUP, ROUNDDOWN 함수들은 숫자를 반올림, 올림, 내림하여 근삿값을 만들어줍니다. 정해진 비율에 따라 금액을 배분하는 예제를 통해 ROUND 함수의 쓰임새를 확인해봅시다. 비교를 위해서 숫자 서식은 지정하지 않았습니다.

01 예제 | ROUND, ROUNDDOWN, ROUNDUP [D3] 셀에 배분 결과를 소수점 이하 둘째 자리까지 반올림하여 표현하기 위해 수식 **=ROUND($B$1*$B3,2)**를 입력합니다. [B1] 셀의 배부금액 100,000,000원에 [B3] 셀의 배분 비율을 곱한 결과를 소수점 이하 셋째 자리에서 반올림하여 소수점 이하 둘째까지 표현한 것입니다.

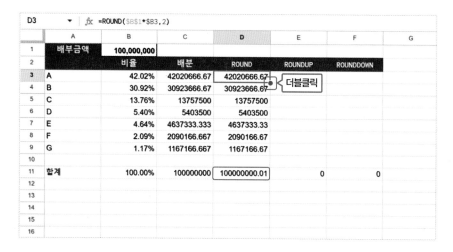

NOTE 예제에서 ROUND 함수는 소수점 이하 둘째 자리까지, ROUNDUP 함수는 정수로, ROUNDDOWN 함수는 1,000 단위까지 각각 반올림, 올림, 내림이 적용되도록 작업해보겠습니다.

02 동일한 수식을 아래에도 모두 입력하기 위해 [D3] 셀에서 자동 채우기 핸들을 더블클릭합니다. 정확하게 100,000,000원으로 표시되는 C열의 합계와 달리 ROUND 함수를 적용한 D열의 합계는 0.01이 남아서 두 수에 차이가 발생합니다.

	A	B	C	D	E	F	G
1	배부금액	100,000,000					
2		비율	배분	ROUND	ROUNDUP	ROUNDDOWN	
3	A	42.02%	42020666.67	42020666.67			
4	B	30.92%	30923666.67	30923666.67			
5	C	13.76%	13757500	13757500			
6	D	5.40%	5403500	5403500			
7	E	4.64%	4637333.333	4637333.33			
8	F	2.09%	2090166.667	2090166.67			
9	G	1.17%	1167166.667	1167166.67			
10							
11	합계	100.00%	100000000	100000000.01	0	0	
12							
13							
14							
15							
16							

03 [E3] 셀에 소수점 이하 자리를 올림하기 위해 수식 **=ROUNDUP($B$1*$B3)**를 입력합니다. 두 번째 인수가 생략되었으므로 기본값인 0이 적용되어 정수로 올림됩니다.

	A	B	C	D	E	F	G
		fx	=ROUNDUP($B$1*$B3)				
1	배부금액	100,000,000					
2		비율	배분	ROUND	42020667 ×	ROUNDDOWN	
3	A	42.02%	42020666.67	42020666.67	=ROUNDUP($B$1*$B3)		
4	B	30.92%	30923666.67	30923666.67			
5	C	13.76%	13757500	13757500	입력		
6	D	5.40%	5403500	5403500			
7	E	4.64%	4637333.333	4637333.33			
8	F	2.09%	2090166.667	2090166.67			
9	G	1.17%	1167166.667	1167166.67			
10							
11	합계	100.00%	100000000	100000000.01	0	0	
12							
13							
14							
15							
16							

04 동일한 수식을 아래에도 모두 입력하기 위해 [E3] 셀에서 자동 채우기 핸들을 더블클릭합니다. 올림을 했기 때문에 합계는 배부금액보다 2만큼 더 큽니다.

	A	B	C	D	E	F	G
		fx	=ROUNDUP($B$1*$B3)				
1	배부금액	100,000,000					
2		비율	배분	ROUND	ROUNDUP	ROUNDDOWN	
3	A	42.02%	42020666.67	42020666.67	42020667	더블클릭	
4	B	30.92%	30923666.67	30923666.67	30923667		
5	C	13.76%	13757500	13757500	13757500		
6	D	5.40%	5403500	5403500	5403500		
7	E	4.64%	4637333.333	4637333.33	4637334		
8	F	2.09%	2090166.667	2090166.67	2090167		
9	G	1.17%	1167166.667	1167166.67	1167167		
10							
11	합계	100.00%	100000000	100000000.01	100000002	0	
12							
13							
14							
15							
16							

05 숫자를 천 단위로 표현하기 위해 [F3] 셀에 수식 **=ROUNDDOWN($B$1*$B3,-3)**을 입력합니다. 인수에 입력된 음수는 정수의 자릿수를 의미합니다. 즉 −3은 정수 부분의 세 자릿수를 의미하므로, 백의 자리에서 내림하여 정수 부분의 세 자리 수까지 0으로 표시합니다.

F3 ▾ | fx =ROUNDDOWN($B$1*$B3,-3)

	A	B	C	D	E	F	G
1	배부금액	100,000,000				42020000 ×	
2		비율	배분	ROUND	ROUNDUP		
3	A	42.02%	42020666.67	42020666.67	42020667	=ROUNDDOWN($B$1*$B3,-3)	
4	B	30.92%	30923666.67	30923666.67	30923667	+ 새 함수 추가합니다.	
5	C	13.76%	13757500	13757500	13757500	입력	
6	D	5.40%	5403500	5403500	5403500		
7	E	4.64%	4637333.333	4637333.33	4637334		
8	F	2.09%	2090166.667	2090166.67	2090167		
9	G	1.17%	1167166.667	1167166.67	1167167		
10							
11	합계	100.00%	100000000	100000000.01	100000002	0	
12							
13							
14							
15							
16							

06 동일한 수식을 아래에도 모두 입력하기 위해 [F3] 셀에서 자동 채우기 핸들을 더블클릭합니다. 백의 자리에서 내림을 했기 때문에 합계는 배부금액보다 3,000만큼 더 작습니다.

F3 ▾ | fx =ROUNDDOWN($B$1*$B3,-3)

	A	B	C	D	E	F	G
1	배부금액	100,000,000					
2		비율	배분	ROUND	ROUNDUP	ROUNDDOWN	
3	A	42.02%	42020666.67	42020666.67	42020667	42020000	더블클릭
4	B	30.92%	30923666.67	30923666.67	30923667	30923000	
5	C	13.76%	13757500	13757500	13757500	13757000	
6	D	5.40%	5403500	5403500	5403500	5403000	
7	E	4.64%	4637333.333	4637333.33	4637334	4637000	
8	F	2.09%	2090166.667	2090166.67	2090167	2090000	
9	G	1.17%	1167166.667	1167166.67	1167167	1167000	
10							
11	합계	100.00%	100000000	100000000.01	100000002	99997000	
12							
13							
14							
15							
16							

여기서 잠깐 ▶ **숫자 서식과 ROUND 함수의 차이**

스프레드시트에서 소수점 아래 자리를 숨기거나 천원, 백만원 단위로 숫자를 표시하는 가장 간단한 방법은 숫자 서식을 이용하는 것입니다. 숫자 서식을 이용하는 경우 보이는 모양만 다르게 바뀌고 숫자는 그대로 유지되기 때문에 계산하더라도 결괏값이 달라지지 않습니다. 대부분의 경우 이와 같이 값 자체는 보존하고 숫자 서식만으로 표시 형태를 바꿔주는 것이 좋습니다.

그러나 반올림, 올림, 내림과 같은 처리가 필요할 때가 있습니다. 현금 지급, 수량 반출 등 숫자가 실물의 움직임과 연결된 경우입니다. 실물은 숫자와 달리 소수점 아래로 쪼갤 수 없으니까요. 이럴 때 ROUND 계열 함수를 사용하면 특정한 자릿수에서 숫자를 끊을 수 있습니다. ROUND 계열 함수는 숫자의 표시 형태가 아니라 값 자체를 바꿉니다.

문자열 함수

▶▶ 스프레드시트는 숫자 계산에 특화된 프로그램이지만, 실무에서 다룰 데이터에는 문자열도 포함되어 있기 마련입니다. 그리고 문자열 데이터를 목적에 맞게 변경하거나 조건에 맞는 문자열을 추출하는 등 문자열을 가공하는 작업 역시 필수적입니다. 이번 절에서는 문자를 가공하거나 정리하고, 위치를 찾는 함수에 대해 배워보겠습니다.

문자열에서 원하는 문자 뽑아내기

핵심 함수 | LEFT, RIGHT, MID

설명	LEFT: 지정된 문자열의 첫 문자부터 시작해서 오른쪽으로 지정된 숫자만큼 문자열을 반환합니다. RIGHT: 지정된 문자열의 마지막 문자부터 시작해서 왼쪽으로 지정된 숫자만큼 문자열을 반환합니다. MID: 지정된 문자열의 지정된 위치의 문자부터 시작해서 오른쪽으로 지정된 숫자만큼 문자열을 반환합니다.
구문	=LEFT(문자열, [문자_수]) =RIGHT(문자열, [문자_수]) =MID(문자열, 시작, 문자_수)
인수	**문자열**: 왼쪽/가운데/오른쪽 부분을 반환할 문자열입니다. **문자_수**: [선택사항, 기본값 1] 문자열의 왼쪽/오른쪽/시작 위치에서부터 반환할 문자의 수입니다. MID 함수는 '문자_수' 인수가 반드시 필요합니다. **시작**: 추출을 시작할 문자열의 문자 색인으로 왼쪽에서 시작합니다. 문자열의 첫 번째 문자의 색인은 1입니다.
더보기	**SUBSTITUTE**: 문자열에서 기존 텍스트를 새 텍스트로 대체합니다. **SPLIT**: 텍스트를 지정된 문자 또는 문자열에서 나누고 행에서 개별 셀에 각 부분을 배치합니다.

주민등록번호에는 많은 정보가 들어 있습니다. 문자열에서 특정 위치의 문자들만 추출하는 LEFT, MID 함수를 이용해서 주민등록번호에서 생년월일과 성별 정보를, RIGHT 함수를 사용해 전체 전화번호에서 내선 번호를 추출해보겠습니다.

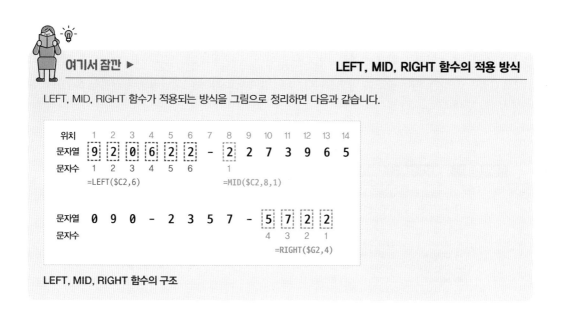

여기서 잠깐 ▶ **LEFT, MID, RIGHT 함수의 적용 방식**

LEFT, MID, RIGHT 함수가 적용되는 방식을 그림으로 정리하면 다음과 같습니다.

LEFT, MID, RIGHT 함수의 구조

01 예제 | LEFT, RIGHT, MID 주민등록번호 왼쪽의 문자열을 가져오기 위해 [E2] 셀을 클릭하고 **=LEFT(**를 입력합니다.

02 '문자열' 인수 입력을 위해 주민등록번호가 들어 있는 셀인 **C2**를 입력하고 F4 키를 3번 눌러 **$C2**로 C열만 고정된 혼합 참조로 바꿔줍니다. ,를 입력하고 가져올 생년월일의 길이인 **6**과)를 입력한 뒤 Enter 키를 누릅니다.

03 생년월일인 920622가 [E2] 셀에 반환되었습니다. 동일한 수식을 아래에도 모두 입력하기 위해 자동 채우기 핸들을 더블클릭합니다.

04 이번에는 성별 정보를 가져와보겠습니다. [F2] 셀을 선택하고 **=MID($C2,8,1)**와 같이 문자열, 시작 위치, 문자 수 인수를 입력합니다. **$C2**는 주민등록번호가 들어 있는 셀이고 여기서 8번째 문자부터 1개를 가져오는 것입니다.

NOTE LEFT와 RIGHT 함수는 문자 수를 입력하지 않을 경우 기본값인 1을 적용하여 첫 번째 문자를 반환하지만, MID 함수는 문자 수가 지정되지 않으면 #N/A 오류가 발생합니다.

05 성별 식별자인 2가 [F2] 셀에 반환되었습니다. 동일한 수식을 아래에도 모두 입력하기 위해 자동 채우기 핸들을 더블클릭합니다.

06 MID 함수로 가져온 식별자가 1이나 3이면 남자, 아니면 여자로 표시하기 위해 [F2] 셀의 수식을 =IF(OR(MID($C2,8,1)="1",MID($C2,8,1)="3"),"남","여")와 같이 변경하겠습니다. OR 함수는 여러 조건 중 하나라도 만족하면 참을 반환합니다. 여기서는 IF 함수와 함께 사용하여 식별자가 1 또는 3이면 "남"을 그렇지 않으면 "여"를 표시한 것입니다.

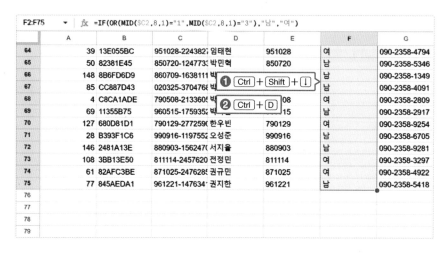

	A	B	C	D	E	F	G	H	I
1	사원번호	출입카드번호	주민등록번호	성명	생년월일	성별	전화번호	내선번호	
2	56	2E65766C	920622-2273965	김민준	920622	=IF(OR(MID($C2,8,1)="1",MID($C2,8,1)="3"),"남","여")			
3	130	673BF91B	000114-4824326	김서준	000114	4	090-2357-5117		
4	73	A95775B7	880814-1387478	김예준	880814	1	090-2357-2638		
5	67	AE379AB3	781106-1527402	김도윤	781106	1	090-2357-2044		
6	93	F16B74A5	910707-2309811	김주원	910707	2	090-2357-5564		
7	30	28A48311	891023-1710204	김시우	891023	1	090-2357-1184		
8	15	C482882C	770313-2480550	김지후	770313	2	090-2357-3771		
9	144	03917938	791125-2313641	김지호	791125	2	090-2357-5812		
10	88	56D987D2	801121-1741179	김하준	801121	1	090-2357-8479		
11	10	E8F635B8	790626-1654592	김준서	790626	1	090-2357-5697		
12	145	1468CBCD	850709-2732393	김준우	850709	2	090-2357-3346		
13	139	ACB9AC94	880103-2704087	김현우	880103	2	090-2357-1863		
14	131	64FBAA54	941213-1647758	김지훈	941213	1	090-2357-2371		
15	62	90661599	970915-2371631	김도현	970915	2	090-2357-1814		
16	140	C215C89C	900908-1713298	김건우	900908	1	090-2357-3487		
17	38	C4B2902D	801122-2686068	김우진	801122	2	090-2357-5532		

NOTE 값들이 숫자처럼 오른쪽 정렬되지 않고 왼쪽 정렬되어 있습니다. 이는 문자열 함수로 반환되는 값은 숫자처럼 보여도 문자열이기 때문입니다. 따라서 조건식에서 비교할 때도 =MID($C2,8,1)=1이 아니라 =MID($C2,8,1)="1"처럼 문자열과 비교해야 합니다.

07 동일한 수식을 아래에도 모두 입력하기 위해 [F2] 셀에서 Ctrl + Shift + ↓ 키를 눌러 [F2:F75] 범위를 모두 선택한 뒤 Ctrl + D 키를 눌러줍니다.

	A	B	C	D	E	F	G
64	39	13E055BC	951028-2243827	임태현	951028	여	090-2358-4794
65	50	82381E45	850720-1247773	박민혁	850720	남	090-2358-5346
66	148	8B6FD6D9	860709-1638111	박		남	090-2358-1349
67	85	CC887D43	020325-3704766	박		남	090-2358-4091
68	4	C8CA1ADE	790508-2133605	박	08	여	090-2358-2809
69	69	11355B75	960515-1759352	박	15	남	090-2358-2917
70	127	680D81D1	790129-2772599	한우빈	790129	여	090-2358-9254
71	28	B393F1C6	990916-1197552	오성준	990916	남	090-2358-6705
72	146	2481A13E	880903-1562470	서지울	880903	남	090-2358-9281
73	108	3BB13E50	811114-2457620	전정민	811114	여	090-2358-3297
74	61	82AFC3BE	871025-2476285	권규민	871025	여	090-2358-4922
75	77	845AEDA1	961221-1476341	권지한	961221	남	090-2358-5418
76							
77							
78							
79							

① Ctrl + Shift + ↓
② Ctrl + D

NOTE 이미 값이 채워져 있는 범위에 대해서는 자동 채우기 핸들을 더블클릭해서 채울 수 없습니다. 자동 채우기 핸들을 드래그하여 범위를 채울 수 있으나 단축키를 사용하는 것이 훨씬 편합니다.

08 이번에는 전화번호에서 내선번호만 추출해보겠습니다. [H2] 셀을 선택하고 **=RIGHT($G2,4)**를 입력합니다. 전화번호가 들어 있는 [G2] 셀의 오른쪽 끝에서 시작해서 문자를 4개 가져오는 것입니다.

	C	D	E	F	G	H	I
1	주민등록번호	성명	생년월일	성별	전화번호	번호	
2	920622-2273965	김민준	920622	여	090-2357-5722	=RIGHT($G2,4)	
3	000114-482432	김서준	000114	여	090-2357-5117		
4	880814-138747	김예준	880814	남	090-2357-2638		
5	781106-1527402	김도윤	781106	남	090-2357-2044		
6	910707-2309811	김주원	910707	여	090-2357-5564		
7	891023-171020	김시우	891023	남	090-2357-1184		
8	770313-248055	김지후	770313	여	090-2357-3771		
9	791125-2313641	김지호	791125	여	090-2357-5812		
10	801121-1741179	김하준	801121	남	090-2357-8479		
11	790626-165459	김준서	790626	남	090-2357-5697		
12	850709-273239	김준우	850709	여	090-2357-3346		
13	880103-270408	김현우	880103	남	090-2357-1863		
14	941213-164775	김지훈	941213	남	090-2357-2371		
15	970915-237163	김도현	970915	여	090-2357-1814		
16	900908-171329	김건우	900908	남	090-2357-3487		
17	801122-268606	김우진	801122	여	090-2357-5532		
18	981215-189357	김민재	981215	남	090-2357-3322		
19	791209-273398	김현준	791209	여	090-2357-9404		
20	881031-176669	김선우	881031	남	090-2357-7921		

09 내선 번호인 5722가 [H2] 셀에 반환되었습니다. 동일한 수식을 아래에도 모두 입력하기 위해 자동 채우기 핸들을 더블클릭합니다.

H2 ▼ fx =RIGHT($G2,4)

	C	D	E	F	G	H	I
1	주민등록번호	성명	생년월일	성별	전화번호	내선번호	
2	920622-2273965	김민준	920622	여	090-2357-5722	5722	더블클릭
3	000114-482432	김서준	000114	여	090-2357-5117	5117	
4	880814-138747	김예준	880814	남	090-2357-2638	2638	
5	781106-1527402	김도윤	781106	남	090-2357-2044	2044	
6	910707-2309811	김주원	910707	여	090-2357-5564	5564	
7	891023-171020	김시우	891023	남	090-2357-1184	1184	
8	770313-248055	김지후	770313	여	090-2357-3771	3771	
9	791125-2313641	김지호	791125	여	090-2357-5812	5812	
10	801121-1741179	김하준	801121	남	090-2357-8479	8479	
11	790626-165459	김준서	790626	남	090-2357-5697	5697	
12	850709-273239	김준우	850709	여	090-2357-3346	3346	
13	880103-270408	김현우	880103	남	090-2357-1863	1863	
14	941213-164775	김지훈	941213	남	090-2357-2371	2371	
15	970915-237163	김도현	970915	여	090-2357-1814	1814	
16	900908-171329	김건우	900908	남	090-2357-3487	3487	
17	801122-268606	김우진	801122	여	090-2357-5532	5532	
18	981215-189357	김민재	981215	남	090-2357-3322	3322	
19	791209-273398	김현준	791209	여	090-2357-9404	9404	
20	881031-176669	김선우	881031	남	090-2357-7921	7921	

문자열에서 원하는 문자의 위치 찾아내기

핵심 함수 | SEARCH, FIND

설명	SEARCH: 텍스트 내에서 문자열이 처음으로 발견된 위치를 반환하며, 대소문자는 무시합니다. FIND: 텍스트 내에서 문자열이 처음으로 발견된 위치를 반환하며, 대소문자를 구분합니다.
구문	=SEARCH(검색하려는_문자열, 검색할_텍스트, [시작]) =FIND(검색하려는_문자열, 검색할_텍스트, [시작_위치])
인수	**검색하려는_문자열**: 검색할_텍스트에서 찾으려는 문자열입니다. **검색할_텍스트**: 처음 검색된 검색하려는_문자열을 검색할 텍스트입니다. **시작**: [선택사항, 기본값 1] 검색할_텍스트에서 검색을 시작하는 문자입니다.
더보기	SEARCH, FIND, VLOOKUP류의 함수들과 SPLIT, SUBSTITUTE류의 함수들은 검색하려는 문자열과 검색 대상 문자열 인수 순서가 반대입니다.

SEARCH, FIND 함수는 문자열에서 특정 문자의 위치를 찾아 반환합니다. MID 함수로 직원들의 주소에서 시군구에 해당하는 부분을 가져오려고 하는데, 시군구 문자열의 위치와 문자 수가 주소마다 다릅니다. 이럴 때 SEARCH나 FIND 함수를 통해 문자열의 위치를 지정하고 문자 수를 계산할 수 있습니다. 단계별로 수식을 확장하면서 실습해보겠습니다.

01 **예제 | FIND, SEARCH** MID 함수의 '시작' 인수에 넣을 첫 번째 공백의 위치를 찾기 위해 [J2] 셀에 **=FIND(" ",$I2)**를 입력하고 Enter 키를 누릅니다(큰따옴표 안에 공백을 입력했습니다). 마지막 인수인 시작 위치를 입력하지 않았으므로 기본값인 1, 즉 첫 글자부터 탐색을 시작합니다.

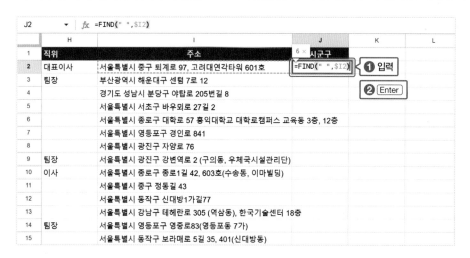

NOTE 시군구는 주소에서 두 번째 단어를 가져오면 되는데 MID 함수(=MID(문자열, 시작, 문자_수))를 사용하기 위해서는 ① 시작 위치와 ② 문자_수를 알아야 합니다. 단어와 단어를 구분하는 공백의 위치를 찾으면 두 정보를 알아낼 수 있습니다. 시군구 문자의 시작 위치는 첫 번째 공백 다음 문자이므로 **FIND(" ",$I2)+1**이 됩니다.

02 MID 함수의 '문자_수' 인수 계산에 사용할 두 번째 공백을 찾아봅니다. **01**번 수식에 1을 더한 **FIND(" ",$I2)+1)**를 추가로 입력합니다. 수정된 수식은 **=FIND(" ",$I2,FIND(" ",$I2)+1)** 입니다. 첫 번째 공백의 다음 위치부터 두 번째 공백의 위치를 찾기 위해 '시작' 인수를 **FIND(" ",$I2) +1**로 지정한 것입니다.

03 문자 수는 **두 번째 공백의 위치 – 첫 번째 공백의 위치 – 1**입니다. [J2] 셀에 **=FIND(" ",$I2, FIND(" ",$I2)+1)-FIND(" ",$I2)-1**을 입력하고 시군구 문자열의 문자 수를 확인해봅니다.

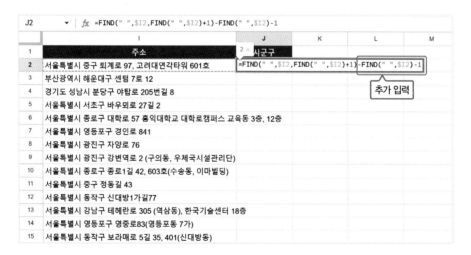

04 지금까지 구한 두 값(**시작, 문자_수**)을 MID 함수에 넣어 [J2] 셀에 **=MID($I2,FIND(" ", $I2)+1,FIND(" ",$I2,FIND(" ",$I2)+1)-FIND(" ",$I2)-1)**와 같은 수식을 완성합니다.

J2	▼	fx	=MID($I2,			

	I	J		L	M
1	주소	중구 ×	구	**추가 입력**	
2	서울특별시 중구 퇴계로 97, 고려대연각타워 601호	=MID($I2, 　　FIND(" ",$I2)+1, 　　FIND(" ",$I2, 　　　FIND(" ",$I2)+1)-FIND(" ",$I2)-1)			
3	부산광역시 해운대구 센텀 7로 12				
4	경기도 성남시 분당구 야탑로 205번길 8				
5	서울특별시 서초구 바우뫼로 27길 2				
6	서울특별시 종로구 대학로 57 홍익대학교 대학로캠퍼스 교육동 3층, 12층				
7	서울특별시 영등포구 경인로 841				
8	서울특별시 광진구 자양로 76				
9	서울특별시 광진구 강변역로 2 (구의동, 우체국시설관리단)				
10	서울특별시 종로구 종로1길 42, 603호(수송동, 이마빌딩)				
11	서울특별시 중구 정동길 43				
12	서울특별시 동작구 신대방1가길77				
13	서울특별시 강남구 테헤란로 305 (역삼동), 한국기술센터 18층				

05 동일한 수식을 아래에도 모두 입력하기 위해 자동 채우기 핸들을 더블클릭하거나 제일 마지막 셀까지 모두 선택한 뒤 Ctrl + D 키를 누릅니다.

J2	▼	fx	=MID($I2,FIND(" ",$I2)+1,FIND(" ",$I2,FIND(" ",$I2)+1)-FIND(" ",$I2)-1)			

	I	J	K	L	M
1	주소	시군구			
2	서울특별시 중구 퇴계로 97, 고려대연각타워 601호	중구	**더블클릭**		
3	부산광역시 해운대구 센텀 7로 12	해운대구			
4	경기도 성남시 분당구 야탑로 205번길 8	성남시			
5	서울특별시 서초구 바우뫼로 27길 2	서초구			
6	서울특별시 종로구 대학로 57 홍익대학교 대학로캠퍼스 교:	종로구			
7	서울특별시 영등포구 경인로 841	영등포구			
8	서울특별시 광진구 자양로 76	광진구			
9	서울특별시 광진구 강변역로 2 (구의동, 우체국시설관리단)	광진구			
10	서울특별시 종로구 종로1길 42, 603호(수송동, 이마빌딩)	종로구			
11	서울특별시 중구 정동길 43	중구			
12	서울특별시 동작구 신대방1가길77	동작구			
13	서울특별시 강남구 테헤란로 305 (역삼동), 한국기술센터 18	강남구			

NOTE SEARCH와 FIND 함수의 사용 방법은 동일하지만 대소문자 구분과 와일드카드 사용에 차이가 있습니다. FIND 는 대소문자를 구분합니다('대파'로 기억하면 편합니다). SEARCH는 검색 문자열에 *, ?, ~ 등 와일드카드를 사용할 수 있습니다('와써?'로 기억하자고 하고 싶지만 참겠습니다). 예제에서는 대소문자 구분이 없는 공백 문자를 검색하므로 FIND와 SEARCH 중 어떤 함수를 사용해도 결과는 같습니다.

여기서 잠깐 ▶ 　　　　　　　　**문자열을 분할하는 더 편한 방법: TRIM과 SPLIT 함수**

FIND와 MID 함수를 사용해 공백의 위치를 찾고 문자열을 가공했습니다. 하지만 공백이 단어 사이에 있거나 불규칙한 데이터가 포함되어 있으면 FIND와 MID 함수로 문자열을 분할하기 어렵습니다. 이때 TRIM 함수를 이용할 수 있습니다. 또한 4장에서 공부할 '텍스트를 열로 분할'이나 5장의 SPLIT 함수를 사용해도 특정 문자를 기준으로 문자열을 간단히 나눌 수 있습니다.

문자열의 일부를 "******"로 바꾸기

핵심 함수 | REPLACE

설명	문자열의 특정 위치에서 주어진 길이만큼을 다른 텍스트 문자열로 대체합니다.
구문	=REPLACE(텍스트, 위치, 길이, 새_텍스트)
인수	**텍스트**: 일부가 대체될 텍스트입니다. **위치**: 대체가 시작될 위치입니다(1부터 시작). **길이**: 텍스트에서 대체될 문자의 개수입니다. **새_텍스트**: 원래 텍스트에 삽입될 텍스트입니다.
더보기	**REGEXREPLACE**: 더욱 강력한 정규 표현식을 사용하여 텍스트 문자열의 일부를 다른 텍스트 문자열로 대체합니다. **SUBSTITUTE**: 문자열에서 특정한 문자열을 새 텍스트로 대체합니다.

개인정보보호법에 따라 주민등록번호는 수집 및 보관이 제한되어 있습니다. 주민등록번호의 9자리 이후 값은 모두 '*'로 바꿔서 직원들의 주민등록번호를 보안 처리하겠습니다. 이렇게 위치를 기준으로 문자열을 변경할 때 REPLACE 함수를 사용합니다.

01 **예제 | REPLACE** 주민등록번호가 있는 C열의 문자열을 가공하기 위해 [E2] 셀을 선택하고 **=REPLACE($C2,9,6,"******")**를 입력합니다. [C2] 셀의 내용 중 9번째부터 6개 글자를 "******"로 대체하는 수식입니다.

E2	▼	fx =REPLACE($C2,9,6,"******")				

	A	B	C	D	E	F	G
1	사원번호	출입카드번호	주민등록번호	성명	920622-2****** × 간)		
2	56	2E65766C	920622-227396!	김민준	=REPLACE($C2,9,6,"******")		
3	130	673BF91B	000114-482432€	김서준			
4	73	A95775B7	880814-138747€	김예준	입력		
5	67	AE379AB3	781106-152740:	김도윤			
6	93	F16B74A5	910707-2309811	김주원			
7	30	28A48311	891023-171020<	김시우			
8	15	C482882C	770313-248055(	김지후			
9	144	03917938	791125-2313641	김지호			
10	88	56D987D2	801121-174117\$	김하준			
11	10	E8F635B8	790626-165459:	김준서			
12	145	1468CBCD	850709-273239:	김준우			
13	139	ACB9AC94	880103-270408;	김현우			
14	131	64FBAA54	941213-164775€	김지훈			
15	62	90661599	970915-237163;	김도현			
16	140	C215C89C	900908-171329€	김건우			

02 나머지 셀에도 동일한 수식을 모두 입력하기 위해 자동 채우기 핸들을 더블클릭합니다.

E2	▼	*fx*	=REPLACE($C2,9,6,"******")				
	A	B	C	D	E	F	G
1	사원번호	출입카드번호	주민등록번호	성명	주민등록번호(보안)		
2	56	2E65766C	920622-2273965	김민준	920622-2******		더블클릭
3	130	673BF91B	000114-4824326	김서준	000114-4******		
4	73	A95775B7	880814-1387478	김예준	880814-1******		
5	67	AE379AB3	781106-1527402	김도윤	781106-1******		
6	93	F16B74A5	910707-2309811	김주원	910707-2******		
7	30	28A48311	891023-1710204	김시우	891023-1******		
8	15	C482882C	770313-248055C	김지후	770313-2******		
9	144	03917938	791125-2313641	김하준	791125-2******		
10	88	56D987D2	801121-1741179	김하준	801121-1******		
11	10	E8F635B8	790626-1654592	김준서	790626-1******		
12	145	1468CBCD	850709-2732393	김준우	850709-2******		
13	139	ACB9AC94	880103-2704087	김현우	880103-2******		
14	131	64FBAA54	941213-1647758	김지훈	941213-1******		
15	62	90661599	970915-2371631	김도현	970915-2******		
16	140	C215C89C	900908-1713298	김건우	900908-1******		

NOTE REPLACE와 SUBSTITUTE 함수는 자주 사용하는 함수가 아니기 때문에 헷갈리기 쉽습니다. REPLACE는 위치에 따라 문자를 바꾸는 함수이고, SUBSTITUTE는 특정한 문자열을 찾아서 다른 문자열로 바꾸는 함수입니다 (REPLACE는 PLACE니까 위치라고 기억합시다).

여기서 잠깐 ▶   **문자열을 LEFT, RIGHT, MID로 바꾸는 방법**

문자열의 일부를 바꿀 때는 LEFT, RIGHT, MID 함수와 &를 이용할 수도 있습니다. 문자열 중 남길 부분을 LEFT, RIGHT, MID 함수로 가져오고, 나머지 문자열을 &로 결합시켜주는 것입니다. 이번 경우에는 =**LEFT(C2,8)&** "******"를 입력해도 동일한 결과를 얻게 됩니다. 물론 더 복잡하니 그럴 필요는 없어 보이지만 말이죠.

문자열에 포함된 "-"를 일괄적으로 정리하기

핵심 함수 | SUBSTITUTE

설명	문자열의 특정 문자열을 다른 문자열로 바꿔줍니다.
구문	=SUBSTITUTE(검색할_텍스트, 검색할_문자열, 대체_문자열, [발견되는_횟수])
인수	**검색할_텍스트**: 검색하여 대체할 원본 텍스트입니다. **검색할_문자열**: 검색할 텍스트 내에서 검색할 특정 문자열입니다. 단어에서 일부만 일치해도 대체됩니다. **대체_문자열**: 새로 바꿔줄 문자열입니다. **발견되는_횟수**: [선택사항] 이 인수가 지정된 경우 발견된 문자열 중 몇 번째 문자열만 바꿔줍니다.
더보기	**REGEXREPLACE**: 더욱 강력한 정규 표현식을 사용하여 텍스트 문자열의 일부를 다른 텍스트 문자열로 대체합니다. **REPLACE**: 문자열의 특정 위치에서 주어진 길이만큼을 다른 텍스트 문자열로 대체합니다.

직원들로부터 휴대폰 번호를 받았습니다. 휴대폰 번호를 보기 좋게 정렬하기 위해 "–"를 제외하고 입력해 달라고 요청했지만 굳이 "–"를 넣어주신 분들이 계십니다. 그래서 직접 "–"를 삭제하려고 합니다. SUBSTITUTE 함수는 특정 문자열을 찾아서 다른 문자열로 바꿔주는 함수입니다.

01 예제 | SUBSTITUTE 특정 문자열을 없앨 때 가장 편한 방법은 [찾기 및 바꾸기]입니다. [DATA] 시트에서 [C2] 셀을 선택하고 Ctrl + Shift + ↓ 키를 눌러 [C2:C75] 범위를 선택합니다.

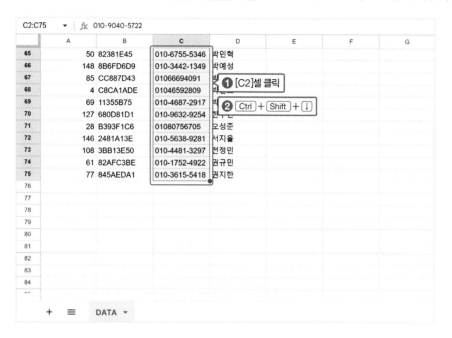

02 Ctrl + H 키를 누르거나 [수정] – [찾기 및 바꾸기] 메뉴를 클릭합니다. [찾기 및 바꾸기] 창에서 [찾기]에 '–'를 입력하고 [바꾸기]는 비워놓은 채 [모두 바꾸기]와 [완료] 버튼을 차례대로 클릭합니다.

NOTE 영역을 선택한 상태에서 [찾기 및 바꾸기]를 실행하면 선택 영역 안에서만 바꾸기가 진행됩니다.

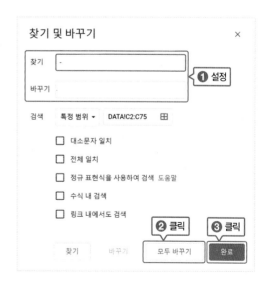

03 세상에…. 바꾸기를 통해 "−"가 삭제되면서 문자가 모두 숫자로 변경되어 앞에 있던 0이 날아가 버렸습니다. 얼른 Ctrl + Z 키를 눌러서 원래대로 돌아옵니다.

	A	B	C	D	E	F	G
	사원번호	출입카드번호	휴대폰번호	성명			
2	56	2E65766C	1090405722	김민준			
3	130	673BF91B	1062505117	김서준			
4	73	A95775B7	1032632638	김예준			
5	67	AE379AB3	1043762044	김도윤			
6	93	F16B74A5	1035225564	김주원			
7	30	28A48311	1046741184	김시우			
8	15	C482882C	1089443771	김지후			
9	144	03917938	1053495812	김지호			
10	88	56D987D2	01021118479	김하준			
11	10	E8F635B8	1090785697	김준서			
12	145	1468CBCD	1090093346	김준우			
13	139	ACB9AC94	1091121863	김현우			
14	131	64FBAA54	1056112371	김지훈			
15	62	90661599	01093601814	김도현			
16	140	C215C89C	01062633487	김건우			
17	38	C4B2902D	01078075532	김우진			
18	137	87F234C1	01054403322	김민재			
19	114	F467CECD	01011779404	김현준			
20	83	C558450E	01073727921	김선우			

C2:C75 ▼ | fx | 1090405722

+ ≡ DATA ▼

NOTE [찾기 및 바꾸기]를 통해 바꾸면 새로 입력한 것과 동일하게 처리하기 때문에 문자가 모두 숫자로 바뀌어 버립니다. 이런 경우에는 [찾기 및 바꾸기]를 사용하는 것보다 SUBSTITUTE 함수를 사용하는 것이 더 편합니다.

04 데이터 시트와 결과 시트를 분리하기 위해 시트 탭에서 시트 추가(➕) 아이콘을 클릭합니다. 시트 이름을 '휴대폰'으로 변경합니다.

NOTE 동일한 작업을 신입사원이 들어올 때마다 해야 한다면 귀찮을 것입니다. 조금 번거로워도 데이터 시트와 결과 시트를 분리해서 데이터 시트에는 데이터만 입력해서 전화번호가 정리되도록 만드는 것이 좋습니다.

05 제목 행을 만들기 위해 [DATA] 시트의 [A1:D1] 범위를 복사해서 [휴대폰] 시트에 붙여넣습니다. [DATA] 시트의 데이터를 [휴대폰] 시트에 연결하기 위해 [휴대폰] 시트의 [A2] 셀에 `=DATA!A2`를 입력합니다.

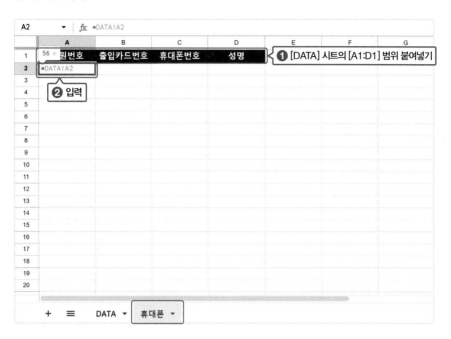

06 사원번호를 불러왔습니다. 직원이 200명 정도 늘어난다고 가정하고 수식을 [D200] 셀까지 채워보겠습니다. 수식을 붙여넣기 위해 [A2:D200] 범위를 선택한 상태에서 Ctrl + Enter 키를 누릅니다.

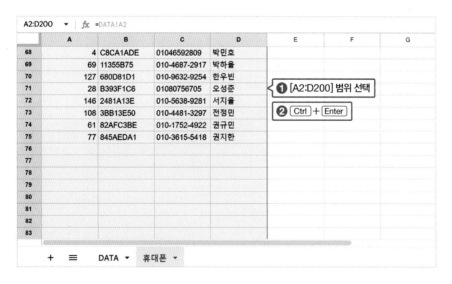

NOTE 75행 이후로는 원본에 값이 없어서 공백으로 표시되지만 수식은 들어 있습니다. 원본 데이터가 199개 이하일 때는 제대로 작동할 것입니다.

07 이제 SUBSTITUTE 함수를 사용해 새 시트의 휴대폰 번호를 처리합니다. [휴대폰] 시트의 [C2] 셀을 선택하고 =DATA!C2로 되어 있는 수식을 =**SUBSTITUTE**(DATA!C2,"-","")로 바꿉니다. [DATA] 시트의 휴대폰 번호에서 "-"를 찾아 모두 " "로 바꾸는, 즉 "-"를 없애는 수식입니다.

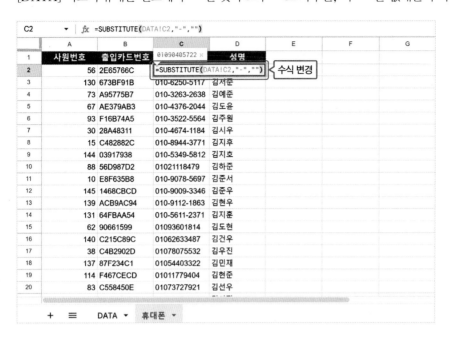

08 나머지 셀에도 동일한 수식을 모두 입력하기 위해 [휴대폰] 시트의 [C2] 셀에서 Ctrl + Shift + ↓ 키를 눌러 [C2:C200] 범위를 선택한 뒤 Ctrl + D 키를 눌러줍니다.

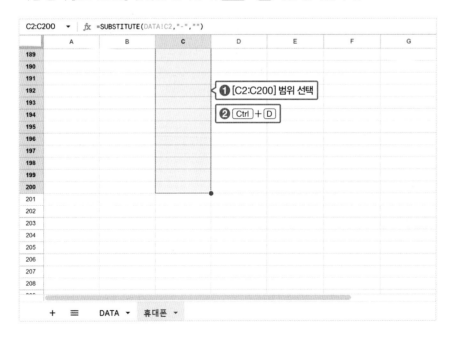

09 화면을 위로 올려보면 전체 열에 "–"이 제거된 휴대폰 번호를 확인할 수 있습니다. 이제는 [DATA] 시트에 데이터를 추가하면 자동으로 [휴대폰] 시트에 "–"가 제거된 전화번호가 표시될 것입니다. SUBSTITUTE 함수로 처리된 데이터는 문자열로 인식되기 때문에 앞자리의 0이 그대로 유지됩니다.

C2:C200	▼	*fx* =SUBSTITUTE(DATA!C2,"-","")				

	A	B	C	D	E	F	G
1	사원번호	출입카드번호	휴대폰번호	성명			
2	56	2E65766C	01090405722	김민준			
3	130	673BF91B	01062505117	김서준			
4	73	A95775B7	01032632638	김예준			
5	67	AE379AB3	01043762044	김도윤			
6	93	F16B74A5	01035225564	김주원			
7	30	28A48311	01046741184	김시우			
8	15	C482882C	01089443771	김지후			
9	144	03917938	01053495812	김지호			
10	88	56D987D2	01021118479	김하준			
11	10	E8F635B8	01090785697	김준서			
12	145	1468CBCD	01090093346	김준우			
13	139	ACB9AC94	01091121863	김현우			
14	131	64FBAA54	01056112371	김지훈			
15	62	90661599	01093601814	김도현			
16	140	C215C89C	01062633487	김건우			
17	38	C4B2902D	01078075532	김우진			

+ ≡ DATA ▼ 휴대폰 ▼

여기서 잠깐 ▶   **불규칙한 입력은 정규 표현식으로 걸러냅니다**

'–'를 입력하지 말라고 했더니 '.' 혹은 빈칸을 넣은 경우는 어떻게 할까요? 믿기 힘들지만 굉장히 자주 발생하는 일입니다. 이때 숫자가 아닌 값을 모두 제거하는 함수가 있다면 편할 것입니다. 정규 표현식을 이용하는 REGEXREPLACE 함수를 쓸 수도 있지만 여기서는 소개하지 않겠습니다. 정규 표현식을 이용하는 함수는 REGEXREPLACE 외에도 REGEXMATCH, REGEXEXTRACT가 있습니다. 예제에 [REGEXREPLACE] 시트가 추가되어 있으니 참고하세요.

문자열에 포함된 공백 정리하기

핵심 함수 | TRIM

설명	텍스트에서 앞쪽, 뒤쪽, 중복된 공백을 삭제합니다. 즉 공백을 단어 사이 하나씩만 남기고 모두 삭제합니다.
구문	=TRIM(텍스트)
인수	**텍스트**: 다듬고자 하는 문자열입니다.
더보기	REPLACE: 문자열의 특정 위치에서 주어진 길이만큼을 다른 텍스트 문자열로 대체합니다. SUBSTITUTE: 문자열에서 특정한 문자열을 새 텍스트로 대체합니다.

"서울시", " 서울시", "서울시 "는 모두 비슷해 보이지만 스프레드시트는 이 단어들을 모두 다른 문자열로 취급합니다. 단어 사이에 공백이 두 개 들어간 "서울시 종로구" 역시 "서울시 종로구"와는 다른 문자열입니다. 이렇게 문자열 작업에서 공백을 만나면 매우 골치가 아픕니다. 작업에 방해되는 공백을 TRIM 함수로 정리해보겠습니다.

01 예제 | TRIM FIND 함수로 시군구를 추출했는데 [D2:D4]의 결과가 의도와 달리 특별시가 나오거나 비어 있습니다. 공백의 위치를 기준으로 문자열을 잘랐기 때문에 규칙에 어긋난 공백이 있으면 오류가 발생합니다. 공백을 제거하기 위해 수정된 주소를 적을 [E2] 셀에 **=TRIM($C2)**를 입력합니다.

E2	▼	fx =TRIM($C2)		
	A	B	C	D	E
1	성명	본부	주소	시군구	서울특별시 중구 퇴계로
2	김민준	CEO	서울특별시 중구 퇴계로 97, 고려대연각타워 601호	서울특별시	=TRIM($C2)
3	김서준	경영본부	부산광역시 해운대구 센텀 7로 12		
4	김예준	경영본부	경기도 성남시 분당구 야탑로 205번길 8		입력
5	김도윤	경영본부	서울특별시 서초구 바우뫼로 27길 2	서초구	
6	김주원	경영본부	서울특별시 종로구 대학로 57 홍익대학교 대학로캠퍼스 교	종로구	
7	김시우	경영본부	서울특별시 영등포구 경인로 841	영등포구	
8	김지후	경영본부	서울특별시 광진구 자양로 76	광진구	
9	김지호	경영본부	서울특별시 광진구 강변역로 2 (구의동, 우체국시설관리단	광진구	
10	김하준	제품본부	서울특별시 종로구 종로1길 42, 603호(수송동, 이마빌딩)	종로구	
11	김준서	사업본부	서울특별시 중구 정동길 43	중구	
12	김준우	사업본부	서울특별시 동작구 신대방1가길77	동작구	
13	김현우	사업본부	서울특별시 강남구 테헤란로 305 (역삼동), 한국기술센터 1	강남구	
14	김지훈	제품본부	서울특별시 영등포구 영중로83(영등포동 7가)	영등포구	
15	김도현	제품본부	서울특별시 동작구 보라매로 5길 35, 401(신대방동)	동작구	
16	김건우	제품본부	서울특별시 서초구 강남대로27, 601호	서초구	
17	김우진	제품본부	강원도 정선군 사북읍 하이원길 265	정선군	

02 "서울특별시" 앞에 있던 공백이 제거되었습니다. 자동 채우기 핸들을 더블클릭하여 E열의 나머지 셀에도 동일한 수식을 적용합니다. [E3], [E4] 셀 등에 공백이 제거되었는지 확인합니다.

E2	▼	fx =TRIM($C2)		
	A	B	C	D	E
1	성명	본부	주소	시군구	수정주소
2	김민준	CEO	서울특별시 중구 퇴계로 97, 고려대연각타워 601호	서울특별시	서울특별시 중구
3	김서준	경영본부	부산광역시 해운대구 센텀 7로 12		부산광역시 해운
4	김예준	경영본부	경기도 성남시 분당구 야탑로 205번길 8		경기도 성남ㅅ 더블클릭
5	김도윤	경영본부	서울특별시 서초구 바우뫼로 27길 2	서초구	서울특별시 서ㅊ
6	김주원	경영본부	서울특별시 종로구 대학로 57 홍익대학교 대학로캠퍼스 교	종로구	서울특별시 종로
7	김시우	경영본부	서울특별시 영등포구 경인로 841	영등포구	서울특별시 영등
8	김지후	경영본부	서울특별시 광진구 자양로 76	광진구	서울특별시 광진
9	김지호	경영본부	서울특별시 광진구 강변역로 2 (구의동, 우체국시설관리단	광진구	서울특별시 광진
10	김하준	제품본부	서울특별시 종로구 종로1길 42, 603호(수송동, 이마빌딩)	종로구	서울특별시 종로
11	김준서	사업본부	서울특별시 중구 정동길 43	중구	서울특별시 중구
12	김준우	사업본부	서울특별시 동작구 신대방1가길77	동작구	서울특별시 동작
13	김현우	사업본부	서울특별시 강남구 테헤란로 305 (역삼동), 한국기술센터 1	강남구	서울특별시 강남
14	김지훈	제품본부	서울특별시 영등포구 영중로83(영등포동 7가)	영등포구	서울특별시 영등
15	김도현	제품본부	서울특별시 동작구 보라매로 5길 35, 401(신대방동)	동작구	서울특별시 동작
16	김건우	제품본부	서울특별시 서초구 강남대로27, 601호	서초구	서울특별시 서초
17	김우진	제품본부	강원도 정선군 사북읍 하이원길 265	정선군	강원도 정선군 ㅅ

03 D열의 수식이 새로운 주소인 E열을 참조하도록 수정합니다. [D2] 셀을 선택하고 Ctrl + Shift + ↓ 키를 눌러 [D2:D75] 범위를 선택합니다.

04 Ctrl + H 키를 눌러 [찾기 및 바꾸기]를 실행합니다. 수식에서 $C로 시작하는 부분을 모두 $E 로 바꿔줄 것입니다. [찾기]에 '$C'를, [바꾸기]에 '$E'를 입력합니다. [검색]이 '특정 범위', 선택 범위 가 [D2:D75]인 것을 확인하고 수식 안에 있는 내용을 수정할 것이므로 '수식 내 검색'에 체크한 후 [모두 바꾸기], [완료] 버튼을 차례대로 클릭합니다.

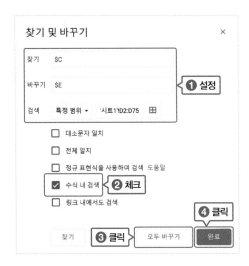

05 TRIM 함수로 수정된 E열의 주소를 참조했더니 문제가 있었던 셀들이 깔끔하게 해결되어 시군구가 제대로 나오는 것을 볼 수 있습니다.

	A	B	C	D	E
	D2:D75 ▾	ƒx =MID($E2,			
1	성명	본부	주소	시군구	수정주소
2	김민준	CEO	서울특별시 중구 퇴계로 97, 고려대연각타워 601호	중구	서울특별시 중구
3	김서준	경영본부	부산광역시 해운대구 센텀 7로 12	해운대구	부산광역시 해운
4	김예준	경영본부	경기도 성남시 분당구 야탑로 205번길 8	성남시	경기도 성남시 분
5	김도윤	경영본부	서울특별시 서초구 바우뫼로 27길 2	서초구	서울특별시 서초
6	김주원	경영본부	서울특별시 종로구 대학로 57 홍익대학교 대학로캠퍼스 교	종로구	서울특별시 종로
7	김시우	경영본부	서울특별시 영등포구 경인로 841	영등포구	서울특별시 영등
8	김지후	경영본부	서울특별시 광진구 자양로 76	광진구	서울특별시 광진
9	김지호	경영본부	서울특별시 광진구 강변역로 2 (구의동, 우체국시설관리단	광진구	서울특별시 광진
10	김하준	제품본부	서울특별시 종로구 종로1길 42, 603호(수송동, 이마빌딩)	종로구	서울특별시 종로
11	김준서	사업본부	서울특별시 중구 정동길 43	중구	서울특별시 중구
12	김준우	사업본부	서울특별시 동작구 신대방1가길77	동작구	서울특별시 동작
13	김현우	사업본부	서울특별시 강남구 테헤란로 305 (역삼동), 한국기술센터 1	강남구	서울특별시 강남
14	김지훈	제품본부	서울특별시 영등포구 영중로83(영등포동 7가)	영등포구	서울특별시 영등
15	김도현	제품본부	서울특별시 동작구 보라매로 5길 35, 401(신대방동)	동작구	서울특별시 동작
16	김건우	제품본부	서울특별시 서초구 강남대로27, 601호	서초구	서울특별시 서초
17	김우진	제품본부	강원도 정선군 사북읍 하이원길 265	정선군	강원도 정선군 사

문자열을 날짜 형식으로 변환하기

핵심 함수 | DATE

설명	DATE: 연, 월, 일을 날짜로 전환합니다.
구문	=DATE(연, 월, 일)
인수	**연**: 날짜의 연도 구성 요소입니다. **월**: 날짜의 월 구성 요소입니다. **일**: 날짜의 일 구성 요소입니다.
더보기	**DATEVALUE**: 문자열로 처리된 날짜 텍스트를 날짜값으로 변경합니다. **TIME**: 시, 분, 초를 시간으로 변환합니다. **YEAR**: 주어진 날짜의 연도를 반환합니다. **MONTH**: 주어진 날짜의 월을 반환합니다. **DAY**: 주어진 날짜의 일을 반환합니다.

DATE는 문자열을 날짜값으로 변환하는 함수입니다. 직원들의 주민등록번호에서 LEFT, MID, RIGHT 등의 문자열 함수로 가져온 생년월일은 아직 문자열 형식입니다. 이 데이터를 날짜값으로 변환해야 날짜 계산에 사용할 수 있습니다. 6자리로 표시된 생년월일을 DATE 함수를 통해 날짜값으로 변환하겠습니다.

01 예제 | DATE 우선 태어난 연대가 1900년대인지 2000년대인지 파악하기 위해 [G2] 셀에 **=MID($C2,8,1)**를 입력하여 출생연대 정보를 담고 있는 뒷자리에서 첫 번째 숫자를 가져오겠습니다.

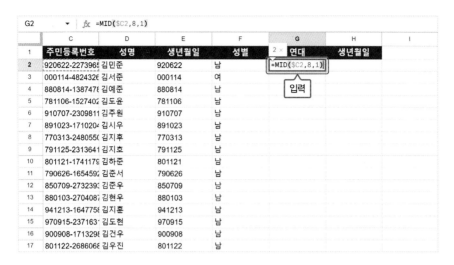

02 주민등록번호 뒷자리가 1 또는 2로 시작하면 1900년대생, 그 외의 문자면 2000년대생입니다. [G2] 셀의 수식을 **=IF(OR(MID($C2,8,1)="1",MID($C2,8,1)="2"),1900,2000)**로 수정합니다.

NOTE OR 함수는 여러 조건들 중 하나만 만족해도 TRUE를 반환하는 조건 함수입니다. MID 함수는 문자열을 반환하므로 조건문의 1, 2라는 문자를 큰따옴표로 묶어줘야 합니다.

03 나머지 셀에도 동일한 수식을 모두 입력하기 위해 자동 채우기 핸들을 더블클릭합니다.

	C	D	E	F	G	H	I
G2	▼	ƒx	=IF(OR(MID($C2,8,1)="1",MID($C2,8,1)="2"),1900,2000)				
1	주민등록번호	성명	생년월일	성별	연대	생년월일	
2	920622-2273965	김민준	920622	남	1900		더블클릭
3	000114-4824326	김서준	000114	여	2000		
4	880814-1387478	김예준	880814	남	1900		
5	781106-1527402	김도윤	781106	남	1900		
6	910707-2309811	김주원	910707	남	1900		
7	891023-1710204	김시우	891023	남	1900		
8	770313-2480550	김지후	770313	남	1900		
9	791125-2313641	김지호	791125	남	1900		
10	801121-1741179	김하준	801121	남	1900		
11	790626-1654592	김준서	790626	남	1900		
12	850709-2732393	김준우	850709	남	1900		
13	880103-2704087	김현우	880103	남	1900		
14	941213-1647758	김지훈	941213	남	1900		
15	970915-2371631	김도현	970915	남	1900		
16	900908-1713298	김건우	900908	남	1900		
17	801122-2686068	김우진	801122	남	1900		

04 DATE 함수는 연, 월, 일을 인수로 날짯값을 만들어줍니다. [H2] 셀에 **=DATE($G2+LEFT($E2 ,2),MID($E2,3,2),RIGHT($E2,2))**를 입력합니다.

	C	D	E	F	G	H	I
H2	▼	ƒx	=DATE($G2+LEFT($E2,2),				
1	주민등록번호	성명	생년월일	성별	연대	1992. 6. 22 ×	
2	920622-2273965	김민준	920622	남	1900	=DATE($G2+LEFT($E2,2), MID($E2,3,2),RIGHT($E2,2))	
3	000114-4824326	김서준	000114	여	2000		
4	880814-1387478	김예준	880814	남	1900	입력	
5	781106-1527402	김도윤	781106	남	1900		
6	910707-2309811	김주원	910707	남	1900		
7	891023-1710204	김시우	891023	남	1900		
8	770313-2480550	김지후	770313	남	1900		
9	791125-2313641	김지호	791125	남	1900		
10	801121-1741179	김하준	801121	남	1900		
11	790626-1654592	김준서	790626	남	1900		
12	850709-2732393	김준우	850709	남	1900		
13	880103-2704087	김현우	880103	남	1900		
14	941213-1647758	김지훈	941213	남	1900		
15	970915-2371631	김도현	970915	남	1900		
16	900908-1713298	김건우	900908	남	1900		
17	801122-2686068	김우진	801122	남	1900		

NOTE 연도는 G열의 연대와 LEFT 함수로 가져온 주민등록번호의 두 자리 숫자를 합해서 계산하고, 월은 E열의 생년월일에서 가운데 두 자리, 일은 생년월일의 마지막 두 자리를 각각 MID, RIGHT 함수를 사용해서 가져옵니다.

05 나머지 셀에도 동일한 수식을 모두 입력하기 위해 자동 채우기 핸들을 더블클릭합니다.

	C	D	E	F	G	H	I
H2	▼	fx =DATE($G2+LEFT($E2,2),MID($E2,3,2),RIGHT($E2,2))					
1	주민등록번호	성명	생년월일	성별	연대	생년월일	
2	920622-2273965	김민준	920622	남		1900	1992. 6. 22
3	000114-4824326	김서준	000114	여		2000	2000. 1. 14
4	880814-1387478	김예준	880814	남		1900	1988. 8. 14
5	781106-1527402	김도윤	781106	남		1900	1978. 11. 6
6	910707-2309811	김주원	910707	남		1900	1991. 7. 7
7	891023-1710204	김시우	891023	남		1900	1989. 10. 23
8	770313-2480550	김지후	770313	남		1900	1977. 3. 13
9	791125-2313641	김지호	791125	남		1900	1979. 11. 25
10	801121-1741179	김하준	801121	남		1900	1980. 11. 21
11	790626-1654592	김준서	790626	남		1900	1979. 6. 26
12	850709-2732393	김준우	850709	남		1900	1985. 7. 9
13	880103-2704087	김현우	880103	남		1900	1988. 1. 3
14	941213-1647758	김지훈	941213	남		1900	1994. 12. 13
15	970915-2371637	김도현	970915	남		1900	1997. 9. 15
16	900908-1713298	김건우	900908	남		1900	1990. 9. 8
17	801122-2686068	김우진	801122	남		1900	1980. 11. 22

더블클릭

NOTE 여기서는 주민등록번호의 식별값이 1, 2, 3, 4만 있는 것으로 가정하였습니다. 실제로 외국인을 포함하면 경우의 수가 훨씬 많습니다. 예제에 나온 주민등록번호와 성명 등 인적사항은 무작위로 생성된 가상의 데이터입니다.

하위 문자열을 연결하여 전체 코드 만들기

핵심 함수 | TEXTJOIN, JOIN

설명	**TEXTJOIN:** 지정된 구분자로 여러 문자열을 연결합니다. 빈칸이 있는 셀은 제외할 수 있고, 2차원 범위를 사용할 수 있습니다. **JOIN:** 지정된 구분자로 여러 문자열을 연결합니다. 빈칸을 제외할 수 없으며 1차원 범위(한 행, 또는 한 열)만 사용할 수 있습니다.
구문	=TEXTJOIN(구분자, 빈칸_무시, 텍스트1, [텍스트2, ...]) =JOIN(구분자, 값_또는_배열1, [값_또는_배열2, ...])
인수	**구분자:** 문자열 사이에 들어갈 연결 문자열입니다. 비어 있을 경우 텍스트가 그냥 연결됩니다. **빈칸_무시:** TEXTJOIN 함수에서 TRUE(1)일 경우 비어 있는 셀은 건너뛰고 연결합니다. **텍스트1 / 값_또는_배열1:** 연결할 문자열이 있는 범위입니다. JOIN 함수는 한 행 또는 한 열로 구성된 1차원 범위만 지정할 수 있습니다. TEXTJOIN 함수는 범위 안에 여러 열과 행이 있는 경우 행 방향으로 먼저 결합합니다. **텍스트2, ... [선택사항] / 값_또는_배열2:** 연결할 문자열이 있는 추가 범위입니다.
더보기	**CONCATENATE:** 문자열을 다른 문자열에 추가합니다. &와 동일하게 사용합니다.

TEXTJOIN과 JOIN은 문자열들을 지정된 구분자로 연결하는 함수입니다. 예제 파일에 기재된 일련번호와 날짜를 연결해서 공문 코드를 만들어보겠습니다. TEXTJOIN 함수의 기능과 확장성이 더 좋기 때문에 이 함수를 먼저 설명하고 JOIN 함수는 끝에 간단히 언급하겠습니다.

01 예제 | TEXTJOIN [A2:D2] 범위의 내용을 "−"으로 연결해보겠습니다. [E2] 셀을 선택하고 **=TEXTJOIN("−", 1,$A2:$D2)**를 입력합니다. 나머지 셀에도 동일한 수식을 아래쪽으로 모두 입력하기 위해 자동 채우기 핸들을 더블클릭합니다. TEXTJOIN 함수를 이용해서 아주 간단하게 공문 코드를 만들었습니다.

NOTE '구분자' 인수인 "−"은 문자열들을 연결할 때 사이에 넣을 문자열을 의미합니다. 다음 인수인 1은 연결할 문자열 중 빠진 항목이 있을 경우 어떻게 처리할지 결정하는 '빈칸_무시' 인수입니다. 예를 들어 부서 열이 비어 있는 경우 '빈칸_무시'를 TRUE(1)로 적용하면 한빛−2020/11/20−2와 같이 나오지만, '빈칸_무시'를 FALSE(0)로 적용하면 한빛−−2020/11/20−2처럼 빈칸도 구분자로 표시됩니다. 마지막 '텍스트1' 인수에는 연결할 문자열이 들어 있는 범위인 [A2:D2]를 열이 고정된 혼합 참조로 입력했습니다.

02 JOIN 함수도 TEXTJOIN 함수와 동일한 역할을 하지만 빈칸을 제외할 수 없고, 여러 열과 여러 행에 걸친 범위는 처리할 수 없습니다. JOIN 함수를 사용할 경우에는 [E2] 셀의 수식을 **=JOIN("−",A2:D2)**로 바꾸고 붙여넣을 범위를 선택한 뒤 [Ctrl]+[D] 키를 누릅니다. 예제 스프레드시트에는 JOIN 함수가 적용된 시트가 추가되어 있습니다.

	A	B	C	D	E	F	G
1	회사	부서	일자	일련번호	한빛−재무−2025/11/02−1		
2	한빛	재무	2025/11/02	1	=JOIN("−",$A2:$D2)	JOIN 함수 적용	
3	한빛	총무	2025/11/02	1	한빛−총무−2025/11/02−1		
4	한빛	재무	2025/11/02	2	한빛−재무−2025/11/02−2		
5	한빛	재무	2025/11/02	3	한빛−재무−2025/11/02−3		
6	두빛	인사	2025/11/02	1	두빛−인사−2025/11/02−1		
7	한빛	재무	2025/11/03	1	한빛−재무−2025/11/03−1		
8	두빛	재무	2025/11/03	1	두빛−재무−2025/11/03−1		
9	한빛	영업	2025/11/03	1	한빛−영업−2025/11/03−1		
10	한빛	영업	2025/11/03	2	한빛−영업−2025/11/03−2		
11	한빛	영업	2025/11/03	3	한빛−영업−2025/11/03−3		
12	한빛	재무	2025/11/03	2	한빛−재무−2025/11/03−2		

NOTE 이번 예제의 데이터에는 공백이 없고, 결합할 데이터가 한 행에 순차적으로 나열되어 있기 때문에 JOIN 함수의 결과도 동일합니다. JOIN 함수의 경우 복잡한 기능이 없는 대신 수식이 간단해서 나중에 살펴볼 배열 수식에서 유용하게 쓰입니다.

조건/탐색 함수

▶▶ 이번 예제의 데이터에는 공백이 없고, 결합할 데이터가 한 행에 순차적으로 나열되어 있기 때문에 기본적인 논리 함수인 AND, OR를 비롯하여 조건 함수인 IF와 다른 함수들이 결합된 SUMIF, SUMIFS, MAXIFS와 같은 함수들의 사용 방법을 알아보고 범위 내의 데이터를 탐색하는 MATCH, INDEX, LOOKUP 함수들을 살펴봅니다. 탐색 함수를 사용할 때 발생하는 오류를 IFERROR 함수로 해결하는 방법도 알아보겠습니다.

조건들이 충족되었는지 확인하기

핵심 함수 | AND, OR

설명	AND: 입력된 표현식이 모두 참(TRUE)이면 TRUE를 반환합니다. 하나라도 거짓(FALSE)이면 FALSE를 반환합니다. OR: 입력된 표현식이 하나라도 참(TRUE)이면 TRUE를 반환합니다. 모두 거짓(FALSE)이면 FALSE를 반환합니다.
구문	=AND(논리_표현식1, [논리_표현식2, …]) =OR(논리_표현식1, [논리_표현식2, …])
인수	논리_표현식1, 2, …: TRUE나 FALSE로 표현되는 조건식입니다.
더보기	NOT: 논리값의 역을 반환합니다.

AND, OR는 여러 조건들이 동시에 혹은 하나라도 만족되었는지 확인하는 함수입니다. 회사에서 중요한 공문은 부서장과 법무부장이 모두 승인해야 발행하고, 그 외의 일반 업무 문서는 팀장의 전결로 관리하고 있습니다. 즉, 일반 업무 문서는 팀장이나 부서장 둘 중 한 명만 승인해도 집행됩니다. 각각의 경우 승인 완료 여부를 AND 함수와 OR 함수를 이용해 표시해보겠습니다.

AND 함수

AND 함수는 여러 조건이 동시에 만족되었을 경우에 참(TRUE)을, 하나라도 만족되지 않았을 경우에 거짓(FALSE)을 반환하는 함수입니다.

01 예제 | AND, OR   [공문] 시트의 [G2] 셀에 **=AND($E2="결재완료",$F2="결재완료")**를 입력합니다. [E2] 셀과 [F2] 셀 모두 "결재완료"로 되어 있는지 검사하는 수식입니다.

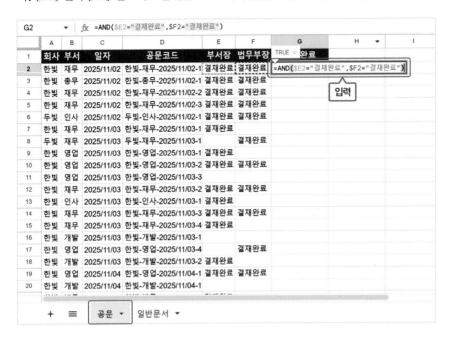

02 AND 함수의 결과값이 TRUE면 "승인완료", FALSE면 빈 칸으로 두기 위해 **01**번 수식을 IF 함수로 감싸 **=IF(AND($E2="결재완료",$F2="결재완료"),"승인완료","")**와 같이 수식을 완성합니다.

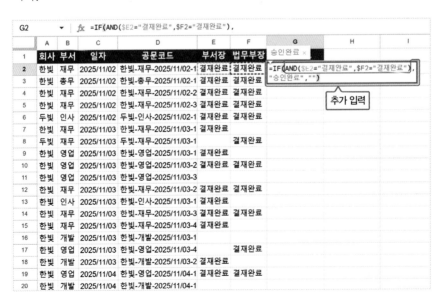

03 나머지 셀에도 동일한 수식을 입력하기 위해 [G2:G21] 범위를 선택한 뒤 `Ctrl`+`D` 키를 누릅니다. 부서장과 법무부장이 모두 결재 완료한 건만 "승인완료"로 표시되고, 한 명이라도 승인하지 않은 경우 빈 칸으로 남습니다.

OR 함수

OR 함수는 여러 조건 중 하나라도 만족되었을 경우에 참(TRUE)을, 모두 만족되지 않았을 경우에 거짓(FALSE)을 반환하는 함수입니다.

01 예제 | AND, OR [일반문서] 시트의 [G2] 셀에 **=OR($E2="결재완료",$F2="결재완료")**를 입력합니다. 이 수식은 [E2] 셀과 [F2] 셀 중 하나라도 "결재완료"면 참(TRUE)을 반환합니다.

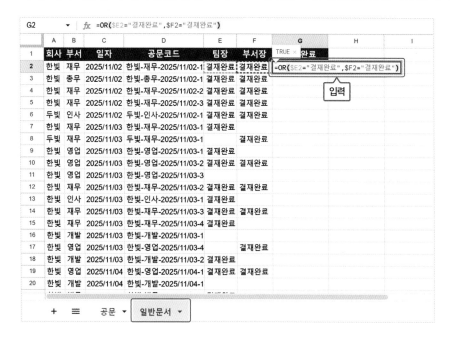

02 OR 함수의 결괏값이 TRUE면 "승인완료", FALSE면 빈 칸으로 두기 위해 **01**번 수식을 IF 함수로 감싸 **=IF(OR($E2="결재완료",$F2="결재완료"),"승인완료","")**와 같이 수식을 완성합니다.

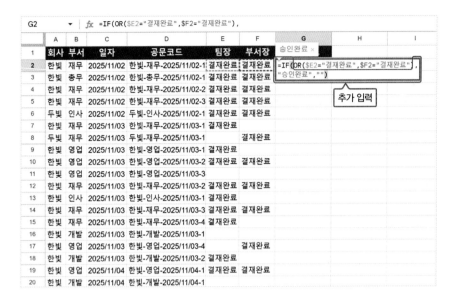

03 나머지 셀에도 동일한 수식을 입력하기 위해 [G2:G21] 범위를 선택한 뒤 Ctrl + D 키를 누릅니다. 팀장과 부서장이 모두 승인하지 않은 건만 빈칸으로 남아 있고, 한 명이라도 승인한 경우 "승인완료"로 표시됩니다.

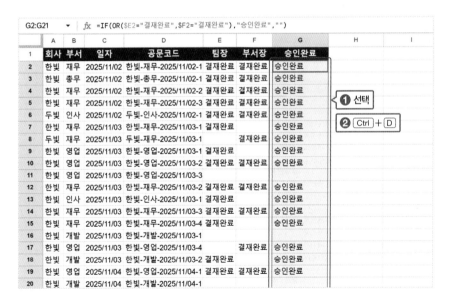

여러 조건들을 확인하는 두 가지 방법

핵심 함수 | IF, IFS

설명	IF: 논리 표현식이 'TRUE(참)'인지 'FALSE(거짓)'인지에 따라 인수에 지정된 값을 반환합니다. IFS: 여러 조건을 차례로 확인하다가 첫 번째로 참인 조건의 값을 반환합니다.
구문	=IF(논리_표현식, TRUE인_경우_값, FALSE인_경우_값) =IFS(조건1, 값1, [조건2, 값2, ...])
인수	**논리_표현식/조건1, 2, ...:** 논리값(예: TRUE 또는 FALSE)으로 표시되는 조건문 또는 셀 참조입니다. **TRUE인_경우_값/값1, 2, ...:** 논리_표현식이 TRUE인 경우 반환할 값입니다. **FALSE인_경우_값:** [선택사항] 논리_표현식이 FALSE인 경우 반환할 값입니다.
더보기	IFERROR: 수식에 오류가 없으면 수식의 결과값을, 오류가 있으면 다른 인수를 반환합니다. SWITCH: 항목 목록에 정규식을 적용하여 테스트하고, 첫 번째로 일치하는 항목에 해당하는 값을 반환합니다.

지각자 리스트에서 지각 시간이 30분 이내면 단순 지각으로, 30분 이상이면 진짜 지각으로 분류하려고 합니다. 조건이 여러 개일 경우에는 IF 함수를 중첩해서 사용하거나 IFS 함수를 사용할 수 있습니다.

중첩 IF 함수

IF 함수를 여러 개 겹쳐 사용해서 여러 조건을 검사해봅시다.

01 예제 | IF, IFS H열에 출근 시간보다 최초 입실 시간이 늦은 사람들에 대해 지각 시간을 구해놓았습니다.

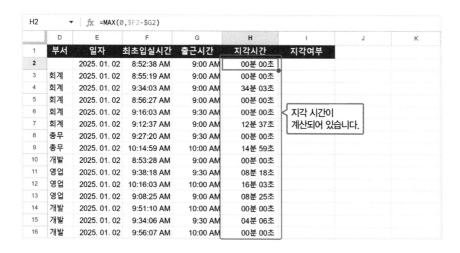

02 기존에 지각자를 구했던 수식은 **=IF(F2>G2,"지각","정상출근")**였습니다. [I2] 셀의 수식을 **=IF(F2>G2,IF($H2>TIME(0,30,0),"지각","단순지각"),"정상출근")**로 수정합니다. **F2>G2**면 바로 "지각"이라고 표시하는 대신 IF 함수를 한 번 더 적어서 [H2] 셀의 값이 30분보다 크면 "지각", 그렇지 않으면 "단순지각"으로 표시하는 것입니다.

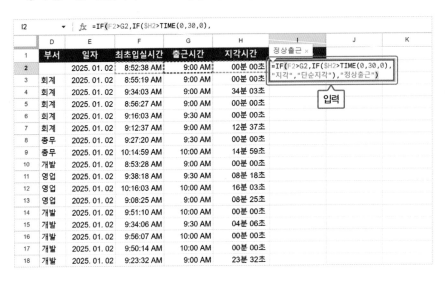

NOTE   TIME(H,M,S) 함수는 H시 M분 S초를 스프레드시트의 시간값으로 반환하는 함수입니다.

03 나머지 셀에도 동일한 수식을 입력하기 위해 자동 채우기 핸들을 더블클릭합니다.

IFS 함수

중첩 IF 함수는 IFS 함수로 교체할 수 있습니다.

01 **예제 | IF, IFS** [I2] 셀의 수식을 **=IFS(F2<=G2,"정상출근",$H2>TIME(0,30,0),"지각",$H2<= TIME(0,30,0),"단순지각")**로 변경합니다. 출근 시간보다 빨리 입실하면 "정상출근", 정상출근을 하지 않은 사람들 중 30분 이상이면 "지각", 30분 이내면 "단순지각"으로 계산한 것입니다.

02 나머지 셀에도 동일한 수식을 입력하기 위해 제일 마지막 셀까지, 즉 [I2:I223] 범위를 모두 선택한 뒤 Ctrl + D 키를 눌러줍니다.

상품별/날짜별로 매출액 합계 내기

핵심 함수 | SUMIF, SUMIFS

설명	SUMIF: 범위에서 기준에 맞는 항목의 합계를 구합니다. SUMIFS: 범위에서 여러 기준에 맞는 항목의 합계를 구합니다.
구문	=SUMIF(기준_범위, 기준, [합계_범위]) =SUMIFS(합계_범위, 기준_범위1, 기준1, [기준_범위2, 기준2, …])
인수	기준_범위: 기준에 맞는 항목을 찾을 범위입니다. 기준: 기준_범위에 적용할 조건. 숫자인 경우 비교 연산자 사용이 가능합니다. 합계_범위: 합계를 계산할 범위입니다.
더보기	COUNTIF: 범위에서 기준에 맞는 항목의 개수를 반환합니다. COUNTIFS: 범위에서 여러 기준에 맞는 항목의 개수를 반환합니다.

지각자는 그만 잡고 매출을 계산할 때입니다. 그래야 우리 회사도 테슬라처럼 Price to Dream Ratio로 투자를 받을 수 있겠죠? 우리는 부동산 지분을 직영몰과 오픈마켓에서 판매하고 있습니다. [DATA] 시트는 지금 회사에서 판매 중인 상품의 고객별 판매량입니다. 조건에 맞는 항목들의 합을 구하는 SUMIF와 SUMIFS 함수로 상품별 누적판매액과 일자별 누적판매액을 계산해보겠습니다.

SUMIF 함수

단일 조건에 맞는 항목들의 합계를 구하는 SUMIF 함수로 상품별 누적판매액을 계산해보겠습니다.

01 **예제 | SUMIF** [DASHBOARD] 시트의 [C2] 셀에 **=SUMIF(** 를 입력하고 [DATA] 시트를 클릭합니다.

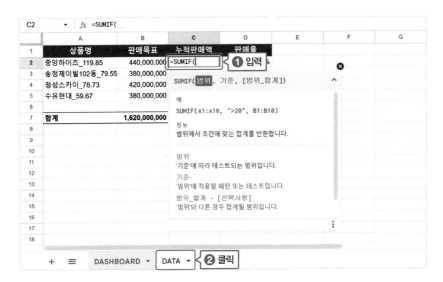

02 [DATA] 시트의 B열을 전체 선택하고 [F4] 키를 눌러서 절대 참조로 바꿉니다. ,를 입력하고 다시 [DASHBOARD] 시트로 돌아옵니다.

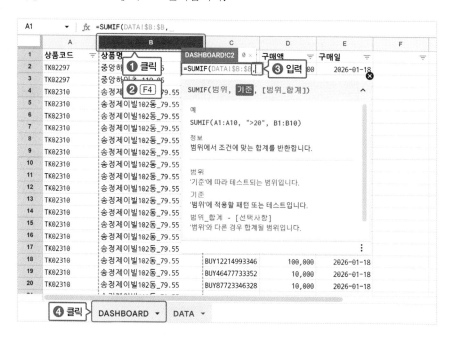

03 상품명이 [A2] 셀과 같은 항목을 합하기 위해 [A2] 셀을 선택합니다. [F4] 키를 세 번 눌러 $A2로 바꾼 뒤 ,를 입력하고 다시 [DATA] 시트로 넘어옵니다.

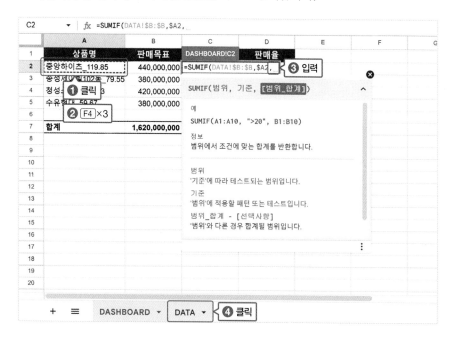

04 구매액이 들어 있는 D열을 선택하고 F4 키를 눌러 절대 참조로 바꾼 후 괄호를 닫은 다음 Enter 키를 누릅니다. [DASHBOARD] 시트의 [C2] 셀에 최종 입력된 전체 수식은 **=SUMIF(DATA! $B:$B,$A2,DATA!$D:$D)**입니다.

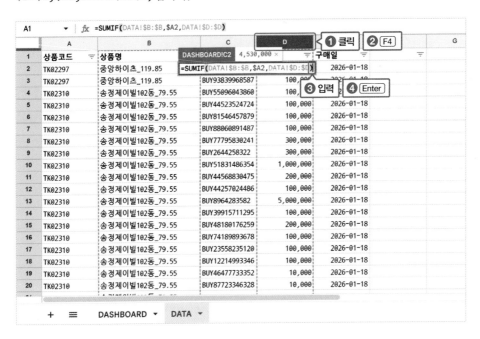

05 나머지 셀에도 동일한 수식을 입력하기 위해 [C2] 셀의 자동 채우기 핸들을 더블클릭합니다.

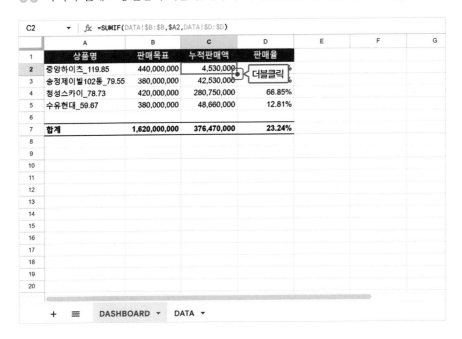

SUMIFS 함수

어제와 오늘의 판매량을 구해보겠습니다. 오늘 날짜는 2026년 1월 19일입니다. SUMIF 함수의 상품명 조건에 구매일 조건을 추가해야 합니다. 조건이 두 개 이상 필요하므로 SUMIFS 함수를 사용합니다.

01 예제 | SUMIFS [DASHBOARD] 시트의 [E3] 셀에 수식 **=SUMIFS(**DATA!$D:$D,DATA!$B:$B**,$A3,DATA!$E:$E,$F$1-1)**를 입력합니다. 상품명(DATA!$B:$B)이 [A3] 셀의 값과 일치하고 구매일(DATA!$E:$E)이 전일($F$1-1)과 일치하는 항목들의 구매액 합계를 구하는 수식입니다.

	A	B	C	D	E	F	G	H
	E3	▼	fx	=SUMIFS(DATA!$D:$D,DATA!$B:$B,$A3,DATA!$E:$E,$F$1-1)				
1					기준일자	2026-01-19		
2	상품명	판매목표	누적판매액	판매율	320,000 × 액	금일판매액		
3	중앙하이츠_119.85	440,000,000	4,530,000	1.03%	=SUMIFS(DATA!$D:$D,DATA!$B:$B,$A3,DATA!$E:$E,$F$1-1)			
4	송정제이빌102동_79.55	380,000,000	42,530,000	11.19%		입력		
5	청성스카이_78.73	420,000,000	280,750,000	66.85%				
6	수유현대_59.67	380,000,000	48,660,000	12.81%				
7								
8	합계	1,620,000,000	376,470,000	23.24%	0	0		
9								
10								
11								
12								
13								
14								
15								
16								
17								
18								
19								
20								

+ ≡ DASHBOARD ▼ DATA ▼

NOTE '합계_범위' 인수가 가장 나중에 위치하는 SUMIF 함수와 달리 [DATA!D:D]가 가장 먼저 입력됩니다.

02 [F3] 셀에 수식 **=SUMIFS(**DATA!$D:$D,DATA!$B:$B,$A3,DATA!$E:$E,$F$1)를 입력합니다. 절대 참조로 수식을 구성했으므로 [E3] 셀을 복사 및 붙여넣기한 뒤에 수식 마지막 인수에서 −1만 삭제해도 됩니다. 즉, 전일판매액 수식에서 날짜만 수정한 것입니다.

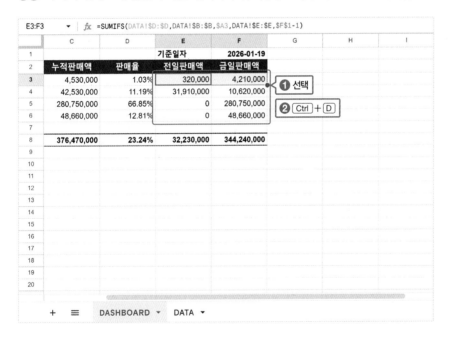

	C	D	E	F	G	H	I
	F3	▼	fx	=SUMIFS(DATA!$D:$D,DATA!$B:$B,$A3,DATA!$E:$E,$F$1)			
1			기준일자	**2026-01-19**			
2	**누적판매액**	**판매율**	**전일판매액**	4,210,000 ×			
3	4,530,000	1.03%	320,000	=SUMIFS(DATA!$D:$D,DATA!$B:$B,$A3,DATA!$E:$E,$F$1)			
4	42,530,000	11.19%					
5	280,750,000	66.85%			입력		
6	48,660,000	12.81%					
7							
8	**376,470,000**	**23.24%**	**320,000**	**320,000**			

03 나머지 셀에도 동일한 수식을 입력하기 위해 [E3:F6] 범위를 선택한 뒤 Ctrl + D 키를 누릅니다.

	C	D	E	F	G	H	I
	E3:F3	▼	fx	=SUMIFS(DATA!$D:$D,DATA!$B:$B,$A3,DATA!$E:$E,$F$1-1)			
1			기준일자	2026-01-19			
2	**누적판매액**	**판매율**	**전일판매액**	**금일판매액**			
3	4,530,000	1.03%	320,000	4,210,000	❶ 선택		
4	42,530,000	11.19%	31,910,000	10,620,000			
5	280,750,000	66.85%	0	280,750,000	❷ Ctrl + D		
6	48,660,000	12.81%	0	48,660,000			
7							
8	**376,470,000**	**23.24%**	**32,230,000**	**344,240,000**			

부서별로 자동 증가하는 공문번호 붙이기

핵심 함수 | MAXIFS

설명	여러 조건을 동시에 만족하는 항목을 기준으로 지정된 범위의 최댓값을 계산합니다.
구문	=MAXIFS(범위, 기준_범위1, 기준1, [기준_범위2, 기준2, ...])
인수	**범위**: 최댓값을 결정할 대상이 되는 셀 범위입니다. **기준_범위1**: 첫 번째 조건을 검사할 셀 범위입니다. **기준1**: 기준_범위1에 적용할 패턴 또는 테스트입니다. **기준_범위2, 기준2, ...**: [선택사항] 추가 조건을 검사할 범위 및 관련 기준입니다. 조건을 추가하면 모두 만족하는 범위에 대해 최댓값을 구합니다.
더보기	MINIFS: 여러 조건을 동시에 만족하는 항목을 기준으로 지정된 범위의 최솟값을 계산합니다.

공문번호는 각각 회사, 부서, 날짜를 의미하는 숫자를 조합한 일련번호로, 회사에서는 인감관리대장으로 회사의 인감이 날인되는 문서를 관리하기 위해 문서마다 공문번호를 붙이도록 하고 있습니다. 회사, 부서, 일자가 같은 공문별로 일련번호가 증가하는 방식으로 공문번호를 부여하고 있으나, 최근 회사가 커지고 부서가 많아지면서 공문번호가 중복되거나 누락되는 일이 잦아졌습니다.

MAXIFS는 조건을 만족하는 값 중 최댓값을 찾아 반환하는 함수입니다. MAXIFS 함수를 사용하면 공문번호를 실수 없이 붙일 수 있을 것 같네요. 여태까지 발행된 공문번호 중에 현재 행의 회사, 부서, 날짜가 일치하는 공문들을 찾아서 가장 값이 큰 일련번호를 구하고 그 번호에 1을 더하는 식입니다.

01 **예제 | MAXIFS** [D2] 셀을 선택하고 **=MAXIFS($D$1:D1,$A$1:A1,A2,$B$1:B1,B2,$C$1:$C1, C2)+1**을 입력합니다. 수식의 의미에 대해서는 실습을 마치고 살펴보겠습니다.

	A	B	C	D	E	F	G	H
D2	▼	*fx* =MAXIFS($D$1:D1,$A$1:A1,A2,$B$1:B1,B2,$C$1:$C1,C2)+1						
1	**회사**	**부서**	**일자**	련번호				
2	한빛	재무	2025/11/02	=MAXIFS($D$1:D1,$A$1:A1,A2,$B$1:B1,B2,$C$1:$C1,C2)+1				
3	한빛	총무	2025/11/02		입력			
4	한빛	재무	2025/11/02					
5	한빛	재무	2025/11/02					
6	두빛	인사	2025/11/02					
7	한빛	재무	2025/11/03					
8	두빛	재무	2025/11/03					
9	한빛	영업	2025/11/03					
10	한빛	영업	2025/11/03					
11	한빛	영업	2025/11/03					
12	한빛	재무	2025/11/03					
13	한빛	인사	2025/11/03					
14	한빛	재무	2025/11/03					
15	한빛	재무	2025/11/03					
16	한빛	개발	2025/11/03					

02 일단 나머지 셀에도 동일한 수식을 입력하기 위해 자동 채우기 핸들을 더블클릭합니다. 회사별, 부서별, 날짜별로 각각 증가하는 일련번호가 완성되었습니다.

	A	B	C	D	E	F	G	H
			fx	=MAXIFS($D$1:D1,$A$1:A1,A2,$B$1:B1,B2,$C$1:$C1,C2)+1				
D2	▼							
1	회사	부서	일자	일련번호				
2	한빛	재무	2025/11/02	1	← 더블클릭			
3	한빛	총무	2025/11/02	1				
4	한빛	재무	2025/11/02	2				
5	한빛	재무	2025/11/02	3				
6	두빛	인사	2025/11/02	1				
7	한빛	재무	2025/11/03	1				
8	두빛	재무	2025/11/03	1				
9	한빛	영업	2025/11/03	1				
10	한빛	영업	2025/11/03	2				
11	한빛	영업	2025/11/03	3				
12	한빛	재무	2025/11/03	2				
13	한빛	인사	2025/11/03	1				
14	한빛	재무	2025/11/03	3				
15	한빛	재무	2025/11/03	4				
16	한빛	개발	2025/11/03	1				

03 [D12] 셀을 클릭하고 F2 키를 눌러서 수식을 살펴보겠습니다. MAXIFS 함수의 제일 첫 인수는 최댓값을 구할 범위($D$1:D11)로, 지금까지 발행된 공문번호 중 제일 큰 일련번호를 구하는 것입니다. 두 번째, 세 번째 인수부터는 조건을 검사할 범위와 조건 값이 짝으로 지정됩니다. 회사 열인 **$A$1:A11** 범위가 현재 행의 회사(A12, "한빛")와 같고 부서 열인 **$B$1:B11** 범위가 현재 행의 부서(B12, "재무")와 같으며, $C$1:$C11 범위가 현재 행의 일자(C12, 2025/11/03)와 같은 항목들에 대해서만 최댓값을 구합니다. 그리고 마지막으로 이렇게 구한 최댓값에 1을 더해줍니다.

	A	B	C	D	E	F	G	H
D12	▼		fx	=MAXIFS($D$1:D11,$A$1:A11,A12,$B$1:B11,B12,$C$1:$C11,C12)+1				
1	회사	부서	일자	일련번호				
2	한빛	재무	2025/11/02	1				
3	한빛	총무	2025/11/02	1				
4	한빛	재무	2025/11/02	2				
5	한빛	재무	2025/11/02	3				
6	두빛	인사	2025/11/02	1				
7	한빛	재무	2025/11/03	1				
8	두빛	재무	2025/11/03	1				
9	한빛	영업	2025/11/03	1				
10	한빛	영업	2025/11/03	2				
11	한빛	영업	2025/11/03	3				
12	한빛	재무	2025/11/03	=MAXIFS($D$1:D11,$A$1:A11,A12,$B$1:B11,B12,$C$1:$C11,C12)+1				
13	한빛	인사	2025/11/03	1				
14	한빛	재무	2025/11/03	3				
15	한빛	재무	2025/11/03	4				
16	한빛	개발	2025/11/03	1				

범위에서 일치하는 값의 위치 찾기

핵심 함수 | MATCH

설명	지정된 값을 범위에서 찾아 위치를 반환합니다.
구문	=MATCH(검색할_키, 범위, [검색_유형])
인수	**검색할_키:** 검색할 값입니다. 예: 42, "고양이", I24 **범위:** 검색할 1차원 배열입니다. **검색_유형:** [선택사항, 기본값 1] 검색 방식입니다. 1이 기본값으로, 이 경우 MATCH는 범위가 오름차순으로 정렬된 것으로 추정하고 검색할_키보다 작거나 같은 값 중 가장 큰 값을 반환합니다. 0은 완전 일치를 나타내며, 범위가 정렬되어 있지 않은 경우에 필요합니다. −1일 경우 MATCH는 범위가 내림차순으로 정렬된 것으로 추정하여 검색할_키보다 크거나 같은 값 중 가장 작은 값을 반환합니다.
더보기	INDEX: 범위에서 지정된 위치의 셀 내용을 반환합니다.

전화요금이 많이 나오는 회선을 파악해 사유를 확인한 후 정액 요금으로 전환하고자 합니다. 예제의 [Team] 시트에는 C열에 사람 이름이, G열에 내선번호가 입력되어 있습니다. 키값인 내선번호가 사람 이름보다 오른쪽에 있어서 VLOOKUP 함수를 사용할 수 없습니다. 범위에서 일치하는 값의 위치를 찾는 MATCH 함수를 사용해서 해당 내선번호의 위치를 구해봅시다.

01 **예제 | MATCH** [Sheet1] 시트의 [C2] 셀에 수식 **=MATCH($A2,Team!$G:$G,0)**를 입력합니다. [A2] 셀의 내선번호를 [Team!G:G] 범위의 내선번호 데이터에서 찾아 정확히 일치하는 값(검색_유형 = 0)의 위치를 반환합니다.

	A	B	C	D	E	F	G
	C2	▾	fx	=MATCH($A2,Team!$G:$G,0)			
1	내선번호	요금	8 × MATCH				
2	3771	1,587,360	=MATCH($A2,Team!$G:$G,0)				
3	4870	783,480	입력				
4	4953	567,110					

02 [C2] 셀의 자동 채우기 핸들을 더블클릭하여 [C2:C4] 범위를 모두 동일한 수식으로 채워줍니다. 전화 요금이 많이 나온 내선 번호는 [Team!G:G] 범위에서 8번째, 44번째, 49번째에 위치한 사람들인 것을 알 수 있습니다. 이 사람들이 누구인지는 바로 이어서 INDEX 함수로 확인해보겠습니다.

	A	B	C	D	E	F	G
	C2	▾	fx	=MATCH($A2,Team!$G:$G,0)			
1	내선번호	요금	MATCH				
2	3771	1,587,360	8	더블클릭			
3	4870	783,480	44				
4	4953	567,110	49				

NOTE MATCH의 구문은 -1 옵션을 제외하면 VLOOKUP 함수와 비슷합니다. 키값이 항상 왼쪽에 위치해야 한다는 VLOOKUP의 한계를 보완하기 위해 실무에서 MATCH 함수와 INDEX 함수가 함께 사용되는 경우가 많았습니다. 그러나 최근 구글 스프레드시트에 추가된 XLOOKUP 함수 덕분에 더 편하게 작업할 수 있게 되었습니다. XLOOKUP 함수는 뒤에서 더 자세히 살펴보겠습니다.

범위에서 지정된 위치의 값 가져오기

핵심 함수 | INDEX

설명	범위에서 지정된 위치의 셀 내용을 반환합니다.
구문	=INDEX(참조, [행], [열])
인수	참조: 오프셋의 기반으로 삼을 셀 배열입니다. 행: [선택사항] 오프셋 행의 번호입니다. 열: [선택사항] 오프셋 열의 번호입니다.
더보기	MATCH: 지정된 값을 범위에서 찾아 위치를 반환합니다.

INDEX 함수는 MATCH 함수의 기능을 역으로 수행합니다. MATCH 함수가 지정된 범위에서 값을 찾아 위치를 반환했다면, INDEX 함수는 인수로 전달된 위치에 있는 값을 반환합니다. 따라서 MATCH 함수와 함께 사용하면 VLOOKUP 함수와 같은 기능을 수행할 수 있습니다. 키값이 왼쪽에 위치해야 하는 VLOOKUP 함수보다 유연하게 사용할 수 있습니다.

01 **예제 | INDEX** MATCH 함수 실습에서 [C2] 셀의 수식 `=MATCH($A2,Team!$G:$G,0)`로 찾은 내선번호 위치는 8이었습니다. 즉, G열에서 8번째 위치에 내선번호 3771이 위치하는 것입니다. 이 내선번호에 해당하는 사람의 이름을 가져오려면 이름이 입력되어 있는 [Team] 시트의 C열에서 8번째에 위치한 값을 가져오면 됩니다.

	A	B	C	D	E	F	G
1	사원번호	출입카드번호	성명	본부	그룹/팀	전화번호	내선번호
2	56	2E65766C	김민준	CEO		010-9040-****	5722
3	130	673BF91B	김서준	경영본부	회계	010-6250-****	5117
4	73	A95775B7	김예준	경영본부	회계	010-3263-****	2638
5	67	AE379AB3	김도윤	경영본부	회계	010-4376-****	2044
6	93	F16B74A5	김주원	경영본부	회계	010-3522-****	5564
7	30	28A48311	김시우	경영본부	회계	010-4674-****	1184
8	15	C482882C	김지후	경영본부	총무	010-8944-****	3771
9	144	03917938	김지호	경영본부	총무	010-5349-****	5812
10	88	56D987D2	김하준	제품본부	개발	010-2111-****	8479
11	10	E8F635B8	김준서	사업본부	영업	010-9078-****	5697
12	145	1468CBCD	김준우	사업본부	영업	010-9009-****	3346

G:G 셀 좌표, fx 내선번호

02 [Sheet1] 시트에서 [C2] 셀의 MATCH 수식을 INDEX로 감싸 `=INDEX(Team!$C:$C,MATCH($A2,Team!$G:$G,0),1)`로 바꿉니다. 이름이 들어 있는 `Team!$C:$C` 범위에서 MATCH 수식의 결과인 8번째 행의 값을 반환하는 수식입니다. 마지막 인수는 `Team!$C:$C` 범위 중 몇 번째 열을 가져올 것인지 지정한 것입니다. 현재는 대상 범위가 `Team!$C:$C`로 열의 개수가 하나이므로 1로 지정합니다.

03 자동 채우기 핸들로 [C2:C4] 범위를 모두 동일한 수식으로 채웁니다.

여기서 잠깐 ▶   **INDEX, MATCH 그리고 XLOOKUP 함수**

MATCH, INDEX 함수는 열, 행, 키값의 위치 제한이 없기 때문에 VLOOKUP이나 HLOOKUP 함수보다 훨씬 유연하게 사용할 수 있습니다. 또한 MATCH와 INDEX 함수의 구조를 이해하면 이후에 배울 배열 함수도 수월하게 사용할 수 있을 것입니다. MATCH와 INDEX 함수를 자유자재로 조합해서 사용할 수 있다면 스프레드시트 프로그램의 숙달도가 중급자 수준은 된다고 볼 수 있죠.

그러나 일반적인 환경에서는 사용 빈도가 높지 않고, 더욱이 업데이트된 구글 스프레드시트에 XLOOKUP 함수가 새로 생겨서 키값의 위치 제안이 사라졌기 때문에 활용도는 더 떨어질 것으로 보입니다.

세율 구간 가져오기

핵심 함수 I VLOOKUP

설명	열 방향 검색. 키를 범위의 첫 열에서 검색한 다음 키가 있는 행에서 지정된 셀의 값을 반환합니다.
구문	=VLOOKUP(검색할_키, 범위, 색인, [정렬됨])
인수	**검색할_키**: 검색할 값입니다. 예: 42, "고양이", I24 **범위**: 검색할 범위입니다. 범위의 첫 번째 열에서 검색할_키에 지정된 키를 찾습니다. **색인**: 범위의 첫 번째 열이 조건에 맞을 경우 반환될 열 색인입니다. **정렬됨**: [선택사항, 기본값 1] 검색 열(지정된 범위의 첫 번째 열)의 정렬 여부를 나타냅니다. 대부분 FALSE 또는 0으로 설정하며, 이 경우 완전히 일치하는 값만 반환됩니다. 일치 값이 여러 개라면 처음으로 발견된 값에 해당하는 셀의 콘텐츠가 반환됩니다. 일치하는 값이 없다면 #N/A가 반환됩니다. 정렬됨이 TRUE이거나 생략된 경우, 근접한 값(검색할 키보다 작거나 같은 값)이 반환됩니다. 검색 열의 모든 값이 검색할 키보다 크다면 #N/A 값이 반환됩니다.
더보기	**QUERY**: 쿼리 언어로 데이터를 검색합니다. **HLOOKUP**: 행 방향으로 검색합니다. **LOOKUP**: 검색 범위와 결과 범위를 구분할 수 있으나 정렬된 데이터에 대해서만 적용할 수 있습니다.

VLOOKUP 함수를 사용할 때는 대부분 마지막 인수를 0(FALSE)으로 지정하여 일치된 값을 불러옵니다. 그러면 대체 인수를 1(TRUE)로 놓는 건 어떤 경우일까요? 심지어 이게 기본값인데 말이죠.

'정렬됨' 인수가 1(TRUE)인 VLOOKUP 함수는 데이터가 정렬되어 있는 구간별 값을 구할 때 사용합니다. 과표 금액에 따라 적용세율이 달라지는 세금 계산을 예로 들 수 있습니다. 2023년 적용 종합소득세율은 다음과 같습니다.

2023년 적용 종합소득세율

과세표준	세율	누진공세
14,000,000원 이하	6%	–
14,000,000원 초과 50,000,000원 이하	15%	1,260,000원
50,000,000원 초과 88,000,000원 이하	24%	5,760,000원
88,000,000원 초과 150,000,000원 이하	35%	15,440,000원
150,000,000원 초과 300,000,000원 이하	38%	19,940,000원
300,000,000원 초과 500,000,000원 이하	40%	25,940,000원
500,000,000원 초과 1,000,000,000원 이하	42%	35,940,000원
1,000,000,000원 초과	45%	65,940,000원

이런 경우 일칫값을 찾는 방식의 VLOOKUP 함수는 사용할 수 없습니다. 구간 중간에 걸친 값은 검색되지 않기 때문입니다. 구간이 몇 개 되지 않으면 중첩 IF문이나 IFS 함수를 쓸 수도 있지만 이렇게 8개나 되는 구간이면 수식이 너무 복잡해서 오류를 만들 확률이 커집니다.

마지막 인수가 TRUE인 VLOOKUP 함수는 이런 경우에 사용합니다. 마지막 인수인 '정렬됨'이 TRUE면 VLOOKUP은 일칫값이 아니라 근삿값을 찾아줍니다. 단, 데이터들이 '정렬됨' 상태여야 합니다. 키값이 오름차순으로 정렬된 상태에서 TRUE 인수를 가진 VLOOKUP을 사용하면 키값이 있는 열로 지정된 범위에서 키값 이하의 값 중 가장 아래 행에 있는 값을 반환합니다. 탐색 범위가 오름차순으로 정렬되어 있다면 키값 이하의 값 중 키값과 가장 근접한 값, 즉 키값 이하의 값 중 최댓값을 반환할 것입니다. 하지만 정렬되어 있지 않다면 엉뚱한 값을 반환하므로 주의해야 합니다. 키값은 정렬되는 값이면 숫자 외에 A, B, C, D 혹은 가, 나, 다 등도 사용할 수 있습니다.

01 예제 | VLOOKUP 세율 구간 한계세율을 계산하기 위해 [C13] 셀에 수식 =**VLOOKUP($C$12, $B$3: $E$10,3,1)**를 입력합니다. 마지막 인수가 TRUE이므로 [C12] 셀에 알맞은 구간의 세율을 구합니다. 함수는 [B3:E10] 범위의 가장 왼쪽에 있는 B열에서 1,000,000,000 이하의 값 중 최댓값을 찾고 이에 해당하는 세율(3번째 열, 45%)을 반환합니다.

C13	▾	fx	=VLOOKUP($C$12,$B$3:$E$10,3,1)					
	A	B	C	D	E	H	I	
1								
2		과세표준(초과)	과세표준(이하)		세율	누진공제		
3		0	14,000,000		6%	0		
4		14,000,000	50,000,000		15%	1,260,000		
5		50,000,000	88,000,000		24%	5,760,000		
6		88,000,000	150,000,000		35%	15,440,000		
7		150,000,000	300,000,000		38%	19,940,000		
8		300,000,000	500,000,000		40%	25,940,000		
9		500,000,000	1,000,000,000		42%	35,940,000		
10		1,000,000,000	NA		45%	65,940,000		
11								
12		2023년 과세표준	45% × 000,000					
13		한계세율	=VLOOKUP($C$12,$B$3:$E$10,3,1)			입력		
14		산출세액						
15								

02 산출세액은 **과세표준 * 세율 – 누진공제액**으로 구합니다. [C14] 셀에 수식 =**$C$12*$C$13-VLOOKUP($C$12,$B$3:$E$10,4,1)**를 입력합니다. 수식 중 **VLOOKUP($C$11,$B$3:$E$9,4,1)**는 누진공제액을 가져오는 부분으로, 세율과 마찬가지로 '정렬됨'이 TRUE인 VLOOKUP 함수를 이용했습니다.

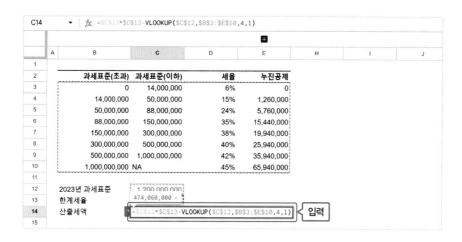

03 산출세액이 완성된 모습입니다. 이 책이 전 국민의 필독서가 되어 세금을 저만큼씩 낼 수 있도록 도와주십시오.

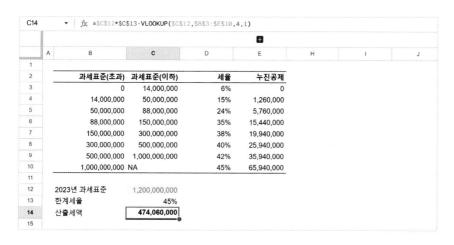

오류를 0으로 바꿔 표시하기

핵심 함수 | IFERROR

설명	첫 번째 인수가 오류가 아니면 첫 번째 인수를, 오류면 두 번째 인수를 반환합니다.
구문	=IFERROR(값, [오류인_경우_값])
인수	**값**: 값이 오류가 아닌 경우의 반환값입니다. **오류인_경우_값**: [선택사항, 기본값 빈칸] 값이 오류인 경우의 반환값입니다.
더보기	ISNA: 값이 오류값 '#n/a'인지 여부를 확인합니다. ISERROR: 값이 오류인지 여부를 확인합니다. ISERR: 값이 '#n/a' 이외의 오류 값인지 여부를 확인합니다.

수식을 계산하면서 오류가 발생하는 것은 흔한 일입니다. 오류가 발생하면 일단 보기에 좋지 않고, 계산 대상 범위에 오류가 발생한 셀이 있을 경우 계산이 제대로 되지 않는 문제가 생기기도 합니다. 이럴 때 IFERROR 함수를 이용하여 오류가 나는 셀을 다른 값으로 바꾸면 문제를 방지할 수 있습니다.

01 예제 | IFERROR [명단] 시트에 나중에 사람 이름이 추가될 것을 대비하여 수식을 채워두었더니 키값이 비어 있는 셀이 #N/A로 표시되었습니다. [C12] 셀의 기존 수식을 =IFERROR([기존수식], "") 형태로 감싸서 =IFERROR(VLOOKUP(A12,Team!$A$2:$D$75,4,0),"")로 수정합니다. 기존 수식이었던 =VLOOKUP(A12,Team!$A$2:$D$75,4,0)에서 오류가 발생할 경우 두 번째 인자인 "", 즉 비어 있는 값으로 표현하라는 수식입니다.

C12	▼	fx	=IFERROR(VLOOKUP(A12,Team!$A$2:$D$75,4,0),"")				
	A	B	C	D	E	F	G
1	사번	이름	부서명				
2	30	김시우	경영본부				
3	10	김준서	사업본부				
4	137	김민재	사업본부				
5	51	김승우	제품본부				
6	54	정지우	제품본부				
7	92	이수현	사업본부				
8	18	황시원	제품본부				
9	11	홍성민	제품본부				
10	35	유재현	제품본부				
11	85	박지안	제품본부				
12			=IFERROR(VLOOKUP(A12,Team!$A$2:$D$75,4,0),"")				
13			#N/A				
14			#N/A	수식 변경			
15			#N/A				
16							

여기서 잠깐 ▶   **IFERROR는 위험해요**

IFERROR 함수는 오류가 발생하면 오류의 종류와 관계없이 같은 값을 반환합니다. 오류의 유형을 정확하게 파악하지 않으면 생각하지 못했던 오류를 놓칠 수 있습니다. VLOOKUP 함수에서 #N/A 오류에 한정해서 예외 처리를 하고자 하는 경우에는 IFERROR 대신 ISNA와 IF 함수를 함께 사용하는 것이 바람직합니다.

혹은 오류의 원인에 한정해서 예외 처리를 하는 방법도 있습니다. 본문의 [C12] 셀에서 우리가 정상적인 오류로 생각하는 것은 A열이 비어 있는 경우입니다. 그렇다면 =IF(A12<>"",VLOOKUP(A12,Team!$A$2:$D$75,4,0),"")와 같이 A열이 비어 있는 경우에만 VLOOKUP 수식 대신 비어 있는 값으로 처리하는 수식을 생각할 수 있습니다. 이렇게 수식을 사용하면 [A12] 셀이 비어 있지 않은데도 불구하고 [Team] 시트에 사번이 누락되어 오류가 발생하는 경우를 검출할 수 있습니다.

예외 처리의 목적은 예외를 감추는 것이 아니라 예외를 정확히 파악하여 올바른 결과가 나오도록 만드는 것입니다.

02 아래 수식들도 동일하게 바꾸기 위해 [C12] 셀을 `Ctrl`+`C` 키로 복사합니다. [C13:C15] 범위를 선택하고 [수정] – [선택하여 붙여넣기] – [수식만] 메뉴를 클릭합니다. 오류로 표시되어 있던 셀을 깔끔히 비웠습니다.

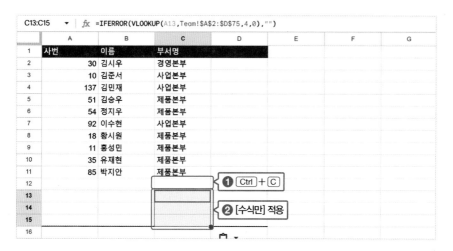

NOTE 실무에서는 C열 전체의 수식을 바꾸는 것이 바람직합니다. 여기서는 오류가 발생하는 수식과 그렇지 않은 수식을 비교하기 위해 [C12:C15] 범위의 셀들만 수식을 변경했습니다.

SECTION 3.5 날짜/시간 함수

▶▶ 스프레드시트의 날짜와 시간은 값의 형태로 처리됩니다. 여기서는 현재의 날짜와 시간을 구하는 TODAY, NOW 함수를 비롯해 날짯값에서 연, 월, 일을 추출하는 데 쓰이는 YEAR, MONTH, DAY 함수, 그리고 날짜를 계산하는 데 사용되는 DATEDIF, EOMONTH, WORKDAY, NETWORKDAYS 함수들에 대해 알아보겠습니다.

오늘 날짜를 기준으로 이자 계산하기

핵심 함수 | TODAY

설명	현재 날짜를 값으로 반환합니다.
구문	=TODAY( )
인수	별도의 인수가 필요하지 않습니다.
더보기	NOW: 현재 날짜 및 시간을 날짜값으로 반환합니다. DATEVALUE: 알려진 형식의 주어진 날짜 문자열을 날짜값으로 변환합니다. DATE: 연, 월, 일을 날짜로 전환합니다.

TODAY는 현재의 날짜를 구하는 함수입니다. 정기예금에서 오늘까지 발생한 이자를 계산해보겠습니다.

01 예제 | TODAY 각 행의 기준일은 [B1] 셀을 참조하고 있습니다. [B1] 셀에 오늘 날짜를 입력하기 위해 수식 **=TODAY( )**를 입력합니다.

02 오늘 날짜가 표시되는 것을 확인할 수 있습니다. 이 날짜는 RAND나 NOW 함수처럼 시트를 열거나 수식을 계산할 때마다 새로고침됩니다.

NOTE RAND 함수는 난수를 발생시키는 함수로 시트를 열거나 수식을 계산할 때마다 새로운 난수가 계산됩니다.

문서에 타임스탬프 추가하기

핵심 함수 | NOW

설명	현재 날짜 및 시간을 값으로 반환합니다.
구문	=NOW( )
인수	별도의 인수가 필요하지 않습니다.
더보기	TODAY: 현재 날짜를 날짜값으로 반환합니다. DATEVALUE: 알려진 형식의 주어진 날짜 문자열을 날짜값으로 변환합니다. DATE: 연, 월, 일을 날짜로 전환합니다.

NOW 함수는 날짜에 시간까지 포함해서 표시해주는 함수입니다. 시간 단위로 계산을 해야 하는 경우나 인쇄 시 타임스탬프를 표시하기 위한 용도로 사용할 수 있습니다.

01 **예제 | NOW** 공문작성 시기를 표시하기 위해 [E1] 셀에 수식 **=NOW( )**를 입력합니다.

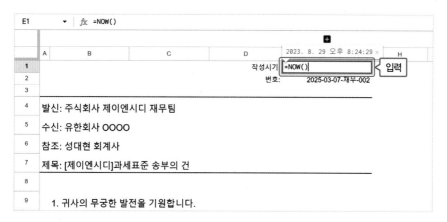

02 현재 일자와 시각이 표시되었습니다. 이 날짜는 RAND나 TODAY 함수처럼 시트를 열거나 수식을 계산할 때마다 새로고침됩니다.

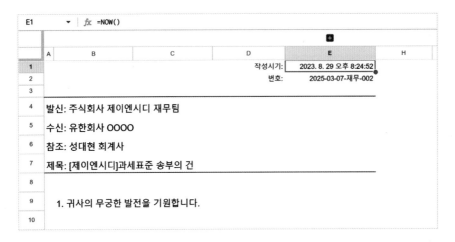

NOTE TODAY나 NOW 함수는 항상 값이 변경되는 함수입니다. 따라서 수식의 값을 보존해야 할 경우에는 인쇄나 값만 붙여넣기를 통해 별도로 저장하는 절차가 필요합니다.

숫자를 날짜로 바꾸기

핵심 함수 | YEAR, MONTH, DAY

설명	**YEAR:** 주어진 날짜의 연도를 반환합니다. **MONTH:** 주어진 날짜의 월을 반환합니다. **DAY:** 주어진 날짜의 일을 반환합니다.
구문	=YEAR(날짜) =MONTH(날짜) =DAY(날짜)
인수	**날짜:** 연도를 계산할 기준 날짜입니다.
더보기	**TO_DATE:** 입력된 숫자를 날짜로 변환합니다. **DATE:** 연, 월, 일을 날짜로 전환합니다 **TIME:** 시, 분, 초를 시간으로 변환합니다. **DATEVALUE:** 알려진 형식의 주어진 날짜 문자열을 날짜값으로 변환합니다. **TEXT:** 숫자를 지정된 서식에 따라 텍스트로 변환합니다.

YEAR, MONTH, DAY 함수는 DATE 함수와 반대로 숫자에서 연, 월, 일 값을 추출하는 함수입니다. 직원명단의 생일 데이터로 직원들의 나이와 이번 달의 생일자를 구해보겠습니다.

01 예제 | YEAR, MONTH, DAY 시간이 갈수록 나이 먹는 게 서러워서 한국 나이보다 만 나이를 쓰게 되는 것 같지만 여기서는 한국 나이를 구해봅니다. 한국 나이는 **올해 연도 − 태어난 연도 + 1**입니다. [E2] 셀에 수식 **=YEAR(TODAY())-YEAR($D2)+1**을 입력합니다.

	A	B	C	D	E	F	G
			fx	=YEAR(TODAY())-YEAR($D2)+1			
1	사원번호	성명	성별	생년월일	국나이	생일	생일자 여부
2	56	김민준	남	1992. 6. 22	=YEAR(TODAY())-YEAR($D2)+1		
3	130	김서준	여	2000. 1. 14			
4	73	김예준	남	1988. 8. 14	입력		
5	67	김도윤	남	1978. 11. 6			
6	93	김주원	남	1991. 7. 7			
7	30	김시우	남	1989. 10. 23			
8	15	김지후	남	1977. 3. 13			
9	144	김지호	남	1979. 11. 25			
10	88	김하준	남	1980. 11. 21			
11	10	김준서	남	1979. 6. 26			
12	145	김준우	남	1985. 7. 9			
13	139	김현우	남	1988. 1. 3			
14	131	김지훈	남	1994. 12. 13			
15	62	김도현	남	1997. 9. 15			
16	140	김건우	남	1990. 9. 8			
17	38	김우진	남	1980. 11. 22			
18	137	김민재	남	1998. 12. 15			
19	114	김현준	남	1979. 12. 9			
20	83	김선우	남	1988. 10. 31			

NOTE 올해 연도를 구하기 위해 오늘 날짜인 TODAY( )에 YEAR( )를 적용해 연도만 추출했고, 생일에서도 연도를 구하기 위해 YEAR( )를 적용했습니다.

02 나머지 셀에도 동일한 수식을 입력하기 위해 자동 채우기 핸들을 더블클릭합니다.

	A	B	C	D	E	F	G
E2			fx	=YEAR(TODAY())-YEAR($D2)+1			
1	사원번호	성명	성별	생년월일	한국나이	생일	생일자 여부
2	56	김민준	남	1992. 6. 22	32	더블클릭	
3	130	김서준	여	2000. 1. 14	24		
4	73	김예준	남	1988. 8. 14	36		
5	67	김도윤	남	1978. 11. 6	46		
6	93	김주원	남	1991. 7. 7	33		
7	30	김시우	남	1989. 10. 23	35		
8	15	김지후	남	1977. 3. 13	47		
9	144	김지호	남	1979. 11. 25	45		
10	88	김하준	남	1980. 11. 21	44		
11	10	김준서	남	1979. 6. 26	45		
12	145	김준우	남	1985. 7. 9	39		
13	139	김현우	남	1988. 1. 3	36		
14	131	김지훈	남	1994. 12. 13	30		
15	62	김도현	남	1997. 9. 15	27		
16	140	김건우	남	1990. 9. 8	34		
17	38	김우진	남	1980. 11. 22	44		
18	137	김민재	남	1998. 12. 15	26		
19	114	김현준	남	1979. 12. 9	45		
20	83	김선우	남	1988. 10. 31	36		

03 생일 열에는 올해 돌아올 생일을 표시하겠습니다. 연도는 올해 연도로, 월과 일은 기존 생일을 그대로 사용하면 됩니다. [F2] 셀에 수식 **=DATE(YEAR(TODAY()),MONTH($D2),DAY($D2))**를 입력합니다.

	C	D	E	F	G	H	i
1	성별	생년월일	한국나이		생일자 여부		
2	남	1992. 6. 22	32	=DATE(YEAR(TODAY()),MONTH($D2),DAY($D2))			
3	여	2000. 1. 14	24	01/14			
4	남	1988. 8. 14	36	08/14			
5	남	1978. 11. 6	46	11/06			
6	남	1991. 7. 7	33	07/07			
7	남	1989. 10. 23	35	10/23			
8	남	1977. 3. 13	47	03/13			
9	남	1979. 11. 25	45	11/25			
10	남	1980. 11. 21	44	11/21			
11	남	1979. 6. 26	45	06/26			
12	남	1985. 7. 9	39	07/09			
13	남	1988. 1. 3	36	01/03			
14	남	1994. 12. 13	30	12/13			
15	남	1997. 9. 15	27	09/15			
16	남	1990. 9. 8	34	09/08			
17	남	1980. 11. 22	44	11/22			
18	남	1998. 12. 15	26	12/15			
19	남	1979. 12. 9	45	12/09			
20	남	1988. 10. 31	36	10/31			

F2 ▼ | *fx* =DATE(YEAR(TODAY()),MONTH($D2),DAY($D2))

입력

04 생일에 연도는 필요없으니 월/일 형태로만 표시하겠습니다. 툴바에서 [서식 더보기] – [맞춤 숫자 형식]을 클릭합니다. [맞춤 숫자 형식] 창에서 표시된 내용을 **mm/dd**로 바꾸고 [적용] 버튼을 클릭합니다.

맞춤 숫자 형식

mm/dd **①입력**

적용 **②클릭**

샘플: 05/18

05 나머지 셀에도 동일한 수식을 입력하기 위해 자동 채우기 핸들을 더블클릭합니다.

	C	D	E	F	G	H	I
		fx	=DATE(YEAR(TODAY()),MONTH($D2),DAY($D2))				
1	성별	생년월일	한국나이	생일	생일자 여부		
2	남	1992. 6. 22	32	06/22			
3	여	2000. 1. 14	24	01/14			
4	남	1988. 8. 14	36	08/14			
5	남	1978. 11. 6	46	11/06			
6	남	1991. 7. 7	33	07/07			
7	남	1989. 10. 23	35	10/23			
8	남	1977. 3. 13	47	03/13			
9	남	1979. 11. 25	45	11/25			
10	남	1980. 11. 21	44	11/21			
11	남	1979. 6. 26	45	06/26			
12	남	1985. 7. 9	39	07/09			
13	남	1988. 1. 3	36	01/03			
14	남	1994. 12. 13	30	12/13			
15	남	1997. 9. 15	27	09/15			
16	남	1990. 9. 8	34	09/08			
17	남	1980. 11. 22	44	11/22			
18	남	1998. 12. 15	26	12/15			
19	남	1979. 12. 9	45	12/09			
20	남	1988. 10. 31	36	10/31			

더블클릭

06 생일이 이번 달인 사람들에게는 반차 휴가와 영화 관람권을 줍니다. 갑작스러운 반차 휴가에 부서장이 당황하지 않고 축하 인사를 건넬 수 있도록 매월 초에 생일자를 안내하고 있습니다. 이번 달 생일자 여부를 검사하기 위해 [G2] 셀에 수식 `=IF(MONTH($F2)=MONTH(TODAY()),"생일자","")`를 입력합니다.

	D	E	F	G	H	I	J
G2		fx	=IF(MONTH($F2)=MONTH(TODAY()),"생일자","")				
1	생년월일	한국나이	생일	생일자 여부			
2	1992. 6. 22	32	06/22	=IF(MONTH($F2)=MONTH(TODAY()),"생일자","")			
3	2000. 1. 14	24	01/14				
4	1988. 8. 14	36	08/14				
5	1978. 11. 6	46	11/06				
6	1991. 7. 7	33	07/07				
7	1989. 10. 23	35	10/23				
8	1977. 3. 13	47	03/13				
9	1979. 11. 25	45	11/25				
10	1980. 11. 21	44	11/21				
11	1979. 6. 26	45	06/26				
12	1985. 7. 9	39	07/09				
13	1988. 1. 3	36	01/03				
14	1994. 12. 13	30	12/13				
15	1997. 9. 15	27	09/15				
16	1990. 9. 8	34	09/08				
17	1980. 11. 22	44	11/22				
18	1998. 12. 15	26	12/15				
19	1979. 12. 9	45	12/09				
20	1988. 10. 31	36	10/31				

입력

07 나머지 셀에도 동일한 수식을 입력하기 위해 자동 채우기 핸들을 더블클릭합니다.

	D	E	F	G	H	I	J
G2	▼	*fx*	=IF(MONTH($F2)=MONTH(TODAY()),"생일자","")				
1	생년월일	한국나이	생일	생일자 여부			
2	1992. 6. 22	32	06/22		●┐더블클릭		
3	2000. 1. 14	24	01/14				
4	1988. 8. 14	36	08/14	생일자			
5	1978. 11. 6	46	11/06				
6	1991. 7. 7	33	07/07				
7	1989. 10. 23	35	10/23				
8	1977. 3. 13	47	03/13				
9	1979. 11. 25	45	11/25				
10	1980. 11. 21	44	11/21				
11	1979. 6. 26	45	06/26				
12	1985. 7. 9	39	07/09				
13	1988. 1. 3	36	01/03				
14	1994. 12. 13	30	12/13				
15	1997. 9. 15	27	09/15				
16	1990. 9. 8	34	09/08				
17	1980. 11. 22	44	11/22				
18	1998. 12. 15	26	12/15				
19	1979. 12. 9	45	12/09				
20	1988. 10. 31	36	10/31				

NOTE 4장에서 배울 FILTER 함수와 자동 필터 기능, 6장에서 배울 QUERY 함수를 이용하면 더 쉽게 생일자를 추출할 수 있습니다.

입사일과 기준일로 근속월수와 근속연수 구하기

핵심 함수 | DATEDIF

설명	두 날짜 사이의 일, 월 또는 연수를 계산합니다.
구문	=DATEDIF(시작일, 종료일, 단위)
인수	**시작일:** 시작 날짯값입니다. **종료일:** 종료 날짯값입니다. **단위:** 시간의 단위를 나타내는 약자입니다. "Y" 연, "M" 월, "D" 일, "MD" 동월기준 일수, "YM" 동년기준 월수, "YD" 동년기준 일수
더보기	**DATE:** 연, 월, 일을 날짜로 전환합니다. **DATEVALUE:** 알려진 형식의 주어진 날짜 문자열을 날짯값으로 변환합니다.

날짯값은 숫자이므로 두 날짜 사이의 일수를 구하는 것은 종료일에서 시작일을 **빼면** 간단히 해결됩니다. 하지만 두 날짜 사이의 연수, 월수 등을 구하는 것은 1년과 1월의 일수가 일정하지 않기 때문에 어렵습니다. 이럴 때 DATEDIF 함수를 사용하면 편합니다.

01 **예제 | DATEDIF** 회사는 근속월수를 기준으로 퇴직급여충당금을 계산하고 있습니다. 입사일 이후 근속월수를 구하기 위해 [D3] 셀에 수식 **=DATEDIF($C3,$B$1,"M")**를 입력합니다. 입사일자를 시작일로, 기준일자인 2025년 12월 31일을 종료일로 하여 월수("M")를 구하는 수식입니다.

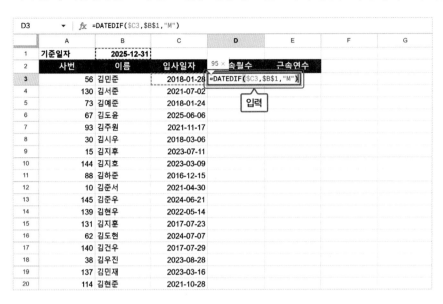

02 나머지 셀에도 동일한 수식을 입력하기 위해 자동 채우기 핸들을 더블클릭합니다.

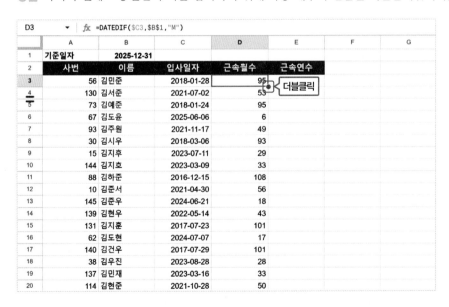

03 회사는 근속연수 5년마다 한 달의 안식 휴가를 부여하고 있습니다. 근속연수를 계산하기 위해 [E3] 셀에 수식 **=DATEDIF($C3,$B$1,"Y")**를 입력합니다. [D3] 셀의 수식이 절대 참조로 되어 있으니 [D3] 셀의 수식을 복사해서 붙여 넣고 **"M"**만 **"Y"**로 바꿔도 됩니다.

E3	▼	fx	=DATEDIF($C3,$B$1,"Y")				
	A	B	C	D	E	F	G
1	기준일자	2025-12-31					
2	사번	이름	입사일자	근속월수	속연수		
3	56	김민준	2018-01-28	95	=DATEDIF($C3,$B$1,"Y")		
4	130	김서준	2021-07-02	53			
5	73	김예준	2018-01-24	95			
6	67	김도윤	2025-06-06	6			
7	93	김주원	2021-11-17	49			
8	30	김시우	2018-03-06	93			
9	15	김지후	2023-07-11	29			
10	144	김지호	2023-03-09	33			
11	88	김하준	2016-12-15	108			
12	10	김준서	2021-04-30	56			
13	145	김준우	2024-06-21	18			
14	139	김현우	2022-05-14	43			
15	131	김지훈	2017-07-23	101			
16	62	김도현	2024-07-07	17			
17	140	김건우	2017-07-29	101			
18	38	김우진	2023-08-28	28			
19	137	김민재	2023-03-16	33			
20	114	김현준	2021-10-28	50			

입력

04 나머지 셀에도 동일한 수식을 입력하기 위해 자동 채우기 핸들을 더블클릭합니다.

E3	▼	fx	=DATEDIF($C3,$B$1,"Y")				
	A	B	C	D	E	F	G
1	기준일자	2025-12-31					
2	사번	이름	입사일자	근속월수	근속연수		
3	56	김민준	2018-01-28	95	7		
4	130	김서준	2021-07-02	53	4		
5	73	김예준	2018-01-24	95	7		
6	67	김도윤	2025-06-06	6	0		
7	93	김주원	2021-11-17	49	4		
8	30	김시우	2018-03-06	93	7		
9	15	김지후	2023-07-11	29	2		
10	144	김지호	2023-03-09	33	2		
11	88	김하준	2016-12-15	108	9		
12	10	김준서	2021-04-30	56	4		
13	145	김준우	2024-06-21	18	1		
14	139	김현우	2022-05-14	43	3		
15	131	김지훈	2017-07-23	101	8		
16	62	김도현	2024-07-07	17	1		
17	140	김건우	2017-07-29	101	8		
18	38	김우진	2023-08-28	28	2		
19	137	김민재	2023-03-16	33	2		
20	114	김현준	2021-10-28	50	4		

더블클릭

지급일이 월말인 회사채의 이자 지급일 구하기

핵심 함수 | EOMONTH

설명	시작일 기준 특정 개월 전후 월의 마지막 날짜를 반환합니다.
구문	=EOMONTH(시작일, 개월수)
인수	**시작일**: 결과를 계산할 기준 날짜입니다. **개월수**: 시작일 기준 전(음수), 후(양수) 개월 수입니다.
더보기	EDATE: 지정된 날짜의 특정 개월 전후 날짜를 반환합니다.

매월 말일은 일정하지 않습니다. 지급일이 월말로 되어 있는 경우, 재무가치 평가 시 기준일자를 월말로 일치시킨 경우 등과 같이 월말 일자가 필요할 때는 EOMONTH 함수를 사용합니다. 이자 지급일을 EOMONTH 함수로 구해보겠습니다. 예제의 D열과 E열에는 일수와 이자를 계산하는 수식이 입력되어 있습니다.

01 **예제 | EOMONTH** 회사가 발행한 만기 1년 회사채의 이자 지급일은 매월 말이며 이자는 일할 계산합니다. [C6] 셀에 수식 **=EOMONTH($B6,0)**를 입력합니다. 두 번째 인수를 **0**으로 두어 이자기산일([B6] 셀)이 속한 달의 마지막 날을 구한 것입니다.

NOTE EOMONTH의 두 번째 인수에 회차를 대입하면 위의 수식을 **=EOMONTH($B$1,$A6-1)**로 쓸 수도 있습니다. 발행일을 고정 인수로 두고 발행일 기준 0개월 뒤, 1개월 뒤, ..., 12개월 뒤와 같이 사용하는 것입니다.

02 나머지 셀에도 동일한 수식을 입력하기 위해 자동 채우기 핸들을 더블클릭합니다. 매월 말일이 이자 지급일로 표시되고 일수에 따른 회차별 이자가 계산되었습니다.

	A	B	C	D	E	F	G

C6   ▼   *fx*   =EOMONTH($B6,0)

	A	B	C	D	E	F	G
1	발행일	2025-01-15					
2	발행금액	500,000,000					
3	이자율	9.57%					
4							
5	**회차**	**이자기산일**	**이자지급일**	**일수**	**이자**		
6	1	2025-01-15	2025-01-31	17	2,228,630		
7	2	2025-02-01	2025-02-28	28	3,670,685		
8	3	2025-03-01	2025-03-31 더블클릭	31	4,063,973		
9	4	2025-04-01	2025-04-30	30	3,932,877		
10	5	2025-05-01	2025-05-31	31	4,063,973		
11	6	2025-06-01	2025-06-30	30	3,932,877		
12	7	2025-07-01	2025-07-31	31	4,063,973		
13	8	2025-08-01	2025-08-31	31	4,063,973		
14	9	2025-09-01	2025-09-30	30	3,932,877		
15	10	2025-10-01	2025-10-31	31	4,063,973		
16	11	2025-11-01	2025-11-30	30	3,932,877		
17	12	2025-12-01	2025-12-31	31	4,063,973		
18							

영업일 기준으로 날짜 계산하기

핵심 함수 | WORKDAY, NETWORKDAYS

설명	WORKDAY: 지정된 영업일 수 이후의 종료일을 계산합니다. NETWORKDAYS: 주어진 두 날짜 사이의 순영업일 수를 반환합니다.
구문	=WORKDAY(시작일, 영업일수, [휴일]) =NETWORKDAYS(시작일, 종료일, [휴일])
인수	**시작일**: 계산할 기간의 시작일 날짯값입니다. **영업일수**: 시작일부터 계산을 시작할 영업일의 수입니다. 음수인 경우 반대로 셉니다. **종료일**: 계산할 기간의 종료일 날짯값입니다. **휴일**: [선택사항] 휴일로 간주할 날짜를 포함하는 날짯값 범위 또는 배열입니다.
더보기	**WORKDAY.INTL**: WORKDAY의 휴일인 토, 일요일을 다른 요일로 변경할 수 있습니다. **NETWORKDAYS.INTL**: NETWORKDAYS의 휴일인 토, 일요일을 다른 요일로 변경할 수 있습니다. **DATEVALUE**: 알려진 형식의 주어진 날짜 문자열을 날짯값으로 변환합니다.

업무를 하다 보면 영업일을 기준으로 일정을 계산해야 할 경우가 종종 있습니다. WORKDAY 함수는 토요일, 일요일, 그리고 추가로 지정한 휴일을 제외한 나머지 날짜들을 기준으로 날짜를 계산합니다. NETWORKDAYS 함수는 두 날짜 사이의 순영업일 수를 반환합니다. 두 함수에서 가장 중요한 것은 토요일, 일요일 외의 공휴일 리스트를 유지 관리하는 것입니다.

2025년 10월은 3일(금요일)이 개천절이고, 6일(월요일)이 추석, 7일(화요일)이 추석 다음 날, 9일(목요일)이 한글날입니다. 추석 전날이 일요일이라 8일(수요일)을 대체공휴일로 지정하면 7일 연휴가 발생합니다. 여기에 10일(금요일)을 임시공휴일로 지정한다고 가정하면 10월 3일~12일의 '10일 연휴'가 가능해집니다. 직원들은 기쁘겠지만 대표님 표정은 그닥 밝지 않네요. 2025년 9월 말에 시작하는 프로젝트 A의 일정을 작성해보겠습니다.

01 예제 | WORKDAY, NETWORKDAYS   [시트1] 시트의 [F2:G18]에 미리 2025년의 공휴일 목록을 추가해 두었습니다. 프로젝트 A의 하위 업무인 A.1.의 종료일을 구하기 위해 [D3] 셀에 수식 **=WORKDAY(**$B3,$C3-1,$F$2:$F$18)을 입력합니다. 시작일부터 [C3] 셀의 예상 기간인 6영업일 이후가 되는 날을 구하면서 토요일, 일요일 이외에 [F2:F18] 범위에 있는 휴일들도 고려하라는 수식입니다.

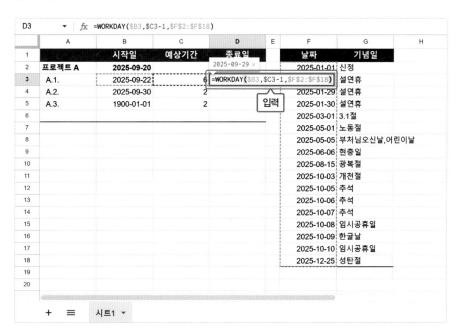

NOTE WORKDAY 함수는 시작일을 제외한 영업일자를 계산하므로 시작일을 포함하기 위해 반환될 종료일에서 −1을 했습니다. 또 [B3:B5]에 있는 시작일은 [D2:D4]에 있는 종료일을 제외한 다음 영업일을 계산하는 수식이 반환한 날짯값입니다.

02 아래에도 동일한 수식을 입력하기 위해 [D3] 셀의 자동 채우기 핸들을 더블클릭합니다. 프로젝트 A의 종료일은 각 하위 업무의 예상 기간에 따라 자동으로 계산됩니다.

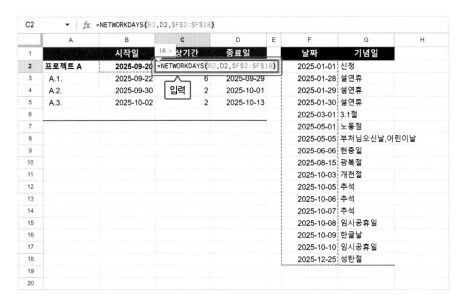

03 영업일 수와 예상 기간 합계를 비교하기 위해 [C2] 셀에 수식 **=NETWORKDAYS(B2,D2, $F$2:$F$18)**을 입력합니다. NETWORKDAYS 함수를 사용한 예상 기간과 하위 프로젝트의 예상 기간 합계(6+2+2 = 10)가 일치하는 것을 확인할 수 있습니다.

CHAPTER 04

데이터로 작업하기

▶▶▶

스프레드시트에서는 데이터 전체를 정렬하거나 필터링할 수 있고 피벗 테이블을 이용해 리포트를 만들 수도 있습니다. 이번 장에서는 취합된 데이터를 가공하는 필터와 피벗 테이블의 기능을 설명하고, 데이터를 보기 좋게 처리하는 조건부 서식과 쉬운 데이터 처리를 위해 데이터를 가공하는 방법을 살펴봅니다. 그리고 좋은 데이터셋을 만들기 위해 필요한 사항을 알아봅니다.

여러 가지 기준으로 데이터 정렬하기

▶▶ 정렬은 데이터를 순서대로 표시하는 기능입니다. 스프레드시트에서는 숫자나 문자열을 오름차순 혹은 내림차순으로 정렬할 수 있습니다. 범위를 선택하지 않아도 현재 커서가 위치한 열을 기준으로 자동 정렬해주는 기능과 범위 정렬 기능을 통해 데이터를 정렬하는 방법을 배웁니다. 정렬을 배우고 나면 매출액 규모, 출근 순서, 가나다 순으로 데이터를 배열할 수 있습니다.

현재 열 기준 시트 정렬과 범위 정렬

구글 스프레드시트는 열 기준 시트 정렬과 열 기준 범위 정렬 기능을 제공합니다. 하지만 이 기능은 맨 위에 위치한 머리글 행을 제대로 처리하지 못하기 때문에 사용하지 않습니다. 원하는 대로 작동하지 않을 가능성이 조금이라도 있으면 믿고 사용하기 어렵죠.

열 기준 시트 정렬, 범위 정렬

	A	B	C	D	E	F	G
1382	TK02216	수유현대_59.67	BUY562479753;	100,000	2026-01-19		
1383	TK02216	수유현대_59.67	BUY583171983(	100,000	2026-01-19		
1384	TK02216	수유현대_59.67	BUY249296645!	100,000	2026-01-19		
1385	TK02216	수유현대_59.67	BUY424197054;	100,000	2026-01-19		
1386	TK02216	수유현대_59.67	BUY255346709<	100,000	2026-01-19		
1387	TK02216	수유현대_59.67	BUY834626844(	300,000	2026-01-19		
1388	TK02216	수유현대_59.67	BUY498485335;	500,000	2026-01-19		
1389	TK02216	수유현대_59.67	BUY383429793;	1,000,000	2026-01-19		
1390	TK02216	수유현대_59.67	BUY268815639;	100,000	2026-01-19		
1391	TK02216	수유현대_59.67	BUY681223046;	200,000	2026-01-19		
1392	TK02216	수유현대_59.67	BUY593231632;	300,000	2026-01-19		
1393	TK02216	수유현대_59.67	BUY199781514;	100,000	2026-01-19		
1394	TK02216	수유현대_59.67	BUY950301023!	100,000	2026-01-19		
1395	TK02216	수유현대_59.67	BUY683493602;	5,000,000	2026-01-19		
1396	TK02216	수유현대_59.67	BUY841871746;	100,000	2026-01-19		
1397	TK02216	수유현대_59.67	BUY534762328;	10,000	2026-01-19		
1398	TK02216	수유현대_59.67	BUY740449352;	120,000	2026-01-19		
1399	상품코드	상품명	구매자ID	구매액	구매일		

내 제목 행 돌려줘요!

NOTE 정렬을 할 때는 수식에 영향을 주지 않도록 주의해야 합니다. 특히 SUM, AVERAGE 등 범위에 대한 계산을 수행하는 함수나, 맨 위에 위치한 수식이 여러 범위를 반환하는 배열 함수는 정렬을 수행하면 수식의 위치가 변경되면서 오류가 발생할 수 있으니 주의합시다.

범위 정렬

실습을 통해 본격적으로 정렬해봅시다. [범위 정렬] 기능을 이용하면 여러 열을 기준으로 정렬할 수 있고 머리글 행도 설정할 수 있습니다.

01 예제 | 정렬하기 예제에서 [DASHBOARD] 시트의 [A1:E5] 범위를 선택하고 [데이터] – [범위 정렬] – [고급 범위 정렬 옵션] 메뉴를 클릭합니다.

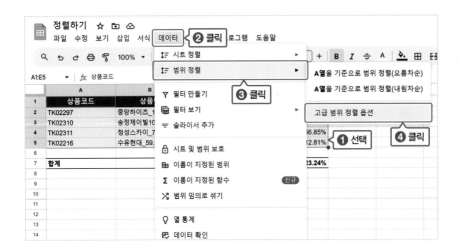

02 [A1에서 E5까지 범위 정렬] 창이 나타나면 선택한 범위의 첫 행이 머리글 행이므로 '데이터에 머리글 행이 있습니다.'를 체크하여 정렬 기준을 머리글 행의 레이블로 변경합니다. [정렬 기준]을 '판매목표'로 설정하고 '내림차순'을 선택하여 내림차순으로 정렬되도록 변경합니다.

03 [다른 정렬 기준 열 추가] 버튼을 클릭하여 정렬 기준을 추가합니다. [정렬 기준]을 '누적판매액'으로 설정하고 '내림차순'을 선택하여 내림차순으로 정렬되도록 지정한 뒤 [정렬] 버튼을 클릭합니다.

04 데이터가 첫 번째 판매목표, 두 번째 누적판매액 기준으로 내림차순 정렬되었습니다.

	A	B	C	D	E	F
	A1:E5 ▼	fx 상품코드				
1	**상품코드**	**상품명**	**판매목표**	**누적판매액**	**판매율**	
2	TK02297	중앙하이츠_119.85	440,000,000	4,530,000	1.03%	
3	TK02311	청성스카이_78.73	420,000,000	280,750,000	66.85%	
4	TK02216	수유현대_59.67	380,000,000	48,660,000	12.81%	
5	TK02310	송정제이빌102동_79.55	380,000,000	42,530,000	11.19%	
6						
7	**합계**		1,620,000,000	376,470,000	23.24%	
8						
9						
10						
11						
12						
13						
14						

NOTE 메뉴의 정렬 기능 외에도 필터 만들기, 필터 보기에서도 데이터를 정렬할 수 있으며, 5장에서 설명할 SORT 함수를 이용하면 더 효율적으로 데이터를 정렬할 수 있습니다.

여러 가지 기준의 필터로 데이터 추출하기

▶ ▶ 필터는 기준에 맞는 데이터 행을 표시하는 기능입니다. 취합된 데이터를 가공하고 이를 바탕으로 리포트를 생성하는 과정에서 필수적으로 사용됩니다. 구글 스프레드시트에서는 엑셀과 같은 기본적인 필터 만들기 기능 외에도 협업을 염두하여 사용자별로 다른 필터 상태를 볼 수 있는 필터 보기 기능이 있습니다. 필터는 함수로도 사용할 수 있어 매우 편리하게 활용할 수 있습니다.

필터 만들기

[데이터] – [필터 만들기] 메뉴를 이용해서 만든 필터를 '자동 필터'라고 합니다. 데이터 범위를 선택하고 자동 필터를 만들면 머리글 행을 레이블로 하여 필터가 생성되며, 한 시트에 한 개씩만 적용할수 있습니다. 한 시트에서 여러 개의 범위를 필터로 만들기 위해서는 '필터 보기' 또는 6장에서 배울 '필터 함수'를 사용해야 합니다.

조건별/값별 필터링

조건별 필터링 항목은 다음과 같습니다. 값별 필터링과 함께 실습으로 알아보겠습니다.

조건별 필터링 항목

필터 종류	설명
비어 있음/비어 있지 않음	비어 있거나 비어 있지 않은 셀을 보여줍니다.
텍스트에 포함/포함되지 않음 시작/종료 텍스트 텍스트가 정확하게 일치함	특정 문자열이 텍스트에 포함되어 있거나 포함되어 있지 않거나, 시작 문자열이거나 종료 문자열이거나, 텍스트와 정확하게 일치하는 셀을 보여줍니다.
날짜 기준일 이전/이후	오늘/내일/어제/지난 주/지난 달/작년/정확한 날짜와 같이 정확한 날짜이거나 설정한 기준일 이전 혹은 이후 날짜인 행들을 보여줍니다.
초과/보다 크거나 같음 미만/보다 작거나 같음 같음/같지 않음 범위/사이에 있지 않음	값의 크기에 따른 조건이 만족되는 행들을 보여줍니다.
맞춤 수식	수식의 결과가 참(TRUE)인 행들을 보여줍니다.

01 예제 | FILTER   주어진 데이터에서 이번 달에 생일인 생일자들을 필터링해보겠습니다. 데이터 범위 [A1:H75]를 선택하고 [데이터] – [필터 만들기] 메뉴를 클릭합니다.

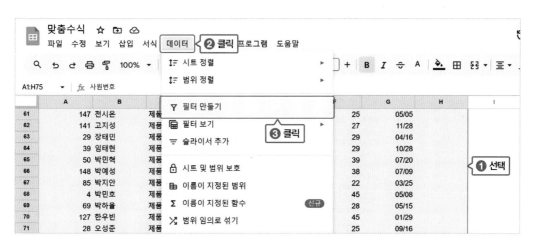

NOTE 사실 데이터가 들어 있는 영역의 어떤 셀이든 선택하고 [필터 만들기] 메뉴를 실행해도 똑똑한 구글이 알아서 필터를 만들어주지만, 결과를 100% 확신할 수 없는 행동은 하지 맙시다.

여기서 잠깐 ▶   **필터 삭제**

필터가 적용되면 시트 오른쪽 아래에 "총 ○○행 중 ○행 표시됨"과 같이 필터의 상태가 표시됩니다. 만들어진 필터를 없애기 위해서는 필터가 적용된 영역에서 마우스 오른쪽 클릭을 하고 [필터 삭제]를 선택합니다.

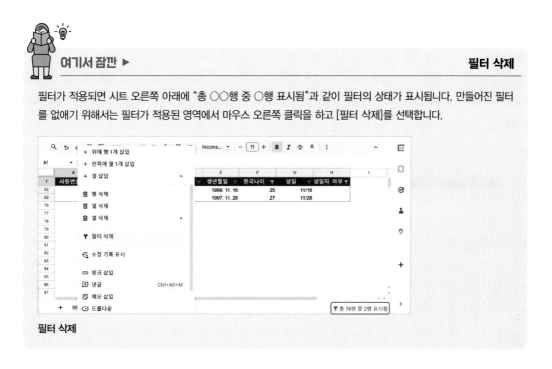

필터 삭제

02 생일자 여부 데이터가 있는 H열의 필터 아이콘(⛛)을 클릭합니다. 값이 '생일자'로 표시되어 있는 항목만 필터링할 것이므로 [값별 필터링] 아래에서 '생일자'만 선택한 후 [확인] 버튼을 클릭합니다.

NOTE '생일자'만 선택하기 위해서는 '(공백)'을 체크 해제하거나, '지우기'를 클릭해서 모두 체크 해제한 뒤 '생일자'만 다시 체크합니다.

03 필터링된 다섯 명의 생일자 중 나이가 30세 이하인 인원만 다시 필터링하겠습니다. 한국 나이 가 표시된 F열의 필터 아이콘을 클릭하고 [조건별 필터링]을 클릭합니다. [조건별 필터링]의 선택 항 목에서 '보다 작거나 같음'을 선택하고 [값 또는 수식] 입력란에 **30**을 입력한 뒤 [확인] 버튼을 클릭합 니다.

NOTE 색상별 필터링은 채우기 색상 또는 텍스트 색상으로 필터링할 수 있습니다.

04 필터링된 결과를 확인합니다.

생일자는 TODAY( ) 함수를 이용해 현재 월 기준으로 계산되므로 화면과 다른 생일자가 표시될 것입니다.

여기서 잠깐 ▶   필터로 하는 정렬

필터에서는 정렬 작업도 할 수 있습니다. 오름차순, 내림차순, 색상(채우기 색상 또는 텍스트 색상) 기준 정렬이 가능합니다. 색상을 기준으로 정렬하면 지정한 색상이 제일 위에 표시되고 나머지 색상들의 순서는 그대로 유지됩니다.

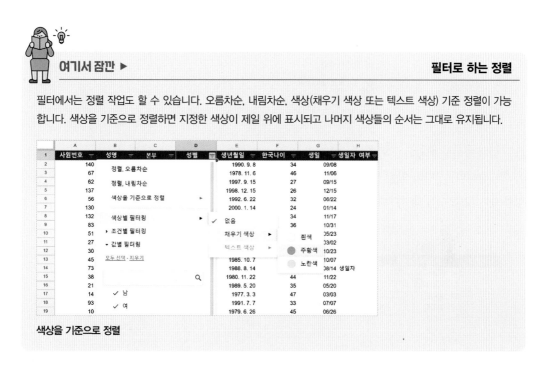

색상을 기준으로 정렬

맞춤 수식

맞춤 수식은 조건별 필터링에 수식을 적용할 수 있는 강력한 기능입니다. 맞춤 수식은 지금까지 봤던 일반 셀에서의 수식과 셀 참조 방식이 약간 달라서 이해하기가 쉽지 않은데, 맞춤 수식의 셀 참조는 '첫 행 기준'만 기억하면 됩니다. 실습을 진행하면서 더 자세히 알아보겠습니다.

01 **예제 | 맞춤수식** 이름의 두 번째 글자가 "현"인 직원들만 필터링해보겠습니다. 기존에 적용되었던 필터를 모두 해제합니다. 가장 간단한 방법은 [데이터] – [필터 삭제] 메뉴를 클릭하는 것입니다.

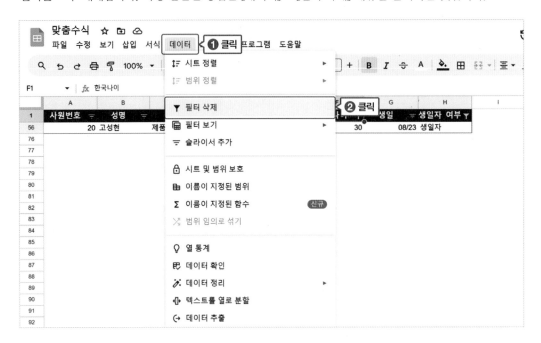

02 다시 필터를 적용하기 위해 데이터 범위 내 임의의 셀을 선택하고 [데이터] – [필터 만들기] 메뉴를 클릭합니다. 성명이 있는 B열의 필터 아이콘을 클릭하고 [조건별 필터링]을 클릭한 후 아래 선택 항목에서 '맞춤 수식'을 선택합니다.

03 [값 또는 수식] 입력란에 **=MID(B2,2,1)="현"**를 입력하고 [확인] 버튼을 클릭합니다.

04 "현"이라는 글자가 성명의 두 번째 자리에 있는 직원들이 필터링되었습니다.

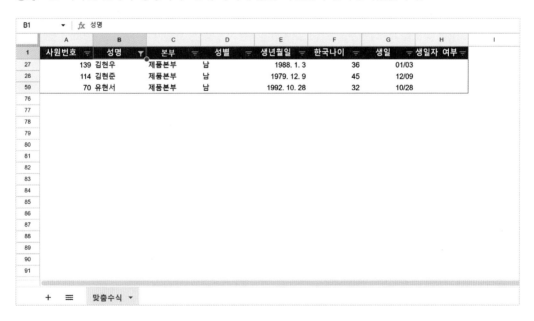

'맞춤 수식'은 필터의 조건별 필터링 외에도 조건부 서식, 데이터 확인 등에 사용되는 조건식입니다. 필터에서는 맞춤 수식이 TRUE로 반환되는 행은 표시하고 그 외의 값(FALSE, 오류)이 나오는 행은 숨깁니다.

일반적인 수식과 달리 맞춤 수식은 첫 행을 기준으로 수식을 작성하는 경우 나머지 행은 컴퓨터 내부에서 수식을 자동으로 변경하면서 반복문처럼 조건을 검사합니다. 이 과정은 우리가 일반적인 수식을 복사해서 붙여 넣는 과정과 유사합니다.

예제의 =MID(B2,2,1)="현"라는 수식을 좀 더 자세히 살펴봅시다. B열에 대한 조건별 필터의 맞춤 수식에 우리는 B2를 상대 참조 형태로 적어주었습니다. 필터의 B열 맞춤 수식 =MID(B2,2,1)="현"는 해당 조건이 적용되는 첫 행인 [B2] 셀을 기준으로 작성된 수식입니다. 이 조건이 해당 필드의 두 번째 행인 [B3] 셀, 세 번째 행인 [B4] 셀에 적용될 때는 각각 =MID(B3,2,1)="현", =MID(B4,2,1)="현"로 변경되기 때문에 각 행의 B열 값을 모두 검사하게 됩니다.

필터의 맞춤 수식은 열 기준으로 적용되므로 열 참조는 고정되고 행만 변경됩니다. 따라서 열을 섞어서 B열 필터 메뉴의 맞춤 수식에서 수식을 =AND(F2>30, D2="남")라고 지정할 수도 있습니다(예제에서 F열은 나이, D열은 성별이 기재된 열입니다). 이렇게 전혀 다른 열의 조건을 한 열의 맞춤 수식에 입력할 수도 있습니다. 물론 수식의 이해 가능성이라는 측면에서 보면 이렇게 입력하는 것은 피해야겠지만, 맞춤 수식에서 상대 참조가 어떻게 작동하는지 이해할 수 있도록 예를 들어보았습니다.

반면, 맞춤 수식에서 절대 참조를 사용하여 고정된 셀의 값을 참조할 수도 있습니다. 예를 들어 =MID(B2,2,1)="현" 대신 [J2] 셀에 "현"이라는 텍스트를 입력해두고 =MID(B2,2,1)=$J$2로 맞춤 수식을 작성할 수 있습니다. 이렇게 하면 비교할 텍스트 값을 변경할 필요가 있을 때 필터를 일일이 수정하지 않고도 [J2] 셀의 값을 변경하며 조금 더 편리하게 사용할 수 있습니다. 다만 구글 스프레드시트의 필터는 자동 갱신되지 않기 때문에 값을 변경하면 필터를 새로 고침해야 합니다.

복잡하게 느껴질 수도 있지만, 맞춤 수식에서 셀 참조는 첫 행 기준으로 작성하면 상대 참조든 절대 참조든 나머지 행에서는 수식을 복사해서 붙여 넣은 것처럼 계산된다는 것입니다.

엑셀에서는 두 개의 조건을 '그리고/또는'으로 조합하여 필터에 적용할 수 있지만, 구글 스프레드시트의 필터는 한 가지 조건만 적용할 수 있습니다. 날짜 필터에서도 이번 주, 다음 주, 이번 달, 다음 달, 분기, 올해, 내년 필터가 제공되지 않습니다. 엑셀의 고급 필터 기능도 지원되지 않습니다. 반면 구글 스프레드시트에서는 조건별 필터링의 맞춤 수식을 통해 다양한 필터 적용이 가능합니다.

필터 보기

공동 작업에서 나의 행동이 다른 사람의 작업을 방해해서는 안 됩니다. 내가 스프레드시트에서 필터를 적용하고 해제할 때마다 양해를 구할 수도 없는 노릇입니다. 또한 동일한 데이터 세트에 대해서 담당 역할에 따라 다른 방식으로 살펴볼 필요가 있는 경우도 많습니다. 더구나 스프레드시트의 수정 권한이 없는 사용자는 필터를 적용할 수 없습니다. 구글 스프레드시트는 이런 문제를 해결하기 위해 필터를 사용자별로 적용할 수 있는 필터 보기 기능을 제공합니다.

회사 각 부서의 담당자는 매달 자기 부서의 생일자가 몇 명 있는지 확인하고, 생일 행사를 개최한 뒤 행사 진행 여부를 통지해야 합니다. 전에 엑셀로 작업할 때는 매달 인사팀에서 부서별 생일자 명단을 만들어 부서별 담당자에게 메일로 보내고, 다시 부서별 담당자들이 매주 생일 행사 진행 여부를 메일로 보내면 인사팀에서는 이를 하나하나 취합해서 기록했습니다.

하지만 이제는 구글 스프레드시트의 필터 보기 기능으로 이 프로세스를 간단하게 구현할 수 있습니다.

생일 행사 기록 프로세스와 구현 방법

필요한 사항	구현 방법
부서별 담당자가 부서별 생일자 및 행사 현황 파악	부서별 필터 보기 고유 URL 전달 부서별 생일자 월별 집계표 작성
부서별 담당자가 행사 진행 여부 입력	행사 진행 여부 입력 열에 대한 편집 권한 부여
부서별 담당자에게 필요 없는 정보 숨김	기본 보기 화면에서 다른 부서의 정보 숨김
부서별 담당자는 필터 수정 금지	필터 레이블이 위치한 부분의 시트 보호

[필터 만들기]와 [필터 보기] 그리고 스프레드시트에 대한 권한 설정으로 이 프로세스를 만들어봅시다.

예제는 앞서 '필터 만들기'에서 봤던 것과 같은 내용입니다. 다만 이달의 생일자에 대해 행사 진행 상황을 한눈에 볼 수 있는 월별 집계표([A1:B3])와 부서 행사 입력 열(I열)을 추가했습니다. 부서별로 필터 보기를 만들어서 링크를 제공하고, 필터 보기를 통해서만 데이터를 볼 수 있도록 다른 데이터를 숨김 처리해보겠습니다.

01 예제 | FILTER 보기 　필터 보기를 새로 만들기 위해 데이터 범위인 [A5:I79]의 아무 셀이나 선택하고 [데이터] – [필터 보기] – [새 필터 보기 만들기] 메뉴를 클릭합니다.

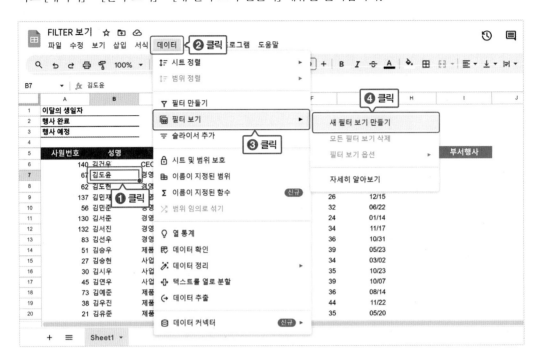

02 [이름:]에 **경영본부**를 입력하고 [범위]가 [A5:I79]로 지정되어 있는지 확인합니다. 경영본부만 표시하기 위해 C열 '본부'의 필터 아이콘을 클릭하여 '경영본부'만 체크하고 [확인] 버튼을 클릭합니다.

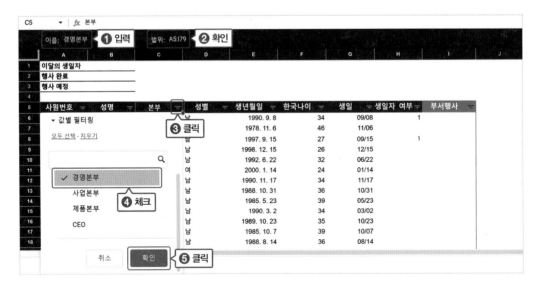

03 생일자만 표시하기 위해 H열 '생일자 여부'의 필터 아이콘을 클릭하여 '(공백)'을 체크 해제한 뒤
[확인] 버튼을 클릭합니다.

NOTE 생일자는 TODAY( ) 함수를 이용해 현재 월 기준으로 계산되므로 화면과 다른 생일자가 표시될 것입니다.

04 다른 부서용 필터 보기도 만들기 위해 우측 상단의 톱니바퀴 모양의 설정 아이콘을 클릭하고
[복사]를 선택합니다.

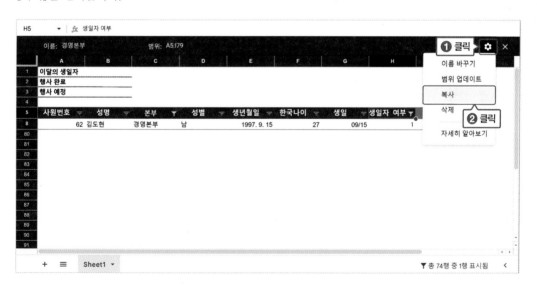

05 '경영본부의 사본'으로 생성된 필터 보기의 [이름]을 **사업본부**로 변경합니다. C열 '본부'의 필터
아이콘을 클릭하여 '사업본부'만 체크하고 [확인] 버튼을 클릭합니다.

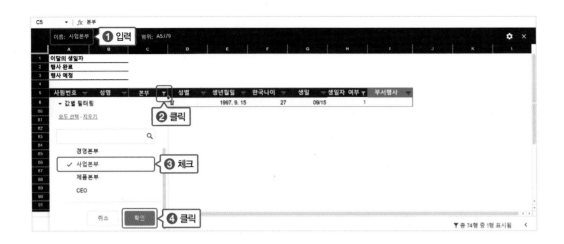

06 '제품본부'에 대해서도 **04**, **05**의 작업을 수행합니다. 이제 세 부서에 대한 필터 보기가 모두 생성되었습니다. 우측 상단의 [×] 버튼을 클릭하여 필터 보기 모드를 종료합니다.

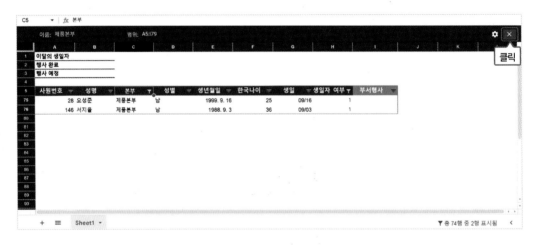

07 이제 스프레드시트를 공유하기 위해 우측 상단에서 [공유] 버튼을 클릭합니다. [사용자 및 그룹 추가] 창에서 추가할 사용자의 이메일을 입력하고 '편집자' 역할을 설정한 후 [전송] 버튼을 클릭합니다.

08 담당자들이 부서행사 입력란을 제외한 나머지 부분을 편집하지 못하도록 막겠습니다. [데이터] –
[시트 및 범위 보호] 메뉴를 클릭합니다.

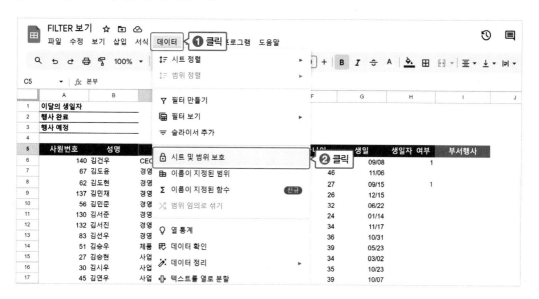

09 우측에 [보호된 시트 및 범위] 창이 나타나면 [시트 또는 범위 추가]를 클릭합니다.

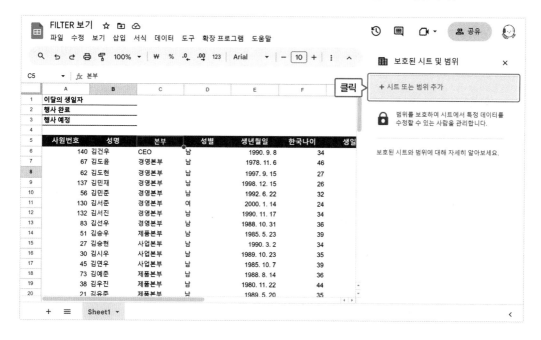

10 [시트] 탭을 클릭하고 'Sheet1'이 선택되어 있는 것을 확인합니다. [일부 셀 제외]를 체크한 뒤
권한 제한을 제외할 셀을 **I6:I**로 입력하고 [권한 설정] 버튼을 클릭합니다.

11 [범위 수정 권한] 창이 나타나면 '이 범위를 수정할 수 있는 사용자 제한'이 선택된 상태에서 드롭다운 버튼을 클릭하여 '나만'을 선택하고 [완료] 버튼을 클릭합니다. [Sheet1] 탭에 자물쇠 표시(🔒)가 나타납니다.

12 부서별 담당자들이 이달의 생일자 수를 바로 확인할 수 있도록 [B1] 셀에 수식 **=SUBTOTAL(9, $H$6:$H)**를 입력합니다.

NOTE SUBTOTAL 함수는 지정된 범위 중 화면에 보이는 셀을 대상으로 계산을 수행하는 함수입니다. SUBTOTAL 함수의 첫 인수는 계산에 사용할 함수를 뜻합니다. 3은 COUNT, 9는 SUM 함수입니다. H열은 생일자에 대해서 숫자 1을 표시하도록 **=IF(MONTH($G6)=MONTH(TODAY()),1,"")**로 작성되어 있으므로 수식 **=SUBTOTAL(9,$H$6:$H)**는 화면에 보이는 생일자의 합계를 계산합니다.

13 [B2] 셀에는 부서 행사가 완료된 사람들의 수를 구하기 위해 수식 **=SUBTOTAL(3,$I$6:$I)**를 입력합니다.

NOTE SUBTOTAL의 첫 인수를 3으로 지정하면 지정된 범위 중 화면에 보이는 셀들을 COUNT로 계산합니다.

14 부서별 담당자가 '필터 보기'를 사용하도록 유도하기 위해 [A5:I79] 범위에서 [데이터] − [필터 만들기] 메뉴로 자동 필터를 만듭니다. B열 성명의 필터 아이콘을 클릭하고 [값별 필터링]에서 [지우 기]를 클릭하여 전체 데이터를 숨김 처리한 후 [확인] 버튼을 클릭합니다.

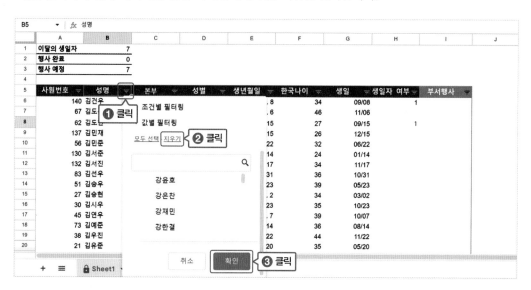

NOTE 행 숨김이나 데이터 그룹화로 행을 숨기면 '필터 보기'에서도 숨겨집니다. 따라서 '필터 만들기'로 숨겨야 합니다.

15 이제 다른 담당자들이 이 스프레드시트를 열어도 데이터 범위의 머리글 행과 위쪽에 있는 집계 표만 보일 것입니다. 담당자들이 부서별 필터 보기에 접근할 수 있도록 링크를 만들어줍니다. 먼저 [D3], [E3], [F3] 셀에 각각 **경영본부**, **사업본부**, **제품본부**를 입력합니다.

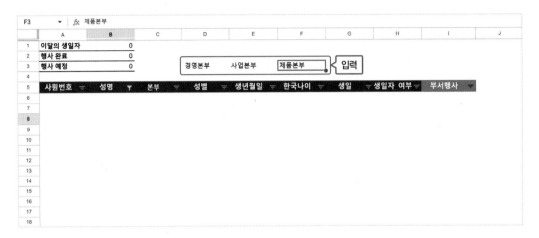

16 앞에서 만들어놓은 필터 보기의 링크를 추가하기 위해 [데이터] – [필터 보기] 메뉴를 클릭하고 [경영본부]를 선택한 뒤 브라우저의 주소 표시줄에서 URL을 복사합니다. [D3] 셀을 선택하고 Ctrl + K (또는 [삽입] – [링크] 메뉴)를 눌러 링크를 추가합니다. 같은 방법으로 [E3], [F3] 셀에도 '사업 본부', '제품본부'의 필터 보기 링크를 추가합니다.

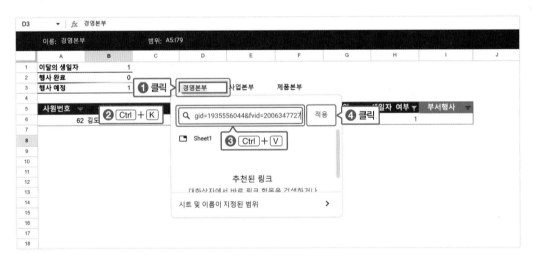

NOTE URL에서 앞 부분은 스프레드시트별로 주어지는 URL이고 'fvid=543257463'이라고 표시되는 부분이 필터 보기마다 주어지는 고유한 URL입니다. URL 전체를 붙여 넣고 적용하면 *#gid=[스프레드시트 ID]&fvid=[필터 보기 ID]* 형태만 자동으로 잘라서 입력됩니다.

17 이제 필터 보기가 부서별로 생성되었고 담당자의 권한 설정이 완료되었습니다. 각 담당자는 본인에게 배부된 필터 보기 URL을 통해 시트에 접근하면 됩니다. 혹시 필터 보기 링크를 잊어버렸더라도 스프레드시트에 기재된 부

서별 필터 보기 링크를 이용하면 됩니다. 담당자가 유일하게 수정할 수 있는 부분은 I열의 부서 행사 기재란입니다. 다른 부분을 수정하려고 하면 친절한 경고창이 나타납니다.

18 부서 행사를 진행한 담당자가 I열 부서 행사에 행사 일자를 기재하면 부서별 집계표에 행사 완료 수치가 업데이트됩니다.

여기서 잠깐 ▶ 　　　　　　　　　　　**필터 보기 기능을 사용하면 좋은 상황**

필터 보기 기능은 다양한 필터 조합에 이름을 지정해놓고 바로바로 불러올 수 있기 때문에 다음과 같은 경우에 유용하게 사용할 수 있습니다. 뷰어 역할이 부여된 사용자는 모든 필터 목록에 접근할 수 있고 편집자 역할이 부여된 사용자는 필터 보기를 직접 만들 수 있습니다.

- 여러 개의 보기를 저장하려는 경우
- 보기에 이름을 지정하려는 경우
- 다른 사용자가 데이터를 다른 방식으로 볼 수 있게 하려는 경우(스프레드시트를 보는 사용자가 각자 필터 보기를 사용해야 하기 때문에 각 사용자가 동시에 다른 필터 보기를 볼 수 있음)
- 여러 가지 필터를 다른 사용자들과 공유하려는 경우(필터 보기마다 별도의 URL이 부여됨)
- 비슷한 규칙을 가진 보기의 사본을 만들거나 이러한 보기를 새로 만들려는 경우
- 스프레드시트 수정 권한이 없지만 필터링 또는 정렬을 하려는 경우(이러한 경우 임시 필터 보기가 생성됨)

함수로 만드는 필터

핵심 함수 | FILTER

설명	지정된 조건을 충족하는 열 또는 행만 반환하는 함수로 구현된 필터입니다.
구문	=FILTER(범위, 조건1, [조건2, ...])
인수	**범위:** 필터링할 데이터입니다. **조건1:** '범위'의 행 또는 열에 상응하는 TRUE 또는 FALSE 값으로 표현되는 행 또는 열입니다.
더보기	**UNIQUE:** 중복된 항목을 버리고 고유한 값들만 반환합니다. **QUERY:** 데이터 범위를 쿼리문으로 검색하고 그 결과를 반환합니다.

FILTER 함수로 메뉴의 필터 만들기 또는 필터 보기와 유사한 결괏값을 얻을 수 있습니다. FILTER 함수는 대표적인 배열 함수입니다. 일반 함수는 한 개의 값을 반환하지만, 배열 함수는 배열을 반환합니다.

FILTER 함수의 기본 사용법

'필터 보기'를 통해 만들었던 생일자 목록을 FILTER 함수를 이용해서 작성해보겠습니다.

01 **예제 | FILTER함수** [A1] 셀에 부서를 입력하면 그 부서의 생일자들을 불러오도록 하기 위해 [A5] 셀에 수식 **=FILTER(DATA!A2:H,DATA!C2:C=$A$1,DATA!H2:H="생일자")**를 입력합니다.

여기서 잠깐 ▶

FILTER 함수의 인수 길이는 서로 동일합니다

FILTER 함수의 첫 번째 인수는 필터링할 데이터가 들어 있는 범위이고, 두 번째 인수부터는 인수 하나당 조건식을 하나씩 적어줍니다. 조건에 사용하는 범위 참조의 길이는 데이터 범위의 길이와 동일해야 합니다.

데이터 범위와 조건 범위는 동일한 길이

=FILTER(DATA!A2:H, DATA!C2:C=$A$1, DATA!H2:H="생일자")

데이터 범위　　　　　　조건1　　　　　　　　　　조건2

02 결과를 확인하고 [A1] 셀을 다른 부서로 변경했을 때 자동 필터와 동일한 결과가 나오는지 비교합니다.

	A	B	C	D	E	F	G	H	I
	제품본부								
	경영본부								
	사업본부								
	제품본부	성명	본부	성별	생년월일	한국나이	생일	생일자 여부	
		오성준	제품본부	남	1999. 9. 16	25	09/16	생일자	
		서지율	제품본부	남	1988. 9. 3	36	09/03	생일자	

FILTER 함수의 결과를 다른 함수의 인수로 사용하기

함수의 결과를 다른 함수의 인수로 사용할 수 있습니다. FILTER 함수도 마찬가지입니다. FILTER 함수의 반환값은 단일값이 아닌 배열이 되므로 범위를 입력받는 인수로 사용합니다. 예제 스프레드시트의 일자별 주가 데이터에서 종목별로 특정 일자의 종가와 거래량을 가져오겠습니다. FILTER 함수만 사용해도 되지만 여기서는 VLOOKUP 함수와 함께 이용하겠습니다.

01 예제 | FILTER함수_VLOOKUP 입력된 Code의 기준일자에 해당하는 항목을 가져오기 위해 [시트1] 의 [C6] 셀에 수식 **=VLOOKUP($C$4,FILTER(Data!$B$2:$G,Data!$A$2:$A=$C$3),5,0)**를 입 력합니다.

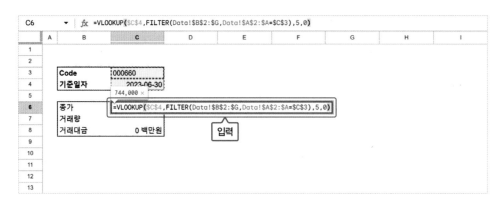

여기서 잠깐 ▶   FILTER 함수의 조건 범위는 데이터 범위와 분리될 수 있습니다

수식의 FILTER 함수가 가져오는 데이터 범위는 **Data!$B$2:$G**입니다. 조건 인수가 **Data!$A$2:$A=$C$3**으로 지정 되어 있으므로 **Data!$A$2:$A**의 값이 **$C$3**의 값인 '000660'과 일치하는 행만 필터링하여 가져옵니다.

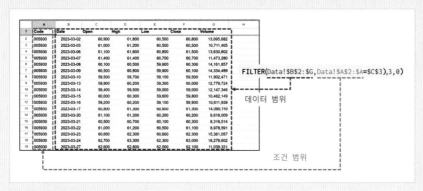

FILTER 함수의 조건 범위와 데이터 범위

특이하게도 FILTER 함수의 데이터 범위는 B열부터 G열인데 조건 인수는 데이터 범위 외부의 A열로 지정되어 있습 니다. 메뉴의 자동 필터에서는 필터가 걸려 있는 열에만 조건을 지정할 수 있었지만 FILTER 함수에는 그런 제약이 없습니다. 참(TRUE)과 거짓(FALSE)으로 구성된 데이터 범위와 동일한 길이의 배열이라면 FILTER 함수의 조건 인 수로 지정할 수 있습니다. 따라서 FILTER 함수는 자동 필터에 비해 매우 유연하게 사용할 수 있습니다.

VLOOKUP 함수는 이 필터링된 데이터를 대상으로 첫 열의 키값이 $C$4, 즉 2020-06-30인 행에서 5번째 열의 항목을 가져옵니다.

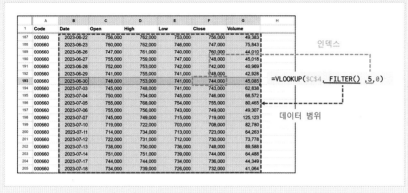

FILTER 함수의 결과를 VLOOKUP 함수의 인수로 사용

02 거래량을 가져오기 위해 [C7] 셀에 수식 **=VLOOKUP($C$4,FILTER(Data!$B$2:$G,Data!$A $2:$A=$C$3),6,0)**를 입력합니다.

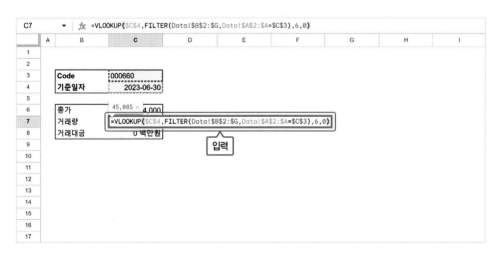

NOTE FILTER 함수는 대표적인 배열 함수로서 ARRAYFORMULA, QUERY 등의 함수와 함께 기존의 노동집약적 엑셀 작업을 쉽고 편하게 만드는 데 큰 기여를 합니다. 배열 수식에 대해서는 5장에서 더 자세히 알아보겠습니다.

SECTION 4.3

피벗 테이블로 데이터 조합하기

▶▶ 피벗 테이블은 많은 양의 데이터를 편하게 조합하여 집계할 수 있는 도구로, 취합된 데이터를 일정한 기준에 따라 더하고 세는 작업에 최적화되어 있습니다. 이번 절에서는 피벗 테이블의 기본적인 사용 방법을 익혀보고 필터와 슬라이서를 통해 피벗 테이블에 표시할 데이터를 간단하게 조절하는 방법을 살펴보겠습니다. 또한 요약 기준을 변경하거나 계산 필드를 추가하여 필요한 값을 가공하는 법과 그룹화 및 정렬 기능으로 보기 좋은 피벗 테이블을 만드는 법에 대해서도 알아보겠습니다.

피벗 테이블을 써서 두 가지 기준으로 데이터 합계 내기

회사는 상품별 판매 데이터를 상품코드 기준으로 집계합니다. 이 데이터는 상품의 판매채널과 위치도 포함합니다.

	A	B	C	D	E	F	G	H	I	J
1	상품명	위치	상태	판매목표	판매채널	판매개시일	판매종료일	누적판매액	상품코드	
2	개포6차우성아프	강남구	판매완료	396,630,000	직영몰	2023-04-14	2023-04-20	396630000	TK00001	
3	개포6차우성아프	강남구	판매완료	335,610,000	직영몰	2023-05-11	2023-05-25	335610000	TK00002	
4	개포우성2차_16	강남구	판매취소	305,100,000	직영몰	2023-06-07		0	TK00003	
5	개포우성3차_10	강남구	판매완료	111,870,000	직영몰	2023-06-28	2023-07-04	111870000	TK00004	
6	개포우성3차_13	강남구	판매완료	111,870,000	직영몰	2023-07-03	2023-07-08	111870000	TK00005	
7	개포자이(12-2)_	강남구	판매완료	406,800,000	직영몰	2023-07-20	2023-07-27	406800000	TK00006	
8	개포자이(12-2)_	강남구	판매완료	193,230,000	직영몰	2023-07-30	2023-08-13	193230000	TK00007	
9	개포자이(12-2)_	강남구	판매완료	427,140,000	직영몰	2023-08-11	2023-08-14	427140000	TK00008	
10	개포자이(12-2)_	강남구	판매완료	172,890,000	직영몰	2023-08-17	2023-08-18	172890000	TK00009	
11	개포주공 1단지_	강남구	판매완료	366,120,000	직영몰	2023-08-24	2023-09-01	366120000	TK00010	
12	개포주공 1단지_	강남구	판매완료	315,270,000	직영몰	2023-08-31	2023-09-01	315270000	TK00011	
13	개포주공 1단지_	강남구	판매완료	345,780,000	직영몰	2023-09-02	2023-09-10	345780000	TK00012	
14	개포주공 1단지_	강남구	판매완료	284,760,000	직영몰	2023-09-14	2023-09-21	284760000	TK00013	
15	개포주공 1단지_	강남구	판매완료	284,760,000	직영몰	2023-09-17	2023-09-30	284760000	TK00014	

상품별 판매 데이터

만들고자 하는 집계표의 최종 형태는 다음과 같습니다. 채널별/위치별로 판매액을 집계하고 싶은데 기존에 배웠던 SUMIFS 함수를 이용하기에는 너무 복잡합니다. 데이터의 판매 채널과 상품 위치들을 하나하나 찾아서 행과 열에 적어야 하기 때문입니다. 피벗 테이블을 이용하면 이러한 집계표를 정말 간단하게 만들 수 있습니다.

최종 집계표의 형태

01 예제 | 피벗테이블 피벗 테이블을 만들 원본 데이터 범위인 [DATA] 시트의 [A:I]열을 선택하고 [삽입] – [피봇 테이블] 메뉴를 클릭합니다.

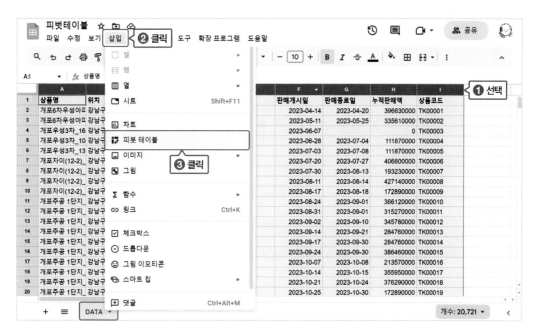

NOTE 현재 구글 스프레드시트는 피벗 테이블을 메뉴에서는 '피봇' 테이블로, 도움말에서는 '피벗' 테이블로 지칭하고 있습니다. 이 책에서는 메뉴의 항목을 가리킬 때는 '피봇' 테이블, 그 외에는 '피벗' 테이블이라고 부르겠습니다.

02 [피봇 테이블 만들기] 창이 나타나면 [데이터 범위]를 확인하고, [삽입 위치]는 '새 시트'를 선택한 후 [만들기] 버튼을 클릭합니다.

03 피벗 테이블 내부의 셀을 클릭하면 화면 우측에 [피봇 테이블 편집기] 창이 나타납니다. [피봇 테이블 편집기] 창에서 [열] 카테고리의 [추가] 버튼을 클릭하여 '판매채널'을 선택합니다.

04 이어서 [행] 카테고리의 [추가] 버튼을 클릭하여 '위치'를, [값] 카테고리의 [추가] 버튼을 클릭하여 '누적판매액'을 선택합니다.

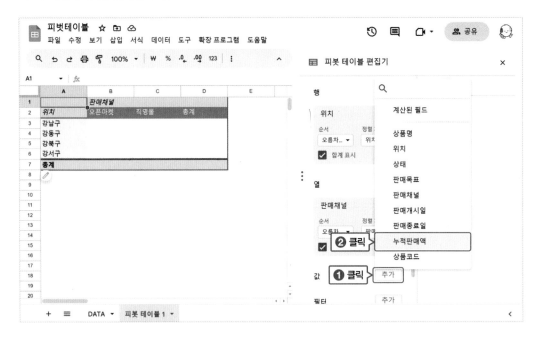

05 숫자 서식을 수정하기 위해 [피벗 테이블 1] 시트의 전체 범위를 선택하고 [서식] – [숫자] – [맞춤 숫자 형식] 메뉴를 클릭합니다. [맞춤 숫자 형식] 창에서 **#,##0**을 입력하고 [적용] 버튼을 클릭합니다.

NOTE 현재 피벗 테이블이 위치한 [B3:D7] 범위만 선택할 수도 있겠지만 나중에 피벗 테이블의 범위가 확장되는 것을 고려해서 전체 시트의 숫자 서식을 바꿨습니다.

06 생성된 피벗 테이블은 다음과 같습니다. 상품코드별로 한 줄씩 표시되어 있던 데이터를 행으로는 위치별, 열로는 판매채널별로 누적판매액을 집계했습니다.

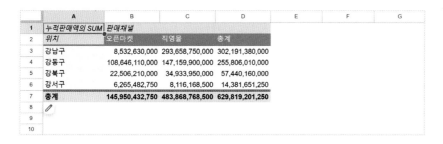

여기서 잠깐 ▶   **피벗 테이블과 크로스탭 테이블**

라인 아이템 형태의 원본 데이터를, 즉 특정한 필드의 값들을 행과 열에 각각 배치하여 이를 기준으로 다시 집계한 테이블을 '크로스탭 테이블'이라고 부릅니다. 피벗 테이블은 크로스탭 테이블을 쉽게 만들어줍니다.

피벗 테이블로 만들 수 있는 산출물이 어떤 것인지 정확하게 이해하지 못하면 행과 열에 이것저것 넣어보는 식으로 시행착오를 겪게 됩니다. 특정 필드의 값들을 기준으로 데이터를 다시 그루핑한다고 생각하면 조금 더 이해하기 편합니다.

예제에서 데이터 값으로 존재했던 판매채널과 위치를 행과 열에 배치하여 개별 값인 '오픈마켓, 직영몰, 강남구, 강동구, 강북구, 강서구'에 따라 값을 그룹핑하여 집계했습니다. 이렇게 피벗 테이블은 데이터 내의 개별 값이 중요한 의미를 가질 경우 이 값들을 기준으로 데이터를 다시 집계하여 크로스탭 테이블을 만들 때 사용합니다.

피벗 테이블에 필드를 추가하고 레이아웃 변경하기

피벗 테이블의 구성 항목인 행과 열, 값, 필터 카테고리에 두 개 이상의 필드를 배치할 수도 있습니다. 또한 한 카테고리에 배치되어 있던 필드를 다른 카테고리로 드래그하여 레이아웃을 쉽게 바꿀 수도 있습니다. 여기서는 판매목표액을 추가해보겠습니다.

01 **예제 | 피벗테이블_필드추가** 판매목표액을 함께 집계하기 위해 [피봇 테이블 1] 시트의 [피봇 테이블 편집기] 창에서 [값] 카테고리의 [추가] 버튼을 클릭하여 '판매목표'를 선택합니다.

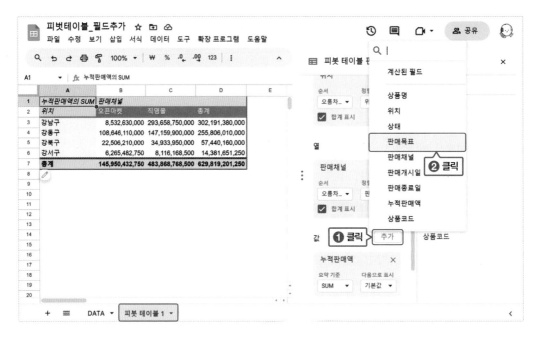

> **NOTE** [피봇 테이블 편집기] 창이 보이지 않으면 피봇 테이블의 아무 곳이나 클릭하고 피봇 테이블의 왼쪽 아래에 수정 아이콘(✏️)을 클릭하세요.

여기서 잠깐 ▶   **테이블, 필드와 레코드란?**

데이터베이스에서는 행과 열의 형태로 모아 놓은 데이터를 '테이블(table)'이라고 부릅니다. 테이블의 각 행은 독립된 단위의 자료 집합인 '레코드(record)'를 구성합니다. 회계 시스템에서는 이를 '라인 아이템(line item)'이라고도 부릅니다. 또한 세로 방향 열을 '필드(field)'라고 부르고 필드는 예제의 상품명, 위치, 상태처럼 개별적인 속성값을 의미합니다. '행'과 '레코드' 또는 '라인 아이템', 그리고 '열'과 '필드'는 각각 유사한 의미로 사용됩니다.

02 판매목표를 누적판매액보다 먼저 제시하는 게 좋겠습니다. [피봇 테이블 편집기] 창에서 '판매목표' 패널을 드래그해서 '누적판매액' 위로 이동시킵니다.

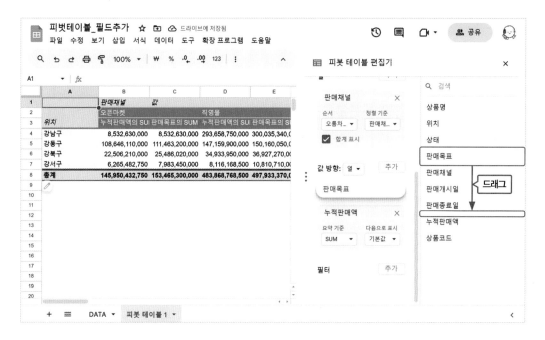

03 표가 가로 방향으로 너무 길어져서 보기에 불편하네요. [피봇 테이블 편집기] 창에서 [값 방향]의 드롭다운 버튼을 클릭하여 '열'을 '행'으로 변경합니다.

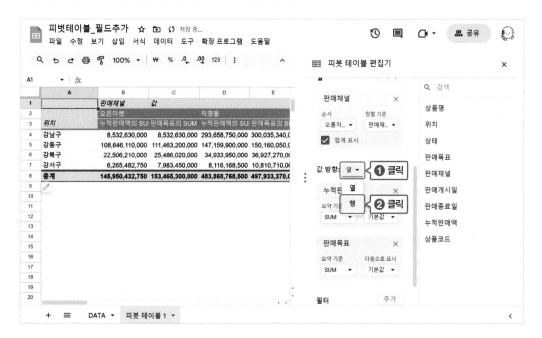

04 판매목표와 누적판매액이 행 방향으로 전환되어 표시되었습니다.

필터링과 슬라이싱

피벗 테이블에 조건에 맞는 데이터만 집계하기 위해 필터와 슬라이서를 사용할 수 있습니다. 원시 데이터 자체를 필터링할 필요 없이 피벗 테이블에서 데이터 집계 조건을 변경할 수 있으므로 편리합니다.

피벗 테이블에 필터 적용하기

피벗 테이블에 필터를 적용하여 2026년 1월 1일부터 판매된 상품에 대해서만 피벗 테이블을 만들어 보겠습니다.

01 예제 | 피벗테이블_필터   [피벗 테이블 1] 시트로 이동하여 [피벗 테이블 편집기] 창의 [필터] 카테고리에서 [추가] 버튼을 클릭하고 '판매개시일'을 선택합니다.

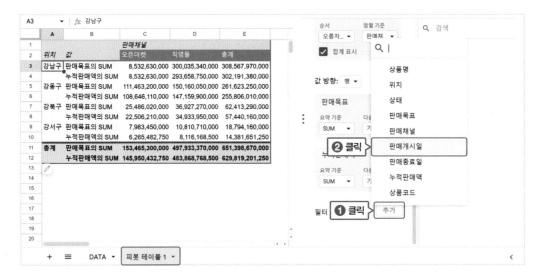

02 [판매개시일]의 [상태]가 '모든 항목 표시'로 되어 있습니다. 드롭다운 버튼을 클릭하고 '조건별 필터링'을 클릭합니다.

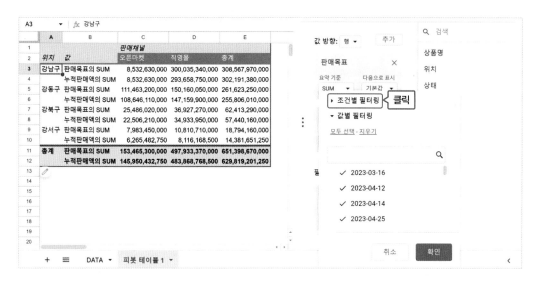

03 [조건별 필터링]의 선택 항목에서 '기준일 이후'를 선택합니다. 아래에 생성된 드롭다운 버튼을 클릭하여 '정확한 날짜'를 선택하고 [값 또는 수식]에 **2025-12-31**을 입력한 후 [확인] 버튼을 클릭합니다.

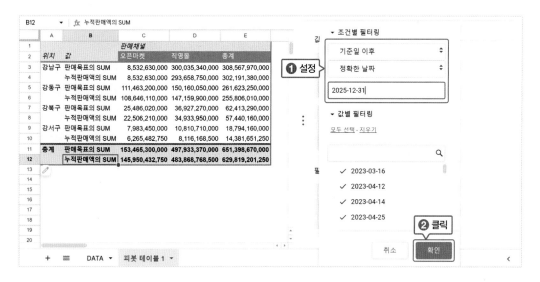

NOTE '기준일 이후'라고 되어 있지만 사실 영어로는 'after'라서 입력된 날을 포함하지 않기 때문에 2025-12-31 이후로 입력해야 2026-01-01부터 적용됩니다.

04 필터가 적용된 모습입니다. 2026년 판매 실적이 없는 강남구 항목이 없어졌습니다. 나중에 피벗 테이블의 필터를 수정하고 싶을 때는 [피벗 테이블 편집기] 창에서 수정하면 됩니다.

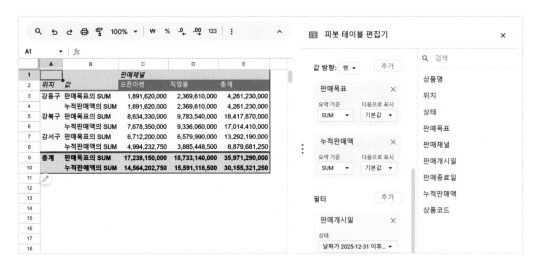

슬라이서로 필터 항목 손쉽게 바꾸기

필터 항목을 자주 수정해야 할 경우에는 슬라이서를 사용하면 조금 더 편하게 작업할 수 있습니다.

01 예제 | 피벗테이블_슬라이서 예제 스프레드시트의 피벗 테이블에는 필터가 설정되어 있습니다. 우리는 필터를 슬라이서로 대체할 것이므로 [피벗 테이블] 시트의 피벗 테이블을 선택하고 우측의 [피벗 테이블 편집기] 창에서 [필터] – [판매개시일]의 [×] 버튼을 클릭하여 필터를 삭제합니다.

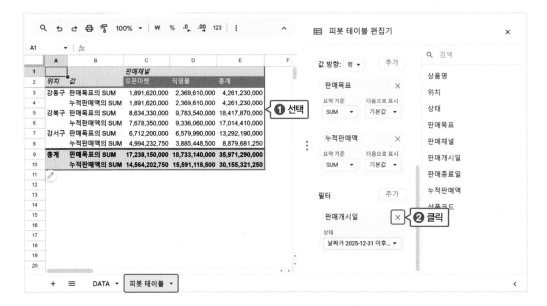

02 피벗 테이블 내부의 셀이 선택된 상태에서 [데이터] − [슬라이서 추가] 메뉴를 클릭하여 슬라이서를 하나 생성합니다.

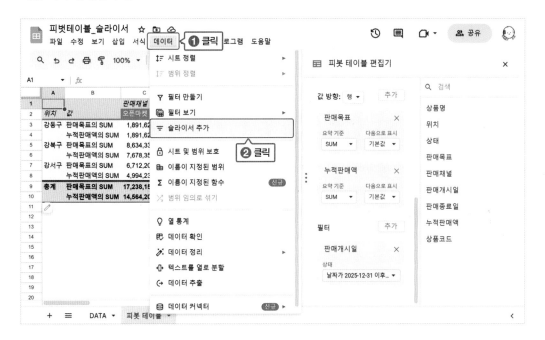

NOTE 피벗 테이블 내부의 셀을 선택하지 않은 상태에서 슬라이서를 생성하면 어떤 데이터 범위에 슬라이서를 적용할 것인지 선택하는 [데이터 범위 선택] 창이 나타납니다. 피벗 테이블의 원본 데이터에 슬라이서를 적용할 것이기 때문에 [DATA!A1:I2312]를 데이터 범위로 지정합니다.

03 스프레드시트의 우측에 [슬라이서] 창이 나타나면 [열] 항목에서 '판매개시일'을 선택합니다.

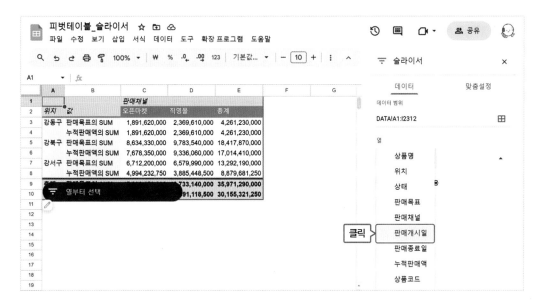

04 [데이터 범위]가 [DATA!A1:I2312]로 지정되어 있는지, [피봇 테이블에 적용]이 체크되어 있는지 확인합니다. 슬라이서를 클릭하여 선택한 뒤 우측 상단으로 드래그하겠습니다. 오른쪽의 [슬라이서] 창은 닫아도 됩니다.

05 슬라이서의 '모두'라고 표시된 드롭다운 버튼을 클릭하고 필터에서와 동일하게 [조건별 필터링] – [기준일 이후] – [정확한 날짜]를 선택합니다. [값 또는 수식]에 **2025-12-31**을 입력한 뒤 [확인] 버튼을 클릭합니다.

06 필터링했을 때와 동일한 결과를 확인할 수 있습니다. 이제 슬라이서로 쉽게 필터를 변경할 수 있습니다.

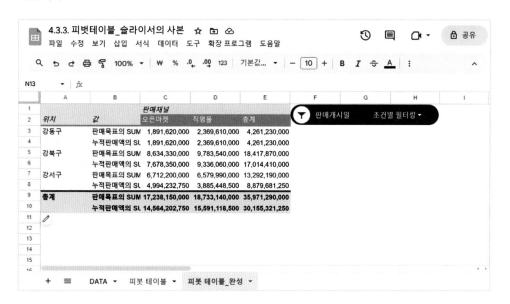

게을러지기 ▶   **항상 같은 슬라이서로 데이터 보기**

슬라이서는 스프레드시트를 새로 열 때마다 초기화됩니다. 현재 슬라이서의 조건을 기본값으로 하고 변경하고 싶다면 슬라이서를 클릭하고 우측 상단의 메뉴(아이콘)를 클릭한 후 '현재 필터를 기본값으로 설정'을 선택합니다.

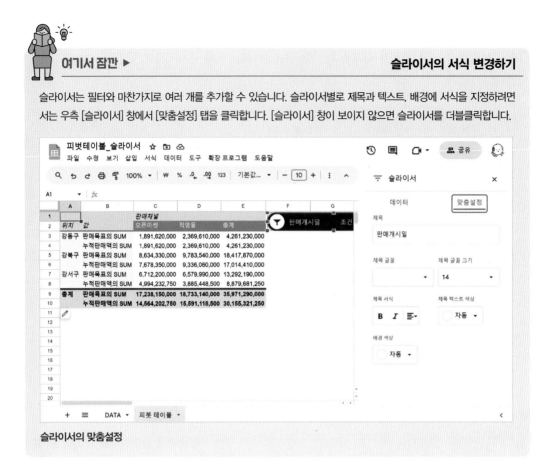

여기서 잠깐 ▶ **슬라이서의 서식 변경하기**

슬라이서는 필터와 마찬가지로 여러 개를 추가할 수 있습니다. 슬라이서별로 제목과 텍스트, 배경에 서식을 지정하려면서는 우측 [슬라이서] 창에서 [맞춤설정] 탭을 클릭합니다. [슬라이서] 창이 보이지 않으면 슬라이서를 더블클릭합니다.

슬라이서의 맞춤설정

요약 기준과 계산 필드로 피벗 테이블의 값 바꾸기

피벗 테이블의 값 카테고리에는 합계뿐 아니라 다음과 같은 다양한 요약 기준을 적용할 수 있습니다.

피벗 테이블 값의 요약 기준

요약 기준	설명	요약 기준	설명
SUM	합계	MEDIAN	중앙값
COUNTA	값의 개수	PRODUCT	곱
COUNT	숫잣값의 개수	STDEV	표본 표준편차
COUNTUNIQUE	고윳값의 개수	STDEVP	전체 모집단 표준편차
AVERAGE	평균	VAR	표본 분산
MAX	최댓값	VARP	전체 모집단 분산
MIN	최솟값		

또한 여러 필드를 조합하여 계산한 결과로 새로운 필드를 만드는 계산 필드 기능도 제공하고 있습니다. COUNTA 요약 기준을 사용하고 계산 필드를 추가하여 2026년의 지역별 상품당 평균 판매목표를 구해보겠습니다.

01 **예제 | 피봇테이블_요약기준** 상품 개수를 계산하기 위해 [피봇 테이블] 시트의 [피봇 테이블 편집기] 창에서 [값] 카테고리의 [추가] 버튼을 클릭하고 '상품코드'를 선택합니다.

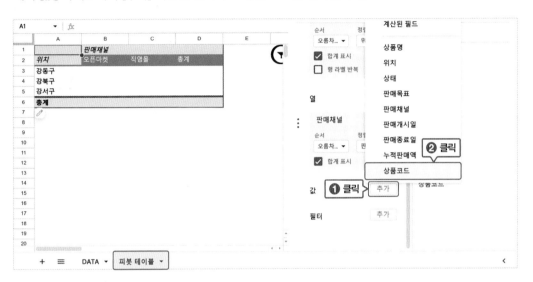

02 상품코드 필드의 값들은 문자열이므로 자동으로 SUM 대신 COUNTA가 요약 기준으로 표시됩니다. 이번에는 상품당 평균 판매목표를 구하기 위해 [값] 카테고리에서 [추가] 버튼을 클릭하고 '계산된 필드'를 선택합니다.

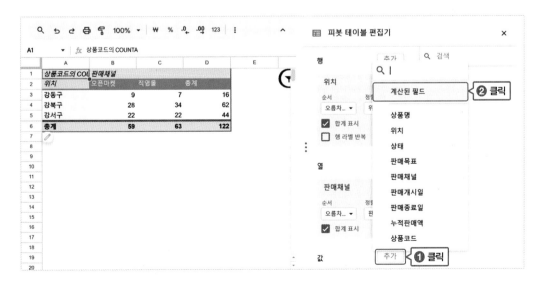

03 [계산된 필드 1]의 [수식]에 **=SUM('판매목표')/COUNTA('상품코드')**를 입력하고 [요약 기준]은 '맞춤'으로 설정합니다. 해당 위치와 판매채널의 판매목표 금액을 전부 합한 SUM('판매목표')을 상품코드의 수 COUNTA('상품코드')로 나눴습니다. 이와 같이 필드 전체의 합이나 개수를 이용하여 계산하는 경우에는 [요약 기준]을 '맞춤'으로 설정합니다.

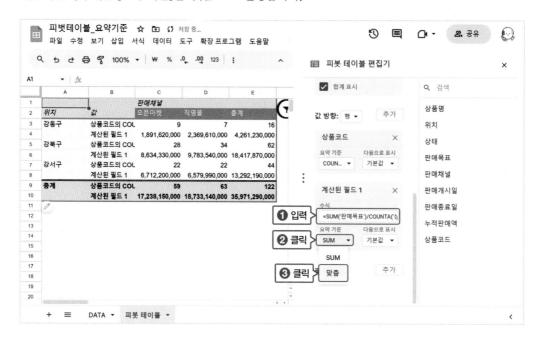

NOTE 계산된 필드는 필드의 각 행 별로 계산하는 경우와 필드 전체의 행의 집계 결과를 이용하여 계산하는 경우로 구분할 수 있습니다. 각 행 별로 계산하는 경우의 [요약 기준]은 'SUM'으로, 필드 전체 행의 집계 결과를 이용하여 계산하는 경우의 [요약 기준]은 '맞춤'으로 설정합니다.

04 상품별 평균 판매단가가 계산되었습니다.

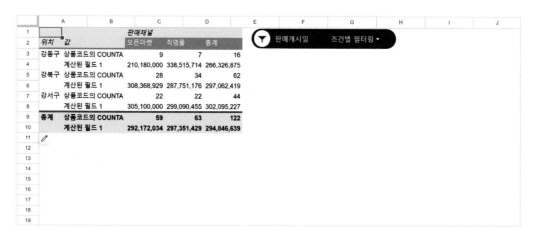

못생긴 계산 필드의 제목을 바꾸고 싶어요!

'계산된 필드 1'은 좀 너무하지 않습니까? [피봇 테이블 편집기] 창에는 아무리 봐도 필드 이름을 바꾸는 메뉴가 없습니다. 계산된 필드를 포함한 피벗 테이블 값 영역의 필드 제목을 바꾸기 위해서는 그냥 피벗 테이블에서 직접 수정하면 됩니다. 참 쉽죠?

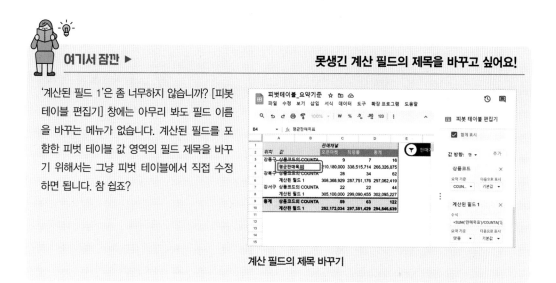

계산 필드의 제목 바꾸기

그룹화와 정렬

숫잣값 데이터를 가진 필드들은 피벗 테이블에 그룹으로 묶어서 표시할 수 있습니다. 또한 행과 열에 지정된 필드들은 자기 필드는 물론 값 영역의 필드를 기준으로도 정렬할 수 있습니다. 연도별/위치별/채널별 누적판매액을 구하고, 지역을 총 누적판매액 기준으로 정렬해보겠습니다.

01 예제 | 피벗테이블_그룹화 [피봇 테이블] 시트의 [피봇 테이블 편집기] 창에서 [행] 카테고리의 [추가] 버튼을 클릭하고 '판매개시일'을 선택합니다.

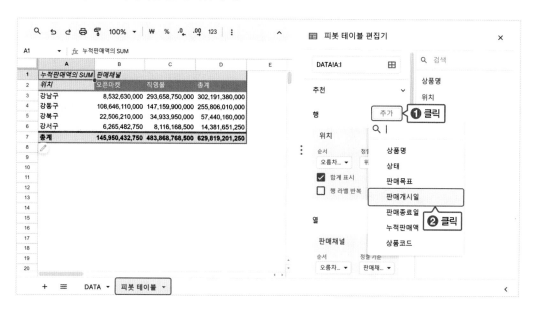

02 처음에 전체 시트에 대해 숫자 서식을 지정했기 때문에 날짜도 숫자 서식으로 되어 있습니다. 날짜를 기준으로 그룹화하기 위해 B열을 선택한 뒤 [서식] – [숫자] – [날짜]를 클릭해 날짜 서식으로 지정합니다.

03 날짜로 표시된 B열 중 아무 셀이나 선택한 뒤 마우스 오른쪽 버튼을 클릭하고 [피봇 날짜 그룹 만들기] – [년]을 클릭합니다.

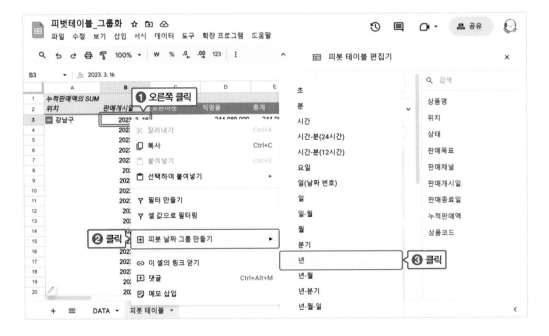

04 판매개시일 필드를 위치 필드보다 더 왼쪽에 표시하기 위해 [피봇 테이블 편집기] 창의 [행] 카테고리/필드에서 '판매개시일' 필드를 '위치' 필드 위쪽으로 드래그하여 옮깁니다.

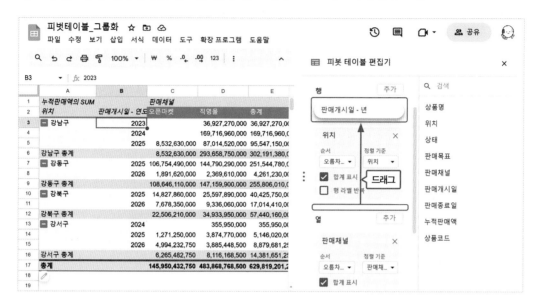

05 이제 위치 필드를 누적판매액의 총계 순으로 정렬하겠습니다. [피봇 테이블 편집기] 창의 '위치' 필드에서 [순서]를 '내림차순'으로, [정렬기준]을 '누적판매액의 SUM − 카테고리:', '총계'로 지정합니다. 누적판매액을 연도별/위치별/채널별로 집계하여 피봇 테이블을 만들고, 위치는 누적판매액 총계가 큰 지역부터 작은 지역 순으로 정렬했습니다.

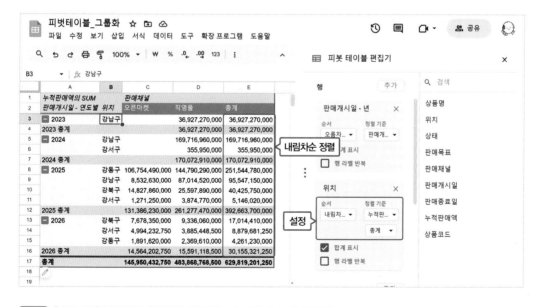

NOTE [정렬기준]을 '위치'로 선택하면 위치 필드의 값에 따라 정렬됩니다.

피벗 테이블을 잘 사용하기 위해 기억해야 할 사항

피벗 테이블을 잘 만들려면 ① 행과 열에 가장 중요한 지표를 선별적으로 지정해야 하고 ② 집계에 알맞은 형태의 데이터를 준비해야 합니다.

첫 번째로 피벗 테이블은 집계와 요약을 위한 도구이기 때문에 가장 중요한 지표로 구성된 보고서를 만드는 것을 목표로 해야 합니다. 세분화된 분석은 개별 리포트 혹은 별도의 시트에서 수행하고, 한 피벗 테이블에 모든 내용을 담으려는 과욕을 버려야 합니다. 피벗 테이블을 그리기 전에 업무의 목적을 위해 가장 중요한 지표들을 두세 가지로 선정하고 이 지표들만 행과 열에 배치하여 피벗 테이블을 작성합니다.

두 번째로 데이터베이스 형태로 준비된 데이터를 갖고 있어야 피벗 테이블로 쉽게 분석할 수 있습니다. 데이터베이스 형태의 데이터는 다음과 같은 특성을 지닙니다.

1. 첫 번째 행에 한 행으로 필드명을 입력합니다.
2. 필드명이 누락된 열이 존재해서는 안 됩니다.
3. 비어 있는 행과 열이 없어야 합니다.
4. 각 필드는 다른 필드와 완전히 구분되는 성격을 갖고 있어야 합니다.

특히 4번 항목을 지키기 위해서는 데이터 테이블과 집계표를 구분할 수 있어야 합니다. 다음 그림은 데이터 테이블과 집계표의 예시입니다.

데이터 테이블   집계표

데이터베이스 형태의 데이터 테이블은 한 행이 하나의 독립된 항목입니다. 필드 역시 각 필드가 다른 필드와 완전히 구분됩니다. 오른쪽 테이블의 경우 한 행의 숫자들은 모두 판매액에 해당합니다. 즉, 오픈마켓, 직영몰, 총계에 표시된 숫자들이 모두 동일한 성격의 숫자입니다. 또한 한 행에 독립된 한 개의 항목이 아닌 오픈마켓과 직영몰의 항목이 함께 표시되어 있습니다. 반면 왼쪽 테이블의 경우 각 필드의 값이 모두 다른 성격입니다.

왼쪽 테이블로는 피벗 테이블을 그릴 수 있지만 오른쪽 테이블은 그렇지 않습니다. 많은 실무자들이 가공하기 힘든 형태로 데이터를 수집하기 때문에 스프레드시트 작업에 어려움을 겪곤 합니다. 열 방향으로 날짜가 나열되고 행 방향으로 이름이 기재된 출석부 형태로 출석 체크를 하거나 이력서 양식으로 인사 기록을 관리하는 등의 경우에는 데이터를 가공하는 작업이 매우 번거로워집니다. 피벗 테이블로 분석하기 위해서는 원시 데이터를 만들 때부터 데이터베이스 형태로 만들 수 있도록 유의해야 합니다.

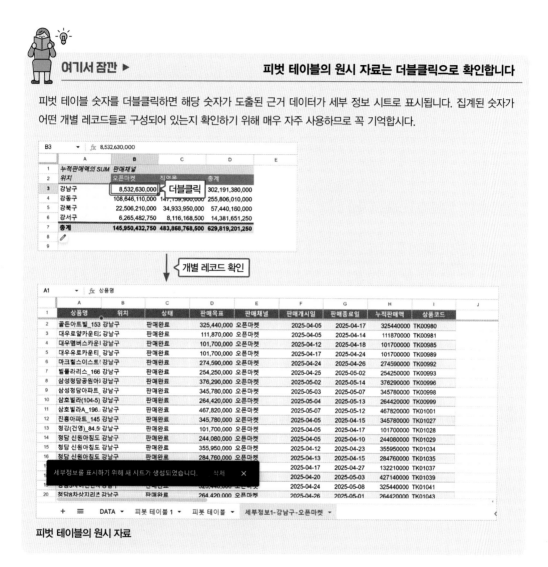

여기서 잠깐 ▶　　　　　　　　　　　**피벗 테이블의 원시 자료는 더블클릭으로 확인합니다**

피벗 테이블 숫자를 더블클릭하면 해당 숫자가 도출된 근거 데이터가 세부 정보 시트로 표시됩니다. 집계된 숫자가 어떤 개별 레코드들로 구성되어 있는지 확인하기 위해 매우 자주 사용하므로 꼭 기억합시다.

피벗 테이블의 원시 자료

SECTION 4.4

교차 색상, 조건부 서식 만들기

▶▶ 이번 절에서는 구글 스프레드시트의 꽤 쓸만한 서식 기능인 교차 색상에 대해 알아보고, 조건부 서식으로 한눈에 쉽게 자료를 파악할 수 있도록 서식을 만드는 방법을 살펴보겠습니다.

교차 색상으로 테이블 꾸미기

구글 스프레드시트의 서식 옵션은 매우 빈약합니다. 하지만 선택권이 없다는 건 역설적으로 고민거리를 덜고 데이터의 본질에 집중할 수 있게 한다는 점에서 오히려 편하기도 하죠. 교차 색상은 표에 색을 입히는 기능입니다. 엑셀의 표 서식과 유사하게 데이터 영역에 두 가지 색을 교차로 칠하지만, 표 범위로 변환하지는 못합니다.

01 예제 | 교차색상   데이터가 있는 영역을 선택하고 [서식] – [교차 색상] 메뉴를 클릭합니다.

02 자동으로 확장되어 선택된 데이터 범위를 확인합니다. [교차 색상] 창에서 [머리글], [바닥글]을 표시할 것인지 선택하고 [기본 스타일]과 [맞춤 스타일] 중에서 원하는 색상 조합을 고릅니다. 구글 스프레드시트의 기능은 여기까지입니다.

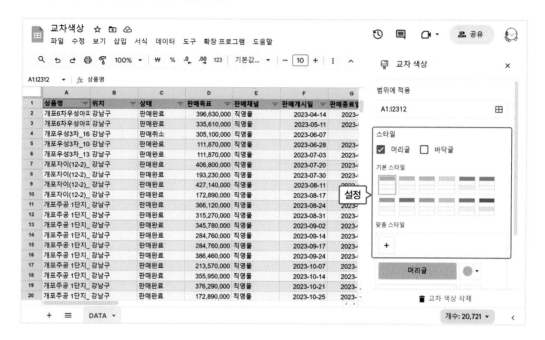

조건부 서식을 적용하여 눈으로 자료 찾기

조건부 서식은 설정한 조건에 맞는 셀, 행 또는 열의 텍스트나 배경 색상이 바뀌도록 설정하는 기능입니다. [공문] 시트의 문서에서 결재가 완료되지 않은 경우 결재란에 색을 칠하고 승인이 모두 완료된 문서 행에는 취소선을 표시해보겠습니다.

조건부 서식으로 셀 서식 바꾸기

결재가 완료되지 않은 공문의 결재란에 색을 칠해 결재를 빨리 진행하도록 만들어보겠습니다.

01 예제 | 조건부서식 부서장과 법무부장이 아직 승인하지 않은 문서는 결재란(부서장, 법무부장 열)과 승인완료 열에 색을 표시하겠습니다. 데이터 범위에 커서를 놓고 [서식] – [조건부 서식] 메뉴를 클릭합니다.

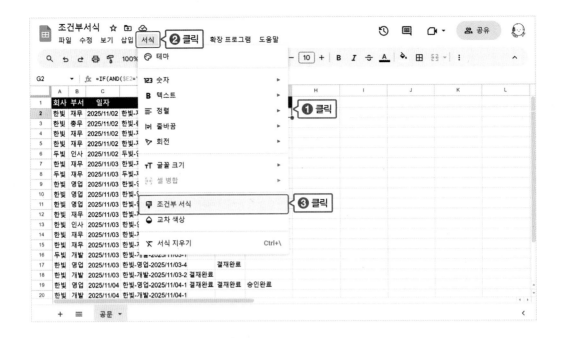

02 [조건부 서식 규칙] 창의 [범위에 적용]을 부서장/법무부장/승인완료 범위인 **E2:G**로 지정합니다. [형식 규칙]은 '텍스트에 포함되지 않음'을 선택하고 [값 또는 수식] 입력란에 **완료**라는 문자열을 입력합니다.

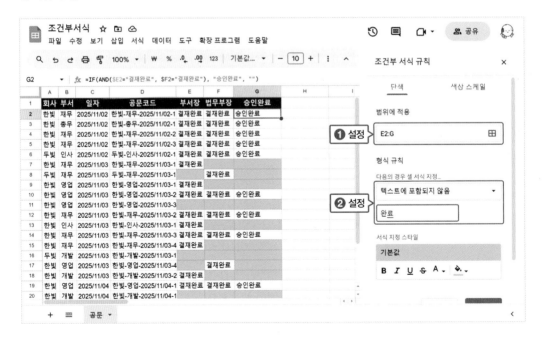

03 확실하게 경고하기 위해 [서식 지정 스타일]의 [채우기 색상]을 '연한 빨간색 3'으로 지정하고 [완료] 버튼을 클릭합니다.

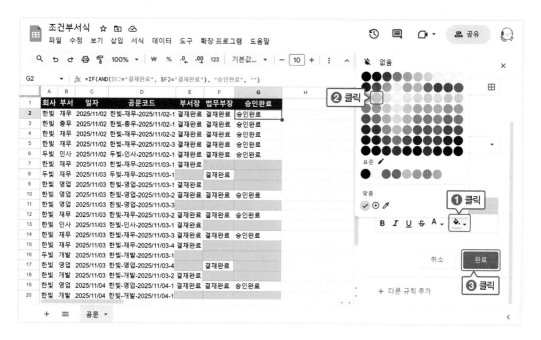

04 이제 승인이 완료되지 않은 부분이 눈에 띄는 색상으로 표시됩니다.

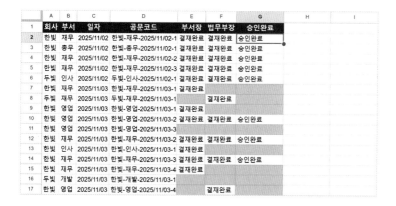

조건부 서식에서 맞춤 수식으로 행 전체 서식 바꾸기

승인 완료된 건은 더 이상 볼 필요가 없으니 맞춤 수식으로 취소선을 그어보겠습니다.

01 **예제 | 조건부서식_맞춤수식**　[E2:G] 범위의 셀에서 마우스 오른쪽 버튼을 클릭하여 [셀 작업 더보기] – [조건부 서식]을 선택한 뒤, [조건부 서식 규칙] 창에서 [다른 규칙 추가] 버튼을 클릭합니다.

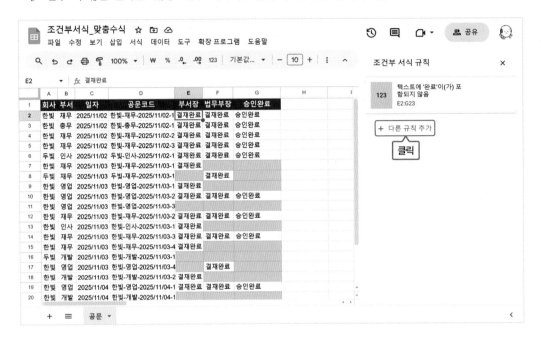

02 표의 전체 범위에 서식을 지정할 것이므로 [범위]에 **A2:G**를 입력합니다. [형식 규칙]에서 '맞춤 수식'을 선택하고 [값 또는 수식]에 **=$G2="승인완료"**를 입력합니다.

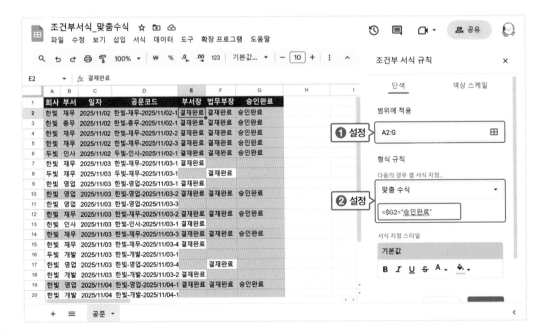

03 [서식 지정 스타일]에서 '취소선'을 선택하고 [채우기 색상]을 '진한 회색 1'로 설정한 뒤 [완료] 버튼을 클릭합니다.

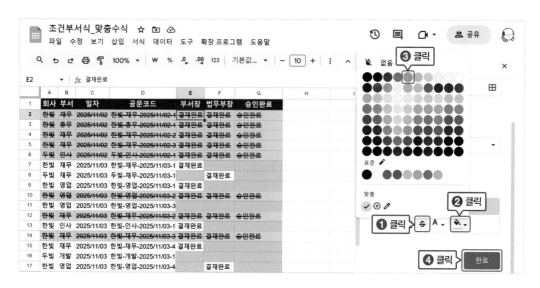

04 G열의 승인 여부에 따라 해당 행 전체에 조건부 서식이 적용되었습니다.

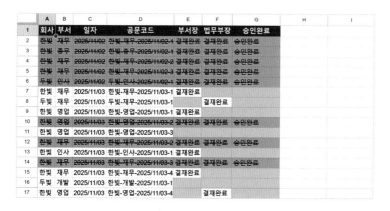

여기서 잠깐 ▶   **조건부 서식의 맞춤 수식**

조건부 서식의 맞춤 수식에는 TRUE 또는 FALSE를 반환하는 조건식을 입력해야 합니다. 수식이 TRUE로 반환되는 셀은 서식을 적용하고 그 외의 값(FALSE, 오류)이 나오는 셀은 넘어갑니다.

필터와 마찬가지로 맞춤 수식은 수식이 적용되는 데이터 범위의 첫 번째 행을 기준으로 하는 수식입니다. 나머지 행들에 대해서는 이 첫 번째 행에 대한 수식이 복사되어 검사합니다. 단, 열 단위로 조건을 지정하던 필터와 달리 조건부 서식의 맞춤 수식은 셀 단위로 지정되므로 맞춤 수식이 다른 셀에 적용될 때 열이 변경되는 것도 고려해야 합니다.

그렇다면 맞춤 수식에서 상대 참조와 절대 참조는 어떤 차이가 있을까요?

만약 맞춤 수식의 참조가 $G2가 아니라 G2였다고 하면 다음과 같이 비교가 진행됩니다. [A2] 셀의 조건이 =G2="승인완료"였으므로 [B2] 셀을 비교할 때는 =H2="승인완료"로 수식이 바뀝니다. [C2] 셀을 비교할 때는 =I2="승인완료"가 되겠지요.

반대로 맞춤 수식을 절대 참조로 =$G$2="승인완료"로 지정했다고 하면 [A2], [B2], ..., [G2] 셀까지 모두 =$G$2="승인완료"라는 조건식이 적용되어 2행 전체가 [G2] 셀의 값에 따라 서식이 지정될 것입니다. 그러나 3행으로 넘어가서도 여전히 [A3], [B3], ..., [G3] 셀 역시 =$G$2="승인완료"라는 동일한 조건식이 적용됩니다. $2와 같이 행에도 절대 참조가 걸려 있기 때문입니다.

따라서 열로 이동할 때는 동일한 $G열로 유지되고 행으로 이동할 때는 행이 변경되도록 하기 위해서 수식의 참조를 $G2로 입력하였습니다. 필터의 경우에는 맞춤 수식이 다른 열의 셀로 이동하지 않기 때문에 열에 대해서는 절대 참조를 쓰지 않아도 괜찮습니다.

색상 스케일로 데이터의 분포 확인하기

조건부 서식의 색상 스케일을 이용하면 데이터의 최댓값/최솟값을 찾고 동시에 데이터가 어떤 모양으로 분포하고 있는지 쉽게 파악할 수 있습니다.

01 예제 | 조건부서식_색상스케일 다음은 지역별/상품별 판매 금액을 집계한 표입니다. 현재 상태로는 한 눈에 내용이 들어오지 않습니다. [서식] – [조건부 서식] 메뉴를 클릭하여 조건부 서식을 실행하고 [색상 스케일] 탭을 클릭한 후 [범위에 적용]을 **B2:H10**으로 지정합니다.

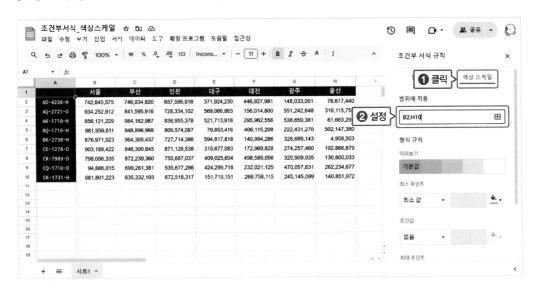

02 색상을 지정하기 위해 [형식 규칙]에서 [미리보기]의 색상 막대를 클릭하여 '녹색에서 노란색, 노란색에서 빨간색으로'를 선택하고 [완료] 버튼을 클릭합니다. 지정한 색상은 순서대로 최솟값, 백분위수 50, 최댓값에 배정됩니다.

03 완성된 테이블입니다. 빨간색으로 표시된 판매액이 많은 위치가 부산, 서울, 인천에 집중되어 있고 BQ-1710-H, AK-1710-H, BK-2738-H가 주력 상품임을 알 수 있습니다. 또한 서울에서만 매출이 매우 낮은 CQ-1710-D 제품에 대해서는 원인을 파악할 필요가 있어 보입니다.

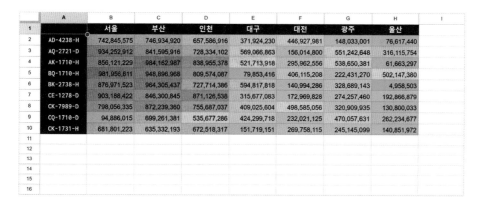

SECTION 4.5 데이터를 가공하고 편하게 입력하기

▶▶ 데이터를 받았을 때 바로 사용 가능한 상태인 경우는 많지 않습니다. 복잡한 형태의 데이터에서 중복 항목을 삭제하고 텍스트를 분할하거나 공백을 제거하는 방법을 알아보겠습니다. 구글 스프레드시트는 3장에서 배운 TRIM 함수를 통해 공백 제거 기능을, 5장에서 배울 UNIQUE와 SPLIT 함수를 통해 중복 항목 제거 및 텍스트 분할 기능을 제공하고 있으니 비교해서 학습해보세요.

중복 항목 삭제로 고윳값 추출하기

인사명부 데이터에서 회사에 존재하는 본부명을 중복 없이 추출해보려고 합니다.

01 **예제 | 중복항목삭제/공백제거** B열을 선택하고 Ctrl + C 키를 눌러 복사한 뒤 시트 탭의 시트 추가(➕) 아이콘을 클릭해 본부명을 붙여 넣을 시트를 생성합니다.

02 새로 생성된 시트의 [A1] 셀을 선택하고 Ctrl + V 키를 눌러 복사한 범위를 붙여 넣습니다.

03 [데이터] - [데이터 정리] - [중복 항목 삭제] 메뉴를 클릭합니다.

04 [중복 항목 삭제] 창에서 '데이터에 머리글 행이 있습니다.'
에 체크하고 [분석할 열]의 '모두 선택'과 'A열 - 본부'에 체크한
뒤 [중복 항목 삭제] 버튼을 클릭합니다.

05 중복 항목이 삭제되고 결과가 화면에 표시됩니다. [중복 항목 삭제] 창에서 [확인] 버튼을 클릭합니다.

NOTE 중복 항목 삭제는 5장에서 배울 UNIQUE 함수를 이용하면 더욱 편하게 처리할 수 있습니다.

공백 제거

3장에서 배운 TRIM 함수의 공백 제거 기능을 스프레드시트의 메뉴를 통해서도 실행할 수 있습니다. 주소에 불규칙적으로 들어 있는 공백을 삭제하겠습니다.

01 예제 | 중복항목삭제/공백제거 [시트1]에서 주소가 있는 C열을 선택하고 [데이터] – [데이터 정리] – [공백 제거] 메뉴를 클릭합니다.

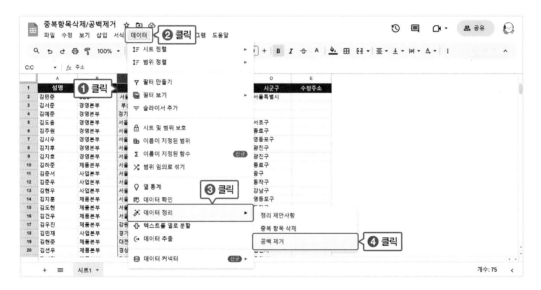

02 문자열 앞뒤의 공백과 연속된 공백이 제거됩니다. [공백 제거] 창에서 [확인] 버튼을 클릭합니다.

NOTE 데이터가 계속 변경된다면 함수를 사용하는 것이 반복 작업을 줄일 수 있어 편하지만, 고정된 데이터에 일회성으로 작업하는 경우에는 메뉴의 공백 제거 기능을 이용하는 것이 간단합니다.

텍스트를 열로 분할

주소를 공백을 기준으로 분할해보겠습니다.

01 <u>예제 | 텍스트를 열로 분할</u>   열로 분할은 분할한 데이터를 오른쪽에 덮어씌웁니다. C열의 데이터를 보존하기 위해 열로 분할할 데이터를 제일 오른쪽으로 옮기겠습니다. B열의 열 머리글을 클릭해서 B열을 전체 선택한 뒤, B열의 열 머리글을 드래그해서 C열 다음으로 옮깁니다.

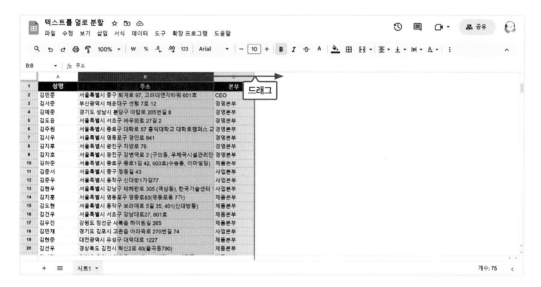

02 C열이 선택된 상태에서 [데이터] – [텍스트를 열로 분할] 메뉴를 클릭합니다.

03 과감한 구글은 자기 마음대로 자릅니다. 주소의 시군구는 공백으로 구분되므로, '자동 감지'로 설정되어 있는 [구분선]의 드롭다운 버튼을 클릭하고 '공백'을 선택합니다.

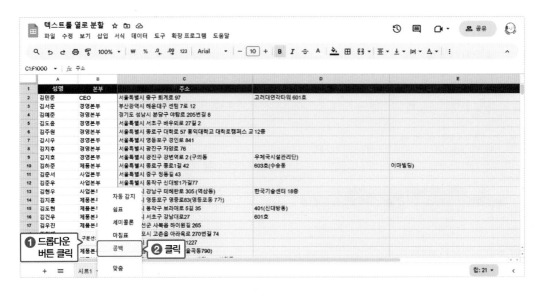

04 주소가 공백 기준으로 분할되었습니다. 시군구 열인 D열의 머리글 행인 [D1] 셀에 '시군구'를 입력하고 필요 없는 C열과 E:K열을 지웁니다.

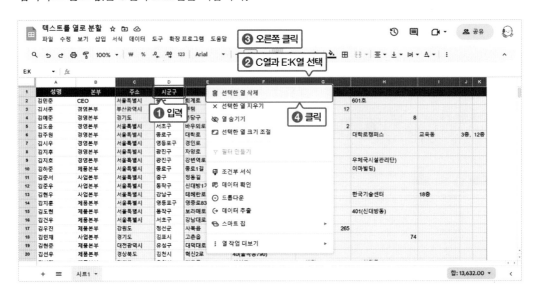

NOTE C열과 E:K열을 선택하고 마우스 오른쪽 버튼을 클릭한 후 팝업 메뉴에서 [E-K열 삭제]를 선택하면 필요 없는 열을 삭제할 수 있습니다.

05 작업이 완료된 모습입니다.

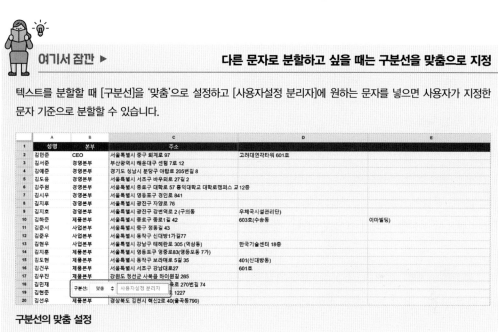

여기서 잠깐 ▶ **다른 문자로 분할하고 싶을 때는 구분선을 맞춤으로 지정**

텍스트를 분할할 때 [구분선]을 '맞춤'으로 설정하고 [사용자설정 분리자]에 원하는 문자를 넣으면 사용자가 지정한 문자 기준으로 분할할 수 있습니다.

구분선의 맞춤 설정

데이터 확인

데이터를 깔끔하게 유지하기 위해서는 조건에 맞는 데이터만 입력할 수 있도록 가이드를 제시하거나 부적절한 데이터를 입력할 수 없도록 강제해야 합니다. 특히 파일을 나 혼자 쓰는 엑셀과 달리 여러 명이 함께 작업하는 구글 스프레드시트에서는 데이터가 처음부터 제대로 된 형태로 작성되도록 만드는 것이 매우 중요합니다. '데이터 확인' 기능은 셀에 입력할 데이터를 다음과 같은 방식으로 제한합니다.

데이터 확인의 기준

드롭다운	입력 가능한 값을 직접 기재하여 셀의 입력값을 제한할 수 있습니다. 항목들마다 색상을 지정할 수 있으며 칩, 화살표, 일반 텍스트 형태로 스타일을 지정할 수 있습니다.
드롭다운(범위)	범위에 있는 값들로 입력값을 제한합니다. 범위에 있는 항목들마다 색상을 지정할 수 있으며 칩, 화살표, 일반 텍스트 형태로 표시 스타일을 지정할 수 있습니다.
텍스트	지정된 텍스트와 조건에 따라 입력을 제한합니다. 포함, 포함되지 않음, 정확하게 일치함, 올바른 email, 올바른 URL로 조건을 지정할 수 있습니다.
날짜	날짜 형식의 데이터에 대한 제한 사항을 적용합니다. 올바른 날짜만 입력받습니다. 특정 날짜, 기준일 이전, 해당 날짜이거나 그 이전, 기준일 이후, 해당 날짜이거나 그 이후, 날짜 사이에 포함, 날짜 사이에 포함되지 않음으로 조건을 지정할 수 있습니다.
숫자	숫자 형식의 데이터만 입력받습니다. 초과, 보다 크거나 같음, 미만, 보다 작거나 같음, 같음, 같지 않음, 범위, 사이에 있지 않음으로 조건을 지정할 수 있습니다.
체크박스	체크박스를 표시하고 체크박스를 선택/해제하는 것으로 입력을 제한합니다. '맞춤 셀 값'을 지정하여 선택/해제 시에 해당 셀이 가질 값을 바꿀 수 있습니다.
맞춤수식	맞춤 수식의 조건이 참인 데이터로 입력을 제한합니다.

이렇게 제한한 값이 아닌 다른 형태의 데이터가 입력될 경우 경고만 표시할 것인지 입력 자체를 거부할 것인지도 선택할 수 있으며, 올바른 형식으로 입력하도록 안내문(확인 도움말)을 표시할 수도 있습니다. 직접 해볼까요?

드디어 저희 회사 인원이 10명을 초과했습니다. 사람 이름을 잘 기억하지 못하는 대표님을 위해 정리된 인사 데이터를 만들어야 합니다. 데이터 확인 기능으로 인사 기록을 입력할 때 제대로 된 데이터만 입력되도록 만들어보겠습니다. 지금부터는 데이터 확인 기준을 하나씩 모두 설명할 것입니다. 양이 많으니 필요한 부분만 골라서 보고 넘어가도 좋습니다.

01 **예제 | 데이터 확인** 성별이 기재되는 B열은 '드롭다운'을 기준으로 "남", "여", "기타"로만 입력하도록 하겠습니다. [B2] 셀을 선택하고 [데이터] – [데이터 확인] 메뉴를 클릭합니다.

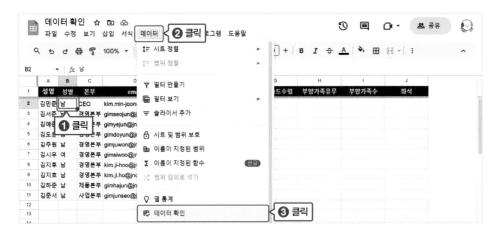

NOTE 마우스 오른쪽 버튼을 클릭하여 [셀 작업 더보기] – [데이터 확인]을 선택해도 됩니다.

02 우측의 [데이터 확인 규칙] 창에서 [규칙 추가] 버튼을 클릭합니다. [범위에 적용]에 **'시트1'!**
B2:B를 입력하고, [기준]을 '드롭다운'으로 선택한 후 [다른 항목 추가] 버튼을 클릭하고 입력란에
'남','여','기타'를 입력합니다.

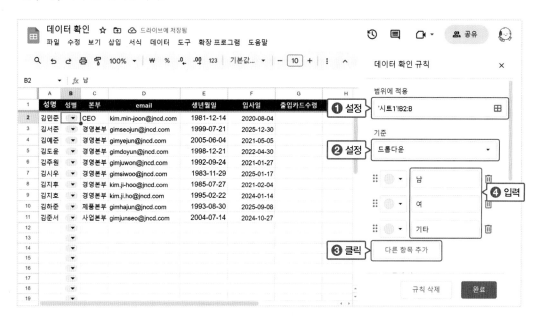

03 [고급 옵션]을 클릭하고 [데이터가 잘못된 경우]는 항목 목록 외의 값을 입력하고자 할 경우를
고려하여 [경고 표시]를 선택합니다. [표시 스타일]은 전형적인 드롭다운 메뉴의 형태인 [화살표]를
선택하고 [완료] 버튼을 클릭합니다.

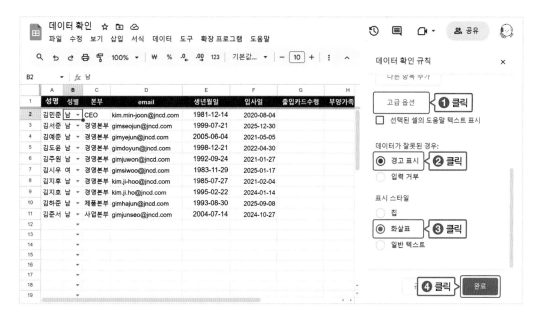

04 [A12] 셀에 성명에 '임의로', [B12] 셀에 '여자'를 입력합니다. '여자'는 드롭다운 기준으로 지정되지 않은 값이므로 다음과 같은 경고 메시지가 나타납니다.

05 [B12] 셀에 '여'를 입력합니다. 직접 입력할 수도 있고 드롭다운 메뉴에서 선택할 수도 있습니다.

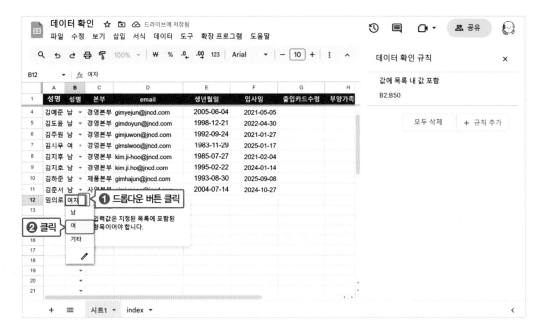

06 본부 열에는 '드롭다운(범위)'를 기준으로 [index] 시트에 지정된 본부명만 입력할 수 있도록 하겠습니다. [C2] 셀을 선택하고 마우스 오른쪽 버튼을 클릭하여 [셀 작업 더보기] – [데이터 확인]을 선택한 뒤 [데이터 확인 규칙] 창에서 [규칙 추가] 버튼을 클릭합니다.

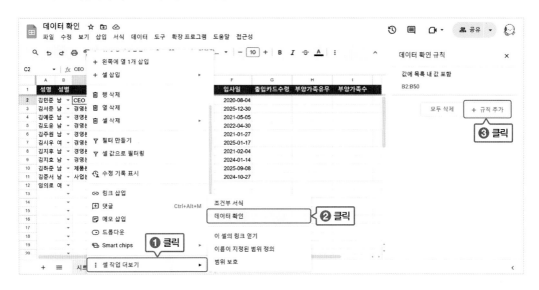

07 [범위에 적용]에 **'시트1'!C2:C**를 입력하고, [기준]을 '드롭다운(범위)'으로 지정한 후 입력란에 **index!B3:B6**을 입력합니다. 범위 내의 고윳값들이 목록으로 표시됩니다. 목록의 이름 왼쪽 동그라미가 그려진 드롭다운을 클릭해서 드롭다운 칩의 색상을 항목별로 적절하게 지정합니다.

08 [고급 옵션]을 클릭하고 드롭다운 기준으로 지정한 범위 외의 값이 입력되지 않도록 [데이터가 잘못된 경우]에 '입력 거부'를 선택한 후 [완료] 버튼을 클릭합니다.

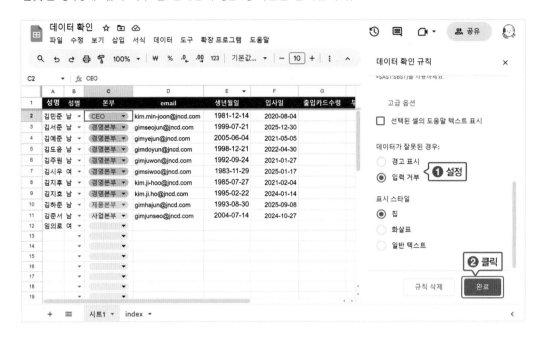

09 임의로 씨를 해외사업부에 배정하기 위해 본부([C12] 셀)에 '해외사업부'를 입력하고 Tab 키를 눌러보세요. 곧장 오류창이 뜹니다. [확인] 버튼을 클릭하고, 임의로 씨를 사업본부에 배정한 후 다음으로 넘어가겠습니다.

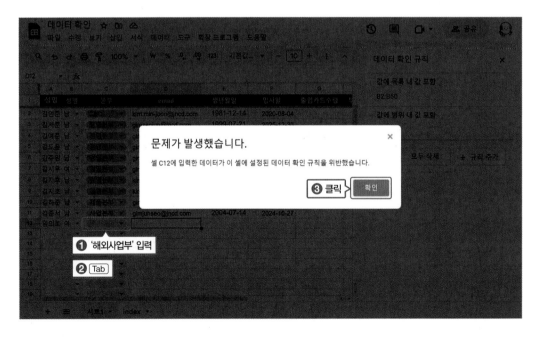

10 이번에는 텍스트를 기준으로 email 주소가 형식에 맞게 입력되도록 하겠습니다. [D2]셀을 선택하고 [데이터 확인 규칙] 창에서 [규칙 추가] 버튼을 클릭합니다. [범위에 적용]에 **'시트1'!D2:D**를 입력하고 [기준]을 '텍스트가 올바른 이메일임'으로 지정합니다. 이메일 주소가 아닌 다른 데이터가 입력되지 않도록 [데이터가 잘못된 경우]는 '입력 거부'를 선택하겠습니다. [선택된 셀의 도움말 텍스트 표시]를 체크하고 [완료] 버튼을 클릭합니다.

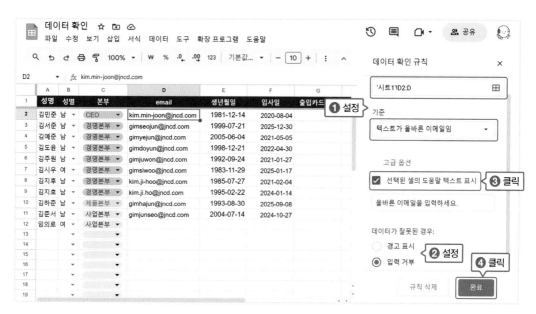

11 [D12] 셀에 임의로 씨의 email로 'iro@jncd.jncd'를 입력하겠습니다. .jncd라는 종류의 도메인은 존재하지 않기 때문에 오류가 발생합니다. 다시 'iro@jncd.com'으로 고쳐서 입력하면 정상적으로 입력됩니다.

12 생년월일은 날짜를 기준으로 지정해서 현재나 미래의 시점을 생년월일로 입력하지 못하게 하겠습니다. [E2] 셀을 선택하고 [데이터 확인 규칙] 창에서 [규칙 추가]를 클릭하고 [범위에 적용]에 **'시트 1'!E2:E**를 입력한 후 [기준]을 '날짜가 해당 날짜이거나 그 이전임'으로, 기준 일자는 '오늘'을 선택합니다. [데이터가 잘못된 경우]는 '경고 표시'를 선택하고 [완료] 버튼을 클릭합니다.

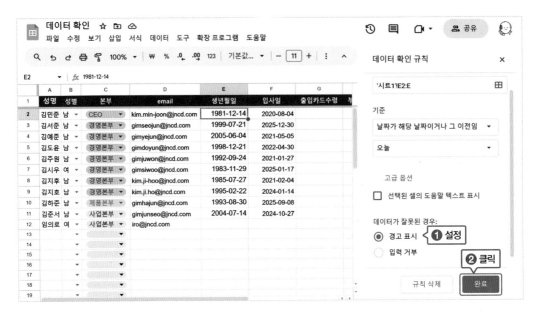

> **NOTE** '정확한 날짜'를 선택하면 값 또는 수식을 입력할 수도 있습니다. 여기에 =TODAY( )로 맞춤 수식을 입력해도 결과는 동일합니다.

13 임의로 씨의 생일에 '2026-12-25'를 입력해보면 오류가 뜹니다. '1996-12-25'를 입력해 당일 또는 이전 날짜 입력이 가능하다는 것을 확인할 수 있습니다.

14 입사일 역시 날짜 형식으로 지정하겠습니다. [F2] 셀을 선택하고 [데이터 확인 규칙] 창에서 [규칙 추가] 버튼을 클릭하고, [범위에 적용]에 **'시트1'!F2:F**를 입력한 후 [기준]을 '올바른 날짜'로 지정합니다. [데이터가 잘못된 경우]는 '입력 거부'를 선택하고 '선택된 셀의 도움말 텍스트 표시'를 체크한 후 [완료] 버튼을 클릭합니다.

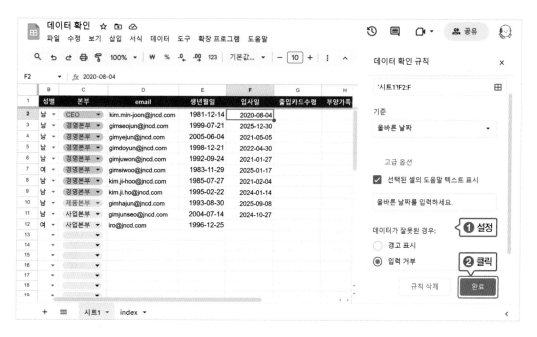

NOTE '선택된 셀의 도움말 텍스트 표시'를 체크하면 자동으로 '올바른 날짜를 입력하세요.'라는 문구가 입력됩니다.

15 임의로 씨의 입사일은 2025년 12월 1일입니다. [F12] 셀을 더블클릭하면 달력이 나타나는데, 여기에서 2025년 12월 1일을 선택합니다.

16 출입카드 수령 여부는 '체크박스'로 구분하겠습니다. [G2] 셀을 선택하고 [데이터 확인 규칙] 창에서 [규칙 추가]를 클릭해서 [범위에 적용]에 **'시트1'!G2:G**를 입력한 후 [기준]을 '체크박스'로, [맞춤 셀 값 사용]은 체크 해제합니다. [데이터가 잘못된 경우]는 '입력 거부'를 선택하고 [완료] 버튼을 클릭합니다.

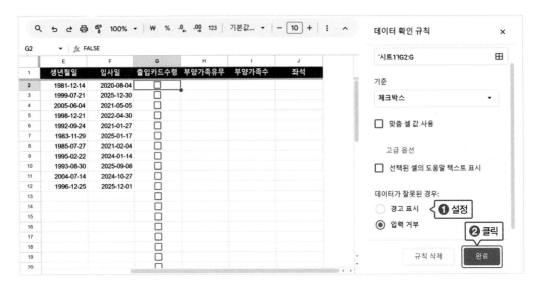

NOTE 체크박스의 [맞춤 셀 값 사용]은 체크 여부에 따라 참/거짓이 기본값으로 지정됩니다. [삽입] – [체크박스] 메뉴를 통해 체크 박스를 삽입할 수도 있습니다.

17 직원들에게 출입카드를 모두 나눠줬으므로 출입카드수령에 모두 체크하고 넘어갑니다. [G2:G12] 범위를 선택하여 [Spacebar] 키를 누르면 한꺼번에 체크/체크 해제할 수 있습니다.

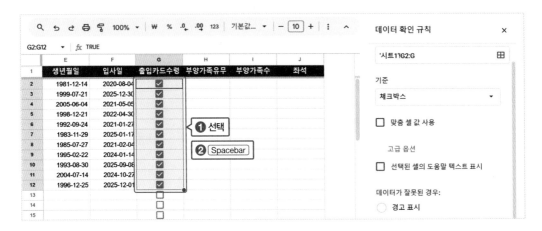

NOTE 구글 스프레드시트의 체크박스는 일종의 숫자 서식과 비슷하게 동작합니다. 셀에 들어 있는 값이 체크/체크 해제로 모양만 표시되는 것이기 때문에 [G2] 셀에 체크박스를 추가한 뒤 [G2:G12] 범위를 선택하고 [Ctrl]+[D] 키로 값을 복사해 붙여 넣을 수도 있습니다.

18 [G12] 셀에 임의로 씨의 출입카드수령 여부에 다른 값을 입력하려고 하면 익숙한 경고창이 뜹니다.

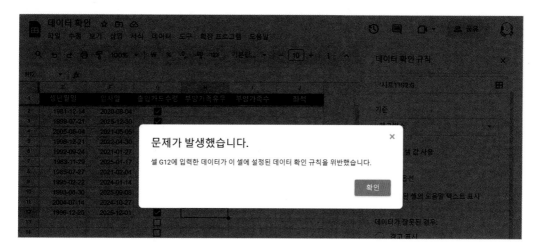

19 부양가족유무는 O, X로 표시하겠습니다. [H2] 셀을 선택하고 [데이터 확인 규칙] 창에서 [규칙 추가]를 클릭해서 [범위에 적용]에 **'시트1'!H2:H**를 입력한 후 [기준]은 '체크박스'로 지정합니다. [맞춤 셀 값 사용]을 체크하고 [선택됨]에는 **O**를, [선택 해제됨]에는 **X**를 입력합니다. '선택된 셀의 도움말 텍스트 표시'를 체크하고, [데이터가 잘못된 경우]는 '입력 거부'로 설정한 후 [완료] 버튼을 클릭합니다.

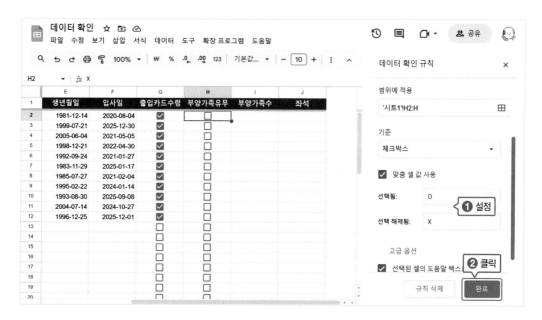

NOTE '선택된 셀의 도움말 텍스트 표시'를 체크하면 자동으로 'O 또는 X 입력'이라는 문구가 입력됩니다. 체크박스로 데이터 확인이 적용된 셀에는 체크박스를 이용하지 않고 맞춤 셀 값인 O, X를 직접 입력할 수도 있습니다. 현재 체크박스의 대/소문자 구분에 버그가 있으니 대/소문자를 구분해주세요.

20 부양가족유무에 체크된 사람만 부양가족수를 입력할 수 있도록 '맞춤 수식'을 이용하겠습니다. [I2] 셀을 선택하고 [데이터 확인 규칙] 창에서 [규칙 추가]를 클릭해서 [범위에 적용]은 **'시트1'!I2:I**로, [기준]은 '맞춤 수식'으로 지정한 후 수식란에는 **=H2="O"**를 입력합니다. '선택된 셀의 도움말 텍스트 표시'를 체크하고 메시지를 **"부양가족유무"의 값이 "X"인 경우에는 입력이 불가능합니다.**로 변경합니다. [데이터가 잘못된 경우]는 '입력 거부'로 설정하고 [완료] 버튼을 클릭합니다.

여기서 잠깐 ▶   **데이터 확인의 맞춤 수식_상대 참조**

데이터 확인에 맞춤 수식을 지정하면 데이터 확인이 적용된 셀의 값이 입력될 때 맞춤 수식의 값이 참(TRUE)인지 검사합니다. 데이터 확인의 맞춤 수식은 조건부 서식이나 필터의 맞춤 수식과 동일하게 작동합니다. 맞춤 수식이 적용되는 범위의 첫 셀을 기준으로 수식을 작성하고 범위 안의 나머지 셀에 대해서는 해당 수식이 복사되는 것처럼 참조 셀이 변경되어 적용됩니다.

첫 셀인 [I2] 셀에 값을 입력했을 때 구글 스프레드시트는 맞춤 수식 **=H2="O"**의 값이 TRUE인지 검사합니다. [H2] 셀의 값이 "O"로 기재되어 있으므로([H2] 셀이 체크되어 있고 체크된 경우의 값을 "O"로 지정했으므로) 맞춤 수식의 값은 TRUE가 되고 데이터 확인에서 오류가 발생하지 않습니다.

범위의 나머지 셀에 대해서도 맞춤 수식이 복사되어 검사됩니다. **=H2="O"**와 같이 H2를 상대 참조로 기재했으므로 [I3] 셀을 검사할 때는 **=H3="O"**로 참조가 변경되어 검사됩니다.

21 부양가족유무에 표시가 안 되어 있는 임의로 씨의 부양가족수를 [I12] 셀에 입력해봅시다. 역시 에러 메시지가 나타납니다.

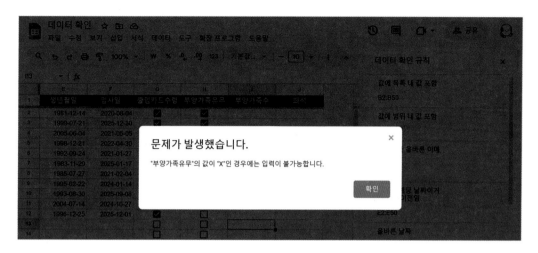

22 마지막입니다. 대표님이 채용공고에 1900mm 사이즈의 대형 책상을 호기롭게 적어놓는 바람에 사무실에 자리가 부족합니다. 좌석 배치가 중복되지 않도록 [데이터 확인 규칙] 창에서 [규칙 추가]를 클릭해서 [범위에 적용]은 **'시트1'!J2:J**로, [기준]은 '맞춤 수식'으로 지정한 후, 수식란에는 **=COUNTIF($J$2:$J,J2)=1** 을 입력합니다. 선택된 셀의 도움말 텍스트 표시'를 체크하고 메시지를 **좌석을 중복지정하면 잡플래닛 평점이 떨어집니다.**로 변경한 후 [데이터가 잘못된 경우]는 '입력 거부'로 설정한 후 [완료] 버튼을 클릭합니다.

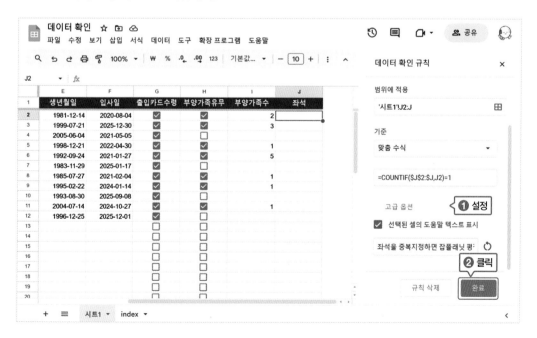

여기서 잠깐 ▶ **데이터 확인의 맞춤 수식_절대 참조**

부양가족수에 대한 데이터 확인에서는 입력 가능 여부를 검사하는 데 맞춤 수식을 적용했습니다. 이렇게 입력값 자체를 검사하는 데 맞춤 수식을 사용할 수도 있습니다. 맞춤 수식에서는 순환 참조 오류가 발생하지 않으므로 [J2] 셀의 입력값을 평가할 때 [J2] 셀이 포함된 `=COUNTIF($J$2:$J,J2)=1`이라는 수식을 쓸 수 있습니다.

COUNTIF의 범위가 `$J$2:$J`로 절대 참조로 지정되고 J2는 상대 참조로 지정되었으므로 데이터 확인 대상 범위에 있는 [J2], [J3], ..., [J100]과 같은 셀들에 값이 입력되면 [J2], [J3], [J4], ..., [J100] 각각의 값이 `J$2:$J`의 전체 범위에서 몇 개 있는지 세어서 그 값이 1이 아니면 입력을 제한합니다.

23 신입사원 임의로 씨를 대표님과 제일 떨어진 C4 자리에 배정하고 데이터 확인 실습을 마치겠습니다. 대표님 자리 주변에 아무도 앉지 않는 것처럼 느껴지는 건 기분 탓입니다.

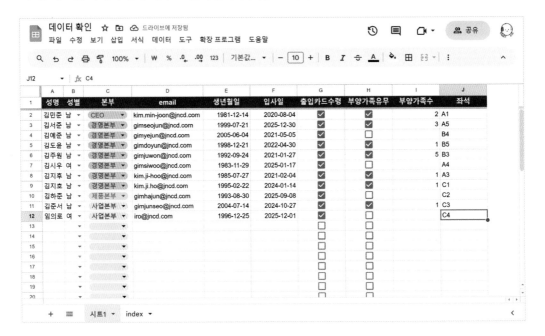

엑셀까지 한 번에 ▶ **다중 종속 드롭다운 목록**

한 열에 내용이 입력되었을 때 이 내용을 바탕으로 다른 열의 데이터 확인 항목이 변경되는 목록을 '다중 종속 드롭다운 목록'이라고 합니다. 엑셀에서는 INDIRECT 함수를 맞춤 수식에 입력하여 이 기능을 구현할 수 있지만 2023년 현재 구글 스프레드시트에서는 아직 이 기능이 지원되지 않습니다.

스마트칩으로 구글 데이터 연결하기

최근 업데이트된 스마트칩을 이용하면 구글 스프레드시트 내에 구글 워크스페이스의 사용자, 구글 드라이브의 파일, 구글 캘린더의 일정, 구글 지도의 장소, 구글 파이낸스의 금융 정보, 유튜브 동영상 등을 연결할 수 있습니다. 구글은 '스마트 캔버스'라는 개념을 도입하여 구글 워크스페이스의 협업을 더 풍부하고 나은 경험으로 전환하는 것을 목표로 하고 있습니다. 스마트칩은 이러한 전략의 일환으로, 사용자들이 정보를 더 쉽게 찾고, 연결하며, 협업할 수 있도록 도와줍니다.

스마트칩으로 입력된 정보는 '세부정보 열기' 또는 '미리보기 열기'를 클릭하여 다른 프로그램으로 이동하지 않고 구글 스프레드시트 내에서 확인할 수 있거나 '데이터 추출' 기능을 통해 구글 스프레드시트의 값으로 변환할 수 있습니다.

스마트칩은 메뉴의 [삽입] – [스마트 칩]을 선택하거나 셀에 입력된 값의 미리보기 창에서 칩으로 대체하기 버튼을 눌러서 삽입할 수 있습니다. 가장 간단한 방법은 셀에 @을 입력하여 스마트 칩을 삽입하는 것입니다. @을 입력하여 등록할 수 있는 항목들은 다음과 같습니다. 스마트 칩, @ 메뉴의 사용, 데이터 추출 기능은 계속 업데이트되고 있고 아직은 구글 문서를 중심으로 개발이 진행되고 있어, 구글 스프레드시트에서는 잘 작동하지 않는 경우도 있으며 일부 기능은 구글 워크스페이스에서만 지원되고 있습니다.

@ 메뉴로 입력할 수 있는 항목

기능	종류	설명
스마트칩	사용자	Gmail 또는 Google Workspace 이메일 주소를 사용하는 사용자의 이름이나 이메일
	파일	다른 Google Docs, Sheets 또는 Slides 파일의 이름 또는 관련 키워드
	캘린더 일정	Google Calendar 일정의 이름 또는 관련 키워드
	장소	장소, 주소 또는 위치
	Finance	주식, 뮤추얼 펀드, 통화와 같은 Google Finance 항목
	Youtube 동영상	Youtube 동영상 링크
날짜	날짜, 오늘 날짜, 내일 날짜, 어제 날짜	날짜 양식의 값
구성요소	드롭다운	데이터 확인의 드롭다운을 삽입
미디어	그림 이모티콘	그림 이모티콘

NOTE 그림 이모티콘은 구글 스프레드시트에서 제대로 작동하지 않습니다.

저희 회사에는 조기 은퇴의 꿈을 꾸며 주식 분석 스터디를 하는 모임이 있습니다. 주가는 초라할 지언정 스터디 초대장은 멋지게 @ 메뉴와 스마트칩을 사용해서 만들어보겠습니다. 일부 기능은 현재 구글 워크스페이스에서만 지원되므로 구글 워크스페이스 계정을 기준으로 설명하겠습니다. 예제는 Gmail 계정을 이용해서 제공되므로 일부 셀에는 오류가 표시될 수 있습니다.

01 **예제 | 스마트칩**　@ 메뉴를 이용해 날짜를 입력하기 위해 [C3] 셀을 선택하고 **@**을 입력합니다. @ 메뉴가 펼쳐지면 [날짜]로 이동해서 '날짜'를 클릭합니다.

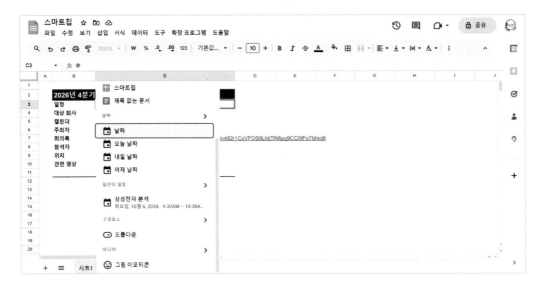

02 달력 팝업창이 나오면 2026년 10월로 이동하여 '2025년 10월 6일'을 선택합니다. 셀에 날짜 서식이 자동으로 적용됩니다.

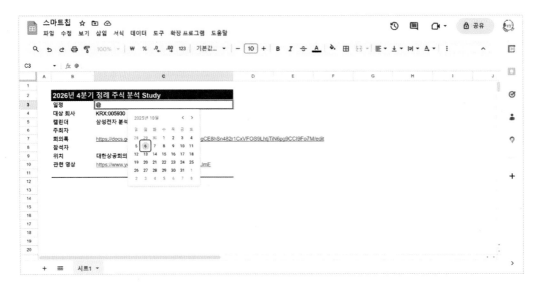

03 대상 회사의 정보를 구글 Finance를 이용하여 입력하겠습니다. [C4] 셀을 선택하고 **@**을 입력한 뒤 **KRX:005930**을 입력하고 @ 메뉴의 [금융] 아래에 있는 삼성전자를 선택하여 스마트칩을 삽입합니다.

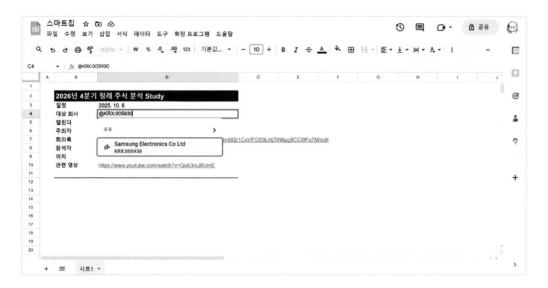

04 입력된 구글 Finance의 스마트칩 위에 마우스를 올리면 삼성전자 주식의 시가, 등락률, 등락금액, 시가총액 정보가 표시되며 세부정보 보기(⬀) 아이콘을 클릭하면 구글 금융 페이지로 연결됩니다.

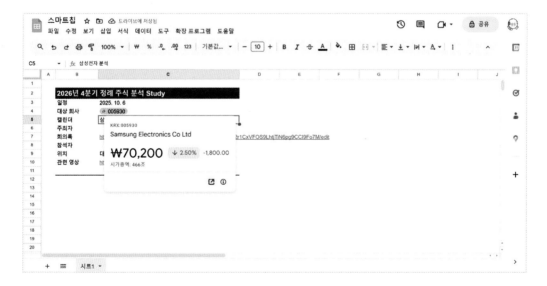

05 캘린더에 '삼성전자 분석'이라는 제목으로 미리 일정을 추가해 두었습니다. 스마트칩으로 이 일정을 추가해 봅니다. [C5] 셀의 내용을 지우고, 이번엔 메뉴에서 [삽입] – [스마트 칩] – [캘린더 일정]을 클릭해서 스마트 칩을 삽입하겠습니다.

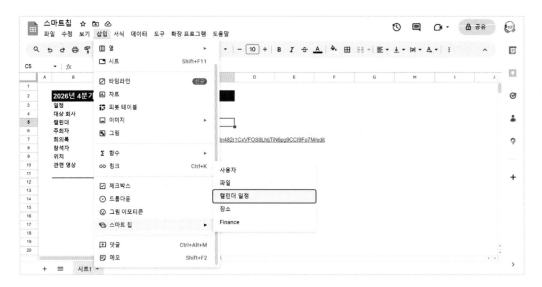

06 셀에 @가 표시되면 **삼성전자 분석**이라는 일정 이름을 입력하고 표시된 일정 중에 알맞은 것을 선택하여 스마트 칩을 삽입합니다.

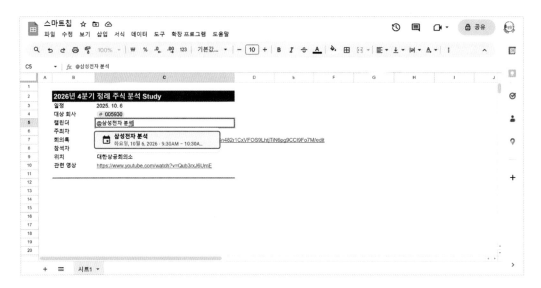

07 데이터 추출 기능을 사용해서 일정의 주최자를 불러오겠습니다. [C6] 셀을 선택하고 **=C5.**을 입력합니다. 표시된 수식 중 **=C5.organizer**를 선택하여 이벤트의 주최자를 추출합니다.

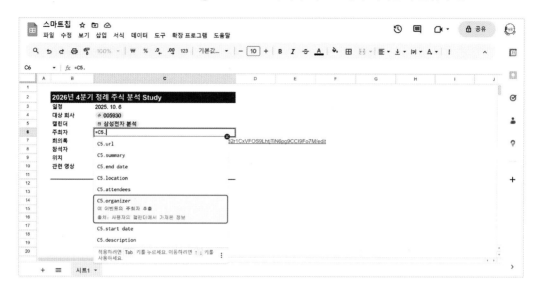

NOTE Business Standard 이상의 구글 워크스페이스 계정에서는 캘린더 일정의 URL(url), 이름(summary), 종료일과 시간(end date), 위치(location), 참석자 이메일 목록(attendees), 주최자(organizer), 시작일과 시간(start date), 설명(description)을 추출할 수 있습니다. Gmail 계정에서는 현재 URL과 이름만 지원되므로 예제 파일에서는 해당 셀이 오류로 표시될 것입니다.

08 회의록 역시 스마트칩으로 변경하겠습니다. [C7] 셀의 URL에 마우스를 올리면 미리보기 창이 나옵니다. 오른쪽 하단의 'URL을 대체합니다.'에서 [칩]을 선택합니다.

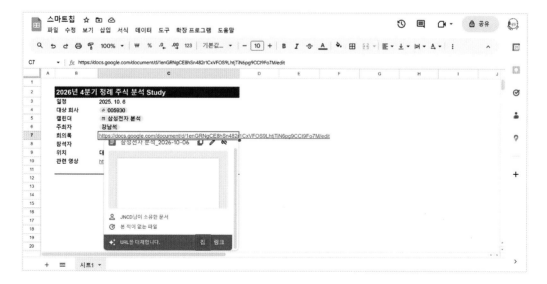

09 참석자의 이메일 역시 스마트칩으로 변경하겠습니다. [C8] 셀의 내용을 지우고 대신 **@gsheet book@gmail.com**을 입력한 뒤 사용자 이름을 클릭합니다. 이어서 **@gsheetbook.101@gmail. com**을 입력한 뒤 사용자 이름을 클릭합니다.

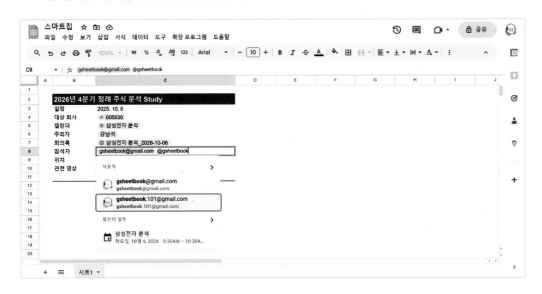

NOTE 사용자 스마트칩에 마우스를 올리고 미리보기 창에서 '세부정보 열기'를 클릭해 보세요. 구글 스프레드시트 내에서 자세한 사용자 정보를 확인할 수 있습니다.

여기서 잠깐 ▶

스마트칩 여러 개 삽입하기

하나의 셀에 스마트칩을 여러 개 삽입할 수도 있습니다. 한 셀에 여러 이메일 주소를 입력했을 때와 달리 스마트칩으로 입력된 이메일은 마우스를 올리면 이메일 미리보기 창이 열리면서 주소록에 추가, 이메일 보내기, 일정 예약 등의 작업을 할 수 있습니다. 또 스마트칩으로 멘션(mention)한 사용자에게는 알림을 보내지 않고 바로 문서를 공유할 수 있습니다.

단 여러 스마트칩을 한 셀에 입력하는 경우데이터 추출이 제대로 작동하지 않습니다. 데이터 추출 등의 추가 작업이 예상된다면 한 셀에는 하나의 스마트칩만 입력하는 것이 좋습니다.

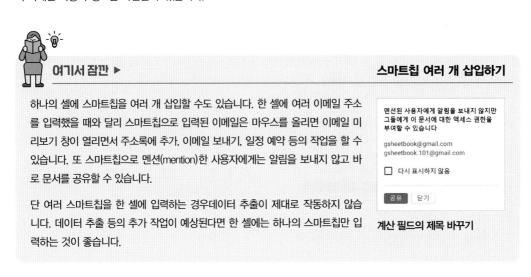

계산 필드의 제목 바꾸기

10 위치를 스마트칩으로 변경하기 위해 [C9] 셀에 **@대한상공회의소**를 입력하면 장소 목록이 나옵니다. 목록에 마우스를 가져다 대면 지도상 위치를 확인할 수 있습니다. 지도를 확인하고 장소를 클릭하여 스마트칩을 입력합니다.

NOTE 장소 스마트칩에 마우스를 올리면 미리보기 창이 나타납니다. 미리보기 창에서 [미리보기 열기]를 버튼을 클릭하면 구글 스프레드시트 내에서 자세한 지도 정보를 확인할 수 있고 [경로] 아이콘을 클릭하여 경로를 찾아볼 수 있습니다.

11 스터디의 참고 자료로 유튜버 '슈카월드'의 '삼성전자 1분기 영업이익 −95.8% 어닝쇼크'를 선정했습니다. 영상 주소에 마우스를 올리면 나오는 미리보기 창 오른쪽 하단에서 'URL을 대체합니다'에서 [칩]을 선택합니다. 주식 분석 Study 초대장이 완성되었습니다.

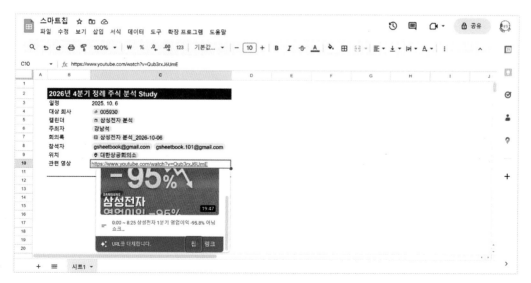

데이터 추출로 스마트칩의 데이터 불러오기

스마트칩은 보기에 예쁜 것 말고는 큰 쓸모가 없어보이지만 그렇지 않습니다. 데이터 추출 기능을 이용하면 스마트칩을 통해 연결된 정보를 구글 스프레드시트로 가져올 수 있습니다. 예를 들어, 구글 캘린더 일정의 참석자 정보를 구글 스프레드시트에 가져오는 경우 데이터 추출을 이용하면 참석자가 캘린더에서 변경되더라도 항상 최신 정보를 유지할 수 있습니다. 구글 워크스페이스 파일의 최종 수정 일자를 가져올 수도 있습니다.

스마트칩 항목별 데이터 추출 유형

종류	데이터 추출 유형
사용자	name: 이름 email: 이메일 phone: 전화번호* title: 직책* location: 사무실 위치*
파일	file name: 파일 이름 mime type: MIME 형식 url: URL creation time: 생성 시간* last modified by: 최종 수정자* last modified time: 최종 수정 시간* owner: 소유자*
캘린더 일정	url: 캘린더 일정의 URL summary: 이벤트의 이름 organizer: 이벤트의 주최자* location: 이벤트의 위치* attendees: 참석자 이메일 목록* start date: 이벤트의 시작일과 시간* end date: 이벤트의 종료일과 시간* description: 이벤트의 설명*
장소	url: 장소의 구글 지도 URL
Finance	지원되지 않음
Youtube 동영상	url: 유튜브 동영상의 URL

> **NOTE** *로 표시된 항목은 Business Standard 이상의 구글 워크스페이스 사용자에게만 제공됩니다. 또한 추출 작업은 내 권한을 사용하여 데이터에 액세스하기 때문에 공동 작업자가 직접 엑세스하지 못하는 파일로 데이터를 추출할 수도 있습니다.

01 스마트칩에서 데이터를 추출하기 위해서는 스마트칩이 있는 셀에 마우스 오른쪽 클릭을 한 후 [데이터 추출] 메뉴를 선택하거나 메뉴의 [데이터] – [데이터 추출]을 선택하면 됩니다.

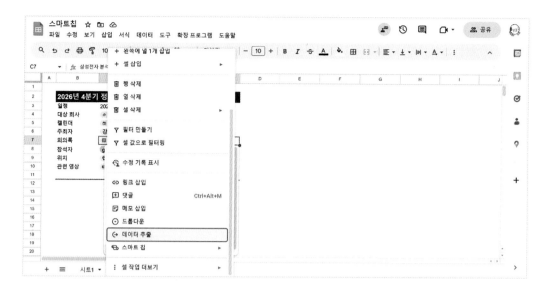

NOTE 4.5절 〈스마트칩으로 구글 데이터 연결하기〉에서 살펴본 것처럼 셀 주소 뒤에 .을 입력하고 데이터 추출 유형을 직접 입력해도 됩니다.

02 데이터 추출 기능을 이용하면 구글 스프레드시트 외부의 정보를 손쉽게 가져올 수 있습니다. 예를 들어 다음과 같이 참석희망자들에게 자신의 스마트칩을 한 열에 입력하게 하고 이메일, 이름, 주소, 전화, 직책을 구글 워크스페이스 조직 프로필에서 한꺼번에 불러올 수 있습니다.

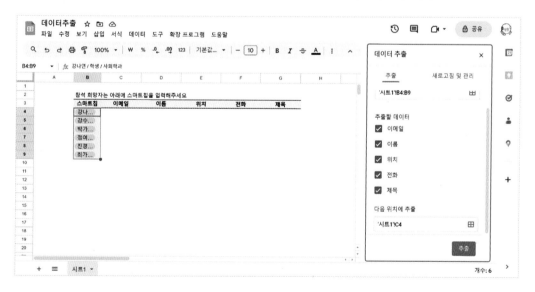

03 데이터 추출로 불러온 정보는 데이터 추출 창의 [새로고침 및 관리] 탭에서 항목 별로 [데이터 새로고침] 버튼을 누르거나 [전체 새로고침] 버튼을 클릭하여 갱신할 수 있습니다.

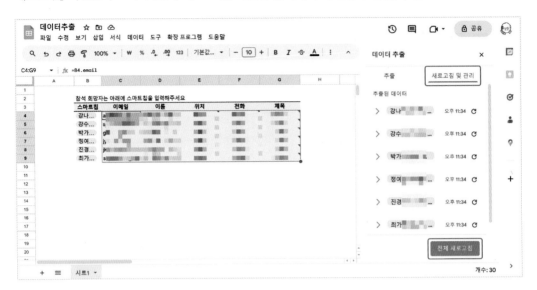

좋은 데이터 세트를 만드는 법

▶▶ 스프레드시트 작업 시에는 자료 정리에 대해 많이 고민하게 됩니다. 자료에 이것저것 추가하다 보면 덩치가 너무 커져 원하는 자료를 찾기 어렵고 눈으로 보기도 힘든 자료가 되곤 합니다. 주된 원인은 보고서 목적의 스프레드시트와 원시 데이터의 스프레드시트를 혼용하기 때문입니다. 이번 절에서는 데이터 수집, 데이터 계산, 보고서 작성 각각의 목적에 따른 스프레드시트 사용 방법을 살펴보고 데이터를 간결하고 명확하게 구조화하는 데이터 정규화 방법에 대해서도 알아보겠습니다.

목적에 따라 달라지는 스프레드시트 사용 방법

① 데이터 수집, ② 데이터 계산, ③ 보고서 작성으로 구분되는 스프레드시트의 목적에 따라 스프레드시트 사용 방법도 달라집니다. 데이터의 수집과 계산, 보고서 작성은 업무의 흐름과도 일치하기 때문에 목적에 맞는 효과적인 스프레드시트의 구조를 고민하고 이해하면 업무 자체 효율도 높아집니다.

데이터 수집을 위한 스프레드시트

데이터 수집은 데이터 입력과 보관으로 구성됩니다. 데이터 입력 단계에서는 편리하면서도 오류를 방지할 수 있는 인터페이스를 구성하고, 입력 항목을 확인해야 합니다. 또한 입력자가 양식을 임의로 변경하지 못하도록 권한을 관리해야 합니다. 특히 개별 파일을 기준으로 작업하는 엑셀과 달리 구글 스프레드시트는 한 문서를 여러 작업자가 공유하기 때문에 데이터 입력 단계의 관리가 더욱 중요합니다.

입력된 데이터를 효율적으로 처리할 수 있는 구조를 설계하는 것은 데이터베이스 이론에서 자세히 다루는 주제입니다. 정규화와 관련된 내용을 최소한이라도 이해하면 도움이 됩니다. 정규화의 목적은 크게 ① 데이터의 중복을 없애고 ② 오류와 이상 현상을 방지하는 것입니다. 속도가 느리고 처리할 수 있는 데이터의 양이 제한되어 있는 구글 스프레드시트는 효율적인 데이터 구조에 대해 더 신경을 써야 합니다.

데이터 계산을 위한 스프레드시트

데이터 계산에서 제일 중요한 것은 수식 파트에서 본 것처럼 확장성과 이해 가능성입니다. 또한 실제 스프레드시트 업무를 할 때 속도와 정확성을 올려줄 수 있는 표준화된 포맷을 사용하는 것 역시 데이터 계산을 위한 스프레드시트를 만들 때 적합한 방법입니다.

스프레드시트 업무의 비중이 매우 높은 금융권이나 컨설팅 펌들은 표준화된 양식에 작업을 하도록 강제하고 있습니다. 표준화된 포맷을 사용하면 작업 속도가 빨라지고 다른 사람들도 스프레드시트를 이해하기 편합니다. 또 시간과 노력을 절약해 본질적인 것에 집중할 에너지를 확보할 수 있습니다.

보고서 작성을 위한 스프레드시트

스프레드시트로 보고서를 작성할 때 가장 중요한 것은 보고서의 목적입니다. 보고서를 통해 말하려고 하는 바가 명확하게 이해되어야 합니다. 데이터의 근거가 명확해야 함은 물론이고, 모든 데이터를 동시에 늘어놓기보다는 데이터를 대표할 수 있는 값을 요약해서 제시하는 것이 좋습니다.

스프레드시트에서는 종종 데이터 입력 단계에서 보고서 양식을 사용하기도 합니다. 가로로 날짜, 세로로 이름이 기재된 출석부 양식에 출결을 기록하거나, 이력서 포맷의 인사카드 양식으로 인사기록을 입력하는 등의 예를 실무에서 흔히 볼 수 있습니다. 이렇게 보고서 양식으로 데이터를 입력받는 경우 데이터 관리가 번거로울 수 있다는 점을 염두에 두어야 합니다.

데이터 테이블을 간결하게 만드는 데이터 정규화

4.3절에서 피벗 테이블을 잘 쓰기 위해서는 데이터를 데이터베이스 형태로 관리해야 한다고 배웠습니다. 마찬가지로 참조할 데이터는 보고서 또는 크로스탭 형태가 아닌 데이터 테이블로 수집하고 관리해야 합니다. 여기서는 데이터 정규화를 통해 데이터를 간결하게 구조화하는 방법을 알아보겠습니다.

데이터 표준 관리는 매우 중요합니다. 명확한 데이터 표준이 없으면 중복 작업으로 인해 일의 효율이 떨어지거나, 데이터의 정합성을 해쳐 심각한 오류가 발생할 수도 있습니다. 따라서 데이터를 생성하기 전에 관련된 사용자가 단어, 용어, 표준 코드 등을 통일해야 합니다.

제대로 설계되지 않은 데이터베이스는 데이터의 중복과 불일치가 쉽게 발생하는데, 정규화를 통해 이러한 비효율과 오류를 방지할 수 있습니다. 정규화에는 여러 단계가 있지만 복잡한 이론을 다 외울 필요는 없습니다. 다음 사항만 기억합시다.

1. 한 필드(열)에는 한 개의 값만 입력합니다.

2. 같은 성격과 의미의 열은 한 개씩만 둡니다.

3. 반복되는 동일한 값을 줄이기 위해 키값이 다른 항목들은 테이블을 분리합니다.

다음은 통상적으로 볼 수 있는 주문 데이터 테이블입니다. 한 주문번호에 품목코드, 품목명 등 여러 값이 들어 있습니다.

주문번호	주문일자	품목코드	품목명	품목단가	주문수량	고객번호	고객명	고객주소
B12184211	2025-11-14	K32421	자체제작 사피아노 소가죽 남자 머니	15,800	2			남구
		K87214	테니로퍼 h19005v블랙	254,500	1			
		K72455	3M싱크대 언더싱크 정수기 DIY세트	85000	1			
B12184212	2025-11-15	K32431	TV 모니터 아이디어 공간 선반대	7,890	5	C021	이명회	제주시
B12184213	2025-11-15	K71234	벌레퇴치기 FK-D10L 가정용 업소용	28,970	6	C201	안찬수	부산시 연제구
B12184214	2025-11-16	K87214	테니로퍼 h19005v블랙	252,500	1			경기도 성남시
	2025-11-16	K12341	덴마크 멜라민 저장통 8P 세트	72,210	5	C431	황의찬	경기도 의왕시
B12184215	2025-11-17	K32145	컷터칼 컷터 작업용칼 1박스120개	185,420	2	C174	박성배	경기도 안남시
B12184216	2025-11-17	K08782	비비고 육개장 300g 18개	87,520	3	C174	박성배	경기도 안남시

> 한 필드에 여러 개의 값 입력

통상적인 주문 데이터 테이블

이 상태로는 데이터를 분석할 수 없습니다. 한 필드에 한 개의 값만 입력하도록 수정해야 합니다.

> 주문번호 키값   고객번호 키값

주문번호	주문일자	품목코드	품목명	품목단가	주문수량	고객번호	고객명	고객주소
B12184211	2025-11-14	K32421	자체제작 사피아노 소가죽 남자 머니	15,800	2	C124	박민석	서울시 강남구
B12184211	2025-11-14	K87214	테니로퍼 h19005v블랙	254,500	1	C124	박민석	서울시 강남구
B12184211	2025-11-14	K72455	3M싱크대 언더싱크 정수기 DIY세트	85,000	1	C124	박민석	서울시 강남구
B12184212	2025-11-15	K32431	TV 모니터 아이디어 공간 선반대	7,890	5	C021	이명회	제주시
B12184213	2025-11-15	K71234	벌레퇴치기 FK-D10L 가정용 업소용	28,970	6	C201	안찬수	부산시 연제구
B12184214	2025-11-16	K87214	테니로퍼 h19005v블랙	252,500	1	C431	황의찬	경기
B12184214	2025-11-16	K12341	덴마크 멜라민 저장통 8P 세트	72,210	5	C431	황의찬	경기
B12184215	2025-11-17	K32145	컷터칼 컷터 작업용칼 1박스120개	185,420	2	C174	박성배	경기도 안남시
B12184216	2025-11-17	K08782	비비고 육개장 300g 18개	87,520	3	C174	박성배	경기도 안남시

> 고객 정보 중복

> 주문번호 관련   고객 관련

한 필드에 한 개의 값만 입력하도록 수정

이 테이블은 주문번호 관련 테이블과 고객 관련 테이블로 구분할 수 있습니다. 즉, 키값(고윳값)이 주문번호인 테이블과 키값이 고객번호인 테이블을 분리하면 한 고객이 여러 번 주문했을 때 고객의 정보가 중복으로 기록되는 것을 막을 수 있습니다.

주문 테이블과 고객 테이블을 분리했습니다. 두 테이블은 고객번호를 기준으로 참조할 수 있습니다.

주문번호	주문일자	품목코드	품목명	품목단가	주문수량	고객번호
B12184211	2025-11-14	K32421	자체제작 사피아노 소가죽 남자 머니	15,800	2	C124
B12184211	2025-11-14	K87214	테니로퍼 h19005v블랙	254,500	1	C124
B12184211	2025-11-14	K72455	3M싱크대 언더싱크 정수기 DIY세트	85,000	1	C124
B12184212	2025-11-15	K32431	TV 모니터 아이디어 공간 선반대	7,890	5	C021
B12184213	2025-11-15	K71234	벌레퇴치기 FK-D10L 가정용 업소용	28,970	6	C201
B12184214	2025-11-16	K87214	테니로퍼 h19005v블랙	252,500	1	C431
B12184214	2025-11-16	K12341	덴마크 멜라민 저장통 8P 세트	72,210	5	
B12184215	2025-11-17	K32145	컷터칼 컷터 작업용칼 1박스120개	185,420	2	C174
B12184216	2025-11-17	K08782	비비고 육개장 300g 18개	87,520	3	C174

주문 테이블

고객번호	고객명	고객주소1	고객주소2
C124	박민석	서울시 강남구	
C021	이명희	제주시	
C201	안찬수	부산시 연제구	
C431	황의찬	경기도 성남시	경기도 의왕시
C174	박성배	경기도 안남시	

고객 테이블

아직 문제가 있습니다. 한 품목을 여러 번 주문하면서 주문 테이블에는 품목코드와 품목명이 중복 기록되고 있습니다. 주문 테이블에서 품목명 테이블을 분리하여 중복 문제를 해결했습니다.

주문번호	주문일자	품목코드	품목단가	주문수량	고객번호
B12184211	2025-11-14	K32421	15,800	2	C124
B12184211	2025-11-14	K87214	254,500	1	C124
B12184211	2025-11-14	K72455	85,000	1	C124
B12184212	2025-11-15	K32431	7,890	5	C021
B12184213	2025-11-15	K71234	28,970	6	C201
B12184214	2025-11-16	K87214	252,500	1	C431
B12184214	2025-11-16	K12341	72,210	5	C431
B12184215	2025-11-17	K32145	185,420	2	C174
B12184216	2025-11-17	K08782	87,520	3	C174

주문 테이블

품목코드	품목명
K32421	자체제작 사피아노 소가죽 남자 머니클립
K87214	테니로퍼 h19005v블랙
K72455	3M싱크대 언더싱크 정수기 DIY세트
K32431	TV 모니터 아이디어 공간 선반대
K71234	빌레퇴치기 FK-D10L 가정용 업소용 포충기
K12341	멘마크 멜라민 저장통 8P 세트
K32145	컷터칼 컷터 작업용칼 1박스120개
K08782	비비고 육개장 300g 18개

품목 테이블

고객 테이블의 경우 동일한 성격인 고객주소 필드가 두 개 존재합니다. 고객주소가 수정되었을 경우 어떤 값을 수정할 것인지, 고객주소를 참조할 때 어떤 값을 참조할 것인지 불확실합니다. 고객 테이블은 고객명과 고객주소 테이블로 별도로 분리하고 주소코드 필드를 새로 추가했습니다.

고객번호	고객명
C124	박민석
C021	이명희
C201	안찬수
C431	황의찬
C174	박성배

고객명 테이블

고객번호	주소코드	고객주소
C124	기본	서울시 강남구
C021	기본	제주시
C201	기본	부산시 연제구
C431	기본	경기도 성남시
C431	직장	경기도 의왕시
C174	기본	경기도 안남시

새로 추가

고객주소 테이블

모든 데이티를 정규화할 필요는 없습니다. 테이블을 과도하게 분리해서 필요한 정보를 불러오는 횟수가 많아지면 오히려 성능이 더 나빠질 수도 있습니다.

여기서 잠깐 ▶   **데이터 처리량 줄이기**

구글 스프레드시트는 속도의 제약이 크기 때문에 효율성을 확보하기 위해서는 불필요한 중복과 호출을 최소화해야 합니다. 구글 스프레드시트의 속도를 개선하기 위해 다음 사항들을 시도해볼 수 있습니다.

1. 사용하지 않는 열과 행은 삭제합니다.
2. 자주 계산되는 배열이나 값은 계산된 결과를 별도의 시트에 표시하고 그 결과를 참조합니다.
3. 한 테이블에 모든 데이터를 중복해서 담는 대신 여러 테이블로 분리합니다.
4. 전체 범위를 참조하는 대신 필요한 열 또는 행만 잘라서 참조합니다.
5. 재계산이 필요 없는 수식은 값으로 변경합니다.
6. 계산 빈도가 높은 NOW( ), TODAY( ), RAND( ), RANDBETWEEN( ) 함수의 사용을 줄입니다.
7. 데이터 양이 너무 많은 경우 BigQuery 등의 데이터베이스 사용을 고려합니다.

CHAPTER 05

배열 수식으로
엑셀 밟고 퇴근하기

▶ ▶ ▷

지금까지 스프레드시트의 기반을 다졌다면 이제 본격적으로 퇴근 시간을 앞당겨 보겠습니다. 구글 스프레드시트의 수식은 배열을 반환할 수 있습니다. 배열 수식으로 엑셀보다 훨씬 효율적으로 작업하는 법을 배워봅시다. 대표적인 배열 함수인 SPLIT, UNIQUE, SORT 함수의 사용 방법을 확인하고 중괄호({ }) 배열을 이용해 마법 같은 배열 수식을 만들어보겠습니다. 또한, 동일한 함수를 반복하여 처리해주는 ARRAYFORMULA로 수 백만 줄의 수식을 단 한 줄로 줄여보겠습니다.

배열 함수 사용하기

▶▶ 배열 함수는 단일값이 아닌 배열을 반환하는 함수입니다. 함수가 배열을 반환하면 적은 수식으로 효율적인 데이터 처리가 가능합니다. 메뉴 기능을 함수로 처리할 수도 있고, 다른 수식의 인수로 배열 함수의 결괏값을 사용할 수도 있습니다. 이번 절에서는 대표적인 배열 함수인 SPLIT, UNIQUE, SORT 함수를 공부해보겠습니다.

배열 함수

함수는 보통 단일값을 반환합니다. 예를 들어, SUM(A1:A10)의 결과가 '1,000'이거나 VLOOKUP("A100",A10:B10,2,0)의 값이 '서울'인 것처럼 함수의 결괏값은 주로 1개입니다. 하지만 구글 스프레드시트에는 단일값이 아닌 배열을 반환하는 함수들이 많이 있습니다. 배열은 단일값이 아니라 여러 행 또는 열로 이루어진 다수의 값 집합입니다. 이미 우리는 대표적인 배열 함수인 FILTER 함수를 살펴봤습니다. 그림에서 FILTER 함수는 [A5:H6] 범위에 채워질 수 있는 형태의 배열을 반환합니다.

A5	▼	*fx*	=FILTER(DATA!A2:H,DATA!C2:C=$A$1,DATA!H2:H="생일자")						
	A	B	C	D	E	F	G	H	I
1	제품본부 ▼								
2									
3									
4	사원번호	성명	본부	성별	생년월일	한국나이	생일	생일자 여부	
5	28	오성준	제품본부	남	1999. 9. 16	25	09/16	생일자	
6	146	서지율	제품본부	남	1988. 9. 3	36	09/03	생일자	
7									
8									
9									
10									
11									
12									
13									
14									
15									
16									
17									
18									
19									

배열을 반환하는 FILTER 함수

이렇게 배열을 반환하는 함수를 '배열 함수'라고 부릅니다. 일반 함수는 채우고 싶은 셀 개수만큼 수식이 필요하지만 배열 함수는 수식 하나로 여러 셀의 값을 채울 수 있습니다. 수식이 줄어드니 데이터의 양이 늘어나도 유지가 간편하죠. 여기서는 4장에서 메뉴로 처리해야 했던 텍스트를 열로 분할, 중복 항목 삭제, 정렬과 같은 작업들을 확장성이 뛰어난 배열 함수인 SPLIT, UNIQUE, SORT 함수로 처리해보겠습니다.

엑셀까지 한 번에 ▶　　　　　　　　　　　　　　　　　　　　　**엑셀의 배열 수식**

엑셀도 최근에는 온라인 구독 기반의 오피스 프로그램인 Microsoft 365를 통해 배열 수식에 대한 지원을 확대해 나가고 있습니다. 기존의 엑셀에서는 Ctrl + Shift + Enter 키를 눌러 사용할 수 있는 단일 결과를 계산하는 제한적인 배열 수식을 지원했습니다.

엑셀의 새로운 배열 수식은 단일 결과 뿐 아니라 여러 결과를 계산하는 배열 수식도 지원하며 셀의 범위를 그대로 사용할 수 있기 때문에 어떤 면에서는 Arrayformula나 중괄호({ })를 사용하는 구글 스프레드시트의 배열 수식보다 더 편리한 경우도 있습니다.

그러나 엑셀의 배열 수식은 여전히 Microsoft 365가 아닌 설치형 Excel에서는 제대로 지원되지 않아 모든 문서에 사용하는 데에는 한계가 있습니다. 이 책에서 설명하는 구글 스프레드시트를 통한 배열 수식의 활용 방법을 이해하면 Microsoft 365 엑셀의 배열 수식을 사용할 때도 도움이 될 것입니다.

텍스트를 열로 분할하기

핵심 함수 I SPLIT, INDEX

설명	텍스트를 지정된 문자 또는 문자열에서 나누고 행에서 개별 셀에 각 부분을 배치합니다.
구문	=SPLIT(텍스트, 구분자, [각 문자 분할], [빈 문자 제거])
인수	**텍스트**: 분할할 텍스트입니다. **구분자**: 텍스트를 분할하기 위해 사용할 문자열입니다. "각 문자 분할"을 FALSE로 지정하지 않으면 기본적으로 구분자에 포함된 각 문자에서 분할됩니다. **각 문자 분할**: [선택사항, 기본값 TRUE] 구분자의 각 문자에서 분할할지 결정합니다. **빈 문자 제거**: [선택사항, 기본값 TRUE] 분할 결과에서 비어 있는 문자열을 삭제할지 결정합니다. 기본값은 TRUE로, 연속되는 구분자를 하나로 처리합니다.
더보기	4.5 텍스트를 열로 분할

4장에서 메뉴의 텍스트를 열로 분할하여 직원들의 주소에서 시군구 부분만 가져왔던 것을 기억하나요? 여기서는 SPLIT 함수를 INDEX 함수와 함께 사용하여 훨씬 더 간결하고 지속 가능한 방식으로 이 작업을 처리해봅시다.

01 예제 | 텍스트를 열로 분할(SPLIT함수) [D2] 셀을 선택한 후 수식 **=SPLIT($C2," ")**를 입력합니다. SPLIT 함수는 배열을 반환하는 함수이므로 이 수식은 [C2] 셀의 문자열을 공백을 기준으로 분할한 배열을 [D2] 셀부터 [I2] 셀까지 반환합니다.

	A	B	C	D	E	F
	D2	▼	fx =SPLIT($C2," ")			
1	성명	본부	주소	시구구		
2	김민준	CEO	서울특별시 중구 퇴계로 97, 고려대연각타워 601호	=SPLIT($C2," ")		
3	김서준	경영본부	부산광역시 해운대구 센텀 7로 12			
4	김예준	경영본부	경기도 성남시 분당구 야탑로 205번길 8			
5	김도윤	경영본부	서울특별시 서초구 바우뫼로 27길 2			
6	김주원	경영본부	서울특별시 종로구 대학로 57 홍익대학교 대학로캠퍼스 교육동 3층, 12층			
7	김시우	경영본부	서울특별시 영등포구 경인로 841			
8	김지후	경영본부	서울특별시 광진구 자양로 76			
9	김지호	경영본부	서울특별시 광진구 강변역로 2 (구의동, 우체국시설관리단)			
10	김하준	제품본부	서울특별시 종로구 종로1길 42, 603호(수송동, 이마빌딩)			
11	김준서	사업본부	서울특별시 중구 정동길 43			
12	김준우	사업본부	서울특별시 동작구 신대방1가길77			
13	김현우	사업본부	서울특별시 강남구 테헤란로 305 (역삼동), 한국기술센터 18층			
14	김지훈	제품본부	서울특별시 영등포구 영중로83(영등포동 7가)			
15	김도현	제품본부	서울특별시 동작구 보라매로 5길 35, 401(신대방동)			
16	김건우	제품본부	서울특별시 서초구 강남대로27, 601호			
17	김우진	제품본부	강원도 정선군 사북읍 하이원길 265			
18	김민재	사업본부	경기도 김포시 고촌읍 아라육로 270번길 74			
19	김현준	제품본부	대전광역시 유성구 대덕대로 1227			
20	김선우	제품본부	경상북도 김천시 혁신2로 40(율곡동790)			

여기서 잠깐 ▶ **SPLIT 함수의 각 문자 분할, 빈 문자 제거 인수**

SPLIT 함수의 '각 문자 분할', '빈 문자 제거' 인수의 기본값은 TRUE이기 때문에 01번 수식은 =SPLIT($C2," ", TRUE,TRUE) 혹은 **=SPLIT($C2," ",1,1)**와 동일합니다. '각 문자 분할' 인수를 TRUE로 두면 구분자에 포함된 문자 중 하나만 만나도 분할하고, FALSE로 두면 구분자 전체를 만나야 분할합니다. '빈 문자 제거' 인수를 TRUE로 두면 연속된 구분자는 하나로 처리하고, FALSE로 두면 연속된 구분자를 만나도 각각 분할하여 빈 칸을 만듭니다.

다음은 SPLIT 함수를 통해 "주소: 서울시 종로구"라는 문자열에 구분자를 ": "(콜론과 공백)으로 지정하고 나머지 두 인수를 각각 다르게 지정하여 분할한 결과입니다(마지막 문자열은 "주소: : 서울시 종로구"입니다).

	A	B	C	D	E	F	G	H
	E2	▼	fx =SPLIT($B2,": ", $C2,$D2)					
1			각 문자 분할	빈 문자 제거	SPLIT 결과			
2		주소: 서울시 종로구	TRUE	TRUE	주소	서울시	종로구	
3		주소: 서울시 종로구	TRUE	FALSE	주소		서울시	종로구
4		주소: 서울시 종로구	FALSE	TRUE	주소	서울시 종로구		
5		주소: : 서울시 종로구	FALSE	FALSE	주소		서울시 종로구	

SPLIT 함수의 결과

엑셀까지 한 번에 ▶   **구글 스프레드시트의 SPLIT 함수 vs 엑셀의 TEXTSPLIT 함수**

문자열을 일정 기준으로 분할할 때 메뉴 대신 함수를 이용하면 데이터 가공에 필요한 수작업을 줄일 수 있습니다. 메뉴를 이용하려면 매번 범위를 지정하고 개별적으로 실행해야 하지만 함수를 이용하면 여러 셀의 텍스트를 한꺼번에 열로 분할할 수 있기 때문입니다.

함수로 문자열을 분할하는 기능은 구글 스프레드시트에만 있었으나 최근 엑셀도 TEXTSPLIT 함수를 도입했습니다. 엑셀의 TEXTSPLIT 함수는 구글 시트의 SPLIT 함수와 달리 세로로 문자열을 분할할 수 있다는 장점이 있습니다. 하지만, 구글 시트의 SPLIT함수는 ARRAYFORMULA나 INDEX함수와 함께 사용해 배열을 다룰 수 있는 반면 엑셀의 TEXTSPLIT함수는 배열을 인수로 받아 처리할 수 없어서 배열 수식에 사용하기에는 한계가 있습니다.

02 시군구 값을 가져오기 위해 INDEX 함수를 사용합니다. [D2] 셀의 수식을 INDEX 함수로 감싸 **=INDEX(SPLIT($C2," "),,2)**로 바꿉니다.

NOTE =INDEX(SPLIT($C2," "),,2)는 SPLIT 함수가 반환하는 배열 {"서울특별시", "중구", "퇴계로", "97,", "고려대연각타워", "601호"} 중 2열에 있는 값, "중구"를 가져오는 수식입니다. INDEX 함수에서 행을 지정하는 두 번째 인수는 비워두었는데, 비우면 전체 행(여기서는 1개 행)을 가져옵니다.

03 아래 범위에 동일한 수식을 모두 채워 넣는 대신 좀 더 재미있는 작업을 해봅시다. [D2] 셀의 수식을 **=INDEX(SPLIT($C2:$C," "),,2)**로 수정합니다. $C2와 같이 단일 셀로 지정했던 인수를 $C2:$C, 즉 주소 열 전체로 확장한 것입니다.

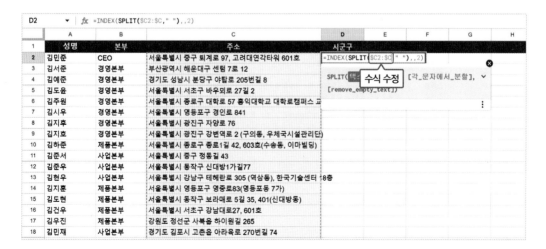

04 다음과 같이 수식 하나로 시군구 열 전체가 채워졌습니다.

| D2 | ▼ | *fx* =INDEX(SPLIT($C2:$C," "),,2) | | | | | | |

	A	B	C	D	E	F	G	H
1	성명	본부	주소	시군구				
2	김민준	CEO	서울특별시 중구 퇴계로 97, 고려대연각타워 601호	중구				
3	김서준	경영본부	부산광역시 해운대구 센텀 7로 12	해운대구				
4	김예준	경영본부	경기도 성남시 분당구 야탑로 205번길 8	성남시				
5	김도윤	경영본부	서울특별시 서초구 바우뫼로 27길 2	서초구				
6	김주원	경영본부	서울특별시 종로구 대학로 57 흥익대학교 대학로캠퍼스 교	종로구				
7	김시우	경영본부	서울특별시 영등포구 경인로 841	영등포구				
8	김지후	경영본부	서울특별시 광진구 자양로 76	광진구				
9	김지호	경영본부	서울특별시 광진구 강변역로 2 (구의동, 우체국시설관리단	광진구				
10	김하준	제품본부	서울특별시 종로구 종로1길 42, 603호(수송동, 이마빌딩)	종로구		수식 하나로		
11	김준서	사업본부	서울특별시 중구 정동길 43	중구		열 전체 처리		
12	김준우	사업본부	서울특별시 동작구 신대방1가길77	동작구				
13	김현우	사업본부	서울특별시 강남구 테헤란로 305 (역삼동), 한국기술센터	강남구				
14	김지훈	제품본부	서울특별시 영등포구 영중로83(영등포동 7가)	영등포구				
15	김도현	제품본부	서울특별시 동작구 보라매로 5길 35, 401(신대방동)	동작구				
16	김건우	제품본부	서울특별시 서초구 강남대로27, 601호	서초구				
17	김우진	제품본부	강원도 정선군 사북읍 하이원길 265	정선군				
18	김민재	사업본부	경기도 김포시 고촌읍 아라육로 270번길 74	김포시				
19	김현준	제품본부	대전광역시 유성구 대덕대로 1227	유성구				

NOTE SPLIT 함수는 단일 셀을 인수로 받아서 이 셀을 분할하여 여러 범위의 값으로 반환하는 배열 함수입니다. 그러나 SPLIT 함수 혼자서는 여러 셀로 이루어진 범위를 인수로 받을 수 없습니다. 이런 함수들이 범위를 인수로 받을 수 있도록 바꿔주는 함수가 뒤에 배울 ARRAYFORMULA입니다. 행이나 열 인수를 공백으로 둔 INDEX 함수는 ARRAYFORMULA 대신 사용할 수 있습니다. ARRAYFORMULA에 대한 자세한 내용은 5.3절에서 알아보겠습니다.

05 수식이 잘 작동하는지 보기 위해 신규 입사자의 성명, 본부, 주소를 추가로 입력해봅시다. [A76]에 **임의로**, [B76]에 **제품본부**, [C76]에 **서울특별시 강남구 테헤란로 419**를 입력합니다.

| C76 | ▼ | *fx* 서울특별시 강남구 테헤란로 419 | | | | | | |

	A	B	C	D	E	F	G	H
62	고지성	제품본부	대전광역시 유성구 유성대로 1689번길 70	유성구				
63	장태민	제품본부	서울특별시 마포구 마포대로 130(공덕동 254-8) 별정우체:	마포구				
64	임태웅	제품본부	세종특별자치시 조치원읍 군청로 93	조치원읍				
65	박민혁	제품본부	경기도 안양시 동안구 부림로 166(관양동 우양타운)	안양시				
66	박예성	제품본부	경기도 수원시 권선구 수인로126(서둔동)	수원시				
67	박지안	제품본부	서울특별시 영등포구 여의공원로 101, 201호 2층(여의도동	영등포구				
68	박민호	제품본부	대구광역시 달성군 현풍면 테크노중앙대로 333번지	달성군				
69	박하율	제품본부	대구광역시 동구 동내로 88	동구				
70	한우빈	제품본부	세종특별자치시 시청대로 370 세종국책연구단지 경제정착	시청대로				
71	오성준	제품본부	서울특별시 서초구 헌릉로 13	서초구				
72	서지율	제품본부	경상북도 김천시 혁신2로 26	김천시				
73	전정민	제품본부	강원도 원주시 배울로 85 (반곡동)	원주시				
74	권규민	사업본부	서울특별시 송파구 올림픽로 424 벨로드롬 1층	송파구				
75	권지한	사업본부	서울특별시 중구 소파로 145	중구				
76	임의로	제품본부	서울특별시 강남구 테헤란로 419		← 입력			
77								
78								
79								
80								
81								

06 [D76] 셀에는 아무 수식도 입력되어 있지 않은데 자동으로 "강남구"라는 값이 계산되어 입력됩니다. [D2] 셀에 입력되어 있는 `=INDEX(SPLIT($C2:$C," "),,2)` 수식의 인수가 `$C2:$C`, 즉 C 열 전체로 입력되어 있어 [C76] 셀의 주소까지 처리하기 때문입니다. 이것이 바로 배열 함수입니다.

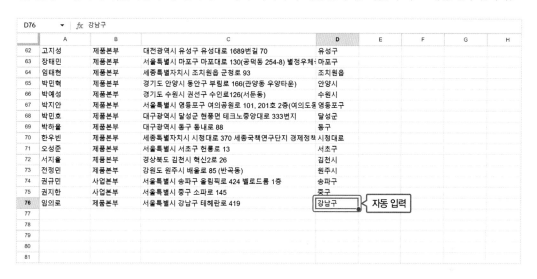

NOTE [데이터] – [텍스트를 열로 분할] 메뉴를 이용하면 데이터가 추가될 때마다 수작업을 해야 하지만 이렇게 함수를 이용하면 데이터 변경 시 자동으로 반환값이 수정되므로 작업이 훨씬 간결해집니다.

중복 항목을 함수로 삭제하기

핵심 함수 | UNIQUE

설명	입력된 원본 범위에서 고윳값이 있는 행만을 반환합니다. 원본 범위에 처음 표시되는 순서대로 행이 반환됩니다. 여러 열에 걸쳐 있는 경우 모든 열이 동일한 행들만 제거됩니다.
구문	=UNIQUE(범위)
인수	범위: 고유 항목별로 필터링할 데이터 배열입니다.
더보기	SORT: 지정된 배열 또는 범위의 행을 하나 이상의 열의 값을 기준으로 정렬합니다. FILTER: 지정된 조건을 충족하는 열 또는 행만 반환하는 함수로 구현된 필터입니다.

[중복 항목 삭제] 기능 역시 함수로 처리할 수 있습니다. 바로 UNIQUE 함수입니다. 4.5절에서 작업했던 중복 항목 삭제와 비교해서 살펴봅시다.

01 예제 | UNIQUE [시트1]의 [B2] 셀에 수식 **=UNIQUE(DATA!$B$2:$B)**를 입력합니다. [DATA] 시트의 [B2:B] 범위에서 중복을 제거한 고윳값을 불러오는 함수입니다.

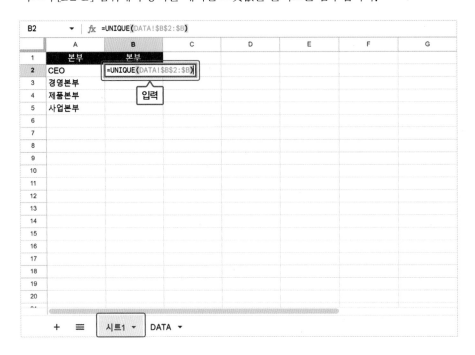

02 끝! 우리는 왜 그 고생을 했을까요? 이제 새 부서가 추가되거나 삭제되면 [시트1]에 자동으로 고 윳값이 업데이트될 것입니다. 참 쉽죠?

정렬도 함수로 처리하기

핵심 함수 | SORT

설명	지정된 배열 또는 범위의 행을 하나 이상의 열의 값을 기준으로 정렬합니다.
구문	=SORT(범위, 열_정렬, 오름차순, [열_정렬2, …], [오름차순2, …])
인수	**범위:** 정렬할 데이터의 범위 혹은 배열입니다. **열_정렬:** 정렬의 기준이 될 값을 포함하는 '범위' 또는 '범위' 밖의 범위에 있는 행의 색인입니다. **오름차순:** '열_정렬'을 오름차순으로 정렬할지 표시하는 'TRUE' 또는 'FALSE'입니다. 'FALSE'는 내림차순으로 정렬합니다. **열_정렬2…:** [선택사항, 반복 가능] 추가 열입니다. **오름차순2…:** [선택사항, 반복 가능] 추가 정렬 순서입니다.
더보기	**FILTER:** 지정된 조건을 충족하는 열 또는 행만 반환하는 함수로 구현된 필터입니다.

이렇게 편리한 배열 함수들을 이제서야 배우다니 뭔가 좀 억울하지만 계속 살펴보겠습니다. 정렬을 해주는 SORT 함수입니다. SORT 함수는 배열을 반환하는 FILTER, UNIQUE 등의 함수들과 사용하면 편리합니다.

01 **예제 | SORT** [DASHBOARD] 시트의 [A11] 셀에 수식 **=SORT($A$2:$E$5,3,FALSE,4,FALSE)**를 입력합니다. [A2:E5] 범위를 3번째 열 기준 내림차순으로, 동일할 경우 4번째 열 기준 내림차순으로 정렬하는 수식입니다.

A11	▾	*fx* =SORT($A$2:$E$5,3,FALSE,4,FALSE)					
	A	B	C	D	E	F	G
1	상품코드	상품명	판매목표	누적판매액	판매율		
2	TK02297	중앙하이츠_119.85	440,000,000	4,530,000	1.03%		
3	TK02310	송정제이빌102동_79.55	380,000,000	42,530,000	11.19%		
4	TK02311	청성스카이_78.73	420,000,000	280,750,000	66.85%		
5	TK02216	수유현대_59.67	380,000,000	48,660,000	12.81%		
6							
7	합계		1,620,000,000	376,470,000	23.24%		
8							
9							
10	상품코드	상품명	판매목표	누적판매액	판매율		
11	=SORT($A$2:$E$5,3,FALSE,4,FALSE)						
12							
13	입력						
14							
15							
16	합계		0	0	#DIV/0!		
17							
18							
19	상품코드	상품명	판매목표	누적판매액	판매율		
20							

+ ≡ DASHBOARD ▾ DATA ▾

여기서 잠깐 ▶ **메뉴의 정렬 기능과 SORT 함수의 결과는 동일합니다**

[정렬] 메뉴를 이용한 결과를 [참고] 시트에 넣어두었습니다. 결과는 동일합니다. 중괄호를 이용한 `={DASHBOARD!A10:E16}` 배열 수식에 대해서는 5.2절에서 설명합니다.

	메뉴의 정렬 기능				
	상품코드	상품명	판매목표	누적판매액	판매율
	TK02297	중앙하이츠_119.85	440,000,000	4,530,000	1.03%
	TK02311	정성스카이_78.73	420,000,000	280,750,000	66.85%
	TK02216	수유현대_59.67	380,000,000	48,660,000	12.81%
	TK02310	송정제이빌102동_79.55	380,000,000	42,530,000	11.19%
	합계		1,620,000,000	376,470,000	23.24%
	방금 만든 SORT 함수				
	상품코드	상품명	판매목표	누적판매액	판매율
	TK02297	중앙하이츠_119.85	440,000,000	4,530,000	1.03%
	TK02311	정성스카이_78.73	420,000,000	280,750,000	66.85%
	TK02216	수유현대_59.67	380,000,000	48,660,000	12.81%
	TK02310	송정제이빌102동_79.55	380,000,000	42,530,000	11.19%
	합계		1,620,000,000	376,470,000	23.24%

메뉴와 함수를 이용한 정렬

02 너무 짧게 끝내는 감이 있는 것 같으니 UNIQUE 함수를 통해 배열을 인수로 받아서 정렬된 배열을 반환해봅시다. [DASHBOARD] 시트의 [A20] 셀에 수식 **=SORT(UNIQUE(**DATA!$A$2:$A**))**를 입력합니다. UNIQUE 함수가 반환하는 배열을 정렬하는 수식입니다.

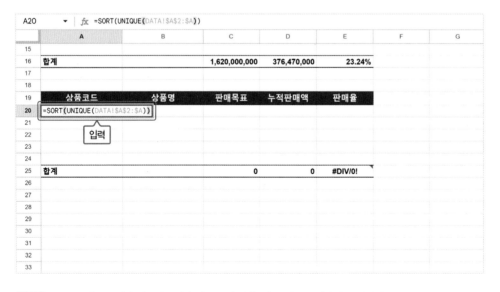

NOTE SORT 함수는 대상 범위가 1개의 열로 되어 있을 경우 인수를 생략해도 됩니다.

03 상품코드의 고윳값들이 오름차순으로 정렬되어 반환되었습니다.

A20	▼	*fx* =SORT(UNIQUE(DATA!$A$2:$A))					
	A	**B**	**C**	**D**	**E**	**F**	**G**
15							
16	합계		1,620,000,000	376,470,000	23.24%		
17							
18							
19	상품코드	상품명	판매목표	누적판매액	판매율		
20	TK02216						
21	TK02297						
22	TK02310						
23	TK02311						
24							
25	합계		0	0	#DIV/0!		
26							
27							
28							
29							
30							
31							
32							
33							

NOTE 정렬 기준으로 정렬 대상 범위 밖에 있는 다른 범위를 지정할 수도 있습니다. 정렬 기준으로 지정하려는 범위는 정렬 대상 범위와 동일한 수의 행을 갖는 1개의 열이어야 합니다. FILTER 함수의 조건이 배열이었던 것과 유사합니다.

배열 다루기

▶▶ 최근 구글 스프레드시트가 배열 함수를 대폭 추가하였습니다. 엑셀도 최근 배열 함수를 다양하게 도입하고 있으나 최신 버전에서만 사용 가능하기 때문에 항상 최신 버전을 사용할 수 있는 구글 스프레드시트에서 배열 함수의 활용도가 더 높습니다. 이번 절에서는 배열의 장점과 배열을 만드는 방법을 알아보겠습니다.

배열 함수를 사용하면 뭐가 좋을까요?

배열 함수를 사용하면 시간을 절약할 수 있고 실수를 줄일 수 있습니다. 또한 수식의 확장성을 개선할 수도 있습니다.

UNIQUE, SORT 함수를 생각해봅시다. 메뉴 기능을 이용할 때는 데이터가 바뀔 때마다 수작업으로 중복값을 제거하고 데이터를 정렬해야 했죠. 하지만 배열 함수를 사용하면 데이터가 늘어나더라도 함수가 자동으로 작업을 수행합니다. 데이터가 복잡할수록 배열 함수를 사용하면 더 많은 시간을 절약할 수 있습니다.

또, 배열 함수를 사용하면 수식을 정확하게 유지할 수 있습니다. 똑같은 수식을 10만 개의 셀에 복사하는 대신 1개의 셀에 1개의 수식을 입력하면 되니 수식 변경, 삭제, 오기입 등 실수할 가능성을 줄일 수 있습니다.

배열 반환 함수는 함수 자제로 쓸 수도 있지만 다른 함수의 인수에 들어갈 배열을 생성하는 데 사용하는 경우가 더 많습니다. UNIQUE 함수의 결과를 SORT 함수에 넣었던 것처럼 말이죠. 비슷한 방식으로 SORT 함수의 결과를 정렬된 범위를 탐색하는 VLOOKUP 함수의 탐색 대상 범위 인수로 지정할 수도 있고 INDEX, SPLIT 함수의 결과를 COUNTIF 함수의 인수로 전달할 수도 있습니다.

물론 굳이 엑셀과 다른 방식으로 구글 스프레드시트를 사용해야 하는 것은 아닙니다. 지금 쓰고 있는 수식이 복잡하지 않다면 복잡한 수식을 쓰지 않아도 업무를 처리하는 데 큰 지장이 없었다는 의미일 수도 있습니다. 배열 수식을 설명할 때 이 기능이 적합한 상황을 함께 설명하고 있으니 자신에게 필요하지 않다면 가볍게 읽고 과감히 넘어가도 좋습니다.

구글 스프레드시트에는 다음과 같은 배열을 반환하는 함수가 있습니다. 구글의 가이드에 나오는 순서를 따랐습니다.

구글 스프레드시트의 배열을 반환하는 함수

종류	함수	기능	핵심 함수
배열	ARRAY_CONSTRAIN	반환되는 배열 결과의 크기를 제한	
배열	MMULT	두 행렬 간의 행렬곱을 반환	
필터	FILTER	원본 범위에서 조건에 맞는 행이나 열만을 반환	O
필터	SORT, SORTN	특정 열을 기준으로 주어진 범위를 정렬. SORTN은 첫 n개 항목만 반환	O
필터	UNIQUE	중복값이 없는 행만을 반환	O
구글	ARRAYFORMULA	배열 함수가 아닌 함수들이 배열을 이용하여 계산을 수행할 수 있게 변환	O
구글	GOOGLEFINANCE	증권과 관련된 현재, 과거 가격에 대한 정보 제공	
구글	QUERY	쿼리 언어로 데이터를 추출	O
참조	INDEX	행과 열 위치로 지정된 셀의 내용을 반환	
수학	RANDARRAY	0과 1사이의 난수 배열을 생성	
수학	SEQUENCE	지정된 행과 열 크기로 1, 2, 3, 4와 같은 수열을 생성	
문자열	SPLIT	텍스트를 지정된 문자 또는 문자열을 기준으로 분할	O
웹	IMPORTDATA IMPORTFEED IMPORTHTML IMPORTRANGE IMPORTXML	외부 데이터(각각 .csv, RSS, HTML, 구글 스프레드시트, XML)로부터 데이터 배열을 가져옴	O

NOTE 2021년 이후 구글은 배열 함수를 대대적으로 업데이트했습니다. 위에 기재된 함수 외에도 배열을 직접 변경하는 함수인 FLATTEN, CHOOSECOLS, CHOOSEROWS, HSTACK, VSTACK, WRAPCOLS, WRAPROWS가 추가되었고, LAMBDA 함수와 결합하여 함께 사용하여 배열 데이터를 처리하는 BYCOL, BYROW, MAKEARRAY, MAP, REDUCE, SCAN과 같은 함수도 생겼습니다. 다양한 함수 덕분에 업무 처리가 훨씬 간편해졌지만 모든 함수를 완벽히 알 필요는 없습니다. 필요한 경우에 책의 나머지 부분에서 새로 추가된 함수들의 기능을 다루도록 하겠습니다.

중괄호의 마법

구글 스프레드시트는 배열을 반환하는 함수들과 이렇게 반환된 배열을 사용하는 수식들이 많습니다. 수식에서 반환되는 배열을 사용하는 것 외에도 중괄호({ })를 이용하여 배열을 직접 만들 수도 있습니다. 예를 들면 여러 시트에 흩어져 있는 데이터를 모아서 하나의 배열로 만들거나, 데이터의 형태 및 순서를 처리하기 쉬운 형태의 배열로 바꿔 수식에 사용할 수 있습니다.

범위를 중괄호로 감싸서 배열 만들기

범위를 참조해서 범위 안에 있는 값들을 반환받으려면 어떻게 해야 할까요? 중괄호({ })를 사용해보겠습니다.

01 예제 | 중괄호 배열 [배열] 시트의 [G2] 셀에 수식 **={A2:A13}**를 입력합니다. [A2:A13] 범위를 중괄호로 묶은 것입니다.

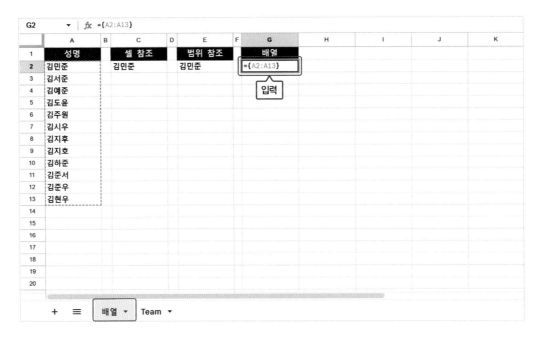

02 [A2:A13] 범위의 값들이 배열로 반환되었습니다.

03 2차원 범위나 열린 범위도 동일하게 배열로 반환받을 수 있습니다. [열린배열] 시트의 [E2] 셀에 수식 **={A2:C}**를 입력합니다.

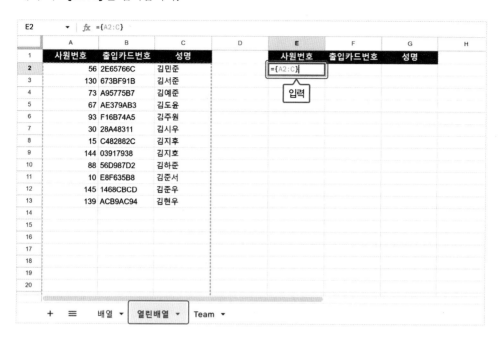

04 [A2:C] 범위에 들어 있는 값들이 배열로 반환되었습니다.

콤마와 세미콜론으로 배열 이어 붙이기

중괄호 안에 있는 범위에 콤마(,)를 입력하고 새로운 범위를 적으면 구글 스프레드시트는 새로운 범위를 기존 범위의 오른쪽에 이어 붙입니다. 세미콜론(;)을 입력하면 새로운 범위를 기존 범위의 아래쪽에 이어 붙입니다. 이 기능을 이용하면 여러 위치에 분산되어 있는 데이터를 하나의 통일된 데이터로 만들거나 데이터의 열 순서를 바꿀 수 있습니다.

01 **예제 | 중괄호 배열** [엮은배열] 시트의 [E2] 셀에 수식 **={A2:C9;A12:C15}**를 입력합니다. 세미콜론으로 [A2:C9] 범위와 [A12:C15] 범위를 위아래로 이어 붙인 배열을 만드는 수식입니다.

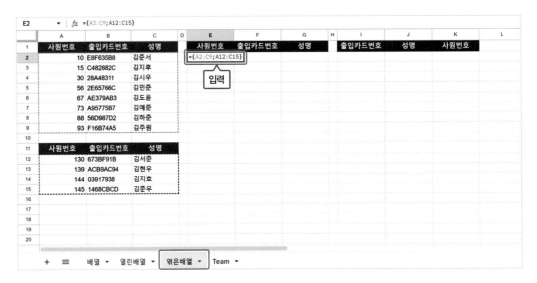

02 [A2:C9] 범위가 입력된 아래([E10] 셀)에 [A12:C15] 범위가 이어진 배열이 반환되었습니다.

03 [I2] 셀에 수식 **={F2:G,E2:E}**를 입력합니다. 방금 만든 [E2:G] 범위에서 사원번호가 있는 E 열이 [F2:G] 범위 오른쪽(,)에 위치하도록 이어 붙인 수식입니다.

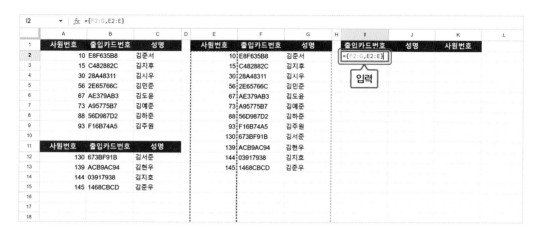

04 [F2:G] 범위 오른쪽에 [E2:E] 범위가 이어 붙여진 배열이 반환되었습니다.

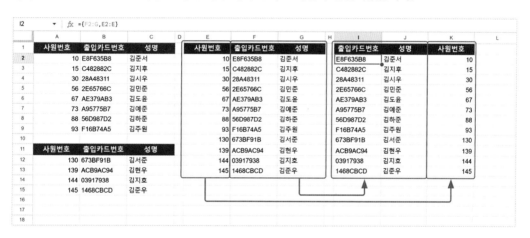

오른쪽 열을 키값으로 쓰는 VLOOKUP 만들기

회사가 투자를 받아서 더 이상 전화요금 갖고 인색하게 굴지 않아도 되지만, 그래도 좀 더 간편한 방법을 알아보기 위해 3장의 MATCH 함수에서 만들었던 전화요금 조사 시트로 돌아가봅시다. 내선번호를 기준으로 성명을 가져와야 하는데 [Team] 시트의 데이터는 내선번호가 G열, 성명이 C열로 키값이 될 내선번호가 성명보다 오른쪽에 위치해 있습니다. VLOOKUP은 키값이 탐색 범위의 왼쪽에 위치해야 하므로 이 시트에서는 사용할 수 없습니다. 대신 XLOOKUP을 사용하거나, INDEX와 MATCH 함수를 조합해서 사용자를 찾아낼 수 있었습니다. 배열을 사용하면 이 문제를 VLOOKUP으로 해결할 수 있습니다.

01 예제 | 중괄호 배열 [배열참조] 시트의 [D2] 셀에 수식 `=VLOOKUP($A2,{Team!$G$2:$G,Team!$`
`C$2:$C},2,0)`를 입력합니다. `Team!$G$2:$G` 범위 오른쪽에 `Team!$C$2:$C` 범위를 이어 붙인 배열(`{Team!$G$2:$G,Team!$C$2:$C}`)에서 키값이 3771(`$A2`)인 행을 찾아서 2번째 열에 해당하는 값을 가져오는 수식입니다.

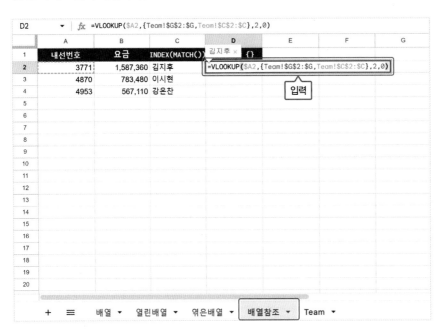

여기서 잠깐 ▶　　　**중괄호로 만든 배열은 직접 그려보면 쉽게 이해할 수 있습니다**

VLOOKUP 함수의 탐색 대상 범위 수식인 `{Team!$G$2:$G,Team!$C$2:$C}`만 따로 떼서 표시하면 다음과 같은 결과가 나옵니다. VLOOKUP을 쓸 수 있도록 키값인 내선번호를 왼쪽으로 옮기는 배열입니다.

	A	B	C	D	E	F	G
1	5722	김민준					
2	5117	김서준					
3	2638	김예준					
4	2044	김도윤					
5	5564	김주원					
6	1184	김시우					
7	3771	김지후					
8	5812	김지호					
9	8479	김하준					
10	5697	김준서					
11	3346	김준우					
12	1863	김현우					
13	2371	김지훈					
14	1814	김도현					
15	3487	김건우					
16	5532	김우진					
17	3322	김민재					
18	9404	김현준					
19	7921	김선우					

따로 떼서 본 중괄호 배열

02 아래 범위에도 동일한 수식을 적용하기 위해 [D2:D4] 범위를 선택하고 `Ctrl`+`D` 키를 눌러서 [D2] 셀의 수식을 붙여 넣습니다. XLOOKUP, INDEX 또는 MATCH 함수를 썼을 때와 같은 결과입니다.

이렇게 중괄호 배열은 기존에 있던 데이터의 형태가 사용하기 불편하거나, 데이터의 양이 너무 많아 필요한 데이터만 추출하여 새 데이터 세트를 구성하고자 할 때 사용할 수 있습니다. 특히 배열 함수인 FILTER나 QUERY 등에서 필요한 데이터를 가공할 때 많이 사용합니다.

여기서 잠깐 ▶   **배열은 같은 크기의 배열끼리만 이어 붙일 수 있습니다**

배열을 이어 붙일 때는 두 배열의 크기가 동일해야 합니다. 예를 들어, 5열짜리 배열을 세미콜론(;)으로 위아래로 붙이려면 모든 배열이 5열짜리여야 합니다. 3행짜리 배열을 콤마(,)로 좌우로 이어 붙이려면 모든 배열이 3행짜리여야 합니다. 대부분 직관적으로 이렇게 작성하기 때문에 오류가 발생할 여지는 적습니다. 하지만 FILTER나 나중에 배울 QUERY 함수의 반환값을 이어 붙이는 경우 특정한 조건의 반환값이 없는 상황이면 행, 열 정보가 없는 오룃값(#N/A)과 배열을 이어 붙이게 되어 다음과 같은 오류가 발생합니다.

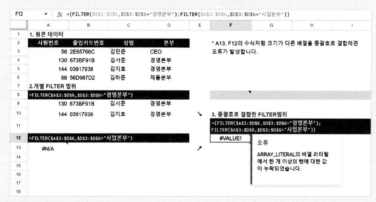

다른 크기의 배열 연결시 오류 발생

이를 해결하는 방법은 IFERROR 함수와 빈 배열을 이용해서 오류가 발생했을 경우 크기에 맞는 더미 배열을 반환하도록 하는 것입니다. 더미 배열을 만들기 위해서는 2열짜리 배열인 경우 `{" ", " "}`, SEQUENCE(1, 2, 0, 0), {A1:A2}와 같은 방법을 사용할 수 있습니다({A1:A2}로 실제 범위를 참조하도록 하는 경우 [A1:A2]의 내용을 비워놓아야 쓰레기 데이터가 들어가지 않습니다).

최근 추가된 HSTACK이나 VSTACK 함수는 중괄호 배열과 동일하게 가로(HSTACK) 또는 세로(VSTACK)로 배열을 결합하는 함수입니다. 이 함수들은 IFNA, IFERROR 등의 함수와 함께 사용하면 배열의 크기가 다를 때 자동으로 공백 배열을 생성하여 결합 배열의 크기를 맞춰주기 때문에 오류를 방지할 수 있습니다. 이 책에서는 이에 대한 실습은 하지 않지만 예제 스프레드시트의 [더미 배열]이라는 시트에 예시를 추가해두었으니 참조하기 바랍니다.

SECTION
5.3

순환 함수
ARRAYFORMULA

▶▶ 배열 함수를 사용하면 후속 작업이 말할 수 없이 간단해진다는 것을 배웠습니다. 그러나 모든 함수가 배열 함수는 아닙니다. ARRAYFORMULA는 단일 인수를 받는 함수들을 배열 인수를 받을 수 있도록 배열 함수로 만들어주는 매우 유용한 함수입니다. 단일 조건 인수를 바꿔가면서 결괏값을 계산하기 때문에 순환 함수라고 표현했습니다. ARRAYFORMULA를 통해 수식 복사&붙여넣기를 없애는 방법과 ARRYAFORMULA를 사용할 때 하기 쉬운 실수들을 알아보겠습니다.

ARRAYFORMULA로 다시 알아보는 함수의 구조

ARRAYFORMULA는 동일한 수식을 여러 셀에 입력해야 할 때, 한 셀에만 입력하면 나머지 셀에도 모두 같은 수식을 채운 것 같은 효과를 주는 함수입니다. 즉, 배열 함수가 아닌 함수를 배열 함수로 만드는 함수입니다. 지금까지 '아래 범위에도 동일한 수식을 복사해서 붙여넣기 위해 자동 채우기 핸들을 더블클릭합니다.'라고 했던 작업을 대신해줍니다. 엑셀에서는 데이터가 1,000개라면 1,000개의 수식을 모두 기재해야 하지만, 구글 스프레드시트에서는 ARRAYFORMULA를 이용해 단 1개의 수식으로 해결할 수 있습니다.

우리는 3.1절에서 함수의 구조에 대해 알아봤습니다. 함수는 ① 인수를 받아서 ② 이 인수를 함수에 미리 정의된 대로 연산하고 ③ 그 결괏값을 반환합니다. 우리가 흔히 만났던 함수들은 ③의 결괏값이 하나였고, 배열 함수는 ③의 결괏값이 배열로 나와서 편리하게 사용할 수 있었습니다.

그런데 VLOOKUP과 같은 보통의 함수를 우리는 어떻게 쓰고 있나요? 보통 왼쪽 열에 키값을 주욱 적어 놓고 똑같은 VLOOKUP 수식을 수백 개의 셀에 복사&붙여넣기해서 수백 개의 단일 결괏값들을 계산합니다. 만약 이 작업을 수식 하나로 처리할 수 있다면 수식의 '복사&붙여넣기'를 줄이고 퇴근을 앞당길 수 있지 않을까요?

수식 하나로 적어놓은 키값을 처리하려면 키값 역시 배열로 받아야 합니다. 하지만 보통의 함수는 단일값 조건을 인수로 받습니다. 이런 함수에게 지금 입력한 인수가 배열이고 결괏값을 배열로 반환해 달라고 알려주는 함수가 바로 ARRAYFORMULA입니다.

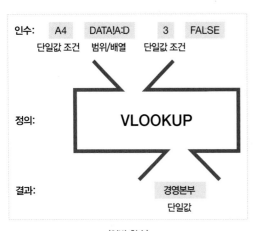

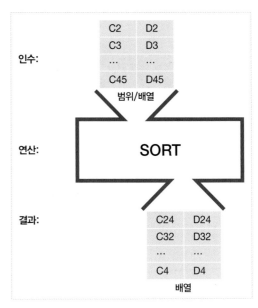

〈일반 함수〉

〈배열 함수〉

단일값을 반환받는 일반 함수와 배열을 반환받는 배열 함수

인수에는 데이터가 있는 범위의 성격을 가진 인수와 이 범위를 처리할 기준이 되는 조건의 성격을 가진 인수가 있습니다. ARRAYFORMULA는 여기에서 주로 단일값으로 입력받던 조건에 해당하는 인수를 배열로 입력할 수 있게 합니다. ARRAYFORMULA의 역할은 다른 인수들은 고정하고 일부 인수들만 변경하는 것입니다. 일종의 순환문의 역할과 비슷합니다. 단일값만 반환하던 수식을 ARRAYFORMULA를 통해 배열값을 반환하는 수식으로 변경할 수 있습니다.

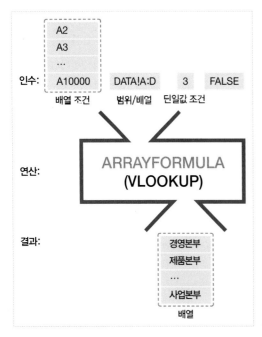

단일값 인수를 배열 인수로 받을 수 있게 만드는 ARRAYFORMULA 함수

ARRAYFORMULA를 이용하면 다음 첫 번째 그림처럼 단일값 조건을 하나하나 모두 입력하고 VLOOKUP 수식을 하나하나 복사&붙여넣기하던 작업을 두 번째 그림처럼 배열 조건을 입력받는 수식으로 사용할 수 있고, 이 수식 하나로 전체 반환값을 배열로 받아올 수 있습니다. 결론적으로 ARRAYFORMULA를 사용하면 퇴근이 빨라집니다.

	조건	수식	반환값	
단일값	A2	=VLOOKUP($A2,DATA!$A:$D,3,0)	경영본부	단일값
단일값	A3	=VLOOKUP($A3,DATA!$A:$D,3,0)	제품본부	단일값
단일값	A4	=VLOOKUP($A4,DATA!$A:$D,3,0)	사업본부	단일값
단일값	A5	=VLOOKUP($A5,DATA!$A:$D,3,0)	경영본부	단일값
	...	...	...	
단일값	A10000	=VLOOKUP($A10000,DATA!$A:$D,3,0)	사업본부	단일값

	조건	수식	반환값	
배열	A2:A10000	= ARRAYFORMULA(VLOOKUP($A2:$A10000,DATA!$A:$D,3,0)) ------ ARRAYFORMULA ------	경영본부	배열
			제품본부	
			사업본부	
			경영본부	
			...	
			사업본부	

만 개의 수식 vs 한 개의 수식

ARRAYFORMULA로 수식 복사&붙여넣기 없애기

핵심 함수 | ARRAYFORMULA

설명	배열이 아닌 함수/수식에 배열을 사용할 수 있습니다.
구문	=ARRAYFORMULA(배열_수식)
인수	**배열_수식**: 범위를 사용한 수식 또는 하나의 셀보다 큰 결과를 반환하는 함수입니다.
더보기	ARRAY_CONSTRAIN: 배열 결과를 지정된 크기로 제한합니다.

5.2절에서 중괄호 배열을 이용했던 VLOOKUP 예제의 수식을 보면 다음과 같습니다. 조건에 해당하는 첫 번째 인수만 A2~A4로 변화할 뿐 나머지 인수들은 동일한 수식이 반복되고 있습니다. ARRAYFORMULA 함수로 수식을 하나로 만들고 불필요한 반복을 제거해보겠습니다.

반복되는 VLOOKUP 수식

01 예제 | ARRAYFORMULA [C3], [C4] 셀의 수식을 삭제하고, [C2] 셀의 수식을 **=ARRAYFORMULA** **(VLOOKUP($A2:$A4,{Team!$G$2:$G,Team!$C$2:$C},2,0))**로 수정합니다.

NOTE 기존 수식 **=VLOOKUP($A2,{Team!$G$2:$G,Team!$C$2:$C},2,0)**에서 조건에 해당하는 인수 $A2를 $A2:$A4인 배열로 바꾸고 단일값이 아닌 배열값을 인수로 넣었음을 알려주기 위해 **ARRAYFORMULA( )**로 수식을 감쌌습니다.

02 끝났습니다. 수식은 [C2] 셀에만 입력되어 있는데 [C2:C4]까지 모두 값이 채워진 것을 확인할 수 있습니다. ARRAYFORMULA는 이렇게 1가지 조건을 인수로 받아 1개의 값만 반환하던 일반 함수 수식을, 배열을 인수로 받아 배열을 반환하는 수식으로 변환합니다.

여기서 잠깐 ▶

배열 수식에서 #REF! 오류가 나와요!

[C3:C4]의 수식을 삭제하지 않으면 '배열 결과는 C3에서 데이터를 덮어쓰기 때문에 스프레드시트에서 펼쳐지지 않습니다.'라는 메시지와 함께 #REF! 오류가 발생합니다. 배열을 반환하는 수식은 모두 배열을 써야 하는 위치에 다른 값이 있어서 데이터를 덮어쓰는 경우에 이와 같은 오류를 발생시킵니다. 배열 수식을 입력한 뒤에 누군가가 임의로 값을 입력하는 경우에도 이런 오류가 발생합니다. 따라서 지정된 수식으로 계산되어야 할 셀이 임의로 변경되는 것을 방지하는 효과도 있습니다.

자동으로 계산되는 생년월일과 이메일 주소 만들기

배열 수식을 [A:A] 혹은 [A2:A]와 같은 열린 참조와 함께 사용하면 데이터가 늘어나더라도 수식을 수정하지 않아도 됩니다. 직원 명단에 사람이 추가될 때 자동으로 이메일 주소를 생성하고, 수작업으로 입력하거나 수식을 복사&붙여넣기했던 생년월일, 전화번호, 본부명이 자동으로 조회되도록 변경해보겠습니다.

01 **예제 | ARRAYFORMULA(DATE&MAIL)** ID에 회사 도메인을 붙여서 EMAIL 주소를 생성하기 위해 [D2] 셀에 수식 **=ARRAYFORMULA(**$C2:$C&"@jncd.com"**)**를 입력합니다. [C2:C] 범위의 ID 뒤에 "@jncd.com"을 붙이는 수식입니다.

NOTE 함수가 아니라 연산자만 들어 있는 수식의 경우에도 이렇게 ARRAYFORMULA 함수를 사용할 수 있습니다. [C2:C]로 아래쪽으로 열린 범위를 사용했으므로 새로운 데이터가 아래에 추가되었을 때 수식을 수정하지 않아도 자동으로 ARRAYFORMULA 수식이 계산됩니다.

02 수식 하나로 D열 전체를 채웠습니다. 그런데 채우면 안 되는 범위까지 채워졌습니다.

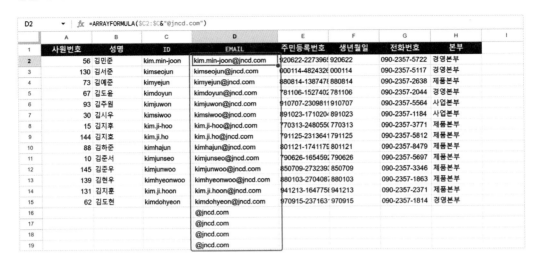

03 C열에 내용이 있는 경우에만 이메일 주소를 만들도록 수식을 수정합니다. [D2] 셀의 수식에서 ARRAYFORMULA 함수 안쪽을 **IF($C2:$C<>"",[수식],"")**로 감싸줍니다. 완성된 수식은 **=ARRAYFORMULA(IF($C2:$C<>"",$C2:$C&"@jncd.com",""))**입니다.

04 데이터가 없는 셀은 표시되지 않도록 깔끔하게 수정되었습니다.

05 LEFT 함수로 생년월일을 계산했던 F열을 수정하기 위해 [F3:F15] 범위에 들어 있는 수식을 모두 삭제합니다. [F2] 셀의 수식 **=LEFT($E2,6)**에서 인수 **$E2**를 **$E2:$E**로 수정하고 **=ARRAYFORMULA()**로 감쌉니다. 완성된 수식은 **=ARRAYFORMULA(IF($E2:$E<>"",** **LEFT($E2:$E,6),""))**입니다. 배열 수식 하나로 전체 범위에 수식을 사용했던 것과 동일한 결과가 계산되었습니다.

NOTE LEFT 함수는 빈 문자열을 인수로 받으면 빈 문자열을 반환하므로 **IF($E2:$E<>"",기존함수,"")**로 처리하지 않아도 같은 결과를 보여줍니다. 그러나 나중에 어떤 함수로 변경될지 모르기 때문에 이러한 예외 처리를 넣는 습관을 갖는 게 좋습니다.

06 G열과 H열은 모두 [DATA] 시트에서 VLOOKUP으로 불러오는 데이터입니다. [G2:H15]의 수식을 모두 삭제한 뒤 [G2] 셀에 수식 **=ARRAYFORMULA(IF($A2:$A<>"",VLOOKUP($A2:$A,DATA!$A:$D,3,0),""))**를, [H2] 셀에 수식 **=ARRAYFORMULA(IF($A2:$A<>"",VLOOKUP($A2:$A,DATA!$A:$D,4,0),""))**를 입력합니다. 수식이 모두 ARRAYFORMULA와 열린 참조를 이용한 형태로 변경되었습니다.

	A	B	C	D	E	F	G	H	I
H2	▼	fx	=ARRAYFORMULA(IF($A2:$A<>"",VLOOKUP($A2:$A,DATA!$A:$D,4,0),""))						
1	사원번호	성명	ID	EMAIL	주민등록번호	생년월일	전화번호	본부	
2	56	김민준	kim.min-joon	kim.min-joon@jncd.com	920622-2273965	920622	090-2357-5722	경영본부	
3	130	김서준	kimseojun	kimseojun@jncd.com	000114-4824326	000114	090-2357-5117	경영본부	
4	73	김예준	kimyejun	kimyejun@jncd.com	880814-1387478	880814	090-2357-2638	제품본부	
5	67	김도윤	kimdoyun	kimdoyun@jncd.com	781106-1527402	781106	090-2357-2044	경영본부	
6	93	김주원	kimjuwon	kimjuwon@jncd.com	910707-2309811	910707	090-2357-5564	사업본부	
7	30	김시우	kimsiwoo	kimsiwoo@jncd.com	891023-1710204	891023	090-2357-1184	사업본부	
8	15	김지후	kim.ji-hoo	kim.ji-hoo@jncd.com	770313-2480550	770313	090-2357-3771	제품본부	
9	144	김지호	kim.ji.ho	kim.ji.ho@jncd.com	791125-2313641	791125	090-2357-5812	제품본부	
10	88	김하준	kimhajun	kimhajun@jncd.com	801121-1741179	801121	090-2357-8479	제품본부	
11	10	김준서	kimjunseo	kimjunseo@jncd.com	790626-1654592	790626	090-2357-5697	제품본부	
12	145	김준우	kimjunwoo	kimjunwoo@jncd.com	850709-2732393	850709	090-2357-3346	제품본부	
13	139	김현우	kimhyeonwoo	kimhyeonwoo@jncd.com	880103-2704087	880103	090-2357-1863	제품본부	
14	131	김지훈	kim.ji.hoon	kim.ji.hoon@jncd.com	941213-1647758	941213	090-2357-2371	제품본부	
15	62	김도현	kimdohyeon	kimdohyeon@jncd.com	970915-237163	970915	090-2357-1814	경영본부	
16									
17									
18									
19									

NOTE [G2] 셀과 [H2] 셀의 수식은 VLOOKUP 안의 열 인덱스값이 3과 4인 것을 제외하고는 동일한 수식입니다. "왠지 저것도 배열로 처리할 수 있지 않을까?"라고 생각했다면 이제 배열에 제법 익숙해진 것입니다! 다음 절에서 살펴보겠습니다.

07 신규로 입사한 사원을 등록해보겠습니다. [A16] 셀에 **146**, [B16] 셀에 **임의로**, [C16] 셀에 **iro**, [E16] 셀에 **000711-4073872**를 입력합니다. 수식을 따로 추가하지 않아도 D, F, G, H열이 2행에 입력된 ARRAYFORMULA 수식에 의해 자동으로 입력되는 것을 확인할 수 있습니다.

	A	B	C	D	E	F	G	H	I
D2	▼	fx	=ARRAYFORMULA(IF($C2:$C<>"",$C2:$C&"@jncd.com",""))						
1	사원번호	성명	ID	EMAIL	주민등록번호	생년월일	전화번호	본부	
2	56	김민준	kim.min-joon	kim.min-joon@jncd.com	920622-2273965	920622	090-2357-5722	경영본부	
3	130	김서준	kimseojun	kimseojun@jncd.com	000114-4824326	000114	090-2357-5117	경영본부	
4	73	김예준	kimyejun	kimyejun@jncd.com	880814-1387478	880814	090-2357-2638	제품본부	
5	67	김도윤	kimdoyun	kimdoyun@jncd.com	781106-1527402	781106	090-2357-2044	경영본부	
6	93	김주원	kimjuwon	kimjuwon@jncd.com	910707-2309811	910707	090-2357-5564	사업본부	
7	30	김시우	kimsiwoo	kimsiwoo@jncd.com	891023-1710204	891023	090-2357-1184	사업본부	
8	15	김지후	kim.ji-hoo	kim.ji-hoo@jncd.com	770313-2480550	770313	090-2357-3771	제품본부	
9	144	김지호	kim.ji.ho	kim.ji.ho@jncd.com	791125-2313641	791125	090-2357-5812	제품본부	
10	88	김하준	kimhajun	kimhajun@jncd.com	801121-1741179	801121	090-2357-8479	제품본부	
11	10	김준서	kimjunseo	kimjunseo@jncd.com	790626-1654592	790626	090-2357-5697	제품본부	
12	145	김준우	kimjunwoo	kimjunwoo@jncd.com	850709-2732393	850709	090-2357-3346	제품본부	
13	139	김현우	kimhyeonwoo	kimhyeonwoo@jncd.com	880103-2704087	880103	090-2357-1863	제품본부	
14	131	김지훈	kim.ji.hoon	kim.ji.hoon@jncd.com	941213-1647758	941213	090-2357-2371	제품본부	
15	62	김도현	kimdohyeon	kimdohyeon@jncd.com	970915-237163	970915	090-2357-1814	경영본부	
16	146	임의로	iro	iro@jncd.com	000711-4073872	000711	090-2357-1819	제품본부	
17									
18									
19									

ARRAYFORMULA는 함수 이름이 길어서 일일이 타이핑하기 어렵습니다. ARRAYFORMULA를 제외한 수식을 입력하고 Enter 키 대신 Ctrl + Shift + Enter 키를 누르면 저절로 ARRAYFORMULA가 수식의 양 끝을 감싸는 형태로 변경됩니다. 수식을 확인한 후 한 번 더 Enter 키를 누르면 입력이 완료됩니다. Ctrl + Shift + Enter 키는 엑셀에서도 배열 수식을 입력하는 단축키로 사용할 수 있습니다.

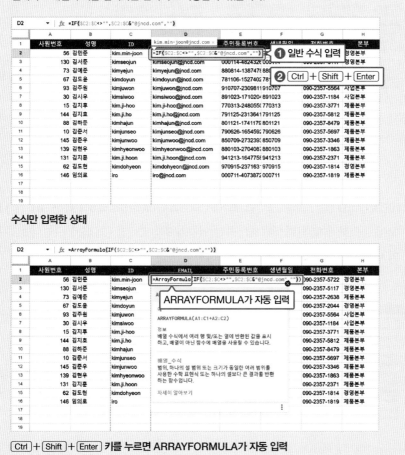

수식만 입력한 상태

Ctrl + Shift + Enter 키를 누르면 ARRAYFORMULA가 자동 입력

ARRAYFORMULA와 배열로 VLOOKUP에서 여러 인덱스 불러오기

지금까지 살펴본 것처럼 ARRAYFORMULA는 단일값으로 입력받던 인수를 배열로 입력받을 수 있게 해주는 함수입니다. VLOOKUP에서 열 인덱스 역시 단일값 조건입니다. 이를 배열로 만들어서 입력할 수만 있으면 ARRAYFORMULA를 사용할 수 있습니다. 앞에서 중괄호를 이용해 숫자를 배열로 만드는 방법을 배웠죠. 전화번호와 본부 열을 한 수식으로 처리해봅시다.

01 예제 | ARRAYFORMULA(배열인덱스) [시트1]의 [G2] 셀 수식으로 G열과 H열을 모두 채울 것이므로 [H2] 셀의 수식을 삭제합니다.

NOTE [H2] 셀의 수식이 `=ARRAYFORMULA(IF($A2:$A<>"",VLOOKUP($A2:$A,DATA!$A:$D,4,0),""))`, 즉 ARRAYFORMULA로 되어 있으므로 [H2] 셀만 지우면 H열 전체의 값이 사라집니다.

02 [G2] 셀의 수식 `=ARRAYFORMULA(IF($A2:$A<>"",VLOOKUP($A2:$A,DATA!$A:$D,3,0),""))`를 `=ARRAYFORMULA(IF($A2:$A<>"",VLOOKUP($A2:$A,DATA!$A:$D,{3,4},0),""))`로 고칩니다. 수식은 모두 동일하나 열 인덱스에 해당하는 인수가 3에서 배열 **{3,4}**로 변경되었습니다. 즉, VLOOKUP의 대상 데이터 범위에서 3번째 열과 4번째 열을 모두 가져옵니다.

03 결과는 열 단위로 다른 수식을 썼을 때와 동일합니다. ARRAYFORMULA를 이용하면 VLOOKUP의 키값뿐만 아니라 열 인덱스 역시 배열로 입력할 수 있다는 것을 확인했습니다.

ARRAYFORMULA를 쓸 때 고려해야 할 점

ARRAYFORMULA를 배우고 나면 모두 이것으로 해결하고 싶은 욕구가 들게 마련입니다. ARRAYFOMULA로 처리할 수 없는 경우와 ARRAYFORMULA가 속도에 미치는 영향에 대해 알아봅시다.

ARRAYFORMULA가 적용되지 않는 함수

ARRAYFORMULA는 단일값을 인수로 받아 단일값을 반환하는 함수에 대해 작동합니다. 따라서 배열을 인수로 받는 함수들이나 주어진 인수를 한꺼번에 처리하는 함수는 ARRAYFORMULA를 사용할 수 없습니다. 대표적인 함수가 AND, OR, SUMIFS, MAXIFS, COUNTIFS, INDEX(MATCH())입니다.

이때 함수를 ARRAYFORMULA 적용이 가능한 형태로 수정하면 해결이 가능합니다. AND/OR 함수의 경우 **AND(조건식, 조건식)**를 **(조건식*조건식)**로, **OR(조건식, 조건식)**를 **(조건식+조건식)**로 바꾸는 식입니다. SUMIFS 같은 경우 **SUMIFS(합계범위, 조건범위1=A, 조건범위2=B)**를 **SUMIF(조건범위1&조건범위2, A&B, 합계범위)**와 같이 변형하면 됩니다.

하지만 많은 경우 ARRAYFORMULA를 사용하기 위해 함수의 형태를 변경하는 일은 매우 번거롭습니다. 그리고 시간이 지난 후 그 수식을 보면 이해하기 어려운 경우가 대부분일 것입니다. ARRAYFORMULA에 대한 탐구 정신이 넘치는 게 아니라면 일찍 포기하고 다른 부분에 집중하는 것이 낫습니다.

한편 구글은 ARRAYFORMULA 함수의 도움말에서 '곧 많은 배열 수식이 인접한 셀까지 자동으로 확장되어 ARRAYFORMULA 함수를 군이 사용할 필요가 없어집니다.'라고 안내합니다. 조만간 ARRAYFORMULA를 쓰지 않고도 대부분의 함수들을 배열 수식으로 사용할 수 있게 될 것입니다.

ARRAYFORMULA와 처리 속도

ARRAYFORMULA는 매우 편하지만 속도에 안 좋은 영향을 미칩니다. ARRAYFORMULA는 동일한 수식을 여러 셀에 걸쳐서 인수를 바꿔가며 반복 수행하므로 수식을 분리해서 적는 것보다 부하가 더 걸립니다. 따라서 수식을 반복 입력하지 않아도 되는 편리함에서 얻는 이득이 속도 저하에서 오는 손실보다 큰지 고려해야 합니다.

또한, ARRAYFORMULA를 쓰는 경우 열린 참조를 많이 사용하게 되는데 열린 참조 역시 구글 스프레드시트의 성능을 저하시킵니다. 열린 참조를 사용할 때는 사용하지 않는 행과 열을 모두 삭제하여 전체 스프레드시트의 셀 수를 줄여야 합니다.

엑셀까지 한 번에 ▶   **엑셀의 배열 함수**

기존 엑셀은 배열 함수를 제한적으로 지원했습니다. Ctrl + Shift + Enter 키로 배열 수식을 입력할 수 있었지만 배열을 인수로 받을 뿐, 결과가 배열로 반환되지는 않았습니다. 엑셀은 배열보다는 표를 통해 다량의 데이터를 처리해왔죠. 하지만 최근에는 엑셀도 적극적으로 배열을 반환하는 함수를 지원하고 있으며 어떤 면에서는 구글 스프레드시트보다 더 편하게 작업할 수 있는 경우도 있습니다.

배열을 반환하는 엑셀의 배열 수식

엑셀의 배열 수식은 수식이 적용되는 범위를 파란 박스로 표시하며 더구나 중괄호 배열이나 ARRAYFORMULA와 같은 별도의 수단을 사용하지 않아도 배열 수식을 훌륭하게 처리합니다. 다만, 엑셀은 여전히 열린 참조를 지원하지 않으며 여러 인덱스를 불러오는 수식은 작동하지 않는다는 한계 역시 지니고 있습니다. 엑셀과 구글 시트가 서로 경쟁하며 좋은 기능이 더 많아지기를 기대합니다.

여러 인덱스는 지원하지 않습니다

CHAPTER 06

함수로 데이터 가져와서
분석하기

▶▶▶

이 장에서는 데이터를 외부에서 가져와서 분석하고 가공하는 방법을 배웁니다. FILTER와 유사하지만 더 강력한 QUERY 함수를 통해 데이터를 분석해보고 IMPORT 계열 함수들로 다양한 형태의 데이터를 크롤링해봅니다. 데이터를 끌어올 수 있는 것은 엑셀도 마찬가지지만 구글 스프레드시트는 데이터 추출에 함수를 이용하고 불러온 데이터를 배열 형태로 처리할 수 있으므로 엑셀보다 데이터 처리 방식이 훨씬 간편하고 효율적입니다. 구글 스프레드시트에만 있는 GOOGLEFINANCE, GOOGLETRANSLATE, SPARKLINE 함수들의 재미있는 사용 방법도 알아보겠습니다. 생소한 함수들과 작업 방식이 다소 어렵게 느껴질 수 있지만 한 번 익혀놓으면 삶이 편해집니다.

SECTION 6.1 외부 스프레드시트를 참조하는 IMPORTRANGE 함수

▶▶ 구글 스프레드시트는 외부의 데이터를 가져올 때 IMPORT로 시작하는 함수를 사용합니다. 외부 스프레드시트의 셀 참조 역시 IMPORT 계열의 IMPORTRANGE 함수로 처리합니다. 엑셀과 비교했을 때 셀 참조를 별도의 함수로 처리하는 것은 매우 생소한 일입니다. IMPORTRANGE 함수의 개념과 사용 방법에 대해 자세히 알아보겠습니다.

IMPORTRANGE 개념 잡기

엑셀 사용 경험이 있는 사람들이 구글 스프레드시트를 쓰면서 가장 이질적으로 느끼는 부분이 다른 파일(스프레드시트)을 참조하는 방법일 것입니다. 엑셀과 구글 스프레드시트에서 다른 파일의 셀을 참조하는 방법을 비교해봅시다.

엑셀은 다른 파일의 참조할 위치를 클릭하면 자동으로 주소가 입력되지만 구글 스프레드시트는 직접 IMPORTRANGE 수식을 적어야 합니다.

- 엑셀: =[JNCD_매출보고_2025_4Q_20260107_vFinal_진짜진짜최종.xlsx]sales!$K$7
- 구글 스프레드시트: =IMPORTRANGE("1q1sfec2kPEnnQv3TPEjmn1VHjzPa-J8FqX0MXtYZXHY", "sales!$A$2")

얼핏 보면 구글 스프레드시트의 참조 방법이 더 복잡해 보이지만 그렇시 않습니다. 파일이나 스프레드시트의 위치 또는 주소를 적고 참조할 시트명과 범위의 주소를 적는 것은 동일합니다. 만약 엑셀에서 참조하던 파일을 닫으면 엑셀의 참조 수식은 다음과 같이 바뀝니다.

- 엑셀: ='C:\Users\JNCD\Docs\[JNCD_매출보고_2025_4Q_20260107_vFinal_진짜진짜최종.xlsx]sales'!$K$7

복잡하죠. 엑셀은 오프라인 파일 기반이기 때문에 다른 파일을 참조할 경우 파일의 위치를 명시해야 합니다. 만약 파일의 버전이 바뀌거나 경로가 변경되면 문제가 생깁니다. 데이터를 최신으로 유지하기 위해서는 항상 다른 파일이 같은 컴퓨터나 공유 폴더를 통해 접근 가능해야 합니다.

반면, 구글 스프레드시트는 "1q1sfec2kPEnnQv3TPEjmn1VHjzPa−J8FqX0MXtYZXHY"와 같은 고유 ID가 파일 이름을 대신합니다. 이 고유 ID는 스프레드시트의 제목 혹은 내용이 변경되거나 소유자가 바뀌더라도 항상 유지됩니다. 이런 방식은 다음과 같은 이유로 효율적입니다.

- 스프레드시트가 구글 클라우드에 저장되기 때문에 파일의 물리적인 위치가 중요하지 않습니다.
- 스프레드시트를 편집하면 곧바로 클라우드에 반영되기 때문에 최종, 최최종처럼 버전을 관리할 필요도 없습니다.
- 참좃값을 업데이트하기 위해 참조하는 파일을 열지 않아도 됩니다.
- 스프레드시트의 주소만 갖고 있으면 전 세계 어디서나 가장 최신의 시트를 참조할 수 있습니다.

스프레드시트의 주소는 주소 표시줄에서 찾을 수 있습니다(자세한 내용은 80쪽 〈스프레드시트와 시트에 URL로 접근하기〉를 참조하세요). IMPORTRANGE로 참조할 때 권한은 구글 인증에 따라 처리됩니다. 이제 엑셀 파일에 암호를 걸고 이메일로 주고받는 불편한 작업을 하지 않아도 됩니다.

기억해둘 점은 구글 스프레드시트의 IMPORTRANGE는 배열을 반환한다는 것입니다. 단일 셀만 참조해서 가져오는 것이 아니라 여러 셀로 이루어진 배열을 한꺼번에 가져올 수 있습니다. 또한 반환값이 배열이기 때문에 우리가 지금까지 봤던 것처럼 다른 함수들의 인수, 특히 범위 성격의 인수로 사용할 수 있습니다.

> **NOTE** IMPORT로 시작하는 다른 함수들도 모두 외부의 데이터를 배열 형태로 불러온다는 공통점이 있습니다. 다른 IMPORT 형제들인 IMPORTHTML, IMPORTXML, IMPORTFEED, IMPORTDATA에 대한 자세한 사항은 6.3절에서 알아보겠습니다.

IMPORTRANGE로 항상 최신 소스 유지하기

핵심 함수 | IMPORTRANGE

설명	지정된 스프레드시트에서 셀 범위를 가져옵니다.
구문	=IMPORTRANGE(스프레드시트_URL, 범위_문자열)
인수	**스프레드시트_URL**: 가져올 데이터가 있는 스프레드시트의 URL입니다. **범위_문자열**: "[시트_이름!]범위" 형식의 가져올 범위 문자열입니다.
더보기	**IMPORTXML**: XML, HTML, RSS에서 데이터를 가져옵니다. **IMPORTFEED**: RSS 또는 Atom 피드를 가져옵니다. **IMPORTDATA**: .csv(쉼표로 구분된 값) 또는 .tsv(탭으로 구분된 값) 파일의 URL에서 데이터를 가져옵니다.

IMPORTRANGE 함수로 데이터 스프레드시트에 있는 데이터를 셀, 범위, 열린 범위 단위로 가져와보겠습니다.

01 데이터 | IMPORTRANGE(DATA)   [sales] 시트의 [D2] 셀에 있는 판매목표 금액을 예제 시트로 가져오겠습니다. 권한 설정을 테스트해야 하므로 데이터 스프레드시트의 사본을 만든 후 데이터 시트 주소(스프레드시트 고유 ID)를 복사합니다.

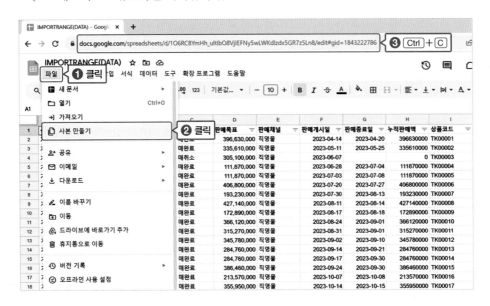

NOTE 이미 데이터 스프레드시트의 사본을 생성해두었다면 그 파일로 진행하면 됩니다.

02 예제 | IMPORTRANGE   방금 복사한 데이터 시트 주소는 이 예제에서 자주 사용할 테니 예제 스프레드시트를 열고 [시트1] 시트의 [C2] 셀에 붙여 넣습니다. [B8] 셀에 수식 **=IMPORTRANGE("데이터시트주소","sales!$D$2")**를 입력합니다. 수식의 **"데이터시트주소"**는 앞서 복사한 데이터 시트의 주소로 변경합니다. 이때 데이터 시트 주소와 범위 문자열(sales!$D$2)은 꼭 큰따옴표로 감싸야 합니다. 따옴표 누락은 흔한 실수지만 반드시 오류를 발생시킵니다. 주의하세요!

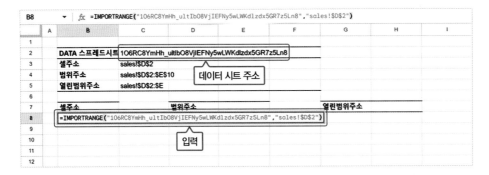

NOTE 데이터 시트 주소는 스프레드시트 고유 ID를 의미합니다. 데이터 시트의 URL을 전부 적어도 물론 괜찮지만, 고유 ID는 더 짧기 때문에 가독성 측면에서 더 유리하죠. 해당 내용은 80쪽 〈스프레드시트와 시트에 URL로 접근하기〉를 참고하세요.

03 '로드 중…'이라는 글자가 나오면서 데이터를 금방 불러올 것 같지만, '이 스프레드시트를 연결해야 합니다.'라는 메시지를 보여주면서 #REF! 에러를 뱉어 냅니다. 권한을 부여하기 위해 [액세스 허용] 버튼을 클릭합니다.

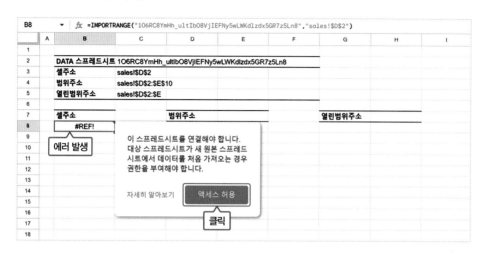

여기서 잠깐 ▶   **IMPORTRANGE와 액세스 권한**

구글 스프레드시트에서 IMPORTRANGE 함수를 사용하려면 현재 작업 중인 시트(A)에 참조하려는 스프레드시트 (B)에 대한 접근 권한이 필요합니다. 따라서 사용자가 B에 대해 최소한 뷰어 역할을 갖고 있어야 합니다.

A의 B에 대한 액세스 권한은 사용자를 따라 가고 스프레드시트 단위로 부여됩니다. 한 번 A에 부여된 권한은 액세스 권한을 부여한 사용자가 A나 B에서 제거되어야 사라집니다. 스프레드시트에 권한을 부여했던 사용자가 A나 B에 접근할 권한이 없어지면 스프레드시트의 액세스 권한도 사라집니다. 또한 스프레드시트의 사본을 생성해도 새로운 스프레드시트에서는 기존에 부여된 액세스 권한을 승계할 수 없습니다. IMPORTRANGE가 사용된 스프레드시트의 사본을 만들어서 작업할 때는 액세스 권한을 다시 부여해야 합니다. 다만 링크가 있는 모든 사용자에게 공개된 스프레드시트를 참조하는 경우에는 별도로 액세스 권한을 부여하지 않아도 됩니다.

스프레드시트 단위로 권한이 부여되므로 B라는 스프레드시트에 대해 IMPORTRANGE를 사용할 수 있는 A 스프레드시트의 편집자는 B 스프레드시트에 대한 접근 권한이 없어도 IMPORTRANGE 함수로 B 스프레드시트의 모든 내용(숨겨진 시트 포함)에 접근할 수 있습니다. 보안이 필요한 정보가 있는지 항상 주의해야 합니다.

04 IMPORTRANGE는 범위를 참조하고 배열을 반환하는 배열 함수입니다. [D8] 셀에 수식 `=IMPORTRANGE("데이터시트주소","sales!$D$2:$E$10")`를 입력하겠습니다. [B8] 셀에 입력했던 수식을 복사해서 범위 부분만 [C4] 셀에 기재된 내용으로 수정하면 되겠죠?

D8 ▼ | fx | =IMPORTRANGE("1O6RC8YmHh_ultIbO8VjIEFNy5wLWKd1zdx5GR7z5Ln8","sales!$D$2:$E$10")

	A	B	C	D	E	F	G	H	I
1									
2		DATA 스프레드시트 1O6RC8YmHh_ultIbO8VjIEFNy5wLWKd1zdx5GR7z5Ln8							
3		셀주소	sales!$D2						
4		범위주소	sales!$D$2:$E$10						
5		열린범위주소	sales!$D$2:$E						
6									
7		셀주소		범위주소			열린범위주소		
8		396,630,000		=IMPORTRANGE("1O6RC8YmHh_ultIbO8VjIEFNy5wLWKd1zdx5GR7z5Ln8","sales!$D$2:$E$10")				수식 수정	
9									
10				IMPORTRANGE(스프레드시트_URL, 범위_문자열 ˅					
11				)					

05 참조하려는 시트의 [D2:E10] 범위가 배열로 반환되었습니다. 액세스 권한은 이미 부여했으니 여기서는 그냥 불러올 수 있습니다.

D8 ▼ | fx | =IMPORTRANGE("1O6RC8YmHh_ultIbO8VjIEFNy5wLWKd1zdx5GR7z5Ln8","sales!$D$2:$E$10")

	A	B	C	D	E	F	G	H	I
1									
2		DATA 스프레드시트 1O6RC8YmHh_ultIbO8VjIEFNy5wLWKd1zdx5GR7z5Ln8							
3		셀주소	sales!$D2						
4		범위주소	sales!$D$2:$E$10						
5		열린범위주소	sales!$D$2:$E						
6									
7		셀주소		범위주소			열린범위주소		
8		396,630,000		396,630,000	직영몰				
9				335,610,000	직영몰				
10				305,100,000	직영몰				
11				111,870,000	직영몰				
12				111,870,000	직영몰				
13				406,800,000	직영몰				
14				193,230,000	직영몰				
15				427,140,000	직영몰				
16				172,890,000	직영몰				
17									

게을러지기 ▶ · · · **IMPORTRANGE 수식에 다른 셀 참조하기**

IMPORTRANGE는 다른 함수들과 마찬가지로 다른 셀을 참조하여 인수로 사용할 수 있습니다. 즉, 다른 셀에 '스프레드시트_키'나 '범위_문자열' 인수를 누가 친절하게 [C2], [C3], [C4], [C5] 셀에 각각 기재해놓았다면 그 셀을 참조하는 것으로 수식 입력을 대신할 수 있습니다. 따라서 아까의 수식들은 다음과 같이 고칠 수 있습니다.

다른 셀을 참조하여 수식 작성

기존	다른 셀 참조
=IMPORTRANGE("1hRzrXYYbG_iqMx_028AVb76rrdZZB_6rBoH5Ja51et4", "sales!$D$2")	=IMPORTRANGE($C$2,$C$3)
=IMPORTRANGE("1hRzrXYYbG_iqMx_028AVb76rrdZZB_6rBoH5Ja51et4", "sales!$D$2:$E$10")	=IMPORTRANGE($C$2,$C$4)
=IMPORTRANGE("1hRzrXYYbG_iqMx_028AVb76rrdZZB_6rBoH5Ja51et4", "sales!$D$2:$E")	=IMPORTRANGE($C$2,$C$5)

셀 주소로 수식을 작성한 결과는 예제 스프레드시트의 [완성2] 시트에 별도로 넣어두었습니다.

06 이번에는 열린 참조로 범위를 가져오겠습니다. [D8]셀에 입력했던 수식을 열린 참조 형식으로 수정해서 [G8] 셀에 수식 **=IMPORTRANGE(**"데이터시트주소"**,**"sales!$D$2:$E"**)**를 입력합니다. 마지막까지 친절하게 [C5] 셀에 열린 범위 주소를 넣어두었습니다. 이렇게 IMPORTRANGE 실습을 완료했습니다.

G8	▾	*fx* =IMPORTRANGE("1O6RC8YmHh_ultIbO8VjIEFNy5wLWKdlzdx5GR7z5Ln8","sales!$D$2:$E")							
	A	B	C	D	E	F	G ▾	H	I
1									
2		DATA 스프레드시트	1O6RC8YmHh_ultIbO8VjIEFNy5wLWKdlzdx5GR7z5Ln8						
3		셀주소	sales!$D$2						
4		범위주소	sales!$D$2:$E$10						
5		열린범위주소	sales!$D$2:$E						
6									
7		셀주소		범위주소			열린범위주소		
8		396,630,000		396,630,000	직영몰		396,630,000	직영몰	
9				335,610,000	직영몰		335,610,000	직영몰	
10				305,100,000	직영몰		305,100,000	직영몰	
11				111,870,000	직영몰		111,870,000	직영몰	
12				111,870,000	직영몰		111,870,000	직영몰	
13				406,800,000	직영몰		406,800,000	직영몰	
14				193,230,000	직영몰		193,230,000	직영몰	
15				427,140,000	직영몰		427,140,000	직영몰	
16				172,890,000	직영몰		172,890,000	직영몰	
17							366,120,000	직영몰	
18							315,270,000	직영몰	
19							345,780,000	직영몰	

여기서 잠깐 ▶   **IMPORTRANGE와 구글 스프레드시트의 속도**

IMPORTRANGE는 성능에 영향을 많이 미치는 함수 중 하나입니다. 과거에는 50만셀이라는 크기 제한도 있었고, 50개 이상의 IMPORTRANGE 함수를 쓰지 못하게 제한하기도 했습니다. IMPORTRANGE는 여전히 매우 느린 함수이고 IMPORTRANGE는 구글 스프레드시트의 속도를 더 느리게 만듭니다.

IMPORTRANGE를 사용할 때 빠른 성능을 유지하기 위해서는 아래 사항에 주의해야 합니다.

- 반복해서 동일한 범위를 IMPORTRANGE할 때는 추가로 시트를 만들어서 IMPORTRANGE를 한 번만 실행하고 해당 내부 시트를 참조하세요.
- 반드시 필요한 열만 쪼개서 IMPORTRANGE를 하는 것도 고려하십시오. [A:Z]열 중 필요한 열이 A, B, C와 K, Y, Z열이라면 세 개의 IMPORTRANGE로 [A:C], K, [Y:Z]만 불러오는 편이 낫습니다.
- 열린 범위에 대한 참조를 줄이거나 원본 데이터의 사용하지 않는 행과 열을 삭제하여 불러올 범위의 크기를 줄이세요.

데이터 집계의 만능 툴 QUERY 함수

▶▶ QUERY는 구글 스프레드시트의 가장 강력한 함수 중 하나입니다. SQL은 데이터베이스에서 데이터를 추출하고 조작하는 데 사용하는 언어입니다. 구글 스프레드시트의 QUERY 함수는 SQL의 SELECT와 같은 기능으로 특정 조건에 맞는 데이터를 검색하는 데 쓰입니다. 이번 절에서는 QUERY의 기본적인 사용법을 익히고 다른 구글 스프레드시트의 기능 및 FILTER 함수와의 비교를 통해 QUERY 함수의 장점과 쓰임새를 알아보겠습니다.

데이터를 추출하는 QUERY 함수, 간단하게 이해하기

핵심 함수 | QUERY

설명	데이터 범위를 쿼리문으로 검색하고 그 결과를 반환합니다.
구문	=QUERY(데이터, 쿼리, [헤더])
인수	**데이터**: 쿼리를 수행할 셀 범위입니다. **쿼리**: 수행할 쿼리입니다. **헤더**: [선택사항] 데이터 상단의 헤더 행의 개수입니다. 생략하거나 −1로 설정하면 구글이 알아서 추정합니다.
더보기	**UNIQUE**: 중복된 항목을 버리고 고유한 값들만 반환합니다. **FILTER**: 지정된 조건을 충족하는 열 또는 행만 반환하는 함수로 구현된 필터입니다.

쿼리(QUERY)가 뭘까요? 가끔 들어본 SQL(Structured Query Language)과 관련이 있는 것 같습니다. 벌써 어려워 보이지만, 사실 무서워할 필요는 없습니다. 지금까지 하지 않았던 걸 새로 하기 위해 구글 스프레드시트를 배우는 건 아니니까요. 여태 SQL을 모르고도 큰 불편함 없이 살아왔던 분들은 재미삼아 보면 되고, SQL에 조금이라도 관심이 있었다면 지금이 SQL을 쉽게 배울 수 있는 좋은 기회입니다. SQL을 마음대로 다룰 줄 알게 되면, 단언컨데 지금보다 훨씬 편하게 작업할 수 있습니다.

SQL의 방대한 문법에 비해 구글 스프레드시트의 QUERY 함수는 할 수 있는 작업이 제한되어 있어서 공부할 게 많지 않고, 구글 스프레드시트의 다른 함수들과 함께 사용할 수 있어서 쉽고 빠르게 결과를 낼 수 있습니다.

SQL은 데이터베이스를 관리하는 데 사용하는 언어입니다. 구글 스프레드시트의 QUERY 함수는 SQL 문법의 일부를 사용해 데이터를 추출하고 가공합니다. SQL에는 여러 가지 명령어들이 있으나 구글 스프레드시트에서는 단 하나의 명령어, 'SELECT'만 사용합니다.

SQL의 SELECT문은 **SELECT * FROM A WHERE B=C**와 같이 작성합니다. **A**는 데이터를 불러 올 위치이고, **B=C**는 A라는 데이터 중 가져올 데이터의 조건입니다. 범위는 **SELECT ***로 되어 있 으니 테이블에 있는 전체 필드를 불러옵니다. 구글 스프레드시트의 QUERY 함수는 SQL의 구문 중 극히 일부만을 구현하며, FROM A 구문을 쓰는 대신 데이터 범위를 별도의 인수로 지정합니다. 결 론은 일반적인 SQL보다 더 간단하다는 겁니다. QUERY 함수의 구조에 대해 살펴보기 전에 직접 간단한 예제를 만들어보겠습니다.

01 **예제 | QUERY** [시트1]의 [A3] 셀에 수식 **=QUERY(**DATA!$A$1: $I,"SELECT A, D, H WHERE C = '판매중'",1)를 입력합니다. QUERY 함수에 헤더값을 지정하면 함수의 결과로 머리글 행을 함 께 반환하기 때문에 머리글 행 위치에 제목으로 보이도록 서식을 미리 지정해두었습니다.

[DATA] 시트의 [A1:I] 범위에서 헤더 행 개수가 1개(마지막 인수 1)인 데이터 중 A, D, H열을 가 져오는데(SELECT A, D, H), C열의 값이 판매중(WHERE C = '판매중')인 데이터만 가져오라는 수식 입니다. '판매중'은 문자열이기 때문에 큰따옴표로 묶어야 하는데, 이미 SELECT문 자체가 큰따옴표 로 묶여 있으므로 그 안의 문자열은 작은따옴표로 묶습니다.

02 [DATA] 시트에 QUERY 함수를 적용해 데이터를 추출한 결과는 다음과 같습니다. 수식과 함께 살펴봅시다.

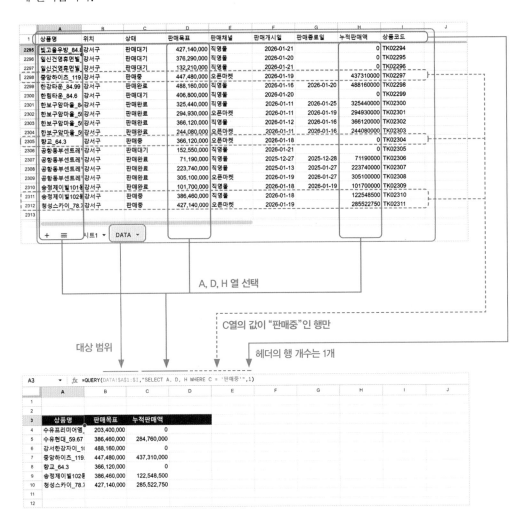

QUERY 함수는 데이터, 쿼리, 헤더라는 세 가지 인수를 받습니다.

- **데이터:** 쿼리를 수행할 대상 범위로 자료의 형식은 배열입니다.
- **쿼리:** 데이터를 집계하는 명령어입니다. 쿼리는 SELECT 절, WHERE 절, 기타 절 등으로 구성됩니다.
- **헤더:** 머리글 행의 개수입니다.

즉, 쿼리를 사용하려면 ① 우리가 원하는 결과를 만들 수 있는 '데이터' 배열을 만들고 ② 이 데이터에서 원하는 결과를 추출하는 쿼리를 작성해야 합니다. 다음 절에서 QUERY 함수의 구조를 자세히 살펴보겠습니다.

QUERY 함수의 구조

QUERY 함수의 구조를 자세히 정리해보겠습니다. QUERY 함수는 강력한 기능만큼 다양한 옵션을 가지고 있지만 우리는 필요한 만큼만 배워서 쓰면 됩니다. 구글의 쿼리 구문은 Google Visualization API Query Language 문법을 따릅니다. 자세히 공부하고 싶다면 https://developers.google.com/chart/interactive/docs/querylanguage 문서를 참고하세요.

QUERY 함수는 다음 그림처럼 데이터 인수, 쿼리 인수, 헤더 인수로 구성된다고 설명했습니다. 각각의 인수에 대해 더 자세히 살펴봅시다.

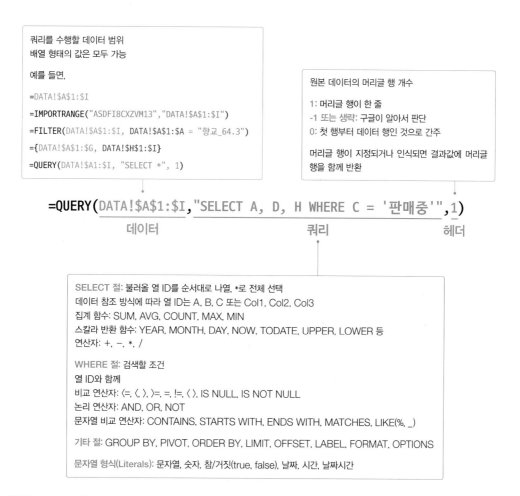

NOTE QUERY 함수에 대해 제대로 정리된 자료가 많지 않습니다. 그래서 이 장의 내용은 가급적 상세히 기재했습니다. 여기서 실습하는 내용 정도만 이해해도 충분히 실무에 적용할 수 있습니다. QUERY 함수를 본격적으로 써보고 싶은 분들은 바로 349쪽 〈QUERY로 데이터 집계하기〉로 넘어가고, 궁금한 부분만 여기서 찾아보면 됩니다.

QUERY 함수의 데이터 인수

QUERY 함수는 배열 형태의 데이터를 인수로 참조합니다. 이 배열 데이터는 같은 시트의 주소 범위일 수도, 중괄호({ })로 만든 배열일 수도, IMPORTRANGE나 FILTER 함수의 반환값일 수도 있습니다. 다른 QUERY 함수의 반환값도 데이터 인수로 사용할 수 있습니다.

데이터 인수는 SQL의 FROM 절에 해당하므로 데이터의 조합(JOIN, UNION 등)은 모두 데이터 인수 안에서 처리해야 합니다. 데이터의 형식 역시 데이터를 참조하기 전에 모두 원하는 형식으로 변환되어 있어야 합니다. 즉, QUERY 함수가 특정한 데이터를 날짯값으로 인식하게 하려면 데이터 인수가 참조하는 배열이 이미 YYYY-MM-DD 등의 날짜 서식으로 지정되어 있어야 합니다. 데이터의 서식이 날짜로 지정되어 있어야 TODATE와 같이 날짯값을 인수로 받는 함수를 사용할 수 있습니다. FORMAT을 사용해 숫자로 된 날짯값을 날짜 형식으로 표시할 수는 있습니다.

주의할 점은 데이터가 같은 스프레드시트의 범위로 참조되어 있는 경우와 그렇지 않은 경우 쿼리문에서 데이터 열을 지칭하는 열 ID가 달라진다는 것입니다. `DATA!$A$1:$I`처럼 범위를 참조하는 경우의 열 ID는 열 문자(A, B, C, D, ...)를 그대로 쓰게 되지만, IMPORTRANGE나 FILTER 함수의 반환값, 중괄호 배열 등 다른 배열을 인수로 범위에서 참조할 때는 데이터 배열의 열 순서 대로 Col1, Col2, Col3, ...를 필드 이름으로 사용합니다. 열 ID는 대소문자를 구분해야 합니다.

일반적인 SQL이 지원하는 데이터 가공 함수는 거의 대부분 지원되지 않기 때문에 데이터의 전처리는 스프레드시트의 다른 함수들을 이용하여 완료한 뒤 QUERY 함수를 적용하는 것이 효율적입니다.

> **NOTE** Google Visualization API Query Language에서의 설명과 다르게 열 ID는 구글 스프레드시트의 QUERY 함수에서 자동으로 지정되며 열 ID 자체를 변경할 수는 없습니다. ALIAS 사용도 불가능합니다.

SELECT 절

SELECT 절은 WHERE 절과 함께 QUERY문의 핵심 구성 요소입니다. SELECT 다음에는 불러올 열 ID를 순서대로 나열합니다. 열 ID가 데이터 인수의 종류에 따라 결정된다는 것은 이미 설명했습니다. 데이터 범위의 모든 열을 표시하려면 별표(*)를 사용합니다.

- 예) SELECT *

SELECT 절의 열 ID에는 다음과 같은 연산자, 집계 함수, 스칼라 반환 함수를 적용할 수 있습니다. 함수를 사용하는 경우 열 레이블이 함수+기존 레이블명으로 변경됩니다. 일반 SQL에서 열 앞에 붙여 고윳값 검색에 쓰는 DISTINCT 키워드는 사용할 수 없습니다.

연산자

+, −, *, /, % 연산자는 열 A와 열 B를 합하거나 빼는 등의 연산을 합니다.

집계 함수

다음 표에서 설명하는 집계 함수는 SUM(A, B), COUNT(A)와 같이 사용할 수 있습니다. 인수로 지정된 열을 나머지 열의 값들을 기준으로 그룹화하여 계산되므로 GROUP BY 절과 함께 사용합니다. 집계 함수는 SELECT 절 외에도 ORDER BY, LABEL, FORMAT 절에서 사용할 수 있습니다. WHERE, GROUP BY, PIVOT, LIMIT, OFFSET, OPTIONS 절에는 사용할 수 없습니다.

집계 함수

함수명	설명	인수	반환
AVG( )	지정된 열의 그룹별로 값들의 평균을 반환	숫자	숫자
COUNT( )	지정된 열의 그룹별로 비어있지 않은 특정 원소의 개수를 반환	무관	숫자
MAX( )	지정된 열의 그룹별로 최대값 반환. 날짜는 이른 날짜가 작은 것으로, 문자열은 대소문자 구분된 사전순으로 비교	무관	인수와 동일
MIN( )	지정된 열의 그룹별로 최소값 반환. 날짜, 문자열 취급은 MAX( )와 동일	무관	인수와 동일
SUM( )	지정된 열의 그룹별로 값들의 합계를 반환	숫자	숫자

스칼라 반환 함수

스칼라 반환 함수는 예제에서 날짯값을 연도로 변환하기 위해 사용했던 YEAR와 같이 값을 변환해주는 함수입니다. 스프레드시트의 함수와 유사합니다. 스칼라 반환 함수는 구글의 쿼리문에서 SELECT, WHERE, GROUP BY, PIVOT, ORDER BY, LABEL, FORMAT 절과 함께 사용할 수 있습니다.

스칼라 반환 함수

함수명	설명	인수	반환
YEAR( )	날짯값에서 연도 추출 YEAR(DATE "2025-02-05")는 숫자 2025를 반환	날짜 날짜시간	숫자
MONTH( )	날짯값에서 월 인덱스 추출(1월이 0에서 시작) MONTH(DATE "2025-02-05")는 숫자 1을 반환	날짜 날짜시간	숫자
DAY( )	날짯값에서 일 추출 DAY(DATE "2025-02-05")는 숫자 5를 반환	날짜 날짜시간	숫자
HOUR( )	시간값에서 시 추출 HOUR(TIMEOFDAY "12:03:17")는 숫자 12를 반환	날짜 날짜시간	숫자
MINUTE( )	시간값에서 분 추출 MINUTE(TIMEOFDAY "12:03:17")는 숫자 3을 반환	날짜 날짜시간	숫자

SECOND( )	시간값에서 초 추출 SECOND(TIMEOFDAY "12:03:17")는 17을 반환	날짜 날짜시간	숫자
MILLISECOND( )	시간값에서 밀리초 추출 MILLISECOND(TIMEOFDAY "12:03:17.123")는 123을 반환	날짜 날짜시간	숫자
QUARTER( )	날짯값에서 분기 추출 QUARTER(DATE "2025-02-05")는 숫자 1을 반환	날짜 날짜시간	숫자
DAYOFWEEK( )	날짯값에서 요일 인덱스 추출(일요일이 1에서 시작) DAYOFWEEK(DATE "2025-02-05")는 숫자 4를 반환	날짜 날짜시간	숫자
NOW( )	GMT 기준 현재 시간을 반환	없음	날짜시간
DATEDIFF( )	두 날짯값의 날짜 차이를 반환(시간값은 무시)	날짜 날짜시간	숫자
TODATE( )	주어진 인수를 날짜값으로 변환 날짜 → 날짜, 날짜시간 → 날짜, 숫자 → 1970년 1월 1일 0시를 기준 으로 숫자 밀리초 뒤의 날짜 반환	날짜 날짜시간 숫자	날짜
UPPER( )	문자열을 대문자로 변환하여 반환	문자열	문자열
LOWER( )	문자열을 소문자로 변환하여 반환	문자열	문자열

NOTE 일반적인 SQL에서 흔히 쓰이는 LEFT, RIGHT 등의 문자열 함수는 지원되지 않기 때문에 변환된 문자열을 기준으로 쿼리를 실행하기 위해서는 데이터 인수에서 가공을 완료하거나 WHERE 절에서 설명하는 문자열 비교 연산자를 사용해야 합니다.

WHERE 절

WHERE 절에는 조건을 입력합니다. 스프레드시트에서 썼던 조건문과 유사하게 큰지, 작은지, 같은지, 다른지 확인하는 비교 연산자나 AND, OR, NOT 같은 논리 연산자를 사용할 수 있습니다. 계산 순서는 괄호를 이용해서 지정할 수 있습니다. 문자열에서는 포함, 시작, 일치 등을 검사하는 문자열 비교 연산자도 사용 가능합니다.

- 비교 연산자: <=, <, >, >=, =, !=, < >, IS NULL, IS NOT NULL

!=과 < >는 둘 다 '같지 않음'을 표시하는 비교 연산자입니다. 셀이 비어 있는지 확인하기 위해서 쿼리에서는 IS NULL, IS NOT NULL 구문을 사용합니다.

문자열 비교 연산자는 다음과 같습니다. 문자열 비교 시에는 대소문자가 구별됩니다.

문자열 비교 연산자

연산자명	A 연산자 B의 의미
CONTAINS	A 문자열에 B 문자열 전체가 포함되는지
STARTS WITH	A 문자열의 시작 문자열이 B와 일치하는지
ENDS WITH	A 문자열의 종료 문자열이 B와 일치하는지
MATCHES	A 문자열이 정규 표현식 B를 만족하는지
LIKE	A 문자열이 %나 _를 사용한 B의 조건을 만족하는지 %(퍼센트): 0개 이상의 임의의 문자열, _(언더바): 1개의 임의의 문자 예) WHERE A LIKE '종%'

BETWEEN, IN, LEN, LEFT 등의 연산자는 사용할 수 없습니다. 예를 들어 LEFT(Col3, 2)='ML'
은 쓸 수 없으므로 Col3 MATCHES 'ML*' 또는 Col3 LIKE 'ML%'로 써야 합니다.

비교를 위해서는 뒤에 오는 문자열이 날짯값, 시간값 등 어떤 형식인지 QUERY 함수에게 알려주는
문자열 형식(literals)이 필요합니다.

문자열 형식

문자열 형식	설명
STRING	문자열. QUERY 함수에서는 ' '로 감쌉니다.
NUMBER	숫자
BOOLEAN	TRUE, FALSE
DATE	날짜값. 'YYYY-MM-DD' 앞에 DATE를 적어주어야 날짯값으로 인식됩니다. 예) DATE '2025-11-02'
TIMEOFDAY	시간값. 'HH:MM:SS[.SSS]' 앞에 TIMEOFDAY를 적어주어야 시간값으로 인식됩니다.
DATETIME	날짜시간값. 'YYYY-MM-DD HH:MM:SS[.SSS]' 앞에 DATETIME을 적어주어야 날짜시간 값으로 인식됩니다.

GROUP BY 절

집계 함수를 사용할 때는 집계의 기준이 필요합니다. 이때 집계의 기준이 될 열을 지정하는 구문이
GROUP BY입니다. ORDER BY로 순서를 정하는 경우가 아니라면 기본적으로 그룹화된 열의 값
을 기준으로 정렬됩니다. HAVING 절은 지원하지 않습니다.

- 예) SELECT A, MAX(B) GROUP BY A

PIVOT 절

쿼리로 피벗 기능을 이용할 수도 있습니다. 피벗은 집계 기능을 가지고 있기 때문에 집계 함수와 마찬가지로 피벗 대상이 되지 않은 열 중 집계 대상이 되는(피벗 테이블의 값 위치에 배치할) 열은 집계 함수로 처리하고 나머지(피벗 테이블의 행 위치에 배치될) 열들은 GROUP BY로 묶어야 원하는 결과를 얻을 수 있습니다.

- 예) SELECT I, SUM(D) GROUP BY I, PIVOT B, C

스프레드시트의 피벗 테이블은 값 위치에 표시할 데이터를 자동으로 SUM, COUNT 등의 함수로 처리하지만 쿼리에서는 사용자가 직접 어떤 함수로 피벗된 데이터를 처리할지 지정합니다. PIVOT 절을 두 개 이상의 열에 적용하는 경우, 열 레이블이 해당 열의 고윳값 조합으로 변경됩니다.

QUERY나 FILTER 함수의 경우 특정 조건에 따른 전체 배열을 반환하기 때문에 각각의 행별로 다른 조건을 적용하는 테이블을 만들기에는 적합하지 않습니다. 이럴 때 PIVOT 쿼리를 이용하면 효율적으로 데이터를 집계할 수 있습니다.

ORDER BY 절

특정 열의 순서대로 데이터를 정렬하기 위해 사용합니다. 특정 열에 대한 열 ID나 집계 함수, 스칼라 반환 함수, 연산자의 결과에 따라 데이터를 정렬할 수 있습니다. 기본값은 오름차순(ASC)이며 내림차순으로 정렬하고 싶다면 DESC 키워드를 사용하면 됩니다.

- 예) SELECT B, SUM(G) GROUP BY B ORDER BY SUM(G) DESC, B

LIMIT 절

결과값의 개수를 제한하기 위해 사용합니다.

- 예) SELECT * LIMIT 5

OFFSET 절

QUERY 결과에서 지정한 수만큼 행을 건너뜁니다.

- 예) SELECT * OFFSET 1

LABEL 절

특정 열의 레이블을 변경할 때 사용합니다. LABEL 열ID '새 레이블' 형태로 열 ID 뒤에 공백을 두고 레이블을 적습니다. 레이블은 문자열이므로 ' '로 감싸야 합니다. 열 ID끼리는 콤마로 구분합니다. 일반 SQL처럼 SELECT 열ID AS LABEL 형식은 사용할 수 없습니다.

- 예) SELECT A, B LABEL A 'Name', B 'Area'

FORMAT 절

특정 열의 형식을 지정합니다. LABEL과 마찬가지로 FORMAT 열ID '패턴 포맷' 형태로 지정합니다. 지정할 수 있는 패턴은 NUMBER, DATE, TIMEOFDAY, DATETIME, BOOLEAN입니다. NUMBER와 DATE 포맷은 ICU(http://site.icu-project.org/) 표준을 따르지만 우리는 스프레드시트의 맞춤 숫자 형식에서 썼던 다음 형식 정도만 사용해도 충분합니다. 쿼리문을 이용해서 IMPORTXML 같은 다른 함수들의 결과물을 형식에 맞게 가공할 때에도 유용합니다.

- 예) SELECT * FORMAT E 'YY/MM/DD'

FORMAT 절의 패턴

패턴	포맷 예시
NUMBER	'#,##0.00' (소수점 두자리의 1000 단위 콤마로 구분된 숫자)
DATE	'YYYY/MM/DD' (2025/11/25 형태의 날짜값)
BOOLEAN	'완료:미완' (TRUE일 때의 값:FALSE일 때의 값)

QUERY 함수의 헤더 인수

QUERY 함수는 헤더를 함께 출력합니다. 따라서 다른 배열 함수와는 달리 데이터의 머리글 행을 지정하기 위해 사용하는 인수가 있습니다. 헤더를 지정한 행 개수만큼 머리글 행으로 취급하며 레이블도 머리글 행 값이 결합된 문자열로 지정됩니다.

QUERY로 데이터 집계하기

QUERY 함수는 조건에 맞는 데이터를 가져온다는 점에서 FILTER 함수와 비슷합니다. 이번에는 QUERY 함수로 다음과 같은 판매 데이터에서 판매채널별 판매목표, 누적판매액 합계, 상품 개수를 집계하는 표를 만들어보겠습니다.

	A	B	C	D	E	F	G	H	I
1	상품명	위치	상태	판매목표	판매채널	판매개시일	판매종료일	누적판매액	상품코드
2294	빛고을우방_59.9	강서구	판매완료	416,970,000	직영몰	2025-12-23	2025-12-27	416970000	TK02293
2295	빛고을우방_84.8	강서구	판매대기	427,140,000	직영몰	2026-01-21		0	TK02294
2296	일신건영휴먼빌_	강서구	판매대기	376,290,000	직영몰	2026-01-20		0	TK02295
2297	일신건영휴먼빌_	강서구	판매대기	132,210,000	직영몰	2026-01-21		0	TK02296
2298	중앙하이츠_119.	강서구	판매중	447,480,000	오픈마켓	2026-01-19		437310000	TK02297
2299	한강타운_84.99	강서구	판매완료	488,160,000	직영몰	2026-01-16	2026-01-20	488160000	TK02298
2300	한림타운_84.6	강서구	판매대기	406,800,000	직영몰	2026-01-20		0	TK02299
2301	한보구암마을_8&	강서구	판매완료	325,440,000	직영몰	2026-01-11	2026-01-25	325440000	TK02300
2302	한보구암마을_5(	강서구	판매완료	294,930,000	오픈마켓	2026-01-11	2026-01-19	294930000	TK02301
2303	한보구암마을_5(	강서구	판매완료	366,120,000	직영몰	2026-01-12	2026-01-16	366120000	TK02302
2304	한보구암마을_5(	강서구	판매완료	244,080,000	오픈마켓	2026-01-11	2026-01-16	244080000	TK02303
2305	향교_64.3	강서구	판매중	366,120,000	오픈마켓	2026-01-18		0	TK02304
2306	공항동부센트레'	강서구	판매대기	152,550,000	직영몰	2026-01-21		0	TK02305
2307	공항동부센트레'	강서구	판매완료	71,190,000	직영몰	2025-12-27	2025-12-28	71190000	TK02306
2308	공항동부센트레'	강서구	판매완료	223,740,000	직영몰	2025-01-13	2025-01-27	223740000	TK02307
2309	공항동부센트레'	강서구	판매완료	305,100,000	오픈마켓	2026-01-19	2026-01-27	305100000	TK02308
2310	송정제이빌101동	강서구	판매완료	101,700,000	직영몰	2026-01-18	2026-01-19	101700000	TK02309
2311	송정제이빌102동	강서구	판매중	386,460,000	직영몰	2026-01-18		122548500	TK02310
2312	청성스카이_78.7	강서구	판매중	427,140,000	오픈마켓	2026-01-19		285522750	TK02311

＋ ☰   시트1 ▾   DATA ▾

데이터 시트

01 예제 | QUERY_SUM 데이터를 집계하기 위해 [시트1] 시트의 [A3] 셀에 다음 수식을 입력합니다.
수식이 길어져서 읽기 어려우니 수식 입력줄을 위아래로 키워서 입력해봅시다.

```
=QUERY(
    DATA!$A$1:$I,
    "SELECT E, SUM(D), SUM(H), SUM(H)/SUM(D), COUNT(A)
     WHERE (C = '판매중' OR C = '판매대기')
     GROUP BY E",
    1
)
```

NOTE 수식 입력줄의 아랫부분을 드래그하여 크기를 조절할 수 있습니다. 수식 입력줄에서 Ctrl + Shift + ↑ , Ctrl + Shift + ↓ 키를 눌러도 됩니다.

02 수식의 결과는 다음과 같습니다. 집계 함수 또는 연산자와 기존 레이블(제목 행)이 결합된 문자열로 제목 행이 바뀌니 보기에 좋지 않네요.

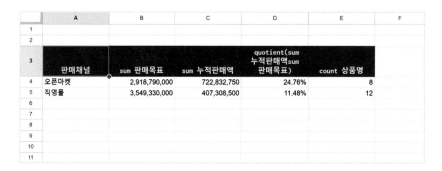

레이블을 변경하기 전에 쿼리 인수를 좀 더 자세히 살펴보겠습니다.

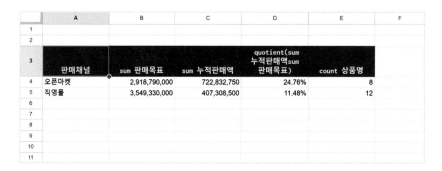

쿼리 인수의 SELECT, WHERE, GROUP BY 절

데이터 인수인 DATA!$A$1:$I와 헤더 인수인 1은 기존 예제와 동일합니다. 쿼리 인수를 봅시다.

SELECT 절의 SUM, COUNT는 쿼리의 집계 함수(aggregation function)입니다. 따라서 수식은 E열(판매채널), SUM(D)(판매목표 합계), SUM(H)(누적판매액 합계), SUM(H)/SUM(D)(달성률), COUNT(A)(상품개수)를 순서대로 가져옵니다. SUM(H)/SUM(D)에서 보듯 열 ID는 물론 SUM(H), SUM(D)에도 연산자(+, −, *, /, %)를 적용할 수 있습니다.

조건이 기재된 WHERE 절에는 괄호와 OR 연산자를 사용했습니다. (C = '판매중' OR C = '판매대기')라고 적었으므로 C열에 있는 상태가 '판매중'이거나 '판매대기'인 것만 가져옵니다.

SELECT 절에서 집계 함수를 사용하는 경우에는 반드시 GROUP BY 절로 집계 함수가 적용되지 않은 열 ID를 묶어야 합니다. 이 수식에서는 판매채널(E열)을 제외한 다른 레이블들은 모두 SUM, COUNT를 이용해서 집계했으므로 **GROUP BY E**를 추가했습니다. 집계 함수를 적용한 결과는 자동으로 GROUP BY에 기재된 열 기준으로 정렬됩니다.

03 이번에는 [A3] 셀의 수식을 다음과 같이 수정하여 레이블을 변경하겠습니다.

```
=QUERY(
    DATA!$A$1:$I,
    "SELECT E, SUM(D), SUM(H), SUM(H)/SUM(D), COUNT(A)
     WHERE (C = '판매중' OR C = '판매대기')
     GROUP BY E
     LABEL SUM(D) '판매목표계', SUM(H) '누적판매액계', SUM(H)/SUM(D) '달성률', COUNT(A)
     '상품수'",
    1
)
```

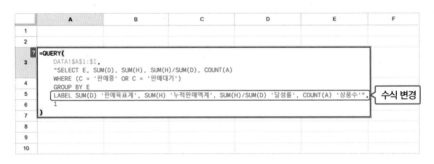

NOTE LABEL 절은 QUERY 함수가 자동으로 지정하는 레이블을 변경합니다. **LABEL 열ID1 '새 레이블1', 열ID2 '새 레이블2'**와 같은 방식으로 적습니다. 레이블은 문자열이므로 작은따옴표로 감싸고 레이블끼리는 콤마로 구분합니다.

04 레이블이 지정된 모습입니다. 같은 작업을 수식으로 처리했다면 여러 수식을 중첩해서 작성해야 했을 것입니다. 또는 피벗 테이블을 만들어야 했겠죠. 하지만 QUERY 수식은 단 한 번만 작성하면 됩니다.

	A	B	C	D	E	F
1						
2						
3	판매채널	판매목표계	누적판매액계	달성률	상품수	
4	오픈마켓	2,918,790,000	722,832,750	24.76%	8	
5	직영몰	3,549,330,000	407,308,500	11.48%	12	
6						
7						
8						
9						
10						
11						
12						

NOTE 집계 함수는 SELECT, LABEL, ORDER BY, FORMAT 절에서 사용할 수 있습니다. 그러나 WHERE, GROUP BY, PIVOT, LIMIT, OFFSET, OPTIONS 절에서는 사용할 수 없습니다.

여러 부서의 데이터를 결합, 가공하여 QUERY 적용하기

회사는 직영몰 담당자와 오픈마켓 담당자가 달라서 별도의 스프레드시트로 매출액을 관리하고 있습니다. 두 스프레드시트에 있는 데이터를 모아서 매출 상위 5개 상품을 판매목표, 누적판매액, 판매채널 정보와 함께 보려고 합니다. 작업 순서는 다음과 같습니다.

1. 분리된 두 데이터를 한곳에 모으고
2. 모은 데이터 중 필요한 부분만 추출한 후
3. QUERY 함수로 매출 상위 상품 정보를 집계합니다.

중괄호로 외부 데이터 결합하기

엑셀이었다면 부서별로 파일을 이메일로 받은 뒤 파일을 열어서 데이터를 복사하고 취합용 파일에 다시 붙여넣는 작업을 매번 반복해야 했을 것입니다. 구글 스프레드시트에서는 중괄호와 IMPORTRANGE로 두 스프레드시트에 있는 데이터를 일단 합쳐 놓으면 재작업을 할 필요가 없습니다. 작업 순서 중 1번, '분리된 두 데이터를 한곳에 모으기'를 중괄호로 처리해보겠습니다.

01 데이터 1 | Sales_오픈마켓(Query) 데이터 2 | Sales_직영(Query) 데이터 스프레드시트는 각각 다음과 같이 생겼습니다. 데이터 스프레드시트의 원본은 모든 사용자에게 공개되어 있으므로 실제 사용 환경처럼 실습하기 위해 일단 데이터 스프레드시트의 사본을 만든 뒤에 실습을 진행합니다.

	A	B	C	D	E	F	G	H	I
1	상품명	위치	상태	판매목표	판매채널	판매개시일	판매종료일	누적판매액	상품코드
2	골든아트빌_153	강남구	판매완료	325,440,000	오픈마켓	2025-04-05	2025-04-17	325,440,000	TK00980
3	대우로알카운티	강남구	판매완료	111,870,000	오픈마켓	2025-04-05	2025-04-14	111,870,000	TK00981
4	대우영버스카운	강남구	판매완료	101,700,000	오픈마켓	2025-04-12	2025-04-15	101,700,000	TK00985
5	대우유로카운티	강남구	판매완료	101,700,000	오픈마켓	2025-04-17	2025-04-24	101,700,000	TK00989
6	마크힐스이스트	강남구	판매완료	274,590,000	오픈마켓	2025-04-24	2025-04-26	274,590,000	TK00992
7	빌플라리스_166	강남구	판매완료	254,250,000	오픈마켓	2025-04-25	2025-05-02	254,250,000	TK00993
8	삼성청담공원아	강남구	판매완료	376,290,000	오픈마켓	2025-05-02	2025-05-14	376,290,000	TK00996
9	삼성청담아파트_	강남구	판매완료	345,780,000	오픈마켓	2025-05-03	2025-05-07	345,780,000	TK00998
10	삼호빌라(104-5)	강남구	판매완료	264,420,000	오픈마켓	2025-05-04	2025-05-13	264,420,000	TK00999
11	삼호빌라A_196.	강남구	판매완료	467,820,000	오픈마켓	2025-05-07	2025-05-12	467,820,000	TK01001
12	진흥아파트_145	강남구	판매완료	345,780,000	오픈마켓	2025-05-04	2025-05-17	345,780,000	TK01027
13	청강(건영)_84.5	강남구	판매완료	101,700,000	오픈마켓	2025-04-05	2025-04-17	101,700,000	TK01028
14	청담 신원아침도	강남구	판매완료	244,080,000	오픈마켓	2025-04-05	2025-04-10	244,080,000	TK01029
15	청담 신원아침도	강남구	판매완료	355,950,000	오픈마켓	2025-04-12	2025-04-23	355,950,000	TK01034
16	청담 신원아침도	강남구	판매완료	284,760,000	오픈마켓	2025-04-13	2025-04-15	284,760,000	TK01035
17	청담2차ᴇ·편한세	강남구	판매완료	132,210,000	오픈마켓	2025-04-17	2025-04-27	132,210,000	TK01037
18	청담2차ᴇ·편한세	강남구	판매완료	427,140,000	오픈마켓	2025-04-20	2025-05-03	427,140,000	TK01039
19	청담3차이편한서	강남구	판매완료	325,440,000	오픈마켓	2025-04-24	2025-05-08	325,440,000	TK01041
20	청담8차상지리츠	강남구	판매완료	264,420,000	오픈마켓	2025-04-26	2025-05-01	264,420,000	TK01043

+ ≡ 오픈 ▾

	A	B	C	D	E	F	G	H	I
1	상품명	위치	상태	판매목표	판매채널	판매개시일	판매종료일	누적판매액	상품코드
2	개표6차우성아파	강남구	판매완료	396,630,000	직영몰	2023-04-14	2023-04-20	396,630,000	TK00001
3	개표우성6차_18	강남구	판매완료	335,610,000	직영몰	2023-05-11	2023-05-25	335,610,000	TK00002
4	개포우성3차_16	강남구	판매취소	305,100,000	직영몰	2023-06-07		0	TK00003
5	개포우성3차_10	강남구	판매완료	111,870,000	직영몰	2023-06-28	2023-07-04	111,870,000	TK00004
6	개포우성3차_13	강남구	판매완료	111,870,000	직영몰	2023-07-03	2023-07-08	111,870,000	TK00005
7	개포자이(12-2)_	강남구	판매완료	406,800,000	직영몰	2023-07-20	2023-07-27	406,800,000	TK00006
8	개포자이(12-2)_	강남구	판매완료	193,230,000	직영몰	2023-07-30	2023-08-13	193,230,000	TK00007
9	개포자이(12-2)_	강남구	판매완료	427,140,000	직영몰	2023-08-11	2023-08-14	427,140,000	TK00008
10	개포자이(12-2)_	강남구	판매완료	172,890,000	직영몰	2023-08-17	2023-08-18	172,890,000	TK00009
11	개포주공 1차_	강남구	판매완료	366,120,000	직영몰	2023-08-24	2023-09-01	366,120,000	TK00010
12	개포주공 1단지_	강남구	판매완료	315,270,000	직영몰	2023-08-31	2023-09-01	315,270,000	TK00011
13	개포주공 1단지_	강남구	판매완료	345,780,000	직영몰	2023-09-02	2023-09-10	345,780,000	TK00012
14	개포주공 1단지_	강남구	판매완료	284,760,000	직영몰	2023-09-14	2023-09-21	284,760,000	TK00013
15	개포주공 1단지_	강남구	판매완료	284,760,000	직영몰	2023-09-17	2023-09-30	284,760,000	TK00014
16	개포주공 1단지_	강남구	판매완료	386,460,000	직영몰	2023-09-24	2023-09-30	386,460,000	TK00015
17	개포주공 1단지_	강남구	판매완료	213,570,000	직영몰	2023-10-07	2023-10-08	213,570,000	TK00016
18	개포주공 1단지_	강남구	판매완료	355,950,000	직영몰	2023-10-14	2023-10-15	355,950,000	TK00017
19	개포주공 1단지_	강남구	판매완료	376,290,000	직영몰	2023-10-21	2023-10-24	376,290,000	TK00018
20	개포주공 1단지_	강남구	판매완료	172,890,000	직영몰	2023-10-25	2023-10-30	172,890,000	TK00019

+ ≡ 직영 ▾

여기서 잠깐 ▶   **데이터 시트명은 명확하게 만듭시다**

스프레드시트의 이름은 데이터의 종류를 알 수 있는 직관적인 것이 좋습니다. 그렇지 않으면 여러 스프레드시트에서 IMPORTRANGE를 할 때 스프레드시트 ID로는 구분이 되지 않아 원본 데이터를 찾기 위해 스프레드시트를 하나하나 들어가서 확인해야 하는 번거로운 일이 생깁니다. 여기서는 시트 이름을 오픈마켓은 '오픈'으로, 직영몰은 '직영'으로 지정했습니다.

02   **예제 | QUERY(데이터결합)**   데이터 스프레드시트의 사본에 액세스 권한을 부여하기 위해 예제 스프레드시트를 열고 [시트1] 시트의 [A1] 셀에 수식 **=IMPORTRANGE("오픈마켓_데이터시트주소","오픈 !$A$1")**를 입력한 뒤 (Enter) 키를 누릅니다. "오픈마켓_데이터시트주소"에는 오픈마켓 데이터 스프레드시트의 주소를 넣어주세요. #REF! 오류가 뜨면 [액세스 허용] 버튼을 클릭합니다.

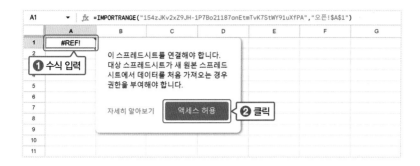

03 오픈마켓 데이터를 불러오는 것을 확인했으면 일단 [A1] 셀의 수식을 삭제하고 다시 [A1] 셀에 수식 **=IMPORTRANGE(**"**직영_데이터시트주소**"**,**"**직영!$A$1**"**)**를 입력한 후 [Enter] 키를 누릅니다. "직영_데이터시트주소"에는 직영 데이터 스프레드시트 주소를 입력합니다. 역시 액세스 권한을 부여한 뒤 수식을 삭제합니다.

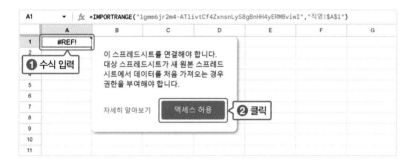

NOTE 액세스 권한을 요청하는 익숙한 #REF! 오류가 뜨면 당황하지 말고 [액세스 허용] 버튼을 클릭합니다.

04 이제 액세스 권한을 모두 부여했으므로 데이터를 결합해보겠습니다. [A1] 셀에 다음 수식을 입력합니다. 액세스 권한이 부여된 오픈마켓과 직영몰 각각의 스프레드시트로부터 데이터 시트의 [A1:I] 범위를 가져오는 수식입니다. 두 배열은 중괄호({ })와 세미콜론(;)으로 묶었습니다.

```
={IMPORTRANGE("오픈마켓_데이터시트주소","오픈!$A$1:$I");
    IMPORTRANGE("직영_데이터시트주소","직영!$A$1:$I")}
```

05 데이터가 잘 들어왔는지 점검합니다. 548행까지 오픈마켓 데이터밖에 없습니다. 아래로 주욱 내려봤더니 1049행이 되어서야 직영몰 데이터가 들어오고 있습니다. 직영몰에서 필요 없는 머리글 행도 같이 들어오고 있습니다. 더 아래로 내려보니 직영몰 아래에도 비어 있는 행이 잔뜩 채워진 것 같습니다. 이렇게 열린 참조로 데이터를 가져올 때는 비어 있는 행을 항상 고려해야 한다는 것을 알 수 있습니다.

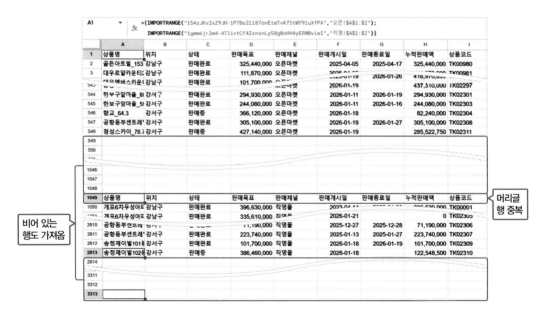

외부 데이터 정리: QUERY

작업 순서 중 2번 '데이터 중 필요한 부분만 추출' 단계로 넘어가서 QUERY 함수를 이용해 빈 행과 필요 없는 헤더를 없애보겠습니다.

01 데이터 1 | Sales_오픈마켓(Query) 데이터 2 | Sales_직영(Query) 이번에는 열을 생성하기 위해 동일한 오픈마켓, 직영몰 데이터에서 그림과 같은 [오픈raw], [직영raw] 시트를 가져옵니다. 데이터 결합에서 작업했던 데이터와 똑같이 생겼는데 판매채널에 해당하는 열이 없습니다. 개발팀에 자료를 요청했더니 판매채널 열 없이 판매채널별 스프레드시트에 데이터만 넣었다고 가정합시다. 실무에선 흔한 일입니다. QUERY 함수를 이용해서 판매채널을 추가하여 두 데이터를 합쳐보겠습니다.

02 예제 | QUERY(데이터결합) [시트1]의 [A1] 셀에 다음 수식을 입력합니다. 길어보이지만 중괄호로 결합했던 IMPORTRANGE 수식을 QUERY 함수로 감싼 것뿐입니다. QUERY 함수의 SELECT 절도 열 ID를 Col1~Col8까지 적어서 길어졌습니다. SELECT 절 마지막에는 열 ID 대신 작은따옴표로 감싼 문자열을 입력하여 누락된 판매채널 데이터가 반복되어 반환되도록 했습니다.

```
={QUERY(
    IMPORTRANGE("오픈마켓_데이터시트주소","오픈raw!$A$1:$I"),
    "SELECT Col1, Col2, Col3, Col4, Col5, Col6, Col7, Col8, '오픈마켓'
     WHERE Col1 IS NOT NULL
     LABEL '오픈마켓' '판매채널'"
    );
  QUERY(
    IMPORTRANGE("직영_데이터시트주소","직영raw!$A$2:$I"),
    "SELECT Col1, Col2, Col3, Col4, Col5, Col6, Col7, Col8, '직영몰'
     WHERE Col1 IS NOT NULL
     LABEL '직영몰' ''"
    )
  }
```

NOTE 동일한 스프레드시트 내의 범위를 참조했을 때는 열 ID를 A, B, C 같은 열 문자로 썼지만, IMPORTRANGE, FILTER 같은 함수들이 반환하는 배열은 열 문자 정보를 갖고 있지 않기 때문에 열 ID를 Col1, Col2, Col3, ..., Coln으로 적습니다. C는 대문자, ol은 소문자로 적지 않으면 에러가 발생합니다.

03 애써 길게 써 넣은 덕분인지 데이터가 예쁘게 잘 나왔습니다. WHERE 절과 LABEL 절도 자세히 살펴볼까요?

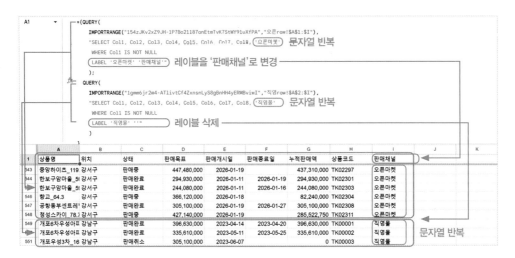

WHERE 절의 `Col1 IS NOT NULL`은 상품명이 채워진 행만 가져오기 위한 것입니다. `IS NOT NULL`
대신 스프레드시트에서처럼 `<> ''`를 써도 됩니다. 쿼리문 내부이므로 작은따옴표를 사용합니다.

SELECT 절에 문자열을 넣으면 레이블이 "오픈마켓"( ), "직영몰"( ) 처럼 나오기 때문에 LABEL 절
로 레이블을 "판매채널"로 바꿨습니다. 두 번째 직영몰 부분의 쿼리문에서는 머리글 행을 만들지 않
을 것이므로 `LABEL '직영몰' ''`로 직영몰 열에 생긴 레이블을 없앱니다.

> **NOTE** QUERY는 오류를 많이 만나게 되는 함수입니다. 대부분의 경우 오타, 열 ID에서의 대소문자 구분, 찍지 말아야
> 할 자리에 찍은 콤마, WHERE 절보다 앞쪽에 적은 GROUP BY 절이나 ORDER BY 절 등에서 오류가 발생합니다. 당
> 황하지 말고 천천히 살펴보세요. 그리고 구글의 오류 메시지는 의외로 친절해서 어떤 위치에서 오류가 났는지 문자 단위
> 로 알려줍니다.

여기서 잠깐 ▶   IMPORTRANGE 데이터는 FILTER보다 QUERY로 정리하는 게 편합니다

필요 없는 값을 없애기 위해 FILTER 함수를 사용할 수 있지만 IMPORTRANGE의 반환 배열에 FILTER 함수를 사용
하는 것은 번거롭습니다. FILTER는 조건 인수에도 배열을 넣어줘야 하므로 결국 IMPORTRANGE를 한 번 더 사용
해야 하기 때문입니다. FILTER 함수를 사용한다면 다음과 같이 수식을 작성할 수 있습니다.

```
={FILTER(
    IMPORTRANGE("오픈마켓_데이터시트주소","오픈!$A$1:$I"),
    IMPORTRANGE("오픈마켓_데이터시트주소","오픈!$A$1:$A")<>""
    );
  FILTER(
    IMPORTRANGE("직영_데이터시트주소","직영!$A$2:$I"),
    IMPORTRANGE("직영_데이터시트주소","직영!$A$2:$A")<>""
    )
}
```

각 데이터에서 FILTER 함수를 적용하여 A열이 비어 있지 않은 데이터만 가져와서 중괄호({ })와 세미콜론(;)으로 묶
어주었습니다. 오픈마켓 데이터는 [A1:I] 범위를, 직영몰 데이터는 [A2:I] 범위를 대상으로 하므로 머리글 행은 오픈
마켓에서만 가져왔습니다. IMPORTRANGE는 무거운 함수이므로 조건식에서 꼭 필요한 A열만 가져왔습니다.

	A	B	C	D	E	F	G	H	I
1	상품명	위치	상태	판매목표	판매채널	판매개시일	판매종료일	누적판매액	상품코드
541	디아이빌101동_	강서구	판매완료	284,760,000	오픈마켓	2026-01-19	2026-01-29	284,760,000	TK02289
542	보광드림타운_8	강서구	판매완료	416,970,000	오픈마켓	2026-01-19	2026-01-26	416,970,000	TK02290
543	중앙하이츠_119	강서구	판매중	447,480,000	오픈마켓	2026-01-19		437,310,000	TK02297
544	한보구암마을_5	강서구	판매완료	294,930,000	오픈마켓	2026-01-11	2026-01-19	294,930,000	TK02301
545	한보구암마을_5	강서구	판매완료	244,080,000	오픈마켓	2026-01-11	2026-01-16	244,080,000	TK02303
546	향교_64.3	강서구	판매중	366,120,000	오픈마켓	2026-01-18		82,240,000	TK02304
547	공항동부센트레'	강서구	판매완료	305,100,000	오픈마켓	2026-01-19	2026-01-27	305,100,000	TK02308
548	청성스카이_78.7	강서구	판매중	427,140,000	오픈마켓	2026-01-19		285,522,750	TK02311
549	개포6차우성아피	강남구	판매완료	396,630,000	직영몰	2023-04-14	2023-04-20	396,630,000	TK00001
550	개포6차우성아피	강남구	판매완료	335,610,000	직영몰	2023-05-11	2023-05-25	335,610,000	TK00002
551	개포우성3차_16	강남구	판매취소	305,100,000	직영몰	2023-06-07		0	TK00003
552	개포우성3차_10	강남구	판매완료	111,870,000	직영몰	2023-06-28	2023-07-04	111,870,000	TK00004
553	개포우성3차_13	강남구	판매완료	111,870,000	직영몰	2023-07-03	2023-07-08	111,870,000	TK00005

IMPORTRANGE를 중복 사용해야 하는 FILTER 함수

QUERY로 상위 5개 상품 끊어보기

최종 목표는 두 스프레드시트에 있는 데이터를 모아서 매출 상위 5개 상품을 판매목표, 누적판매액, 판매채널 정보와 함께 보는 것입니다. 작업 순서 중 1번과 2번을 완료했습니다. 이렇게 데이터 전처리만 하면 80%는 끝난 겁니다. QUERY로 정리한 데이터를 사용해서 3번까지 완료하겠습니다.

01 **예제 | QUERY(데이터결합)** [시트1] 시트에서 [A1] 셀의 기존 수식을 새 QUERY 함수의 데이터 인수에 넣고, 새 QUERY 함수의 쿼리는 "SELECT Col1, Col8, Col9, Col4, Col7 WHERE Col3 = '판매중' ORDER BY Col7 DESC LIMIT 5"로 적습니다. 즉, 앞에서 만든 배열을 데이터 인수로 쓰고 거기에서 상품명(Col1), 상품코드(Col8), 판매채널(Col9), 판매목표(Col4), 누적판매액(Col7)을 가져오는데, 누적판매액 기준으로 내림차순(ORDER BY Col7 DESC) 정렬하고, 위에서부터 5개 항목만 표시(LIMIT 5)합니다. 완성된 수식은 다음과 같습니다.

```
=QUERY(
  {QUERY(
     IMPORTRANGE("오픈마켓_데이터시트주소","오픈raw!$A$1:$I"),
     "SELECT Col1, Col2, Col3, Col4, Col5, Col6, Col7, Col8, '오픈마켓'
      WHERE Col1 IS NOT NULL
      LABEL '오픈마켓' '판매채널'"
     );
   QUERY(
     IMPORTRANGE("직영_데이터시트주소","직영raw!$A$2:$I"),
     "SELECT Col1, Col2, Col3, Col4, Col5, Col6, Col7, Col8, '직영몰'
      WHERE Col1 IS NOT NULL
      LABEL '직영몰' ''"
     )
   },
  "SELECT Col1, Col8, Col9, Col4, Col7
   WHERE Col3 = '판매중' ORDER BY Col7 DESC LIMIT 5"
)
```

수식 변경 >

NOTE FILTER 함수로 정리한 데이터를 사용해도 됩니다. 두 데이터의 판매채널 열 순서가 다르니 주의해주세요.

02 이렇게 두 스프레드시트에 있는 데이터를 모아서 매출 상위 5개 상품을 판매목표, 누적판매액, 판매채널 정보와 함께 나타내는 작업을 완료했습니다.

	A	B	C	D	E	F
1	상품명	상품코드	판매채널	판매목표	누적판매액	
2	중앙하이츠_119	TK02297	오픈마켓	447,480,000	437,310,000	
3	청성스카이_78.7	TK02311	오픈마켓	427,140,000	285,522,750	
4	수유현대_59.67	TK02216	직영몰	386,460,000	284,760,000	
5	송정제이빌102동	TK02310	직영몰	386,460,000	122,548,500	
6	향교_64.3	TK02304	오픈마켓	366,120,000	82,240,000	
7						
8						
9						
10						
11						

NOTE QUERY를 두 번 겹쳐 사용해서 수식이 매우 길어졌습니다. 수식을 반드시 한 시트에 표시해야 하는 게 아니라면 데이터를 결합하는 시트(1번과 2번 작업)를 따로 두고 동일한 스프레드시트에서 그 시트를 참조하여 집계(3번 작업)하는 편이 더 이해하기 쉽고 오류가 발생했을 때 대응하기 편합니다.

QUERY로 피벗 테이블 만들기

이번엔 QUERY 수식 하나로 피벗 테이블 형태의 보고서를 만들어보겠습니다.

01 예제 | QUERY(데이터 가공) 먼저 [DATA] 시트부터 살펴봅시다. 이 데이터를 통해 4.3절의 피벗 테이블에서 판매개시일을 그룹화했던 것처럼 판매 중이거나 판매 완료된 상품에 대해 판매개시일 기준 연도별, 위치별 오픈마켓과 직영몰의 판매액을 구해보겠습니다.

	A	B	C	D	E	F	G	H	I
1	상품명	위치	상태	판매목표	판매채널	판매개시일	판매종료일	누적판매액	상품코드
2	개포6차우성아파	강남구	판매완료	396,630,000	직영몰	2023-04-14	2023-04-20	396630000	TK00001
3	개포6차우성아파	강남구	판매완료	335,610,000	직영몰	2023-05-11	2023-05-25	335610000	TK00002
4	개포우성3차_16	강남구	판매취소	305,100,000	직영몰	2023-06-07		0	TK00003
5	개포우성3차_10	강남구	판매완료	111,870,000	직영몰	2023-06-28	2023-07-04	111870000	TK00004
6	개포우성3차_13	강남구	판매완료	111,870,000	직영몰	2023-07-03	2023-07-08	111870000	TK00005
7	개포자이(12-2)_	강남구	판매완료	406,800,000	직영몰	2023-07-20	2023-07-27	406800000	TK00006
8	개포자이(12-2)_	강남구	판매완료	193,230,000	직영몰	2023-07-30	2023-08-13	193230000	TK00007
9	개포자이(12-2)_	강남구	판매완료	427,140,000	직영몰	2023-08-11	2023-08-14	427140000	TK00008
10	개포자이(12-2)_	강남구	판매완료	172,890,000	직영몰	2023-08-17	2023-08-18	172890000	TK00009
11	개포주공 1단지_	강남구	판매완료	366,120,000	직영몰	2023-08-24	2023-09-01	366120000	TK00010
12	개포주공 1단지_	강남구	판매완료	315,270,000	직영몰	2023-08-31	2023-09-01	315270000	TK00011
13	개포주공 1단지_	강남구	판매완료	345,780,000	직영몰	2023-09-02	2023-09-10	345780000	TK00012
14	개포주공 1단지_	강남구	판매완료	284,760,000	직영몰	2023-09-14	2023-09-21	284760000	TK00013
15	개포주공 1단지_	강남구	판매완료	284,760,000	직영몰	2023-09-17	2023-09-30	284760000	TK00014
16	개포주공 1단지_	강남구	판매완료	386,460,000	직영몰	2023-09-24	2023-09-30	386460000	TK00015
17	개포주공 1단지_	강남구	판매완료	213,570,000	직영몰	2023-10-07	2023-10-08	213570000	TK00016
18	개포주공 1단지_	강남구	판매완료	355,950,000	직영몰	2023-10-14	2023-10-15	355950000	TK00017
19	개포주공 1단지_	강남구	판매완료	376,290,000	직영몰	2023-10-21	2023-10-24	376290000	TK00018
20	개포주공 1단지_	강남구	판매완료	172,890,000	직영몰	2023-10-25	2023-10-30	172890000	TK00019

NOTE 계산 결과 숫자는 백만 단위로 표시합니다.

02 연도별, 위치별 오픈마켓과 직영몰의 판매액을 구하기 위해 [시트1] 시트의 [A1] 셀에 수식 **=QUERY(**DATA!$A$1:$J,**"SELECT YEAR(F), B, SUM(H) WHERE C ='판매중' OR C='판매완료' GROUP BY YEAR(F), B PIVOT E"**,1)**를 입력합니다.

SELECT 절의 **YEAR(F)**는 날짯값으로 되어 있는 판매개시일(**F**열)에서 연도를 추출하는 함수식입니다. 따라서 SELECT 절은 판매개시일의 연도와 위치(**B**열), 누적판매액 합계(**SUM(H)**)를 가져옵니다. WHERE 절의 조건은 상태가 **'판매중'**이거나 **'판매완료'**인 상품이고, SELECT 절에서 **SUM(H)**라는 집계 함수를 썼기 때문에 GROUP BY로 나머지 열인 **YEAR(F)**와 **B**를 잡아줍니다.

PIVOT E는 **E**열(판매채널)의 값을 기준으로 피벗을 하라는 PIVOT 절 명령입니다. 피벗 테이블과 비교해보면 SELECT 절의 일반 열 ID들은 피벗 테이블의 행 영역(판매개시일 연도, 위치)에, 집계 함수들은 피벗 테이블의 값 영역(누적판매액 합계)에, 그리고 PIVOT 절의 열 ID들은 열 영역(판매채널)에 해당합니다. 결과를 비교해봅시다.

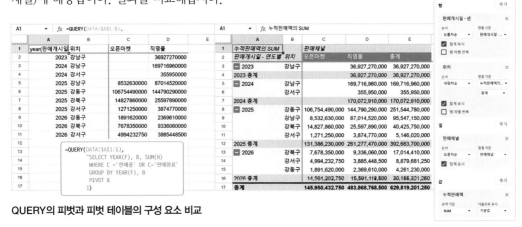

QUERY의 피벗과 피벗 테이블의 구성 요소 비교

03 반환된 결괏값에 숫자 서식을 적용하기 위해 [A1]의 쿼리문 뒤에 **FORMAT SUM(H) '#,##0,,'**를 추가합니다. 완성된 수식은 다음과 같습니다. FORMAT 절은 날짯값, 숫잣값, 시간값으로 된 데이터에 숫자 서식을 적용하는 구문입니다. 열 ID 다음 한 칸을 띄우고 적용할 서식 문자열을 기재합니다. 스프레드시트의 맞춤 수식과 유사한 문법으로 사용할 수 있습니다. 여기서는 백만 단위 숫자를 나타내기 위해 **'#,##0,,'**를 기재했습니다.

```
=QUERY(DATA!$A$1:$J,
       "SELECT YEAR(F), B, SUM(H)
        WHERE C ='판매중' OR C='판매완료'
        GROUP BY YEAR(F), B
        PIVOT E
        FORMAT SUM(H) '#,##0,,'",
       1)        추가
```

04 결괏값이 백만 단위의 숫자로 표시되었습니다.

	A	B	C	D	E	F
1	year(판매개시일)	위치	오픈마켓	직영몰		
2	2023	강남구		36,927		
3	2024	강남구		169,717		
4	2024	강서구		356		
5	2025	강남구	8,533	87,015		
6	2025	강동구	106,754	144,790		
7	2025	강북구	14,828	25,598		
8	2025	강서구	1,271	3,875		
9	2026	강동구	1,892	2,370		
10	2026	강북구	7,678	9,336		
11	2026	강서구	4,994	3,885		
12						
13						
14						

NOTE QUERY 함수의 FORMAT 절로 적용된 서식은 스프레드시트에서의 숫자 서식과 동일하게 작동합니다. 즉, 값은 변함없이 유지되고 화면에 보이는 서식만 지정된 숫자 서식으로 바뀝니다.

05 4.3절에서 피벗 테이블에 필터를 적용했던 것처럼 판매개시일이 특정일 이후인 상품들만 집계해보겠습니다. [G1] 셀에 "기준일 이후"라는 텍스트를 입력하고 [H1] 셀에는 [데이터 확인] 메뉴로 날짯값만 입력할 수 있도록 설정한 후 기준일을 입력합니다. [A1] 셀의 수식 중 WHERE C ='판매중' OR C='판매완료'를 WHERE (C='판매중' OR C='판매완료') AND F > DATE '"&TEXT($H$1,"YYYY-MM-DD")&"'로 수정합니다. 완성된 수식은 다음과 같습니다.

```
=QUERY(DATA!$A$1:$J,
       "SELECT YEAR(F), B, SUM(H)
        WHERE (C ='판매중' OR C='판매완료') AND F > DATE '"&TEXT($H$1,"YYYY-MM-DD")&"'
        GROUP BY YEAR(F), B          수식 변경
        PIVOT E
        FORMAT SUM(H) '#,##0,,'",
       1)
```

	A	B	C	D	E	F	G	H
1	year(판매개시일	위치	오픈마켓	직영몰			기준일 이후	2025-12-31
2	2026	강동구	1,892	2,370				
3	2026	강북구	7,678	9,336				
4	2026	강서구	4,994	3,885				
5								
6								
7								
8								
9								

추가된 수식은 [H1] 셀의 기준일이 "2025-12-31"이라고 하면 `WHERE F > DATE '2025-12-31'`이라는 조건문입니다. 쿼리는 날짯값이나 시간값을 문자열로 처리하기 때문에 문자열 앞에 이게 날짜인지(DATE) 시간인지(TIMEOFDAY) 알려주는 문자열 형식(literals)을 기재해야 합니다. 즉, F열의 날짯값이 [H1] 셀의 날짯값 2025-12-31과 비교해서 큰 항목만 가져옵니다.

그리고 쿼리문을 중간에 큰따옴표(")로 끊어서 &를 이용해 TEXT 함수와 연결했습니다. 쿼리문이 인식할 수 있도록 [H1] 셀에 있는 2025-12-31 형태의 날짯값을 TEXT 함수를 이용해 **YYYY-MM-DD** 형태의 문자열 값으로 변환한 것입니다. 이렇게 하면 [H1] 셀의 날짜를 변화시켜서 피벗 QUERY의 결과를 바꿀 수 있습니다.

DIY를 할 때는 기성품으로 채워지지 않는 절실한 무언가가 있어야 합니다. 그게 '만드는 즐거움'일 수도 있겠지만요. 클릭 몇 번이면 만들어지는 예쁜 피벗 테이블을 두고 키보드로 직접 입력하면서 QUERY문을 만들 이유는 그리 많지 않습니다.

QUERY 함수를 이용하면 데이터 인수나 QUERY문을 & 연산자를 이용해서 동적으로 변경할 수 있지만, 피벗 테이블에서도 맞춤 수식을 이용하면 충분히 동적인 피벗 테이블을 만들 수 있습니다. QUERY 함수는 피벗 테이블에서 기본으로 제공하는 소계, 합계 기능을 구현하기도 번거롭습니다.

다만, 본문에서 살펴본 숫자 서식이나 다른 스프레드시트의 데이터를 불러와서 피벗 테이블을 만드는 기능은 구글 스프레드시트에서 아직 지원하지 않으므로 QUERY 함수가 좀 더 편리합니다.

지금까지 구글 스프레드시트 데이터 집계 함수 중 제일 강력한 QUERY 함수의 기능을 살펴봤습니다. 이제 여러분은 SQL 전문가입니다.

데이터 집계 함수들로 크롤링하기

▶▶ 지금까지 우리는 구글 스프레드시트 안에서 데이터를 만들고 가공하고 집계해서 리포트를 만드는 내용을 학습했습니다. 그런데 자료는 스프레드시트 내부보다는 바깥 세상에 더 많지 않습니까? 이번 절에서는 IMPORT 형제들을 이용해 바깥 세상의 데이터를 가져오고 가공하는 크롤링 작업들을 소개하겠습니다.

IMPORTHTML과 개발자 도구로 개발자되기

핵심 함수 | IMPORTHTML

설명	IMPORTHTML: HTML 페이지에서 표 또는 목록에 있는 데이터를 가져옵니다.
구문	=IMPORTHTML(URL, 쿼리, 색인)
인수	URL: 검토할 페이지의 URL이며 프로토콜(예: http://)을 포함하는 문자열입니다. 쿼리: 원하는 데이터가 어떤 구조에 포함되었는지에 따라 'list' 또는 'table'입니다. 색인: 몇 번째 list 또는 table을 가져올지 지정하는 색인으로 1에서 시작합니다.
더보기	IMPORTXML: XML, HTML, RSS에서 데이터를 가져옵니다. IMPORTRANGE: 지정된 스프레드시트에서 셀 범위를 가져옵니다. IMPORTFEED: RSS 또는 Atom 피드를 가져옵니다. IMPORTDATA: .csv(쉼표로 구분된 값) 또는 .tsv(탭으로 구분된 값) 파일의 URL에서 데이터를 가져옵니다.

제일 만만한 작업은 IMPORTHTML 함수로 웹 페이지에서 표나 목록을 통째로 가져오는 것입니다. 표나 목록을 눈으로 보고 가져오는 것은 아니고 HTML 태그 중 색인에서 지정한 순번의 ⟨table⟩ 혹은 list(⟨ul⟩, ⟨ol⟩)를 가져옵니다.

웹 페이지에서 테이블 가져오기

IMPORTHTML 함수로 아무 테이블이나 가져온 다음 이 테이블이 웹 페이지의 어디에 위치한 테이블인지 확인해보겠습니다.

01 예제 | IMPORTHTML [시트1] 시트의 [A1] 셀에 수식 **=IMPORTHTML("https://ko.wikipedia.org/wiki/구글_문서도구","table",1)**를 입력합니다. "https://ko.wikipedia.org/wiki/구글_문서도구"라는 URL에서 첫 번째 table을 가져오는 수식입니다. URL 인수에는 http://나 https://를 꼭 붙여야 합니다.

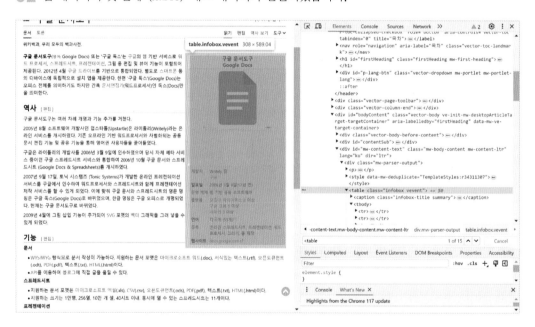

NOTE HTML은 웹 페이지를 구성하는 형식입니다. 〈table〉, 〈ul〉, 〈ol〉은 각각 표, 번호가 없는 목록, 번호가 있는 목록의 형태를 표시해주는 HTML 태그입니다.

02 웹 페이지의 첫 번째 〈table〉 태그 데이터가 반환되었습니다.

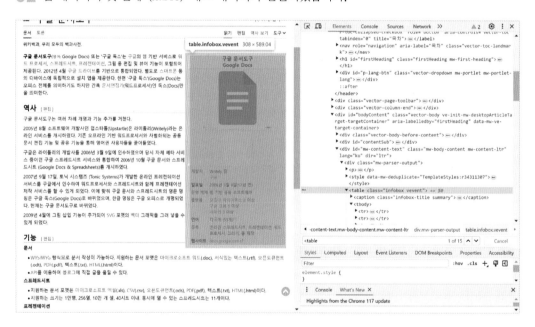

NOTE 웹 페이지의 내용은 항상 변경되므로 IMPORT 함수의 반환값은 책의 이미지와 상이할 수 있습니다.

03 웹 브라우저에 수식의 URL을 붙여 넣어 웹 페이지로 가봅시다. 자세히 보면 반환된 첫 번째 〈table〉은 네모로 표시한 부분인 것을 알 수 있습니다. 웹 페이지를 보고 우리가 원하는 데이터가 table인지, list인지 또는 몇 번째 table인지 어떻게 알 수 있을까요?

NOTE 크롬에서는 웹 페이지에서 마우스 오른쪽 버튼을 클릭하고 [페이지 소스 보기]를 선택해서 소스를 직접 찾아볼 수도 있습니다. 더 편리한 것은 개발자 도구입니다. 크롬이나 엣지, 네이버 웨일 등의 크로미움 기반 웹 브라우저에는 개 발자 도구가 내장되어 있습니다.

04 F12 키나 Ctrl + Shift + I 키를 눌러 개발자 도구를 실행합니다. 개발자 도구의 [Elements] 탭은 웹 페이지를 구성하는 항목(tag)을 계층화하여 표시합니다. [개발자 도구] 창의 좌측 상단에서 검사( ) 아이콘을 클릭해서 검사 옵션을 켭니다.

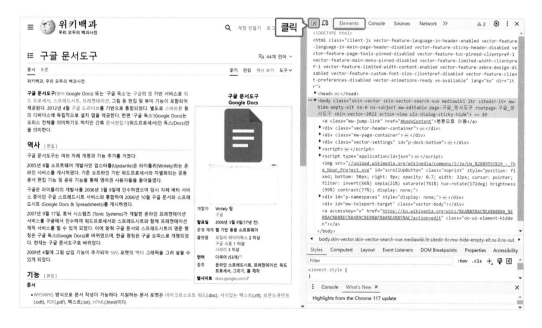

05 이제 웹 페이지의 내용들을 마우스로 가리키면 그 항목의 코드가 [개발자 도구] 창에 표시됩니다. 그림에 표시된 항목을 가리켰더니 [개발자 도구] 창의 〈table class="infobox vevent"〉...〈/table〉이라는 코드가 하이라이트됩니다. 코드 양 끝의 태그를 통해 이 항목이 〈table〉임을 알 수 있고, IMPORTHTML 함수를 이용해 가져올 수 있습니다.

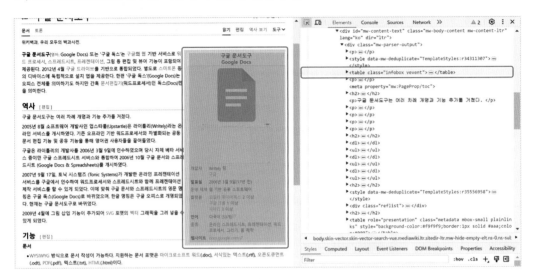

06 〈table ...〉과 〈tbody〉의 드롭다운 버튼을 차례로 클릭하면 9개의 〈tr〉...〈/tr〉 코드들이 나타납니다. 코드 위에서 마우스 커서를 옮길 때마다 코드에 해당하는 항목들이 웹 페이지에 하이라이트됩니다. 첫 번째와 두 번째 〈tr〉...〈/tr〉은 그림 아이콘의 코드라서 IMPORTHTML 반환값의 처음 두 행이 비어 있었고, 나머지 일곱 행은 나머지 7개의 〈tr〉...〈/tr〉 코드를 가져온 것입니다. IMPORTHTML은 〈table〉 안의 〈tr〉을 한 행으로 가져오는 배열 함수임을 알 수 있습니다.

07 이 테이블이 몇 번째 테이블인지 알아야 합니다. [개발자 도구] 창에서 코드 부분을 클릭하고 Ctrl + F 키를 눌러 코드 검색란을 실행합니다. 검색란에 〈table을 입력하면 〈table이 들어간 코드가 하이라이트되면서 전체 몇 개의 검색 결과가 있고 그중 몇 번째 결과인지 검색란 우측에 표시됩니다. 해당 〈table〉은 첫 번째 테이블이었으므로 IMPORTHTML의 인덱스 인수를 1로 잡았습니다.

웹 페이지에서 리스트 가져오기

IMPORTHTML로 첫 번째 리스트를 가져오겠습니다.

01 예제 | IMPORTHTML 　리스트의 태그는 〈ul〉(번호 없는 리스트), 〈ol〉(번호 있는 리스트) 두 가지 종류입니다. IMPORTHTML에서 순서는 ul과 ol를 구분하지 않습니다. 첫 번째 리스트를 가져오기 위해 Ctrl + F 키로 검색해서 처음 나타나는 〈ul〉을 찾습니다.

02 [A11] 셀에 수식 `=IMPORTHTML("https://ko.wikipedia.org/wiki/구글_문서도구",` `"list",1)`를 입력합니다.

A11	▼	*fx*	=IMPORTHTML("https://ko.wikipedia.org/wiki/구글_문서도구","list",1)				
	A	B	C	D	E	F	G
1							
2							
3	개발자	Writely 팀 구글					
4	발표일	2006년 3월 9일(17년 전)(2006-03-09)					
5	운영 체제	웹 기반 응용 소프트웨어					
6	플랫폼	모질라 파이어폭스 2 이상 구글 크롬 1 이상 사파리 3 이상					
7	언어	다국어 (53개)[1]					
8	종류	온라인 스프레드시트, 프레젠테이션, 워드 프로세서, 그리기, 폼 제작					
9	웹사이트	docs.google.com					
10							
11	=IMPORTHTML("https://ko.wikipedia.org/wiki/구글_문서도구","list",1)						
12			입력				
13							
14							
15							
16							
17							
18							

03 웹 페이지의 첫 번째 리스트가 반환되었습니다. 지금까지 개발자 도구를 사용해서 태그를 찾고 스프레드시트로 크롤링하는 법을 배워보았습니다.

A11	▼	*fx*	=IMPORTHTML("https://ko.wikipedia.org/wiki/구글_문서도구","list",1)				
	A	B	C	D	E	F	G
1							
2							
3	개발자	Writely 팀 구글					
4	발표일	2006년 3월 9일(17년 전)(2006-03-09)					
5	운영 체제	웹 기반 응용 소프트웨어					
6	플랫폼	모질라 파이어폭스 2 이상 구글 크롬 1 이상 사파리 3 이상					
7	언어	다국어 (53개)[1]					
8	종류	온라인 스프레드시트, 프레젠테이션, 워드 프로세서, 그리기, 폼 제작					
9	웹사이트	docs.google.com					
10							
11	대문						
12	최근 바뀜						
13	요즘 화제						
14	임의의 문서로						
15	기부						
16							
17							
18							

IMPORTXML로 네이버 뉴스 제목 가져오기

핵심 함수 I IMPORTXML

설명	IMPORTXML: XML, HTML, RSS에서 데이터를 가져옵니다.
구문	=IMPORTXML(URL, XPath_검색어)
인수	URL: 검토할 페이지의 URL이며 프로토콜(예: http://)을 포함하는 문자열입니다. XPath_검색어: XPath 검색어입니다.
더보기	IMPORTRANGE: 지정된 스프레드시트에서 셀 범위를 가져옵니다. IMPORTFEED: RSS 또는 Atom 피드를 가져옵니다. IMPORTDATA: .csv(쉼표로 구분된 값) 또는 .tsv(탭으로 구분된 값) 파일의 URL에서 데이터를 가져옵니다.

IMPORTHTML은 매우 편하고 신속하게 사용할 수 있는 함수인 반면 table이나 list가 아닌 항목들은 가져오지 못합니다. IMPORTXML을 이용하면 정적인 페이지의 거의 모든 텍스트 항목들을 XPath라는 문법을 이용해서 가져올 수 있습니다. QUERY가 데이터 집계의 최고봉이라면 IMPORTXML은 외부 데이터 수집의 맥가이버칼입니다.

IMPORTXML을 실습해보기 전에 XPath 구문과 XML의 Tag 및 속성에 대해 간단히 살펴보겠습니다.

- **//tag:** 하위 계층 모두에서 tag가 존재하는 항목을 가져옵니다.
- **/tag:** 바로 하위의 tag를 찾습니다.
- **//tag[@속성 = '값']:** 모든 tag 중에서 특정 속성의 값이 '값'인 태그를 가져옵니다.
- **//@속성:** 하위 계층 모두에서 특정 속성의 값을 가져옵니다.

  와일드카드 *(별표)를 사용할 수 있습니다. 바로 하위 텍스트는 열로, 동등한 계층 항목은 행으로 가져옵니다.

  예) //*[@id='newsMainTop']//ul/li : 문서 전체에서 id 속성 값이 'newsMain
  Top'인 태그를 찾고 그 하위의 모든 ul 태그에서 li 태그들을 가져옵니다.

  ```
  <div class="box_top_box" id="newsMainTop">
  ```
  태그 속성   속성값

다음과 같은 네이버 증권의 뉴스 페이지에서 [투자정보]-[뉴스] 제목들을 가져오겠습니다.

네이버 증권 메인 페이지

NOTE XML 역시 HTML과 마찬가지로 ⟨a⟩, ⟨img⟩, ⟨table⟩ 등 다양한 태그(tag)들의 계층 구조로 웹 페이지를 구성합니다. XPath는 이 tag의 구조를 파악해서 필요한 정보의 위치를 찾는 표준 문법입니다. XPath에 대한 자세한 사항은 https://www.w3schools.com/xml/xml_xpath.asp를 참조하세요. 매우 자세한, 그리고 우리에게는 필요 없는 설명이 잔뜩 있습니다.

01 크롬 브라우저로 네이버 증권 뉴스 페이지(https://finance.naver.com/news)를 열고 F12 키를 눌러 우리에게 친숙하지 않은 개발자 도구를 실행합니다. 검사(⬚) 아이콘을 클릭하여 검사 모드로 전환합니다.

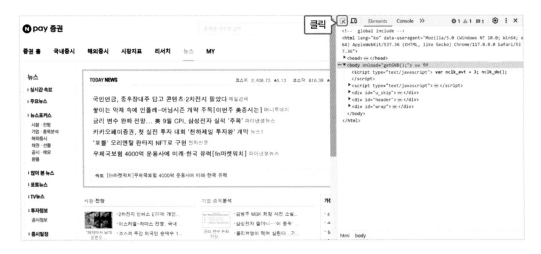

NOTE 크롬의 [도구 더보기] - [개발자 도구] 메뉴를 선택하거나 단축키 Ctrl + Shift + I 키를 이용해도 개발자 도구를 실행할 수 있습니다.

02 TODAY NEWS에서 가져올 항목(제목)을 클릭해서 해당 항목이 어떤 코드인지 확인합니다. 〈a〉 태그 부분의 코드가 해당 항목입니다.

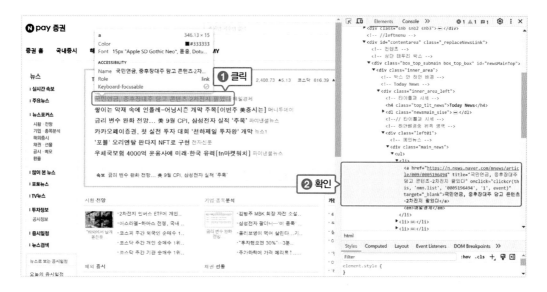

03 크롬은 친절하게도 특정 항목의 XPath를 복사할 수 있도록 해두었습니다. [개발자 도구] 창의 〈a〉 태그 위에서 마우스 오른쪽 버튼을 클릭하고 [Copy] – [Copy XPath]를 선택하면 XPath인 //*[@id="newsMainTop"]/div/div/div/div[1]/ul/li[1]/a가 복사됩니다.

NOTE id를 갖고 있는 태그를 보면 반갑습니다. 1개의 웹 페이지에 id는 하나씩만 존재하기 때문입니다. 그런데 크롬이 알려준 XPath에서 id 아랫 부분은 지저분해 보입니다. 태그 옆의 [숫자]로 표시된 것은 [숫자] 번째 태그라는 뜻입니다. id가 들어 있는 태그 아래에 모든 계층을 표시하다 보니 복잡해졌습니다. XPath는 태그를 이용해서 항목을 특정하는 방식이므로 태그들의 조합은 여러 방법으로 구성할 수 있습니다. 여기서는 가장 간단하고 나중에 유지보수가 적은 방법을 사용하겠습니다.

04 우리가 가져오려는 항목은 〈li〉...〈/li〉 태그 안에 있는 텍스트들입니다. 아래에 〈li〉 태그들이 5개 더 있는데 마우스 커서를 가져가보면 경제 뉴스의 다른 기사들인 것을 알 수 있습니다. 일단 id="newsMainTop" 태그를 가져오기 위해 //*[@id='newsMainTop']으로 시작합니다. 그리고 이 태그 하위의 모든 위치에서 〈li〉 태그를 찾을 것이므로 역시 /를 2번 써서 //*[@id='newsMainTop']//li로 완성하겠습니다.

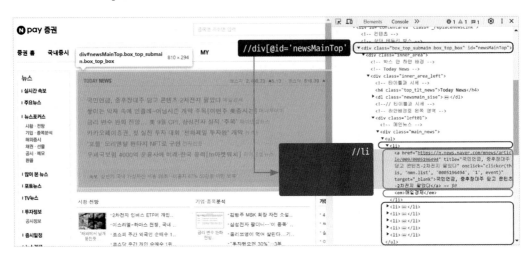

> **NOTE** //li 대신 //a로 〈a〉 태그를 가져오면 〈a〉와 동일 계층에 있는 〈em〉 태그의 기사 출처가 나오지 않으므로 전체 내용이 나오도록 〈li〉 태그를 가져옵니다.

05 예제 | IMPORTXML [A1] 셀에 수식 **=IMPORTXML("https://finance.naver.com/news",** **"//*[@id='newsMainTop']//li")**를 입력합니다. XPath 인수는 큰따옴표로 묶여 있으므로 내부의 문자열은 작은따옴표를 사용했습니다. 이제 네이버 증권 뉴스창을 열지 않아도 구글 스프레드시트를 이용해 뉴스 제목을 볼 수 있습니다.

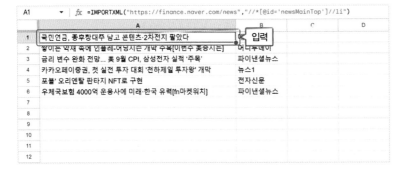

> **NOTE** 예제의 뉴스 제목은 〈ul〉 태그로 되어 있으므로 IMPORTHTML 함수를 써서 가져올 수도 있습니다. 그러나 웹 페이지에 리스트가 많아 저 뉴스가 몇 번째 리스트인지 찾기 어렵고, 웹 페이지에 약간의 변화만 생겨도 수식이 작동하지 않을 우려가 있어 id를 쓸 수 있는 IMPORTXML의 XPath를 사용했습니다.

수식의 XPath를 //*[@id='newsMainTop']//li//@href로 수정하면 href 속성, 즉 뉴스의 하이퍼링크를 가져올 수 있습니다. ARRAYFORMULA, HYPERLINK 함수와 조합하면 뉴스 제목에 하이퍼링크를 넣을 수 있습니다.

예제의 [하이퍼링크 참고] 시트에 경제 뉴스의 하이퍼링크 샘플과 네이버 뉴스 검색 샘플을 추가해두었습니다.

크롤링은 이미 공개되어 있는 데이터를 가져오는 작업이기 때문에 대부분의 경우 원본 페이지에서 정보를 확인하는 것이 훨씬 편합니다. 그럼에도 불구하고 크롤링을 하는 것은 주기적으로 갱신되는 자료를 모으거나 가공해서 지속적으로 볼 필요가 있기 때문입니다.

크롤링에서 제일 어려운 부분은 자료를 편하게 가져올 수 있는 사이트를 찾는 일입니다. 유사한 정보를 제공하는 수많은 사이트가 있지만, 그중 어떤 사이트에서 효과적으로 데이터를 가져올 수 있는지 파악하는 데 가장 많은 시간이 소요됩니다.

웹 페이지는 처음 보이는 페이지가 그대로 유지되는 정적인 페이지와 사용자의 반응이나 환경에 따라 페이지의 코드가 바뀌는 동적인 페이지로 구분할 수 있습니다. 구글 스프레드시트는 컴퓨터이기 때문에 처음 보이는 페이지만 크롤링할 수 있습니다. 따라서 로그인이 필요하거나 클릭이 필요한 페이지들은 IMPORTXML이나 IMPORTHTML로 가져오기 어렵습니다.

IMPORTXML에서 발생하는 오류는 대부분 이와 같은 경우입니다. 어떤 페이지를 구글 스프레드시트로 크롤링할 수 있는지 살펴보기 위해 =IMPORTXML("URL", "*")로 전체 페이지를 가져와서 원하는 내용이 들어 있는지 확인해볼 수도 있습니다.

개발자 도구의 Settings(⚙)에서 [Preferences] – [Debugger]에서 'Disable JavaScript' 옵션을 활성화하면 현재 페이지가 정적인 페이지 형태로 보이게 됩니다. 이 기능을 이용하면 구글 스프레드시트로 읽었을 때 반환되는 형태를 미리 살펴볼 수 있습니다.

화려한 그래픽보다 단순한 테이블 구조로 되어 있는 사이트가 자료를 가져오고 사용 가능한 형태로 가공하기 편합니다. 모바일 페이지가 데스크톱 페이지보다 더 간단한 경우가 많으니 참고하세요. 또한 사이트 구조는 언제든 바뀔 수 있기 때문에 오랫동안 운영되어 온, 즉 구조가 잘 바뀌지 않을 사이트를 고르는 것도 중요합니다.

여기서 잠깐 ▶ **IMPORTDATA와 IMPORTFEED로 CSV 또는 RSS 가져오기**

IMPORTDATA는 CSV나 TSV 파일을 가져오는 함수입니다. 그동안의 경험으로는 IMPORTDATA를 (우리나라에서는) 거의 쓸 일이 없었습니다. 한국 웹사이트에서는 CSV 형식의 파일을 많이 제공하지 않고 제공하더라도 JavaScript를 통해 제공하는 경우가 많아 파일의 URL을 알아내기가 매우 번거롭습니다. 더구나 한글 CSV 파일들은 인코딩 문제로 글자가 깨지는 경우도 빈번합니다. 함수의 사용 방법을 참고할 수 있도록 IMPORTDATA 예제 스프레드시트만 제공하겠습니다.

IMPORTDATA 예제의 [UK] 시트에서는 영국 정부에서 제공하는 간행물 데이터를 IMPORTDATA 함수로 가져왔습니다. 또한 [오류예시] 시트에는 한국의 공공 데이터 포털에서 CSV 형식의 파일을 가져올 때 글자가 깨지는 예시를 재현해두었습니다. 참고만 하고 넘어가겠습니다.

RSS 파일을 가져오는 IMPORTFEED 역시 RSS의 사용성이 줄어든 현재는 활용도가 떨어지고, 많은 RSS 페이지들이 표준을 지키지 않고 있어 IMPORTXML을 사용하는 것이 더 낫습니다. 한때 RSS가 인터넷의 미래인 것처럼 이야기되던 때가 있었습니다. 그게 뭐냐고요? 네, 지금은 그게 뭔지도 잘 모르시더라고요.

외부 데이터 집계 및 분석 함수들

▶▶ 이번 절에서는 구글 스프레드시트의 재미있는 함수들에 대해 알아보겠습니다. 금융 데이터를 불러오는 GOOGLEFINANCE와 자동으로 번역해주는 GOOGLETRANSLATE, 데이터를 간략하게 시각화하는 SPARKLINE 함수, 그림 파일을 불러오는 IMAGE 함수를 소개합니다.

GOOGLEFINANCE로 금융 데이터 불러오기

핵심 함수 | GOOGLEFINANCE

설명	Google Finance에서 현재 또는 기존 유가증권 정보를 가져옵니다.
구문	=GOOGLEFINANCE(티커, [속성], [시작일], [종료일ㅣ일수], [간격])
인수	**티커:** 고려할 유가증권의 티커입니다. '거래소:티커' 형태로 입력합니다. 예) 'NASDAQ:GOOG' **속성:** [선택사항, 기본값 "price"] 티커에 대해 가져올 속성으로, 날짜가 지정된 경우 필수입니다. **시작일:** [선택사항] 과거 데이터를 가져올 기간의 시작일입니다. **종료일ㅣ일수:** [선택사항] 과거 데이터를 가져올 기간의 종료일 또는 데이터를 반환할 시작일로부터의 일수입니다. 비어 있으면 시작일 데이터만 가져옵니다. **간격:** [선택사항] 데이터 반환 빈도로 'DAILY'/1(매일) 또는 'WEEKLY'/7(매주) 중 하나를 선택합니다.

GOOGLEFINANCE는 매우 강력한 함수입니다. Morningstar, Refinitiv, ICE Data Services 등 기업에서 제공하는 금융 상품 데이터를 불러올 수 있습니다. 전 세계 증시에 상장된 주식들의 정보뿐 아니라 채권, 환율, 암호화폐에 관한 데이터까지 볼 수 있습니다.

국내외 주식 시세 정보로 투자손익 계산하기

GOOGLEFINANCE 함수를 통해 국내, 해외 주식의 정보를 가져오는 스프레드시트를 만들어보겠습니다.

01 예제 | GOOGLEFINANCE(대시보드) 연두색 배경 부분을 완성해보겠습니다. [E4] 셀에 수식 **=GOOGL EFINANCE(JOIN(":",$B4,$C4),E$2)**를 입력합니다. 인수 중 티커를 거래소와 코드를 결합한 문자열로, 속성을 [E2] 셀의 값인 "PRICE"로 입력하는 수식입니다.

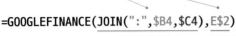

=GOOGLEFINANCE(티커, [속성], [시작일], [종료일|일수], [간격])

=GOOGLEFINANCE(JOIN(":",$B4,$C4),E$2)

KRX:005930   PRICE

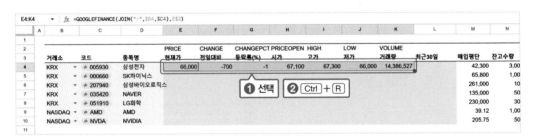

NOTE @를 입력하고 C열의 종목 코드를 입력하면 종목 코드가 표시된 Finance 스마트 칩이 삽입됩니다.

02 최근 30일 그래프를 넣을 L열을 제외한 [E4:K4]까지 선택하고 Ctrl + R 키를 눌러 [E4] 셀의 수식을 범위 안에 붙여 넣습니다. [F2] 셀부터 [K2] 셀의 값이 속성 인수로 적용됩니다.

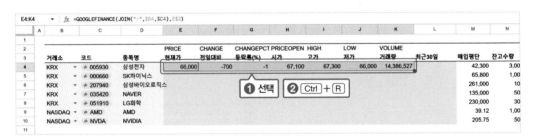

03 [G4] 셀의 등락률은 백분율이므로 소수점 둘째 자리 숫자까지 표시되도록 소수점 이하 자릿수 증가( ) 아이콘을 클릭하여 숫자 서식을 바꿉니다.

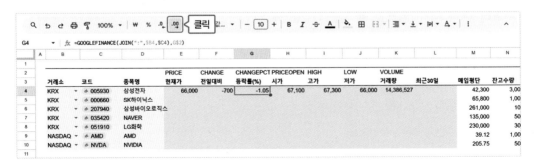

04 [L4] 셀은 SPARKLINE 함수를 써서 소형 차트를 만들 겁니다. [L4] 셀에 수식 **=SPARKLINE (GOOGLEFINANCE(JOIN(":",$B4,$C4),"PRICE",TODAY()-30,TODAY()))**를 입력합니다. 30일 전부터 현재까지의 종가를 배열로 받아서 SPARKLINE 함수에 인자로 전달하는 수식입니다. SPARKLINE 함수는 셀 안에 간단한 선, 막대 차트를 그리는 함수로 자세한 설명은 6장의 마지막에서 알아봅니다.

=GOOGLEFINANCE(티커, [속성], [시작일], [종료일|일수], [간격])

=SPARKLINE(GOOGLEFINANCE(JOIN(":",$B4,$C4),"PRICE",TODAY()-30,TODAY()))

KRX:005930

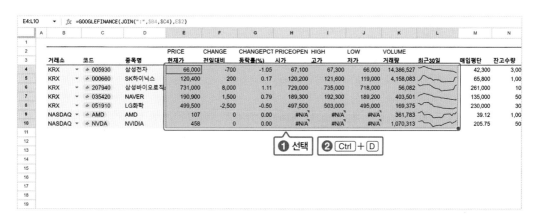

05 아래쪽까지 동일한 수식을 채워 넣기 위해 [E4:L10] 범위를 선택하고 Ctrl + D 키를 누릅니다.

NOTE 거래일이 아닌 경우 시가, 고가, 저가 정보가 제공되지 않으므로 화면에는 #N/A에러가 표시됩니다.

06 해외 주식의 경우 소수점 둘째 자릿수까지 나오도록 [E9:F10], [H9:J10] 범위를 선택하고 소수점 이하 자릿수 증가(🔢) 아이콘을 클릭하여 숫자 서식을 바꿉니다. 이제 언제든 구글 스프레드시트를 열어놓고 제 잔고를 보며 뿌듯해 할 수 있습니다. 저런 수익률이면 좋겠군요.

	A	B	C	D	E	F	G	H	I	J	K	L	M	N
2					PRICE	CHANGE	CHANGEPCT	PRICEOPEN	HIGH		LOW	VOLUME		
3		거래소	코드	종목명	현재가	전일대비	등락률(%)	시가	고가		저가	거래량	최근30일	매입평균	잔고수량
4		KRX	005930	삼성전자	66,000	-700	-1.05	67,100	67,300		66,000	14,386,527		42,300	3,00
5		KRX	000660	SK하이닉스	120,400	200	0.17	120,200	121,600		119,000	4,158,083		65,800	1,00
6		KRX	207940	삼성바이오로직:	731,000	8,000	1.11	729,000	735,000		718,000	56,082		261,000	10
7		KRX	035420	NAVER	190,900	1,500	0.79	189,300	192,300		189,200	403,501		135,000	50
8		KRX	051910	LG화학	499,500	-2,500	-0.50	497,500	503,000		495,000	169,375		230,000	30
9		NASDAQ	AMD	AMD	107.24	0.00	0.00	#N/A	#N/A		#N/A	361,783		39.12	1,00
10		NASDAQ	NVDA	NVIDIA	457.62	0.00	0.00	#N/A	#N/A		#N/A	1,070,313		205.75	50

여기서 잠깐 ▶　　　　　　　　　　**GOOGLEFINANCE를 쓸 때 고려할 점**

국내 증시는 20분 지연 시세로 표시됩니다. 현재가 부분은 실시간 주가가 표시되는 국내 포털 사이트 정보를 IMPORTXML 등의 함수로 가져오면 실시간 주가로 반영할 수 있겠죠.

수식에 ARRAYFORMULA를 쓰지 않은 것은 GOOGLEFINANCE 함수가 배열 함수라서 ARRAYFORMULA와 함께 사용할 수 없기 때문입니다.

B열에 사용한 거래소 코드 입력의 데이터 확인 목록은 [EXCHANGE] 시트에 체크 박스와 FILTER 함수를 이용해 만들어놓았습니다. 궁금한 분들은 참고하시기 바랍니다.

환율을 조회해서 매출채권 환산손익 계산하기

GOOGLEFINANCE 함수로 확인 가능한 정보는 https://www.google.com/finance에서 모두 조합해서 볼 수 있기 때문에 단순히 정보를 모아서 보기 위해 스프레드시트를 쓰는 것은 좋은 생각이 아닙니다. 하지만 매일매일 갱신되는 정보를 가지고 뭔가 계산을 해야 한다면 스프레드시트에 데이터를 끌고 오는 게 필요하겠죠. 매출채권의 환산손익을 계산하는 시트를 만들어봅시다. 간편한 실습을 위해 매출액, 평가액, 환산손익은 미리 수식을 입력해두었습니다.

01 **예제 | GOOGLEFINANCE(환율)** 매출액(G열)은 채권**발생일 환율*금액**으로 계산됩니다. [F9] 셀에 수식 **=INDEX(GOOGLEFINANCE("CURRENCY:"&$D9&$C$2,"PRICE",$C9),2,2)**를 입력합니다. 환율을 조회하는 티커(ticker)는 **CURRENCY:from통화to통화**입니다. USD to KRW인 경우라면 **CURRENCY: USDKRW**가 됩니다. 현재 환율을 조회하기 위해서는 티커만 입력해도 되지만 과거의 환율이 필요하므로 **"PRICE"** 속성과 과거 일자($C9)를 시작일로 기재했습니다.

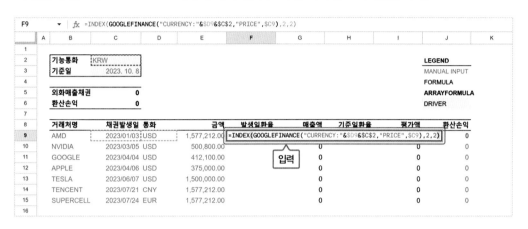

02 기준일의 매출채권 평가액(I열)은 **기준일환율*금액**으로 계산합니다. 이를 수식으로 표현하면 **=GOOGLEFINANCE("CURRENCY:"&$D9&$C$2,"PRICE",$C$3)**입니다 GOOGLEFINANCE 함수는 과거 시점에 대해 사용하는 경우에는 헤더가 포함된 배열을 반환합니다. 헤더를 제외하고 값만 표시하기 위해 INDEX 함수로 배열의 2행 2열에 위치한 환율만 가져오겠습니다. [H9] 셀에 수식 **=INDEX(GOOGLEFINANCE("CURRENCY:"&$D9&$C$2,"PRICE",$C$3),2,2)**를 입력합니다. [F9] 셀의 수식에서 날짜만 기준일이 적힌 [C3] 셀로 바꾼 것입니다.

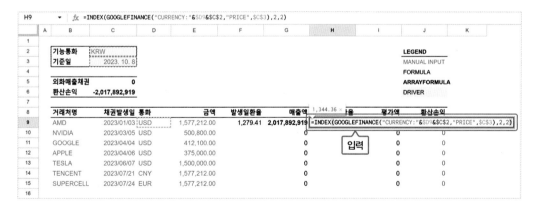

03 ARRAYFORMULA가 적용되지 않은 아래 셀들도 동일한 수식으로 채우기 위해 [F9] 셀을 선택하고 [F15] 셀까지 자동 채우기 핸들을 드래그합니다.

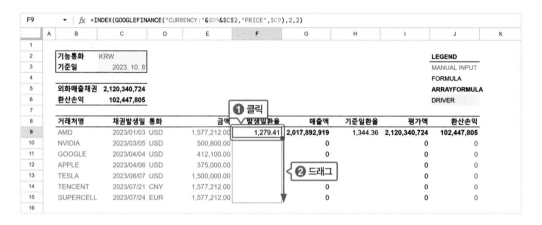

04 [H9] 셀을 선택하고 [H15] 셀까지 자동 채우기 핸들을 드래그합니다. ARRAYFORMULA가 적용된 G, I, J열은 값이 자동으로 채워집니다. 외화 매출채권의 환산 시트가 완성되었습니다.

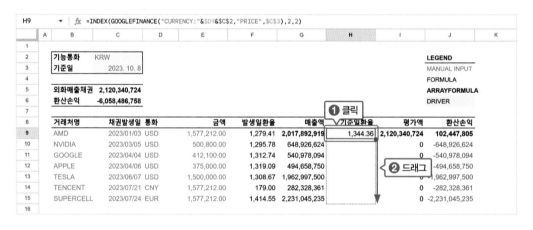

GOOGLEFINANCE에서 제공하는 정보의 항목들과 관련 정보들 그리고 사용 시에 유의할 점은 다음 페이지를 참조하십시오. 전 세계 증권 거래소의 주식과 주가 지수, 미국과 인도의 뮤츄얼 펀드, 미국의 채권 지수, 그리고 각국 환율(Morningstar)과 암호화폐 시세(Coinbase)를 제공합니다.

- **Finance 데이터 목록:**

  https://www.google.com/googlefinance/disclaimer/#!#realtime

GOOGLEFINANCE 함수에서 사용 가능한 속성은 다음과 같습니다. 한국 증시는 20분 지연 시세로 표시되고 베타(β)는 서비스되지 않습니다. 시총은 우선주 시총까지 포함한 금액이 표시되므로 주의해야 합니다. 참고 목적으로만 사용하는 수치입니다.

실시간 데이터

price	실시간 가격 정보로 최대 20분까지 지연
priceopen	개장 시점의 가격
high	현재 날짜의 최고가
low	현재 날짜의 최저가
volume	현재 날짜의 거래량
marketcap	주식의 시가 총액(한국 증시는 우선주 시총까지 함께 집계됨)
tradetime	마지막 거래 시간
datadelay	실시간 데이터의 지연 정도
volumeavg	일일 평균 거래량
pe	PER
eps	주당 순이익
high52	52주 최고가
low52	52주 최저가
change	전 거래일 마감 이후의 가격 변동
beta	베타 값(한국 미지원)
changepct	전 거래일 마감 이후 주식 가격의 백분율 변동
closeyest	전일 종가
shares	발행 주식 수
currency	유가증권이 거래되는 통화

과거 데이터

open	지정한 날짜의 개장가
close	지정한 날짜의 종가(PRICE를 써도 똑같음)
high	지정한 날짜의 최고가
low	지정한 날짜의 최저가
volume	지정한 날짜의 거래량
all	위의 모든 속성

SPARKLINE으로 소형 차트 만들기

핵심 함수 | SPARKLINE

설명	단일 셀 내에 포함된 소형 차트를 만듭니다.
구문	=SPARKLINE(데이터, [옵션])
인수	**데이터**: 차트로 표시할 데이터가 들어 있는 범위 또는 배열입니다. **옵션**: [선택 사항] {옵션명1, 옵션값1 ; 옵션명2, 옵션값2}으로 구성된 중괄호 배열입니다.
더보기	**IMAGE**: 셀에 이미지를 삽입합니다. **GOOGLEFINANCE**: 현재 또는 기존 유가증권 정보를 가져옵니다.

GOOGLEFINANCE에서 잠깐 살펴본 것처럼 SPARKLINE은 한 셀에 소형 차트를 그리는 함수입니다. 일련의 데이터마다 소형 차트를 그리면 추세나 성향을 파악하기 편합니다. 엑셀에는 메뉴로 스파크라인을 추가하지만, 구글 스프레드시트에서는 함수로 지원합니다. 지원하는 형태는 선 그래프, 누적 막대 그래프, 열 차트, 승패 그래프이며 옵션을 지정하지 않으면 기본값인 선 그래프가 그려집니다.

스파크라인의 종류

여기서는 SPARKLINE 함수를 통해 현장별 자금 회수 스케줄을 열 차트로 표시하고, 목표공정과 실공정을 비교하는 누적 막대 그래프를 만들어보겠습니다.

01 **예제 | SPARKLINE** [실습] 시트의 [O4] 셀에 수식 `=SPARKLINE($C4:$N4,{"charttype","column";"highcolor","red";"axis",true})`를 입력합니다. 열 차트로(`"charttype"`, `"column"`) 최댓값을 빨간색으로 표시(`"highcolor"`,`"red"`)하고 전체 기간의 길이를 함께 보기 편하도록 X축을 표시(`"axis"`,`truc`)했습니다.

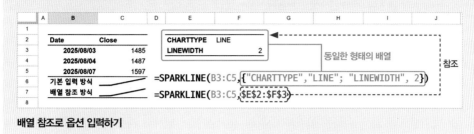

여기서 잠깐 ▶   SPARKLINE의 옵션은 중괄호 배열입니다

SPARKLINE의 옵션은 {옵션명1, 옵션값1; 옵션명2, 옵션값2; ...}와 같은 형태입니다. 어디서 많이 본 형태지요? 바로
중괄호 배열입니다. 따라서 옵션을 일일이 입력하기 귀찮으면 왼쪽에 옵션명, 오른쪽에 옵션값이 기재된 셀 범위를
만들어서 참조하면 됩니다. 예제의 [옵션배열] 시트에 다른 배열을 참조한 옵션 입력 방법을 비교 정리해두었습니다.

배열 참조로 옵션 입력하기

02 나머지 범위에도 동일한 수식을 입력하기 위해 [O4] 셀을 선택하고 자동 채우기 핸들을 더블클
릭합니다.

O4	▼	fx	=SPARKLINE($C4:$N4,{"charttype","column";"highcolor","red";"axis",true})															

Unit: Million USD 미달,초과

Hull No.	1월	2월	3월	4월	5월	6월	7월	8월	9월	10월	11월	12월	SL	목표공정	실공정률	SL
1389	5,000	5,000	8,000	8,000	9,000	20,000	90,000	0	0	0	0	0				더블클릭
1390	0	85,000	90,000	0	8,000	0	8,000	10,000	10,000	0	0	0				
1420	0	0	0	70,000	150,000	200,000	0	0	20,000	10,000	0	10,000		90%	70%	
1570	0	0	0	80,000	70,000	20,000	0	15,000	0	5,000	0	5,000		50%	80%	
2449	0	0	0	0	0	10,000	10,000	0	20,000	20,000	0	40,000		60%	70%	
2452	0	0	0	0	0	5,000	5,000	0	5,000	10,000	0	20,000		50%	40%	
2451	0	0	0	0	0	80,000	5,000	60,000	0	20,000	10,000	10,000		70%	75%	

03 공정률을 비교하는 누적 막대 그래프를 만들어보겠습니다. 목표 초과 달성 시 초과달성분(**실적
– 목표**)은 파란색, 목표는 오렌지색으로, 목표 미달성 시 미달분(**목표 – 실적**)은 빨간색, 실적은 오렌
지색으로 표시하겠습니다. 100% 대비 공정률을 비교할 수 있도록 최댓값을 100%로 잡습니다. 조건
에 따라 표시할 데이터와 색상 옵션이 달라지므로 SPARKLINE을 2개 쓰고 IF 절로 조건에 따라 각
각을 선택합니다. [R4] 셀에 다음 수식을 입력합니다. SPARKLINE의 데이터 인수를 중괄호 배열로
전달합니다.

```
=IF($Q4>$P4,
    SPARKLINE({$P4,$Q4-$P4},{"charttype","bar";"max",1;"color1","orange";"color2","
    blue"}),
    SPARKLINE({$Q4,$P4-$Q4},{"charttype","bar";"max",1;"color1","orange";"color2","
    red"}))
```

R4 | =IF($Q4>$P4,
SPARKLINE({$P4,$Q4-$P4},{"charttype";"bar";"max";1;"color1";"orange";"color2";"blue"}),
SPARKLINE({$Q4,$P4-$Q4},{"charttype";"bar";"max";1;"color1";"orange";"color2";"red"}))

Unit: Million USD 　 미달,초과

	9월	10월	11월	12월	SL	목표공정	실공정률	SL
4	0	0	0	0		100%	100%	
5	10,000	0	0	0		100%	94%	
6	20,000	10,000	0	10,000		90%	70%	
7	0	5,000	0	5,000		50%	80%	
8	20,000	20,000	0	40,000		60%	70%	
9	5,000	10,000	0	20,000		50%	40%	
10	0	20,000	10,000	10,000		70%	75%	

입력

04 나머지 범위에도 동일한 수식을 입력하기 위해 [R4] 셀을 선택하고 자동 채우기 핸들을 더블클릭합니다.

R4 | =IF($Q4>$P4,
SPARKLINE({$P4,$Q4-$P4},{"charttype";"bar";"max";1;"color1";"orange";"color2";"BLUE"}),
SPARKLINE({$Q4,$P4-$Q4},{"charttype";"bar";"max";1;"color1";"orange";"color2";"red"}))

Unit: Million USD 　 미달,초과

Hull No.	1월	2월	3월	4월	5월	6월	7월	8월	9월	10월	11월	12월	SL	목표공정	실공정률	SL
1389	5,000	5,000	8,000	8,000	9,000	20,000	90,000	0	0	0	0	0		100%	100%	
1390	0	85,000	90,000	0	8,000	0	8,000	10,000	10,000	0	0	0		100%	94%	
1420	0	0	0	70,000	150,000	200,000	0	0	20,000	10,000	0	10,000		90%	70%	
1570	0	0	0	80,000	70,000	20,000	0	15,000	0	5,000	0	5,000		50%	80%	
2449	0	0	0	0	0	10,000	10,000	0	20,000	20,000	0	40,000		60%	70%	
2452	0	0	0	0	0	5,000	5,000	0	5,000	10,000	0	20,000		50%	40%	
2451	0	0	0	0	0	80,000	5,000	60,000	0	20,000	10,000	10,000		70%	75%	

더블클릭

여기서 잠깐 ▶　　　　　　　　　　　　　　　　　　　　　**차트별 옵션**

차트별로 설정할 수 있는 옵션의 종류는 다음과 같습니다.

- **4가지 차트 공통**
  - empty: 빈칸을 무시할 것인지(ignore), 0으로 처리할 것인지(zero) 지정합니다.
  - nan: 문자로 된 값을 숫자로 변환할 것인지(convert), 무시할 것인지(ignore) 선택합니다.
  - rtl: 차트의 좌우 순서를 바꿀 때 사용합니다.
  - color(모든 색상 설정): BLUE, BROWN, GRAY, INDIGO, LIME, ORANGE, RED 등 일반적인 색상 이름을 사용할 수도 있고, #2952A3, 1B887A와 같은 HEX 코드(#은 생략 가능)로 입력할 수도 있습니다.

- **선 그래프**
  SPARKLINE 중 유일하게 X축을 설정할 수 있는 그래프입니다. X축과 Y축의 최댓값, 최솟값, 선 색상, 선 굵기를 지정할 수 있습니다. 선 그래프는 (x, y)좌표의 점을 선으로 잇는 방식입니다.

- **누적 막대 그래프**

  색상을 번갈아 가면서 값들을 누적해서 쌓아가는 차트입니다. 음수 값도 양수로 간주해서 쌓습니다. 차트 전체의 크기를 결정하는 최대값 옵션과 색상1, 2를 선택하는 옵션을 갖고 있습니다.

- **열 차트 및 승패 그래프**

  승패 그래프는 열 차트를 1, 0, −1로 처리하는 그래프로, 두 그래프의 옵션은 동일합니다.기본, 음수, 최소, 최대, 최초, 최후값에 대한 색상을 지정할 수 있습니다. axis 옵션으로 X축을 표시할 수 있습니다.

선그래프		누적 막대 그래프		열 차트		승패 그래프	
charttype	line	charttype	bar	charttype	column	charttype	winloss
xmin	2025-08-04	max	30000	color	gray	color	gray
xmax	2025-08-19	color1	ORANGE	lowcolor	red	lowcolor	red
ymin		color2	RED	highcolor	#aaaff	highcolor	#aaaff
ymax		empty		firstcolor	#1b887a	firstcolor	#1b887a
color	red	nan		lastcolor	orange	lastcolor	orange
empty	zero	rtl		negcolor	#ffaaaa	negcolor	#ffaaaa
nan				empty	zero	empty	zero
rtl	FALSE			nan	ignore	nan	ignore
linewidth	1			axis	TRUE	axis	FALSE
				axiscolor	blue	axiscolor	blue
				ymin		ymin	
				ymax		ymax	
				rtl		rtl	

차트별 옵션

IMAGE로 숫자를 그림으로 바꾸기

핵심 함수 | IMAGE

설명	셀에 이미지를 삽입합니다.
구문	=IMAGE(URL, [모드], [높이], [너비])
인수	**URL**: 프로토콜을 포함한 이미지의 URL입니다(예: "https://www.google.com/images/srpr/logo3w.png"). **모드**: [선택사항, 기본값 1] 1: 셀 크기 맞춤, 비율 유지, 2: 셀 크기 맞춤, 비율 무시, 3: 원본 크기 유지, 4: 맞춤 크기 지정. 셀의 크기를 이미지 크기에 맞춰 조정하는 모드는 없습니다. **높이**: [선택사항] 모드 4일 때 이미지의 높이입니다(픽셀). **너비**: [선택사항] 모드 4일 때 이미지의 너비입니다(픽셀).

IMAGE 함수는 셀 안에 이미지를 삽입합니다. 메뉴 기능이 아닌 함수이므로 규칙에 맞춰 많은 이미지를 한꺼번에 넣을 수 있습니다. 이렇게 불러온 이미지는 셀 안에서 일종의 값으로 취급되므로 VLOOKUP과 같은 함수로 불러올 수 있습니다.

부장님께 사내 교육용 구글 스프레드시트 교재의 초안을 보고드렸더니 내용에 대한 피드백은 안 주시고 목차의 번호가 너무 밋밋하다며 알록달록한 그림 문자로 바꾸라고 하십니다. IMAGE 함수를 사용하여 수정해봅시다.

01 예제 | IMAGE(NUMBER) 다음은 부장님께 보고드린 목차입니다. 여러분이 보기에도 밋밋한가요?

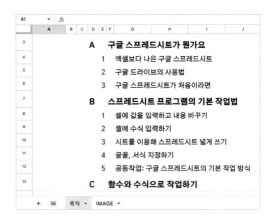

02 아이콘을 제공하는 사이트(https://www.flaticon.com/packs/alphabet-and-numbers-20)에서 IMPORTXML 함수로 번호에 사용할 문자와 이에 대응하는 무료 이미지의 URL을 [IMAGE] 시트에 크롤링해두었습니다. 이미지 파일의 URL로 이미지를 불러오기 위해 [D6] 셀에 **=ARRAYFORMULA(IMAGE($C$6:$C))**를 입력합니다.

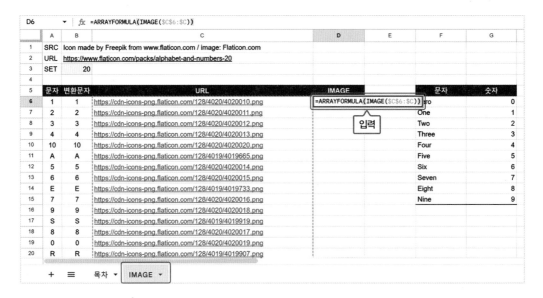

NOTE IMPORTXML 수식은 [IMAGE] 시트의 [A6], [C6] 셀에 있습니다. 또한 숫자들은 웹 페이지의 텍스트가 Zero, One, ...으로 되어 있어 [B6] 셀의 수식에서 숫자로 바꿨습니다. 수식이 궁금하면 참고하세요.

03 부장님이 좋아하실 것 같은 총천연색 이미지가 셀 안에 입력되었습니다. 셀에 입력된 이미지는 수식으로 가져올 수 있습니다.

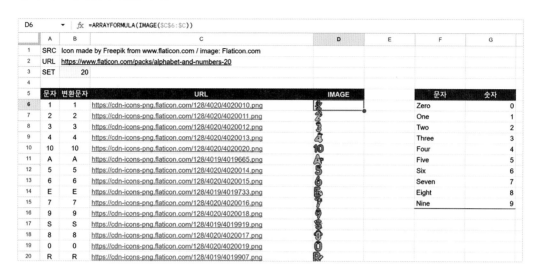

04 [목차] 시트에서 D열과 E열에 걸쳐 있는 문자와 번호에 따라 이미지를 가져오기 위해 [B3] 셀에 =ARRAYFORMULA(IF($D$3:$E<>"",VLOOKUP($D$3:$E,IMAGE!$B$6:$D,3,0),""))를 입력합니다.

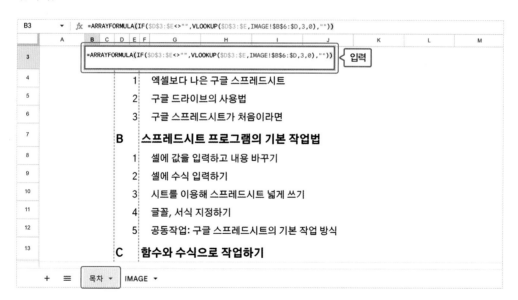

05 번호에 해당하는 그림이 삽입되었습니다. 기존 번호가 있는 D, E열을 선택하고 마우스 오른쪽 버튼을 클릭한 후 [D~E열 그룹화]를 선택하여 숨겨놓으면 부장님이 원하는 목차가 완성됩니다.

NOTE [IMAGE] 시트의 IMPORTXML 수식은 [B3] 셀의 SET값에 따라 다른 이미지 세트를 가져옵니다. 책에서는 20번 세트를 사용했습니다. [B3] 셀의 값을 바꾸면 다른 이미지 세트를 테스트해볼 수 있으나 유료 이미지 세트도 있으니 주의하세요.

CHAPTER 07

앱스 스크립트로
좀 더 게을러지기

▶ ▶ ▶

지금까지 배운 구글 스프레드시트의 배열 함수, 클라우드, 공동 작업이라는 특성만으로도 충분히 엑셀 파일로 혼자 작업했던 때보다 게을러질 수 있었습니다. 이 장에서는 엑셀의 매크로, 비주얼 베이직 애플리케이션(VBA)과 비견할 수 있는 앱스 스크립트에 대해 알아봅니다. 걱정하지 마세요. 다른 훌륭한 개발자들이 이미 만들어놓은 것을 가져다 쓰는 정도로도 충분하고, 챗GPT나 바드같은 인공지능 덕분에 이제 앱스 스크립트를 매우 쉽게 사용할 수 있으니까요.

앱스 스크립트 소개

▶▶ 앱스 스크립트는 강력한 기능을 갖고 있지만 누구에게나 필요하지는 않습니다. 앱스 스크립트를 통해 개선할 수 있는 업무가 어떤 것인지 알아보고 왜 앱스 스크립트가 필요한지, 혹은 왜 필요 없는지 확인해보겠습니다. 앱스 스크립트를 사용하기로 마음먹었나요? 먼저 제일 간단하게 할 수 있는 방법부터 알아보고 실습을 진행해봅시다.

앱스 스크립트가 필요한 이유

앱스 스크립트는 구글 스프레드시트의 자체 기능으로는 부족한 부분을 채워줍니다. 엑셀 VBA와 비슷하지만 엑셀 VBA보다 활용도가 훨씬 높습니다. 구글 스프레드시트가 갖고 있는 다음과 같은 특성들 때문입니다.

클라우드 기반의 구글 스프레드시트

누군가가 파일을 열고 실행 버튼을 누르거나 파일이 열려 있는 컴퓨터를 항상 켜 놔야 하는 엑셀의 매크로와는 달리, 구글 스프레드시트의 앱스 스크립트는 구글의 클라우드 서버에서 실행됩니다. 앱스 스크립트를 실행하기 위해 파일을 열 필요도 없고 실행 버튼을 눌러줄 사람도 필요 없습니다. 정해진 시간이나 이벤트가 발생하면 24시간 365일, DDos 공격받을 때 말고는 잘 돌아가는 구글 스프레드시트가 자동으로 앱스 스크립트를 실행합니다.

구글 프로그램들을 클라우드에서 제어

클라우드 기반이라는 특성에 더해 구글 앱스 스크립트는 구글 문서, 구글 프레젠테이션과 같은 구글 문서 편집기는 물론 구글 드라이브, 캘린더, 지메일, 연락처, 데이터 스튜디오, 구글 애널리틱스, 심지어 구글 지도에 이르기까지 거의 모든 구글 프로그램들을 구글 클라우드 위에서 제어할 수 있습니다. 클라우드에서 돌아가는 구글 패밀리들의 데이터들이 앱스 스크립트의 주요 작업 대상입니다.

구글 ID를 통한 간편한 인증, 권한 부여

마지막으로 엑셀의 매크로에 비해 구글 스프레드시트 및 앱스 스크립트의 인증과 권한 부여는 매우 간편합니다. 엑셀 매크로는 엑셀 파일을 갖고 있다면 누구나 실행시킬 수 있고 별도의 인증 절차를 만드는 것이 복잡합니다. 구글 스프레드시트는 앱스 스크립트의 실행 권한뿐 아니라 스크립트에서 참조하는 다른 구글 서비스의 접근 권한도 구글 ID의 인증을 기반으로 작동합니다. 따라서 프로그래밍에서 가장 어려운 부분 중 하나인 인증 관리에 신경을 쓰지 않아도 됩니다.

우리는 게으르기 때문에 Hello World 출력 같은 쓸데 없는 일에 낭비할 시간이 없습니다. 앱스 스크립트는 '내가 이걸 만들기 위해 쓰는 시간 〈 감소되는 작업당 시간 * 일 평균 작업 횟수 * 내가 이 회사에 다닐 기간' 부등식이 만족되는 경우에만 사용해야 합니다. 구글 스프레드시트의 함수와 기본 기능으로 처리할 수 있는 일은 앱스 스크립트를 사용할 필요가 없습니다. 다만, 다음과 같은 작업에서는 앱스 스크립트를 쓰면 편해집니다. 당장 다음 달에 회사를 그만두는 게 아니라면 말이죠.

- 100명이 넘는 사람/거래처의 데이터를 가져 와서 이름과 내용을 바꿔가며 인쇄
- 구글 스프레드시트의 값이 변경되었을 때 자동 필터 리프레시
- 구글 스프레드시트의 특정 값이 변경되었을 경우 구글 스프레드시트에 기재된 사람들에게 이메일 전송
- 구글 캘린더의 휴가 달력을 확인해서 구글 스프레드시트에 집계하고 매일 아침 슬랙 채널에 전송
- 구글 그룹메일 리스트의 구성원을 확인해서 구글 스프레드시트에 집계
- 구글 캘린더의 회의실 예약 현황을 구글 스프레드시트에 집계하여 사내 웹사이트에 게시
- Gmail의 첨부 파일을 자동으로 구글 드라이브에 업로드하거나 구글 스프레드시트로 변환
- 외부 데이터베이스와 연결해서 쿼리를 보내고 결과값을 구글 스프레드시트에 업데이트
- 문서의 승인이 완료되면 편집 권한을 제한
- 위의 작업들을 버튼이나 메뉴를 누르면 실행하도록 변경

대단한 작업은 없습니다. 우리는 앱스 스크립트로 ERP나 그룹웨어를 만들지 않을 거니까요. 그런 건 지금 받는 월급과 다른 차원의 보상이 있을 때 할 수 있는 겁니다.

앱스 스크립트를 사용하기 위해 알아야 하는 모든 것

앱스 스크립트의 종류에는 ①시트 등의 문서에 종속되는 스크립트(Container-bound Scripts), ②구글 드라이브에서 별개의 파일처럼 표시되는 독립된 스크립트(Standalone Scripts), ③웹 브라우저에서 스크립트에 접속해 기능을 수행할 수 있도록 인터페이스를 갖고 있는 웹 앱(Web Apps)이 있습니다. 여기서는 ①Container-bound Scripts를 주로 다룹니다.

앱스 스크립트를 하기 위해 알아야 하는 것은 딱 세 가지, 즉 ①앱스 스크립트=자바스크립트 ②참고할 곳 ③복사&붙여넣기입니다.

앱스 스크립트 = 자바스크립트

앱스 스크립트는 자바스크립트 기반입니다. 코딩을 하자는 걸까요? 걱정하지 마세요. 우리는 이미 다른 사람들이 만들어 놓은 코드를 가져와 붙여 넣기만 할 거예요. 다만, 복사&붙여넣기할 때 무엇이 코드고 무엇이 주석인지 정도는 알아야 하니 그것만 살펴보겠습니다.

1. 자바스크립트는 기본적으로 코드를 세미콜론(;)으로 막아야 합니다.

2. 변수는 주로 **var 변수명** = 'String' ; 형태로 선언합니다.

3. 함수나 순환문은 중괄호(｛｝)로 감싸줍니다.

4. 주석은 // 뒤에 적습니다.

코드 예시는 다음과 같습니다.

```
function myFunction() {
  var spreadsheet = SpreadsheetApp.getActive();
  var sheet = spreadsheet.getActiveSheet();
  sheet.getRange('A2:Z').clear(); //sheet의 A2:Z 범위의 내용을 모두 지웁니다.
};
```

NOTE 자바스크립트의 문법은 계속 업데이트됩니다. 우리의 주 목적은 복사&붙여넣기이므로 최신 문법 대신 참고 자료가 많은 예전 문법 위주로 설명합니다. 자바스크립트는 예전 문법으로 작성한 코드도 문제없이 작동합니다.

우리가 구글 스프레드시트에서 쓰는 기능들이 앱스 스크립트에서는 스프레드시트, 시트, 범위, 피벗 테이블, 필터, 조건부 서식과 같은 큰 덩어리(클래스)로 구분되어 있습니다. 또한 각 클래스마다 앱스 스크립트를 이용해서 조작할 수 있는 기능(메서드)이 정의되어 있습니다.

SpreadsheetApp, Sheet처럼 기능을 실행하는 덩어리를 클래스(class), 이 클래스에서 수행할 수 있는 기능들을 메서드(method)라고 합니다. 보통 클래스는 별도의 이름을 지정한 변수의 형태로 사용합니다. 코드에서는 spreadsheet라는 변수에 현재 활성화된 SpreadsheetApp이라는 클래스를, sheet라는 변수에 현재 활성화된 Sheet라는 클래스를 할당했습니다. 이런 클래스에는 getActive( ), getActiveSheet( ), getRange( ), clear( )와 같은 메서드가 미리 정의되어 있습니다.

사실 이름은 중요하지 않습니다. 구글의 앱스 스크립트 설명서에서 기능을 찾을 때 이 클래스와 메서드를 기준으로 찾으면 된다는 사실만 기억합시다.

참고할 곳

본격적으로 앱스 스크립트를 사용하기 전에 참고할 페이지를 살펴보고, 우리의 훌륭한 업무 보조가 되어 줄 챗GPT와 바드를 소개합니다. 우리는 이 사이트에서 원하는 클래스 또는 메서드를 찾아 복사하고 붙여넣기만 할 것입니다. 이마저도 직접할 필요가 없습니다. 챗GPT나 바드에게 원하는 코드를 작성해 달라고 부탁할 수도 있습니다.

- **구글 앱스 스크립트 가이드:** https://developers.google.com/apps-script/reference/spreadsheet
- **스택 오버플로우:** https://stackoverflow.com/questions/tagged/google-apps-script
- **챗GPT:** https://chat.openai.com
- **바드:** https://bard.google.com

구글 앱스 스크립트 가이드

구글은 앱스 스크립트에 대한 훌륭한 참고 자료를 만들어두었습니다. 구글의 레퍼런스 사이트 (https://developers.google.com/apps-script/reference/spreadsheet)에는 앞에서 살펴본 클래스와 메서드가 잔뜩 설명되어 있습니다. SpreadsheetApp 클래스에는 getActive(), getActiveSheet() 메서드가 설명되어 있고, 시트 클래스에는 getRange() 메서드가 설명되어 있습니다.

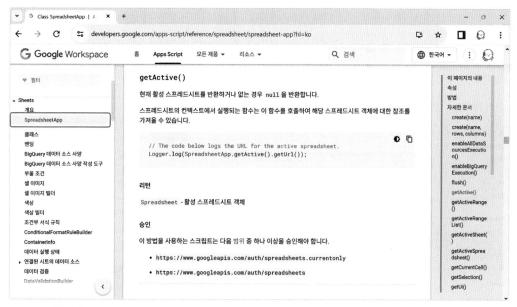

getActive( ) 메서드

getActiveSheet( ) 메서드

getRange( ) 메서드

우리는 왼쪽 카테고리에서 우리가 다루려고 하는 클래스를 선택하고 그 클래스에서 할 수 있는 메서드를 찾아서 가져다 쓸 겁니다.

스택 오버플로우

스택 오버플로우(stackoverflow.com)는 프로그래밍 관련 커뮤니티입니다. 레퍼런스 가이드에서 해결되지 않는 문제는 스택 오버플로우의 구글 앱스 스크립트 관련 질의(https://stackoverflow.com/questions/tagged/google-apps-script)에서 찾아보면 됩니다. 자바스크립트는 매우 인기 있는 프로그래밍 언어 중 하나입니다. 더구나 우리의 업무는 특별할 게 없지 않습니까? 그래서 우리가 필요로 하는 모든 작업들은 이미 뛰어난 개발자들이 만들어두었습니다. 필요로 하는 기능을 적절한 검색어로 찾아보면 대부분 해결됩니다.

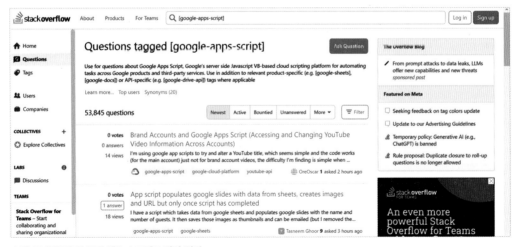

스택 오버플로우의 구글 앱스 스크립트 관련 질의

챗GPT와 바드

챗GPT(ChatGPT)와 바드(Bard)는 각각 OpenAI와 구글에서 내놓은 인공지능 서비스입니다. 두 인공지능 챗봇은 사람의 언어를 이해하고 상황에 맞는 대답을 할 뿐 아니라 프로그래밍 언어도 습득했기 때문에 앱스 스크립트를 작성하는 데 활용할 수 있습니다. 고작 앱스 스크립트를 작성하고자 자바스크립트 문법까지 배울 여력이 없는 우리에게는 더욱이 큰 도움이 될 거예요.

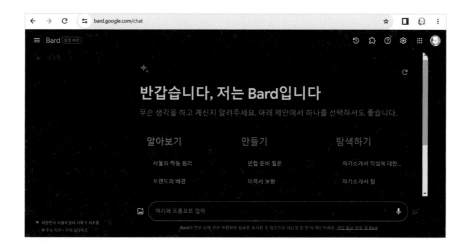

두 서비스 중 어떤 것을 선택하더라도 사용법과 결과에 큰 차이는 없습니다. 챗GPT는 선발주자답게 사용자의 수가 바드보다 많고, 더 자연스러운 대화가 가능한 반면 구글에서 만든 바드는 구글 듀엣 AI 등으로 구글 워크스페이스와 호환성이 좋다는 장점이 있습니다.

인공지능 서비스는 눈부신 속도로 발전하고 있습니다. 따라서 이 글을 읽는 시점에 가장 좋은 도구를 선택하시면 됩니다. 이 책에서는 챗GPT 3.5 무료 버전을 기준으로 설명합니다. 챗GPT의 회원가입과 로그인 과정은 간단하므로 생략하겠습니다.

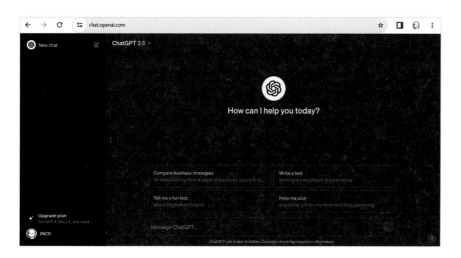

복사&붙여넣기

앱스 스크립트를 하기 위해서 우리가 가장 많이 할 작업은 복사&붙여넣기입니다. 스크립트 편집기에서 clear( ) 메서드를 실행해 시트에 입력되어 있는 내용을 삭제해보겠습니다.

01 예제 | APPS SCRIPT 예제 스프레드시트를 열고 [확장 프로그램] – [Apps Script] 메뉴를 클릭합니다.

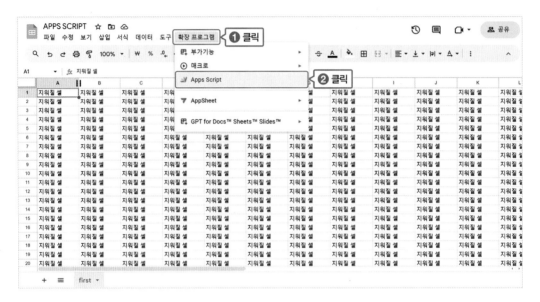

NOTE 로그인한 계정에 스프레드시트의 소유자 또는 편집자 권한이 있어야 앱스 스크립트 편집기에 접근이 가능합니다.

02 스크립트 편집기인 [Apps Script] 창이 열립니다. 왼쪽은 앱스 스크립트와 관련된 파일들이 표시되는 곳이고, 오른쪽은 코드 입력 창입니다. 이제 오른쪽의 빈 창에 코드를 넣으면 됩니다.

03 구글 앱스 스크립트(https://developers.google.com/apps-script?hl=ko)에서 [참조] – [Sheets] – [시트] 클래스를 선택하고 clear( ) 메서드를 찾아 클릭한 뒤 설명에서 코드를 복사합니다. [first] 시트의 내용을 전부 삭제해주는 스크립트입니다. 우리는 주석을 구분할 줄 아니까 주석 부분은 빼고 복사해도 됩니다.

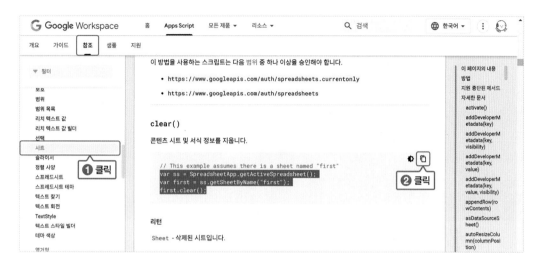

NOTE 코드 우측 상단의 복사(🗐) 아이콘을 클릭해도 코드를 복사할 수 있습니다.

04 이번에는 **01**에서 실행한 스크립트 편집기의 코드 입력 창에서 function **myFunction()** { 아랫줄에 복사해 온 코드를 붙여넣기합니다. 들여쓰기가 잘못되어 있지만 무시하고 툴바의 프로젝트 저장(🖫) 아이콘을 클릭합니다.

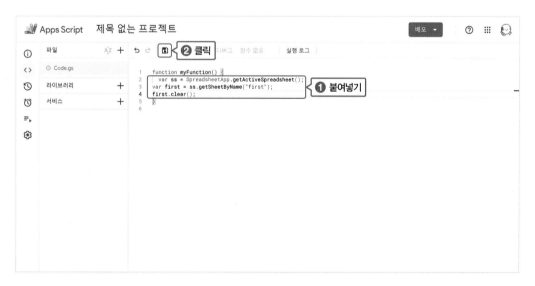

05 제목을 클릭하면 이름을 지정하는 [프로젝트 이름 변경] 창이 나타납니다. 원하는 이름을 입력하고 [이름 변경하기] 버튼을 클릭합니다.

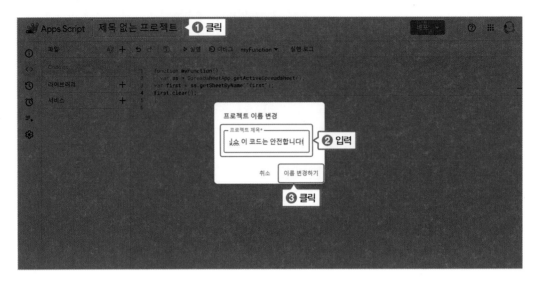

06 상단 툴바에서 실행할 함수가 'myFunction'으로 선택되어 있는 것을 확인하고 [실행] 버튼을 클릭해서 방금 만든 myFunction 함수를 실행합니다.

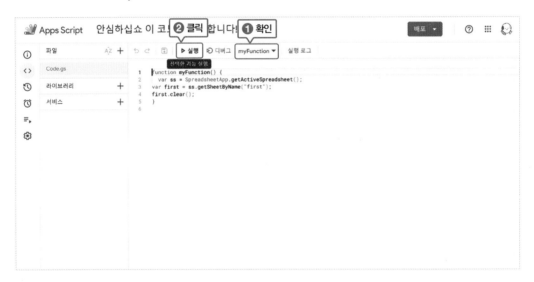

07 앱스 스크립트는 최초 실행할 때 실행하는 사람의 권한을 요청합니다. [승인 필요] 창에서 [권한 검토] 버튼을 클릭합니다.

08 권한을 부여할 계정을 선택합니다.

NOTE [다른 계정 사용]을 클릭하여 앱스 스크립트를 실행할 다른 계정을 지정할 수도 있습니다. 물론 사용할 계정은 해당 스프레드시트에 대한 권한을 가지고 있어야 합니다.

09 내가 만든 앱은 구글에서 확인하지 않은 앱이라고 하면서 정말 이 개발자를 신뢰할 것인지 물어봅니다. 구글이 나를 믿어주지 않아 약간 기분이 상하지만 [고급]을 클릭해 고급 설정을 표시하고 '안심하십쇼 이 코드는 안전합니다(으)로 이동(안전하지 않음)'을 클릭해서 해당 프로젝트로 이동합니다.

NOTE 구글 워크스페이스 계정에서는 이 화면이 나타나지 않고 10번으로 바로 넘어갑니다.

10 이 코드가 요청하는 권한에 대한 설명이 나옵니다. 이 코드에 권한을 부여하면 스프레드시트 보기, 수정, 생성, 삭제가 가능합니다. 안전한 코드이므로 [허용] 버튼을 클릭합니다. 이제 권한이 모두 허용되었으므로 코드가 실행됩니다.

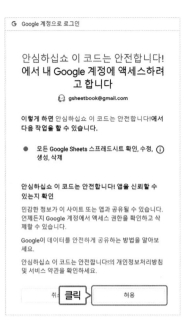

11 가득 차 있던 스프레드시트의 내용이 모두 삭제되었습니다. 복사&붙여넣기만으로 안전한 앱스 스크립트를 만들어보았습니다.

▶▶ 이번 절에서는 다양한 상황에서 앱스 스크립트를 직접 적용해보겠습니다. 그리고 참고할 만한 코드를 찾아서 상황에 맞게 고치는 방법도 실습해보겠습니다.

매크로로 간단한 앱스 스크립트 훔치기

매크로(macro)는 구글 스프레드시트에서 사용자가 하는 작업을 녹화하듯 기록해서 코드로 만드는 기능입니다. 단순 반복 작업은 매크로로 기록된 코드를 참조하면 쉽게 자동화할 수 있습니다. 예제에 지금까지 배운 함수를 사용해 주문번호를 넣으면 주문별 상품 리스트가 표시되도록 만들어두었습니다. 여기서는 주문별 상품 리스트 양식에서 주문번호를 바꾸는 동작을 기록해보겠습니다. 다음 절에서 구글이 주문번호를 자동으로 입력하면서 pdf 파일을 만들게 하기 위한 사전 작업입니다.

01 예제 | APPS SCRIPT(MACRO) [확장 프로그램] – [매크로] – [매크로 기록] 메뉴를 선택합니다. 이 제부터 하는 작업들은 기록되어 코드로 변환됩니다.

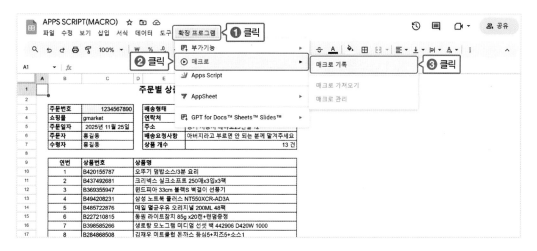

02 [새 매크로 기록 중] 창의 빨간색 아이콘이 깜박거리는 것을 볼 수 있습니다. '절대 참조 사용'이 선택되어 있는지 확인하고 [주문번호]가 입력되어 있는 [C3] 셀을 선택합니다.

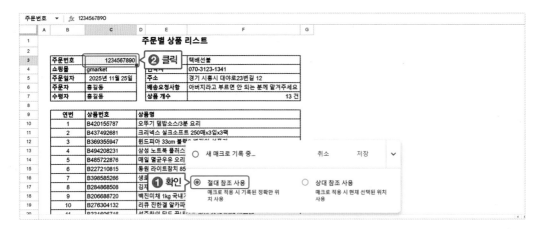

03 [C3] 셀의 값을 **1234567891**로 수정하고 [새 매크로 기록 중] 창에서 [저장] 버튼을 클릭합니다.

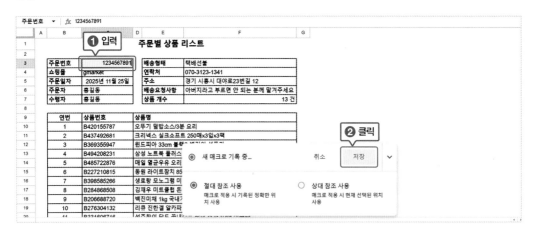

04 [새 매크로 저장] 창이 나타나면 [이름]을 바꾸고 [저장] 버튼을 클릭합니다.

05 매크로가 저장되었다는 메시지가 나타나면 [스크립트 수정]을 클릭하여 스크립트 편집기를 실행합니다.

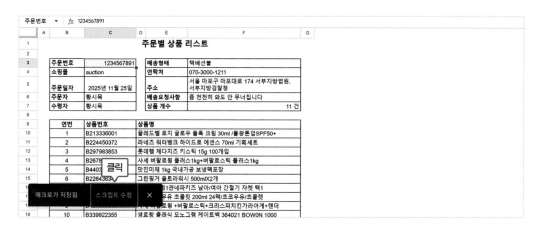

> **NOTE** [매크로가 저장됨] 메시지 창이 사라졌다면 [확장 프로그램] – [Apps Script] 메뉴를 클릭합니다.

06 스크립트 편집기에 3줄의 코드가 기록되었습니다. 특정한 셀의 값을 바꾸는 작업을 하려면 어떤 코드가 필요한지 알 수 있습니다. 6행의 '1234567891'을 원하는 값으로 바꿔주는 앱스 스크립트를 작성하여 실행하면 자동으로 원하는 주문번호의 상품 리스트를 뽑을 수 있을 것입니다.

바로 다음 실습에서 이 코드를 이용해 주문번호를 자동으로 바꿔가며 상품 리스트를 PDF로 변환하는 작업을 진행해보겠습니다.

주문번호별 상품 리스트를 PDF로 출력하기

앞에서 매크로를 만들었던 주문번호별 상품 리스트를 PDF로 저장해서 포장 부서가 작업할 수 있도록 구글 드라이브의 작업 폴더에 넣기로 했습니다. 그런데 주문번호가 많아지니까 이걸 일일이 입력하기가 너무 힘듭니다. 구글이 스스로 [order] 시트에 있는 주문번호를 처음부터 끝까지 [print] 시트의 주문번호 입력란에 입력하고 PDF 파일로 변환해서 구글 드라이브에 넣도록 작업해보겠습니다.

01 구글 드라이브 좌측 상단에서 [신규] 버튼을 클릭하고 나타나는 메뉴에서 [새 폴더]를 선택해서 파일 저장용 폴더를 새로 만듭니다.

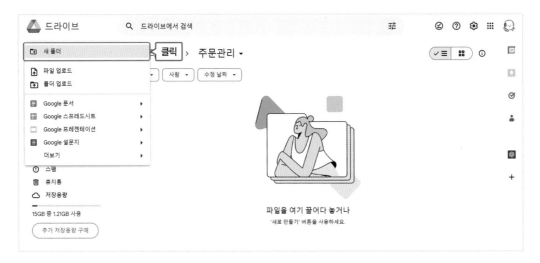

02 [새 폴더] 창이 나타나면 원하는 이름을 입력한 후 [만들기] 버튼을 클립합니다.

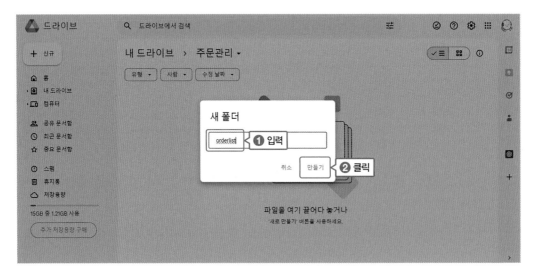

03 생성한 폴더를 더블클릭하고 주소 표시줄의 고유 ID만 복사한 후 다른 곳에 적어둡니다. / folders/ 뒤에 이어진 영문 대소문자와 숫자 조합으로 이루어진 코드가 고유 ID입니다. 여기서는 1UO-fFn8jWbuwW_uV6vikLyM0b-Sn9QB6이네요.

04 `예제 | APPS SCRIPT(PDF)` 예제 스프레드시트에 미리 PDF 변환 코드를 입력해두었습니다. 예제 스프레드시트를 열고 [script] 시트의 [A1] 셀에서 F2 키를 눌러 수식 편집 모드로 전환합니다. Ctrl + A 키로 셀 안의 코드를 모두 선택하고 Ctrl + C 키로 복사합니다.

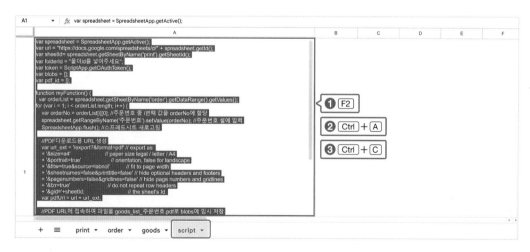

`NOTE` F2 키를 누르지 않고 셀을 통째로 복사하여 붙여넣으면 "가 두겹으로 표시되므로 꼭 편집 모드에서 복사하세요.

05 [확장 프로그램] – [Apps Script] 메뉴를 선택합니다. 스크립트 편집기의 기존 코드를 모두 지우고, 복사한 코드를 스크립트 편집기에 붙여 넣습니다. 4행의 var **folderId** = "폴더id를 넣어주세요" 부분을 **04**에서 생성한 orderlist 폴더의 고유 ID로 수정합니다. 여기서는 var **folderId** = "1UO-fFn8jWbuwW_uV6vikLyM0b-Sn9QB6"으로 수정하겠습니다.

NOTE 입력한 구글 드라이브 폴더의 편집자 역할이 작업 중인 구글 ID에 부여되어 있어야 합니다. 제공되는 완성 스프레드시트의 폴더 id는 여러분에게 쓰기 권한이 부여되어 있지 않으므로 그대로 실행하면 '입력한 ID에 해당하는 항목이 없습니다'라는 에러가 발생합니다. 폴더 id를 여러분이 생성한 폴더의 고유 ID로 변경해주세요.

06 좌측 상단의 '제목 없는 프로젝트'를 클릭하고 [프로젝트 이름 변경] 창에서 이름을 지정한 후 프로젝트 저장(🖫) 아이콘을 클릭해서 스크립트를 저장합니다.

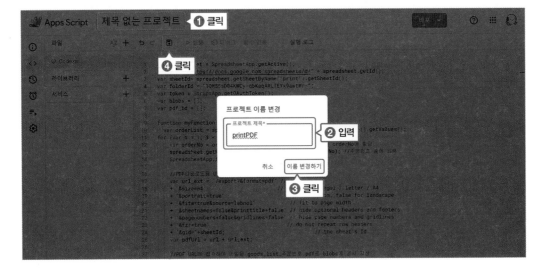

07 스크립트 편집기에서 [실행] 버튼을 클릭하여 스크립트를 실행합니다. 승인 필요 메시지가 나타나면 안심하고 [권한 검토] – [계정 선택] – [고급] – [printPDF(으)로 이동] – [허용]을 클릭하여 권한을 허용합니다. 시트 내용을 삭제했던 앱스 스크립트 예제와 달리 구글 드라이브 파일에 대한 권한과 외부 서비스에 연결할 권한(URLFetch)도 요청하고 있는 것을 확인할 수 있습니다.

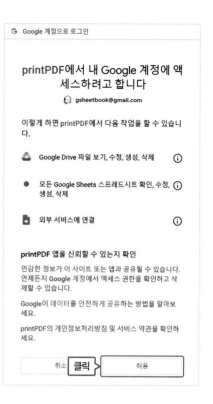

NOTE 구글 워크스페이스 계정은 [고급] – [printPDF(으)로 이동] 단계가 나타나지 않습니다.

08 스크립트의 실행이 완료되면 **02**에서 생성한 폴더에 주문번호별로 PDF 파일이 생성됩니다.

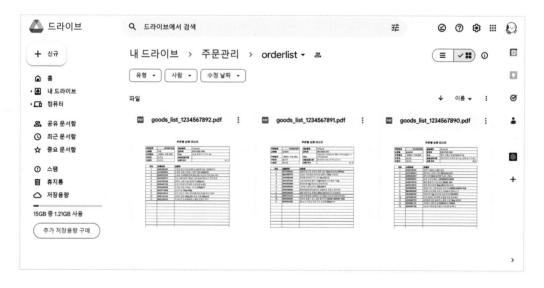

드라이브 API 사용과 다운로드 URL의 활용

방금 붙여 넣은 코드를 좀 더 자세히 살펴보겠습니다. 아래 코드는 드라이브 사용 권한을 받고 스프레드시트를 PDF로 저장합니다. 세부적인 내용을 지금 모두 이해할 필요는 없습니다. 각 부분들이어떤 역할을 하는지 집작할 수 있으면 충분합니다.

```
var spreadsheet = SpreadsheetApp.getActive();
var url = "https://docs.google.com/spreadsheets/d/" + spreadsheet.getId();
var sheetId= spreadsheet.getSheetByName('print').getSheetId();
var folderId = "1UO-fFn8jWbuwW_uV6vikLyM0b-Sn9QB6";          ❶
var token = ScriptApp.getOAuthToken();
var blobs = [];
var pdf_id = [];
```

NOTE 여기서는 함수가 하나밖에 없지만 다른 함수들을 추가할 경우를 위해 전역 변수로 설정해주었습니다(복잡한 프로그램에서 전역 변수로 설정하는 것은 좋은 습관이 아닙니다). 지금은 코딩을 하려는 것이 아니므로 이 정도로 이해하고 넘어갑니다.

❶ **url**에는 PDF 다운로드를 위해 필요한 [print] 시트의 URL을, **folderID**에는 구글 드라이브에 저장할 폴더 ID를 설정했습니다. 구글 드라이브 사용을 위한 권한은 같은 구글 제품이므로 **ScriptApp.getOAuthToken( )**이라는 간단한 메서드 하나로 부여받을 수 있습니다.

blobs는 PDF 형식으로 받은 파일을 저장할 변수이고, **pdf_id**는 생성된 PDF 파일의 고유 id입니다. 여기서는 따로 사용하지 않았지만, 만약 주문 리스트별로 URL을 생성할 필요가 있다면 **pdf_id**를 유용하게 사용할 수 있을 겁니다.

```
function myFunction() {                                                     ❷
  var orderList = spreadsheet.getSheetByName('order').getDataRange().getValues();
  for (var i = 1; i < orderList.length; i++) {                             ❸
    var orderNo = orderList[i][0];          //주문번호 중 i번째 값을 orderNo에 할당
    spreadsheet.getRangeByName('주문번호').setValue(orderNo); //주문번호 셀에 입력
    SpreadsheetApp.flush();                 //스프레드시트 새로고침               ❹
```

```
// PDF다운로드용 URL 생성 ──────────
var url_ext = '/export?&format=pdf'          //export as
+ '&size=a4'                                  //paper size legal / letter / A4
+ '&portrait=true'                            //orientation, false for landscape
+ '&fitw=true&source=labnol'                  //fit to page width
+ '&sheetnames=false&printtitle=false'        //hide optional headers and footers    ❺
+ '&pagenumbers=false&gridlines=false'        //hide page numbers and gridlines
+ '&fzr=true'                                 //do not repeat row headers
+ '&gid='+sheetId;                            //the sheet's Id
var pdfUrl = url + url_ext; ──────────

// PDF URL에 접속하여 파일을 goods_list_주문번호.pdf로 blobs에 임시 저장 ──────────
var pdfFile = UrlFetchApp.fetch(pdfUrl, {
  headers: {
    'Authorization': 'Bearer ' + token
  }
});                                                                                    ❻
blobs = pdfFile.getBlob().setName('goods_list_'+ orderNo +'.pdf');

//folderID의 구글 드라이브 폴더에 파일을 저장하고 파일 id를 pdf_id에 저장
pdf_id = DriveApp.getFolderById(folderId).createFile(blobs).getId(); ──────────
}
}
```

❷ myFunction() 함수는 [order] 시트에서 getDataRange()를 이용해 데이터가 채워진 영역을 선택하고 getValues()를 이용해 데이터 영역의 값들을 배열 형태로 가져와서 orderList 변수에 저장합니다.

❸ 배열의 인덱스는 0부터 시작합니다. [A1] 셀은 머리글 행이고 [A2] 셀부터 주문번호가 들어 있으니 0번째가 아닌 1번째 행의 0번째 열(orderList[1][0])부터 시작해서 주문번호 개수만큼 반복하며 주문번호 값을 '주문번호'로 이름이 지정된 범위에 입력합니다(getRangeByName('주문번호').setValue(orderNo)).

❹ 앱스 스크립트로 값이 입력되는 경우 스프레드시트가 갱신될 때까지 시간이 걸릴 수 있습니다. 따라서 SpreadsheetApp.flush()로 새로고침합니다.

❺ PDF 다운로드용 URL은 8장의 〈자동으로 파일을 다운로드할 수 있는 URL 만들기〉에서 설명합니다. 구글 스프레드시트의 URL에 **/export?&format=pdf**를 추가하여 PDF 파일 다운로드 URL을 만들 수 있습니다. 뒤에 나오는 다른 인수들은 출력 옵션을 지정하기 위한 것들입니다. 마지막에 아까 전역 변수로 선언한 [print] 시트의 시트 id를 **'&gid='+sheetId;** 인수에 입력하여 [print] 시트를 인쇄하도록 설정합니다.

❻ URL에 접속하여 파일을 받아올 때는 UrlFetchApp.fetch(URL)을 사용합니다. 인증을 위해 구글 드라이브 인증 토큰을 넣은 헤더를 추가했습니다. 받아온 PDF 파일은 파일명에 주문번호를 붙여서 pdf 파일로 구글 드라이브 폴더에 저장합니다.

메뉴와 버튼으로 앱스 스크립트 실행하기

이번에는 앱스 스크립트를 메뉴나 버튼을 눌러서 실행할 수 있게 만들어보겠습니다.

메뉴로 앱스 스크립트 함수 실행하기

앱스 스크립트를 통해 메뉴 클릭으로 PDF를 생성할 수 있도록 만들어봅시다.

01 구글 앱스 스크립트 웹 페이지의 [참고자료] – [스크립트 실행 및 정보] – [기본] 카테고리에서 클래스 메뉴(https://developers.google.com/apps-script/reference/base/menu?hl=ko)의 샘플 코드를 복사합니다. 구분선과 부 메뉴를 포함한 사용자 메뉴를 스프레드시트에 추가하는 코드라고 설명되어 있군요.

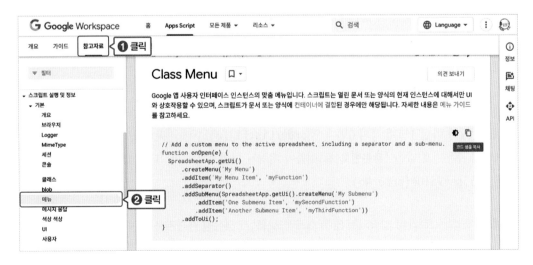

02 예제 | APPS SCRIPT(메뉴_버튼) 예제 스프레드시트의 사본에서 스크립트 편집기를 열어 기존 함수 아래쪽(40행)에 복사한 코드를 붙여 넣습니다. 기존 함수 위쪽(4행)에 있는 **"폴더id"**도 앞에서와 마찬가지로 여러분의 폴더 id로 수정합니다.

NOTE [확장 프로그램] – [Apps Script] 메뉴를 이용해서 스크립트 편집기를 실행할 수 있습니다.

여기서 잠깐 ▶ **onOpen( ) 함수로 스프레드시트가 열릴 때 메뉴 만들기**

onOpen(e) 함수는 스프레드시트가 열릴 때 자동으로 실행되는 함수입니다. 여기에 메뉴 관련 메서드를 추가하면 스프레드시트 실행 시마다 자동으로 메뉴에 항목이 추가될 것입니다. getUi( )는 스프레드시트의 메뉴, 대화 창, 측면 바를 관리하는 메소드로서 샘플 코드에서는 getUi( )라는 대상 아래에 다양한 부수 항목들로 메뉴를 만들고 있습니다.

- .createMenu( ): [파일], [수정], [보기]와 같은 큰 메뉴를 만드는 기능
- .addItem( ): 메뉴 항목을 만들어 함수와 연결
- .addSubMenu( ): 하위에 또 메뉴 항목을 만드는 기능
- .addToUi( ): 이렇게 만든 메뉴를 유저의 이용 환경에 적용하는 기능

03 우리는 myFunction 함수 하나만 메뉴로 만들 것이므로 다음 그림과 같이 **.addSeparator()** 부터 **'myThirdFunction'))**까지의 부분은 삭제하고 메뉴 이름도 적절하게 수정합니다. 프로젝트 저장 아이콘(🖫)을 클릭하여 스크립트를 저장합니다.

> **NOTE** 메뉴 생성은 onOpen( ) 함수를 통해 스프레드시트가 열릴 때 자동으로 실행되므로 별도로 실행할 필요가 없습니다.

04 스프레드시트 화면으로 돌아와서 F5 키를 눌러 스프레드시트를 새로고침합니다. 메뉴 생성까지 시간이 조금은 걸리니 안심하고 기다리세요. 메뉴 바에 [주문리스트]가 생성된 것을 확인할 수 있습니다. [주문리스트] – [주문리스트 생성] 메뉴를 실행합니다. 아까와 똑같이 폴더에 PDF 파일이 생성되면 성공입니다.

> **NOTE** [주문리스트] – [주문리스트 생성] 메뉴를 클릭했을 때 승인 요청 창이 나타나면 권한을 허용한 뒤, [주문리스트 생성] 메뉴를 다시 실행합니다.

버튼으로 앱스 스크립트 함수 실행하기

메뉴로 앱스 스크립트를 실행하기 위해서는 메뉴를 클릭하고 해당 항목을 한 번 더 클릭해야 합니다. 클릭을 한 번이라도 줄여야 우리도 유니콘이 될 수 있습니다. 버튼을 생성하여 클릭 횟수를 줄여봅시다.

01 예제 | APPS SCRIPT(메뉴_버튼) 이번에는 메뉴 대신 버튼으로 함수를 실행해보겠습니다. 먼저 실행 버튼을 만들기 위해 [삽입] – [그림] 메뉴를 선택해서 그림 편집기를 실행합니다.

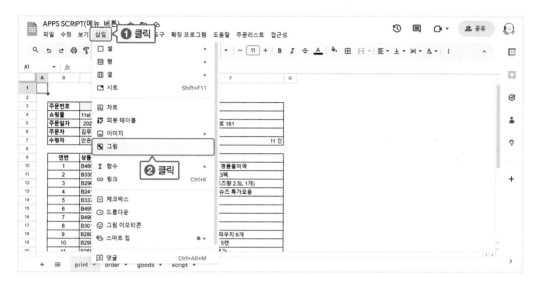

02 [그림] 창에서 도형(⬚) 아이콘을 클릭하고 마음에 드는 버튼 모양을 선택합니다. 여기서는 [도형] – [입체 테두리]를 선택했습니다.

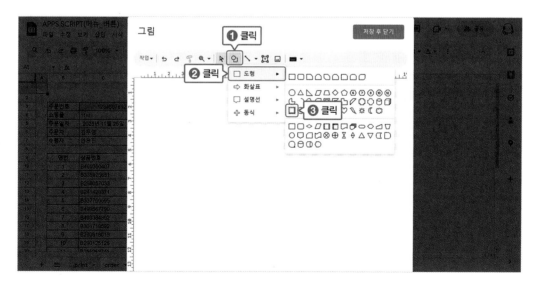

03 그리기 영역에 드래그하여 버튼을 그려줍니다. 버튼 위에서 마우스 오른쪽 버튼을 클릭하고 [텍스트 수정]을 선택해서 버튼 이름을 지정한 후 [저장 후 닫기] 버튼을 클릭합니다. 여기서는 'PDF 생성'으로 지정했습니다.

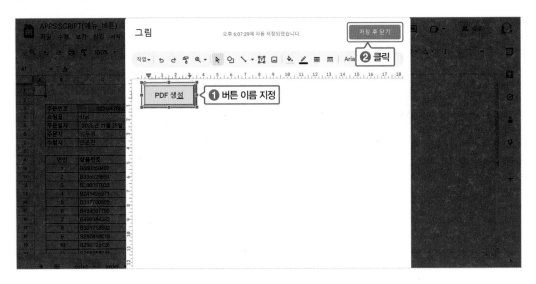

04 버튼의 크기를 적당히 줄여서 배치합니다. 버튼을 선택하면 버튼 우측 상단에 설정 아이콘이 나타납니다. 설정 아이콘을 클릭하고 [스크립트 할당]을 선택합니다.

05 [스크립트 할당] 창에 주문별 상품 리스트를 PDF로 변환해주는 스크립트의 함수명인 'myFunction'을 입력한 뒤 [확인] 버튼을 클릭합니다.

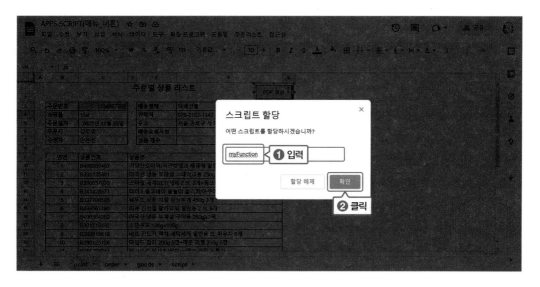

06 [PDF 생성] 버튼을 클릭하여 메뉴로 스크립트를 실행했을 때와 동일하게 폴더에 PDF가 제대로 생성되는지 확인합니다. 모두 완료되었습니다. 이제 매일매일 주문 담당자가 이 버튼을 누르기만 하면 포장 리스트가 자동으로 생성되어 구글 드라이브에 저장되고 포장 담당자는 생성된 파일로 포장하면 됩니다. 뿌듯하죠?

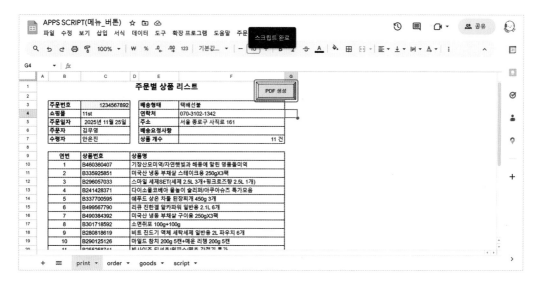

트리거로 손가락 하나 움직이지 않고 스크립트 실행하기

주문 담당자가 PDF 생성 버튼을 누르지 않는 일이 종종 발생하고 있습니다. 버튼 하나만 누르면 되는데 그게 힘들 수도 있다는 걸 몰랐습니다. '트리거'를 설정하면 자동으로 함수를 실행할 수 있습니다.

01 **예제 | APPS SCRIPT(트리거)** 예제 스프레드시트를 열고 스크립트 편집기에서 **"폴더 id"**를 여러분의 폴더 id로 수정합니다. 왼쪽 메뉴에서 시계 모양의 트리거(🕐) 아이콘을 클릭해서 트리거를 실행합니다.

02 앱스 스크립트 대시보드의 프로젝트별 트리거 화면으로 연결되었습니다. 우측 하단의 [트리거 추가] 버튼을 클릭합니다.

03 [트리거 추가] 창이 나타나면 [실행할 함수 선택]은 'myFunction', [실행할 배포 선택]은 'Head'로 지정하고, 나머지 설정도 다음과 같이 지정한 후 [저장] 버튼을 클릭합니다. 시간은 정오에 주문을 마감하고 주문 리스트를 생성하기 위해 '정오~오후 1시 사이'로 선택했습니다.

NOTE [저장] 버튼을 클릭했을 때 승인 요청 창이 나타나면 권한을 허용합니다. 팝업 차단 기능이 활성화되어 있는 경우 팝업 차단을 일시적으로 해제하세요.

04 이제 트리거가 설정되었습니다. 매일 정오~오후 1시 사이에 구글이 알아서 여러분 대신 버튼을 눌러줄 것입니다.

NOTE 트리거 실습이 완료된 이후에는 설정된 트리거 목록 오른쪽의 메뉴(⋮)를 클릭하고 [트리거 삭제]를 선택해서 트리거를 반드시 삭제하세요. 그렇지 않으면 구글 스프레드시트는 날마다 열심히 pdf를 만들고 있을 테니까요. 어떻게 알았냐고요? 저도 알고 싶지 않았습니다.

슬랙 메시지 자동으로 보내기

슬랙은 스타트업에서 많이 사용하는 메신저로 자동으로 메시지를 보내고 받을 수 있는 봇(bot)을 무료로 제공합니다. 봇을 운영하기 위해서는 메시지를 보내거나 받기 위해 항상 켜져 있는 서버가 필요합니다. 구글 클라우드는 항상 켜져 있죠. 구글 앱스 스크립트를 이용해 슬랙에서 사용자가 봇에게 말을 걸면 봇이 대답하도록 만들어봅시다. 이를 위해서는 슬랙에서 앱을 만들고 앱을 구글 앱스 스크립트로 연결해야 합니다.

개인도 무료로 슬랙의 워크스페이스를 만들 수 있으므로 이번 실습에서는 다음 링크에서 워크스페이스를 생성한 후에 실습하는 것으로 가정합니다(https://slack.com/intl/ko-kr/get-started#/createnew). 회사에서 사용하는 슬랙에서 앱을 만들고 실행하는 데 권한이 필요한 경우에는 슬랙 관리자에게 문의해주세요.

01 [예제 | APPS SCRIPT_슬랙] 슬랙봇과 연결할 구글 스프레드시트에서 스크립트 편집기를 열고 슬랙과 최초로 인증하기 위해 다음 코드로 수정한 뒤 프로젝트 저장(🖫) 아이콘을 클릭합니다. 슬랙에서 메시지를 받을 서버 주소를 생성하기 위해 우측 상단의 [배포] 버튼을 클릭하고 [새 배포]를 선택합니다.

```
function doPost(e) {
    return ContentService.createTextOutput(JSON.parse(e.postData.contents).challenge);
}
```

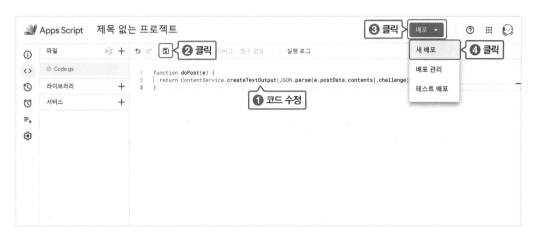

> **NOTE** 실습에서는 스프레드시트의 데이터는 사용하지 않고 앱스 스크립트만 이용할 것이므로 빈 스프레드시트를 이용해도 됩니다. 실습에서 사용하는 코드는 [script] 시트의 [A1] 셀에 기재되어 있습니다.

02 [새 배포] 창의 [유형 선택]에서 배포 유형 사용 설정(⚙️) 아이콘을 클릭하고 [웹 앱]을 선택합니다. 슬랙이 접근할 수 있도록 [액세스 권한이 있는 사용자]를 '모든 사용자'로 선택한 뒤 [배포] 버튼을 클릭합니다.

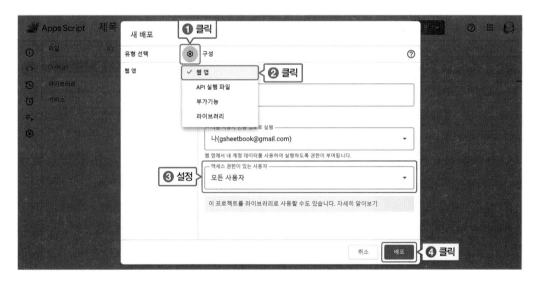

> **NOTE** 액세스 권한 부여를 요청하는 화면이 나타나면 [액세스 승인] 버튼을 클릭하고 액세스를 승인합니다. 구글 워크스페이스 사용자는 별도의 권한 부여 요청 창이 나타나지 않습니다.

03 웹 앱으로 게시가 완료되면 [웹 앱]의 URL이 표시됩니다. [웹 앱]의 URL을 슬랙에 알려주어야 하므로 복사해두고 [완료] 버튼을 클릭합니다. 앱스 스크립트의 이름도 'GSbot'으로 수정합니다.

04 슬랙으로 갑니다. 구글 스프레드시트와 통신할 앱을 생성하기 위해 https://api.slack.com/apps에서 [Create New App] 버튼을 클릭하고 [Create an app] 창에서 'From scratch'를 선택합니다. 그러고 나서 [Name app&choose workspace] 창에서 [App Name]과 [Pick a workspace to develop your app in:]에 순서대로 앱의 이름을 입력하고 워크스페이스를 선택합니다. 여기서는 GSbot과 제가 생성한 JNCD라는 워크스페이스를 입력했습니다.

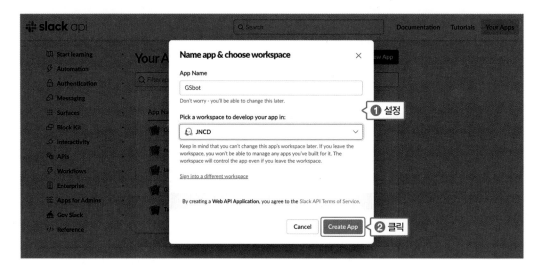

NOTE 워크스페이스를 선택하기 위해서는 슬랙에 로그인되어 있는 상태여야 합니다.

05 이어서 **01**에서 만든 구글 스프레드시트의 코드가 슬랙과 최초 인증을 할 수 있게 슬랙 채널의 이벤트를 확인할 권한을 부여합니다. [Basic Information] – [Add features and functionality]에서 [Event Subscriptions]를 클릭합니다.

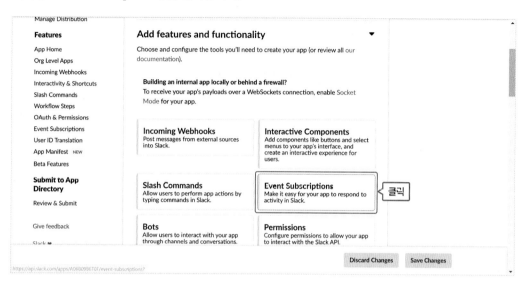

06 [Event Subscriptions] 화면에서 [Enable Events]를 'On'으로 설정하면 [Request URL] 입력란이 표시됩니다. **03**에서 복사해둔 구글 앱스 스크립트 웹 앱의 URL을 입력하면 자동으로 'Verified' 표시가 나타납니다.

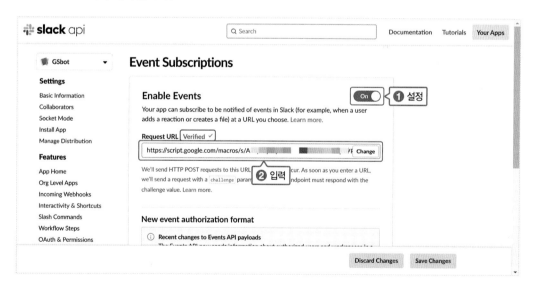

> **NOTE** Verified가 나타나지 않고 오류가 발생할 경우에는 코드가 정확히 입력되었는지, 웹 앱의 액세스 권한이 있는 사용자가 모든 사용자(Google 계정이 있는 모든 사용자가 아닙니다)로 설정되어 있는지 다시 확인해봅니다.

07 구글 스프레드시트의 봇이 슬랙과 연결되었습니다. 봇이 확인할 슬랙 채널의 이벤트를 설정하기 위해 [Subscribe to bot events]에서 [Add Bot User Event] 버튼을 클릭합니다. 봇이 멘션을 받으면 이벤트를 수신하도록 'app_mention' 이벤트를 추가하고 [Save Changes] 버튼을 클릭합니다.

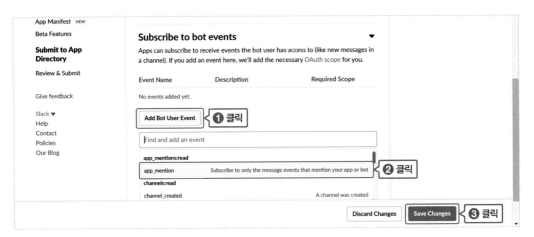

> **NOTE** 이벤트가 발생할 때 슬랙이 보내는 메시지의 형태는 슬랙 API 문서(https://api.slack.com/events/app_mention)를 참고하세요.

08 이제 메시지를 받을 수 있습니다. 메시지를 보낼 수 있도록 설정해보겠습니다. 다시 [Basic Information] – [Add features and functionality]에서 [Permissions]를 클릭합니다(**05** 화면입니다). 아래쪽 [Scopes]의 [Bot Token Scopes]에서 [Add an OAuth Scope] 버튼을 클릭하여 채널의 메시지를 확인할 수 있는 'channels:history' 권한, 메시지를 보낼 수 있는 'chat:write' 권한, 리액션을 추가할 수 있는 'reactions:write' 권한을 추가합니다.

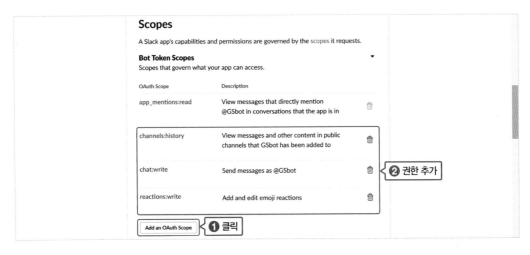

> **NOTE** app_mentions:read 권한은 app_mention 이벤트를 추가했기 때문에 기본으로 설정되어 있습니다. 봇에 권한을 부여하는 것이므로 [User Token Scopes]가 아닌 [Bot Token Scopes]를 설정해야 합니다.

09 이제 권한 설정은 모두 끝났습니다. [OAuth & Permissions] 화면의 위쪽에 있는 [Install to Workspace] 버튼을 클릭해서 앱을 슬랙 워크스페이스에 설치합니다.

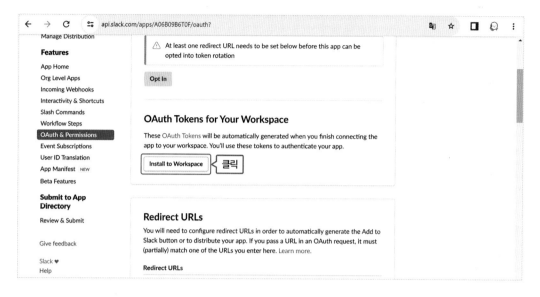

10 권한 승인 페이지가 열리면 [허용] 버튼을 클릭합니다.

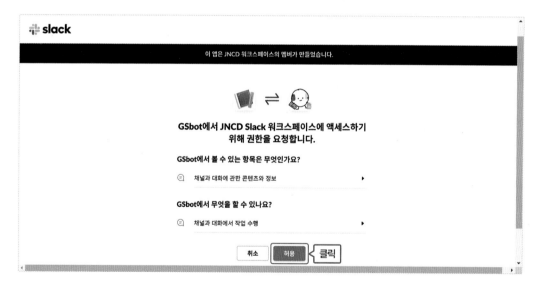

11 권한 부여가 완료되고 [OAuth & Permissions] 화면에 나오는 [Bot User OAuth Token]을 잘 복사해둡니다. 슬랙에 봇을 설치했고 구글 스프레드시트의 앱스 스크립트가 슬랙의 메시지를 받을 주소(웹 앱 URL)와 슬랙에 동작을 지시할 권한(Bot User OAuth Token) 설정을 모두 완료했습니다.

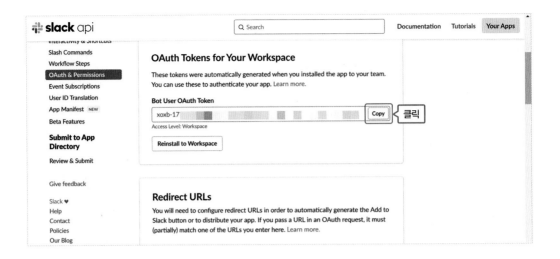

12 구글 스프레드시트의 스크립트 편집기로 돌아와서 최초 인증을 위해 만들었던 기존 코드는 모두 지우고 다음 코드를 입력합니다. **SLACK_ACCESS_TOKEN** 입력에는 슬랙 앱을 생성하면서 받았던 Bot User OAuth Token 값을 입력합니다. 수정 후에는 꼭 저장합니다.

```javascript
function doPost(e) {
  var SLACK_ACCESS_TOKEN = "Bot User OAuth Token 입력";
  var POST_MESSAGE_ENDPOINT = "https://slack.com/api/chat.postMessage";
  var ADD_REACTION_ENDPOINT = "https://slack.com/api/reactions.add";

  var contents = JSON.parse(e.postData.contents);
  var message = "지금 저에게 ";
  message += contents.event.text;
  message += "라고 하셨어요?";

  var payload = { token: SLACK_ACCESS_TOKEN, channel: contents.event.channel, text:
    message, as_user: "true" };
  response = UrlFetchApp.fetch(POST_MESSAGE_ENDPOINT, { method: 'post', payload:
    payload });
  var payload2 = { token: SLACK_ACCESS_TOKEN, channel: contents.event.channel,
    timestamp: contents.event.ts, name: "ok_hand" };
  response2 = UrlFetchApp.fetch(ADD_REACTION_ENDPOINT, { method: 'post', payload:
    payload2 });
}
```

```
function doPost(e) {
  var SLACK_ACCESS_TOKEN = "xoxb-                                    a";
  var POST_MESSAGE_ENDPOINT = "https://slack.com/api/chat.postMessage";
  var ADD_REACTION_ENDPOINT = "https://slack.com/api/reactions.add";

  var contents = JSON.parse(e.postData.contents);
  var message = "지금 저에게 ";
  message += contents.event.text;
  message += "라고 하셨어요?";

  var payload = { token: SLACK_ACCESS_TOKEN, channel: contents.event.channel, text: message, as_user: "true" };
  response = UrlFetchApp.fetch(POST_MESSAGE_ENDPOINT, { method: 'post', payload: payload });
  var payload2 = { token: SLACK_ACCESS_TOKEN, channel: contents.event.channel, timestamp: contents.event.ts, name: "ok_hand" };
  response2 = UrlFetchApp.fetch(ADD_REACTION_ENDPOINT, { method: 'post', payload: payload2 });
}
```

NOTE 실습에서 사용하는 코드는 [script] 시트의 [A2] 셀에 기재되어 있습니다.

여기서 잠깐 ▶ **구글 스프레드시트가 슬랙에게 메시지를 보내는 방법**

슬랙에서 웹 앱 URL로 메시지를 보내오면, 구글 앱스 스크립트는 받은 메시지 텍스트(e.postData.contents)를 가공한 뒤 메시지가 발생한 채널에 UrlFetchApp.fetch( )로 응답 메시지(payload)를 보냅니다. 그리고 채널의 메시지에는 'ok_hand'(👌)라는 이모티콘으로 리액션(payload2)을 추가합니다.

메시지를 보내기 위해 사용한 chat.postMessage(https://api.slack.com/methods/chat.postMessage)와 리액션을 추가하기 위해 사용한 reactions.add(https://api.slack.com/methods/reactions.add)에 대한 사용 방법은 슬랙 API 문서에 자세하게 설명되어 있습니다.

13 스크립트가 수정되면 웹 앱의 배포도 수정해야 합니다. 스크립트 편집기에서 우측 상단의 [배포] – [배포 관리]를 클릭하고 [배포 관리] 창에서 수정(✏️) 아이콘을 클릭하여 [버전]을 '새 버전'으로 선택한 후 [배포] 버튼을 클릭합니다. 배포가 업데이트되면 [완료] 버튼을 클릭합니다.

NOTE 배포 시 웹 앱에서 내 데이터에 대한 액세스 권한 부여를 요청하는 화면이 나타나면 액세스를 승인합니다. 새 배포를 실행해서 웹 앱의 URL이 변경되었으므로 URL을 유지하기 위해 기존 배포를 업데이트한 것입니다.

14 이제 모든 작업이 끝났으니 슬랙의 워크스페이스로 접속합니다. 슬랙 워크스페이스 URL을 브라우저에 입력하거나 https://slack.com에 접속하여 우측 상단의 [SLACK 실행] 버튼을 클릭하고 여러분의 워크스페이스를 선택하세요. 채널 상단의 [이 채널의 모든 멤버 보기] 버튼을 클릭하고 [통합] 탭에서 [앱 추가]를 선택해서 방금 만든 GSbot 앱을 채널에 추가합니다.

15 추가된 채널에서 @GSbot으로 멘션을 하면 GSbot이 매우 친절하게 대답하고 ok도 찍습니다.

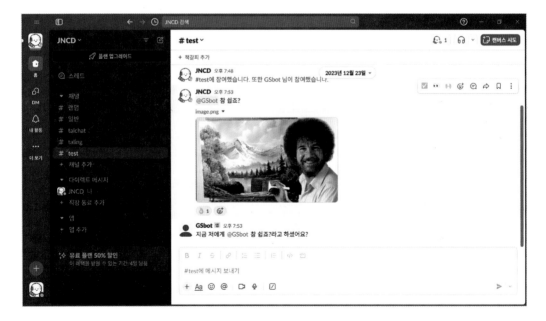

슬랙 메시지를 받아서 처리한 뒤 다시 슬랙으로 메시지를 보내는 앱을 만들어보았습니다. 이 코드는 다양하게 응용할 수 있습니다. 주문번호를 멘션으로 보내면 해당 주문번호를 주문번호 입력칸에 입력하고 반환된 상품 리스트를 기존처럼 PDF 파일로 첨부하여 슬랙으로 보내거나, 상품 리스트 자체를 슬랙 메시지로 보내는 프로세스도 가능할 것입니다.

또, 스프레드시트로 정해진 시간에 뉴스를 크롤링해서 특정한 문자열이 있는 뉴스가 나오면 슬랙으로 메시지를 보내도록 할 수도 있습니다. 관심 갖고 있는 제품이 품절 상태라면 계속 크롤링으로 체크하다가 품절이 풀리면 슬랙 메시지를 보내는 것도 가능하겠죠. OpenAI API를 이용하면 슬랙의 스레드를 분석 또는 요약하는 작업도 할 수 있습니다. 더 좋은 점은 따로 서버를 장만하지 않아도 이런 일들을 구글이 알아서 한다는 것입니다.

SECTION 7.3 앱스 스크립트로 할 수 있는 더 많은 일들

▶▶ 앱스 스크립트로 할 수 있는 작업들은 굉장히 많습니다. 그중 몇 가지를 소개하고 내용만 간략하게 설명하겠습니다. 할 수 있는 일에 대해 알아두면 비슷한 상황이 생겼을 때 해결 방법을 쉽게 찾을 수 있습니다.

메일 머지

이 예제는 구글의 앱스 스크립트 샘플(https://developers.google.com/apps-script/samples/automations/mail-merge?hl=ko)에 소개되어 있습니다. 예제의 코드를 실행시키면 엑셀과 워드로 편지 병합을 하는 것과 유사하게 스프레드시트의 항목을 이용해 메일을 생성합니다.

01 **예제 | Gmail/Sheets Mail Merge** 예제 스프레드시트 1행의 열 제목과 해당 내용들을 메일에서 대체될 항목으로 적절하게 수정합니다. 여기서는 Recipient의 이메일 주소만 변경하여 진행하겠습니다.

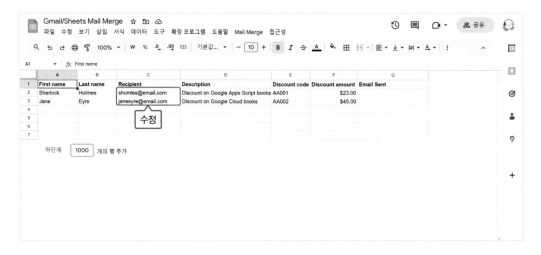

NOTE Recipient는 받는사람의 이메일 주소, Email Sent는 메일이 발송된 날짜와 시간으로 지정된 필드이므로 열 제목을 수정하면 안 됩니다. 또한, Recipient의 이메일 주소로 메일이 발송되므로 기존에 입력되어 있던 이메일 주소는 모두 삭제하고 수신 확인이 가능한 이메일 주소로 교체합니다.

02 Gmail에서 대체될 부분인 열 제목들을 '{{First name}}, {{Description}}'과 같은 형식으로 기재하여 메일을 작성하고, 제목을 복사한 뒤 메일 작성 창을 닫습니다. 작성된 메일은 자동으로 임시보관함에 보관됩니다.

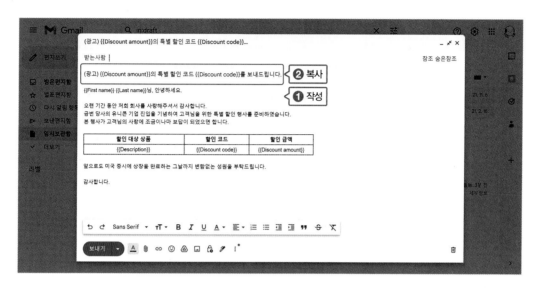

03 스프레드시트에서 스크립트를 등록해놓은 [Mail Merge] – [Send Emails] 메뉴를 클릭합니다. [승인 필요] 창이 나타나면 액세스를 허용하고 [Send Emails] 메뉴를 다시 실행합니다.

04 [Mail Merge] 창이 나타나면 **02**에서 복사해둔 메일의 제목을 입력한 후 [확인] 버튼을 클릭합니다. 앱스 스크립트는 임시보관함에서 해당 제목에 맞는 메일을 찾아 내용을 업데이트한 뒤 메일을 전송합니다.

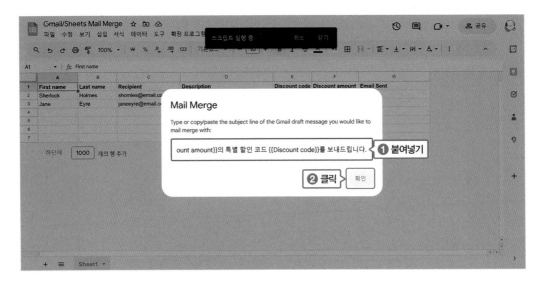

05 이메일의 내용이 자동으로 갱신되어 메일이 발송됩니다. 해당 내용은 Gmail의 보낸편지함에서 확인할 수 있습니다. 또한, 전송 후에는 메일을 보낸 날짜와 시간이 스프레드시트의 Email Sent 열에 자동으로 업데이트됩니다.

NOTE 교재의 예제가 아니라 Solution Gallery의 예제를 사용하는 경우 시간대가 다르게 표시됩니다. [파일] − [설정] 메뉴를 클릭하고 [스프레드시트 설정]에서 [시간대]를 '(GMT+9:00)Seoul'로 수정해주세요.

상세 코드는 예제 스프레드시트에서 앱스 스크립트 편집기를 열어보거나 Solutions Gallery 링크를 참고하기 바랍니다. Solutions Gallery 링크에는 메일 머지 사용 방법에 대한 동영상도 업로드되어 있습니다. 트리거와 결합하여 특정 이벤트가 발생했을 때 자동으로 해당 내용에 대한 메일을 보내도록 할 수도 있고, 이메일이 아닌 슬랙 메시지를 작성하는 템플릿으로 활용할 수도 있을 것입니다.

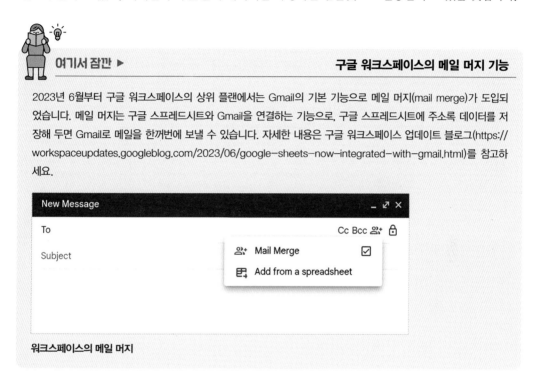

여기서 잠깐 ▶ **구글 워크스페이스의 메일 머지 기능**

2023년 6월부터 구글 워크스페이스의 상위 플랜에서는 Gmail의 기본 기능으로 메일 머지(mail merge)가 도입되었습니다. 메일 머지는 구글 스프레드시트와 Gmail을 연결하는 기능으로, 구글 스프레드시트에 주소록 데이터를 저장해 두면 Gmail로 메일을 한꺼번에 보낼 수 있습니다. 자세한 내용은 구글 워크스페이스 업데이트 블로그(https://workspaceupdates.googleblog.com/2023/06/google-sheets-now-integrated-with-gmail.html)를 참고하세요.

워크스페이스의 메일 머지

사용자 지정 함수

구글 스프레드시트 함수의 기능을 개선하고 싶다면 앱스 스크립트를 통해 새로 스프레드시트 함수를 추가할 수도 있습니다. 여기서는 개발자들이 만들어 놓은 함수를 가져다 쓸 것입니다. JSON 파일의 처리를 위한 IMPORTJSON 함수의 예를 통해 사용자 지정 함수를 추가하고 사용하는 과정을 살펴봅시다.

01 JSON은 서버 간 데이터 전송을 위해 사용되는 데이터 전송 규약입니다. 네이버 부동산의 매물 정보를 불러오는 URL을 알아냈는데, 반환값이 다음 그림처럼 JSON으로 들어오고 있습니다. 첫 줄의 "body"라는 속성의 하위 항목을 전부 가져오고 싶은데 구글 스프레드시트에서는 아직 JSON을 지원하지 않습니다.

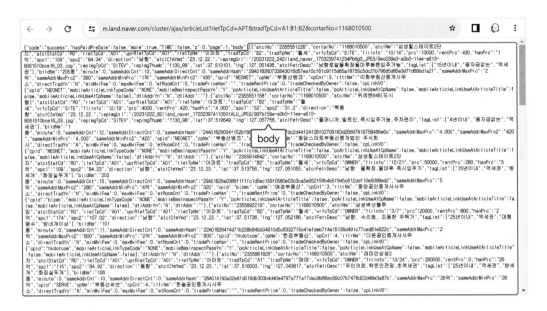

02 훌륭한 개발자가 만들어놓은 IMPORTJSON 함수를 가져오기 위해 https://github.com/
bradjasper/ImportJSON 페이지의 ImportJSON.gs를 클릭한 뒤 코드를 모두 복사합니다.

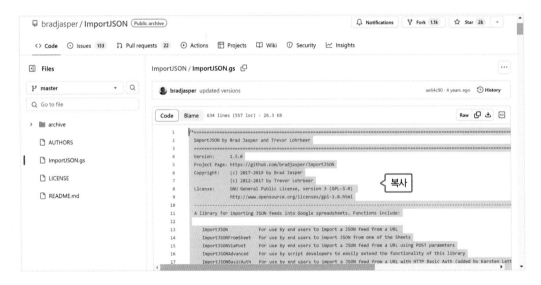

03 **예제 | IMPORTJSON** 복사한 ImportJSON 함수를 스프레드시트에 추가하기 위해 예제 스프레
드시트에서 스크립트 편집기를 열어 기존 코드를 지우고 복사한 코드를 붙여 넣은 뒤 프로젝트를 저
장합니다. 프로젝트의 이름은 무엇이든 상관없지만 'ImportJson'으로 지정하겠습니다.

04 이제 IMPORTJSON 함수를 사용할 수 있게 되었습니다. [시트1]의 [B1] 셀의 API URL에서 "/body" 속성을 가져오기 위해 함수의 주석을 참고하여 [A3] 셀에 수식 **=IMPORTJSON($B$1,"/body")**를 입력합니다. 앱스 스크립트에 넣은 코드를 일반 스프레드시트 함수처럼 사용할 수 있습니다.

여기서 잠깐 ▶   **사용자 지정 함수를 만드는 방법**

사용자 지정 함수는 우리가 지금까지 봤던 앱스 스크립트 함수와 다른 점이 없습니다. 다만, 스프레드시트 함수식의 인수가 앱스 스크립트 함수의 인수로 전달되고 앱스 스크립트 함수에서 return문을 통해 반환하는 값이 스프레드시트 함수의 결괏값이 된다는 점만 유의하면 됩니다.

05 시간은 걸리지만 JSON 값들이 새로 추가한 사용자 함수 IMPORTJSON을 통해 구글 스프레드시트로 입력되었습니다. 이제 자동으로 URL의 내용들이 스프레드시트에 업데이트될 것입니다.

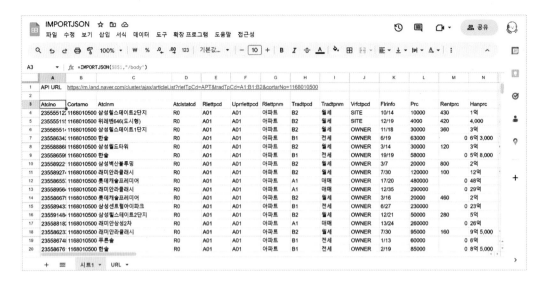

	A	B	C	D	E	F	G	H	I	J	K	L	M	N
1	API URL	https://m.land.naver.com/cluster/ajax/articleList?rletTpCd=APT&tradTpCd=A1:B1:B2&cortarNo=1168010500												
2														
3	Atclno	Cortarno	Atclnm	Atclstatcd	Rletttpcd	Uprrletttpcd	Rlettpnm	Tradtpcd	Tradtpnm	Vrfctpcd	Flrinfo	Prc	Rentprc	Hanprc
4	235555512	1168010500	삼성힐스테이트2단지	R0	A01	A01	아파트	B2	월세	SITE	10/14	10000	430	1억
5	235555115	1168010500	위례벤el646(도시형)	R0	A01	A01	아파트	B2	월세	SITE	12/19	4000	420	4,000
6	235558551	1168010500	삼성힐스테이트1단지	R0	A01	A01	아파트	B2	월세	OWNER	11/18	30000	360	3억
7	23558634	1168010500	한솔	R0	A01	A01	아파트	B1	전세	OWNER	6/19	63000	0	6억 3,000
8	23558886	1168010500	삼성월드타워	R0	A01	A01	아파트	B2	월세	OWNER	3/14	30000	120	3억
9	23558659	1168010500	한솔	R0	A01	A01	아파트	B1	전세	OWNER	19/19	58000	0	5억 8,000
10	23558922	1168010500	삼성벽산블루밍	R0	A01	A01	아파트	B2	월세	OWNER	3/7	20000	800	2억
11	23558927	1168010500	래미안라클래시	R0	A01	A01	아파트	B2	월세	OWNER	7/30	120000	100	12억
12	23558655	1168010500	롯데캐슬프레미어	R0	A01	A01	아파트	A1	매매	OWNER	17/20	480000	0	48억
13	23558956	1168010500	래미안라클래시	R0	A01	A01	아파트	A1	매매	OWNER	12/35	290000	0	29억
14	23558967	1168010500	롯데캐슬프레미어	R0	A01	A01	아파트	B2	월세	OWNER	3/16	20000	460	2억
15	23558943	1168010500	삼성센트럴아이파크	R0	A01	A01	아파트	B1	전세	OWNER	6/27	230000	0	23억
16	23559148	1168010500	삼성힐스테이트2단지	R0	A01	A01	아파트	B2	월세	OWNER	12/21	50000	280	5억
17	23558818	1168010500	래미안삼성2차	R0	A01	A01	아파트	A1	매매	OWNER	13/24	260000	0	26억
18	23558623	1168010500	래미안라클래시	R0	A01	A01	아파트	B2	월세	OWNER	7/30	95000	160	9억 5,000
19	23558674	1168010500	푸른솔	R0	A01	A01	아파트	B1	전세	OWNER	1/13	60000	0	6억
20	23558676	1168010500	한솔	R0	A01	A01	아파트	B1	전세	OWNER	2/19	85000	0	8억 5,000

NOTE 네이버 부동산 페이지에서 지역별 URL을 찾아내는 과정은 본 교재의 범위를 벗어나고 웹사이트의 URL은 항상 변할 수 있기 때문에 여기서는 생략했습니다. 예제 스프레드시트의 [URL] 시트에 관련 함수를 넣어두었으니 참고하세요.

여기서 잠깐 ▶   No-Code 업무 자동화 툴

코딩 없이 앱을 만들거나 자동화할 수 있도록 해주는 서비스도 있습니다. ZAPIER(www.zapier.com)나 마이크로 소프트의 Power Automate(flow.microsoft.com)와 같은 서비스들은 다른 프로그램 간의 연결을 통해 RPA(Robot Process Automation)까지 영역을 확장하고 있습니다. 최근에는 구글도 AppSheet를 구글 스프레드시트에 내장하여 이러한 No-Code 개발을 지원하고 있습니다.

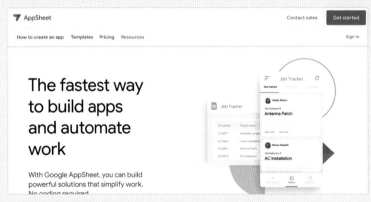

스프레드시트를 모바일 앱으로 바꾸는 앱시트

이런 서비스들을 이용하면 간단한 인증과 드래그 앤 드롭만으로 우리가 지금까지 앱스 스크립트를 통해 수행했던 자동화 작업을 해결할 수 있습니다. 최근 수년간 No-Code 자동화 도구는 놀라운 수준으로 발전했습니다. 간단한 프로세스는 이 서비스들의 도움을 받고, 보안상의 이슈로 외부 프로그램을 사용하기 어렵거나 원하는 기능이 완벽하게 지원되지 않는 경우에는 앱스 스크립트를 활용하는 것도 좋습니다.

CHAPTER 08

실무에서 발생하는
복잡한 문제 해결하기

▷ ▷ ▷

지금까지 구글 스프레드시트의 기능들에 대해 배웠습니다. 이번 장에서는 실무에서 구글 스프레드시트를 사용하면서 마주치는 문제들을 어떻게 해결하는지에 대해 살펴보면서 이 책을 마무리하겠습니다. 공동 작업 시 권한 설정을 어떻게 해야 정보 보안을 유지할 수 있는지, 회사의 결재 프로세스와 유사하게 공동 작업을 진행하려면 어떻게 해야 하는지, 바코드나 QR을 삽입하는 방법, 스프레드시트를 파일 형태로 전달하는 방법, 스프레드시트를 웹 페이지 형태로 가공하는 방법 등 스프레드시트를 어떻게 써야 하는지에 대해 살펴보겠습니다. 마지막으로 챗GPT를 활용해 스프레드시트의 강력한 기능인 정규식을 쉽게 사용해보겠습니다.

보안을 놓치지 않는 권한 설정

▶▶ 구글 스프레드시트는 클라우드 기반의 문서이므로 적절한 보안 설정이 필수적입니다. 이번 절에서는 주로 조직에서 구글 워크스페이스를 이용할 때 발생 가능한 보안 이슈와 이를 방지하는 방법을 알아보겠습니다.

보안을 지키는 권한 설정

클라우드 서비스를 처음 사용할 때는 보안에 대한 우려가 많습니다. 인터넷만 연결되면 어디서든 접근 가능하다는 개념은 마치 물가에 애를 내놓은 것처럼 사람을 불안하게 만들죠. 그러나 우리는 추적되지 않는 파일이, 모든 수정사항과 공유 이력이 기록되는 클라우드보다 더 위험하다는 것을 이제 알고 있습니다. 내가 이메일로 보낸 파일은 보내기 버튼을 누르는 순간부터 어디서 어떻게 돌아다닐지 전혀 알 수 없지만, 공유한 구글 스프레드시트는 버튼 하나로 컨트롤할 수 있습니다.

좋은 기능이 있더라도 기능을 제대로 알고 사용해야 합니다. 구글 스프레드시트의 보안을 유지하기 위한 권한 설정 프로세스에 대해 알아봅시다.

우리가 원하는 것은 ① 파일이 함부로 변경되지 않고 ② 보안이 필요한 정보가 내부의 권한 없는 사람 또는 외부에 유출되지 않도록 하는 것입니다. 지금까지 배운 기능 중 정보에 대한 권한을 설정하거나 정보를 보이지 않게 하는 방법은 다음과 같았습니다.

- 공유 설정
  - 소유자
  - 편집자
  - 댓글 작성자
  - 뷰어
- 링크 보기(링크가 있는 모든 사용자에 대한 권한 부여) 해제
- 시트/행 숨기기, 필터

- 셀/시트 보호
- '뷰어 및 댓글 작성자에게 다운로드, 인쇄, 복사 옵션 표시' 해제
- '편집자가 권한을 변경하고 공유할 수 있습니다.' 해제
- 앱스 스크립트를 통한 파일 잠금

이 방법들은 대부분 ①이 목적입니다. 그렇다면 ②는 어떻게 해야 할까요? 자료의 유출을 방지하기 위해서는 위 방법들을 적절히 적용하여 편집자와 뷰어를 명확히 구분하는 동시에 데이터의 입력과 취합을 분리해야 합니다.

명시적인 역할 부여와 편집자/뷰어 구분

스프레드시트에서 편집자와 뷰어의 역할은 확연히 차이가 납니다. 편집자로 지정된 사람들은 스프레드시트 내의 모든 자료에 접근할 수 있습니다. (적절히 권한이 설정된) 뷰어는 숨겨진 데이터에 접근할 수 없고 데이터를 다운로드, 인쇄, 복사할 수 없습니다. 따라서 역할은 편집자와 뷰어를 명확하게 구분하여 신중하게 부여해야 합니다. 또한 뷰어에 대한 역할을 '적절히' 설정하는 것이 매우 중요합니다.

1. 문서를 편집할 필요가 없는 사람들에게는 뷰어 역할만 부여하고, 그중 스프레드시트에 코멘트를 남길 필요가 있는 사람들에게는 댓글 작성자 역할을 부여합니다. 편집자는 시트의 모든 데이터에 접근할 수 있기 때문입니다.

2. 문서에 대한 접근 권한을 명시적으로 설정하기 어려운 '링크가 있는 모든 사용자' 기능은 사용하지 않습니다. 다수의 열람이 필요한 경우 구글 그룹을 생성하여 그룹에 권한을 부여합니다.

3. 뷰어 역할인 사람들이 볼 필요 없는 정보는 별도의 스프레드시트로 분리합니다. 불가피한 경우 시트/행 숨기기나 필터를 사용할 수 있습니다.

4. 문서에서 수정되지 말아야 하는 부분은 시트 보호나 셀 보호를 통해 보호합니다.

5. '뷰어 및 댓글 작성자에게 다운로드, 인쇄, 복사 옵션 표시' 옵션을 반드시 해제합니다. 다운로드할 수 있으면 문서의 모든 숨겨진 셀/시트, 보호된 범위에 접근이 가능하기 때문입니다.

6. '편집자가 권한을 변경하고 공유할 수 있습니다.' 옵션을 해제합니다. 문서의 소유자가 명시적으로 권한을 부여한 사람만 접근할 수 있도록 통제해야 합니다.

데이터 입력 문서와 데이터 취합 문서 분리

역할을 설정하면서 가장 놓치기 쉬운 부분은 '편집자가 갖는 다운로드 권한'입니다. 다운로드 권한이 있으면 사본도 만들 수 있습니다. 다운로드된 파일 혹은 복제된 사본 스프레드시트의 소유자는 셀/시트 보호 혹은 필터를 해제하거나 숨겨진 행과 시트를 다시 보이게 할 수 있습니다. 스프레드시트를

복사하거나 다운로드한 기록은 구글 클라우드에 남겠지만, 애초에 의도하지 않은 행위는 일어나지 않도록 하는 것이 좋습니다.

뷰어가 다운로드를 못하게 제한할 수는 있지만 편집자의 다운로드 권한을 없앨 수는 없기 때문에 문제가 발생합니다. 특히 편집자가 단순한 자료 입력자인 경우에 다운로드와 관련한 문제 상황이 발생하기 쉽습니다. 예를 들어, 여러 사람이 동일한 스프레드시트에 자기가 담당하는 데이터를 입력하는 상황이라면 모든 입력자가 다른 사람이 담당하는 데이터에 대해서도 접근이 가능합니다.

따라서 자료의 입력 지점과 자료의 취합 지점을 분리해야 합니다. 자료가 입력되는 스프레드시트와 집계되는 스프레드시트가 동일할 경우 자료의 입력자는 곧 편집자이므로 전체 데이터에 대한 접근을 방지하기 어렵습니다. 그렇기 때문에 스프레드시트를 분리하여 입력자가 접근할 수 있는 정보의 양과 속도를 제한해야 합니다.

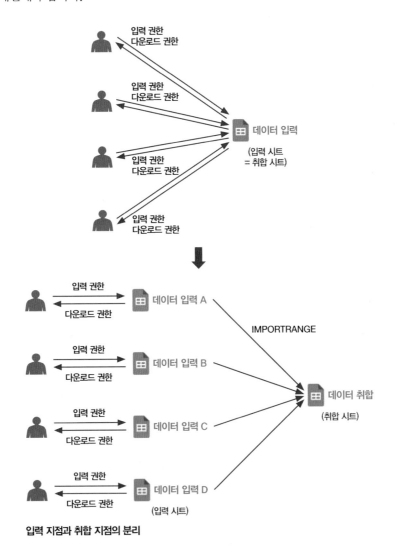

입력 지점과 취합 지점의 분리

조회 가능한 데이터의 범위 조절하기

데이터를 조회할 때도 권한 설정이 필요합니다. 흔히 하는 실수는 조회할 데이터를 한 스프레드시트에 모두 모아두는 것입니다. 보안을 위해서는 필요한 데이터만 그때그때 취합하여 제공해야 합니다. 이때 데이터 원본 스프레드시트와 데이터 조회 스프레드시트 사이에 DMZ처럼 완충 역할을 하는 별도의 스프레드시트(이하 '완충 시트')를 두면 좋습니다.

완충 시트를 통한 조회 범위 조절

'완충 시트'가 없는 경우 데이터 조회 스프레드시트에서 직접 IMPORTRANGE로 데이터 취합 시트의 자료에 접근해야 합니다. IMPORTRANGE는 스프레드시트 단위로 권한을 요구하기 때문에 접근 권한을 허용하면 원본 스프레드시트의 모든 데이터에 접근할 수 있게 됩니다. 조회 스프레드시트의 데이터를 불러오려면 사용자에게 편집자 역할을 부여해서 조건을 입력하게 해야 합니다. 그러고 나면 편집자 역할이 있는 사용자가 IMPROTRANGE 함수를 다른 목적으로 사용하는 것을 막기 어렵습니다.

조회 스프레드시트에서 바로 데이터 취합 스프레드시트에 접근하지 못하도록 중간에 완충 시트를 두면 이런 문제를 해결할 수 있습니다. 완충 시트는 데이터 조회 스프레드시트에 입력된 조건을 IMPORTRANGE로 불러옵니다. 이는 사전에 설정된 필드에 한정된 조건이므로 조회자가 임의의 필드를 조회하는 것을 방지할 수 있습니다. 완충 시트는 QUERY(데이터, 조건) 등의 형식으로 데이터 취합 스프레드에서 조건에 맞는 데이터를 조회합니다. 데이터 조회 스프레드시트에서는 완충 시트에 선별되어 집계된 결과 데이터만 IMPORTRANGE로 받아옵니다.

데이터 조회 스프레드시트에 주어진 IMPORTRANGE 권한으로는 완충 시트의 데이터만 조회 가능하고 완충 시트에는 선별된 데이터만이 있으므로 조회자가 원본 데이터에 직접 접근하는 것을 방지할 수 있습니다.

SECTION 8.2

구글 설문지로 만드는 승인 요청 절차

▶▶ 공동 작업에서는 흔히 결재 프로세스의 필요성을 만나게 됩니다. 구글 워크스페이스의 상위 플랜에 지원되는 결재 기능은 가장 저렴한 요금제인 Business Starter에는 제공되지 않습니다. 구글 워크스페이스 기반의 여러 그룹웨어 프로그램에서도 결재 기능을 지원하고 있지만 구글 스프레드시트의 기능을 온전히 활용할 수 있는 경우는 찾기 어렵습니다. 이번 절에서는 구글 스프레드시트와 구글 설문지로 간단한 승인 요청 절차 만들어보겠습니다. 우선 다양하고 간편하게 사용할 수 있는 설문지 사용법부터 익혀봅시다.

구글 Form 사용 방법

구글 설문지는 다양한 형태의 설문 문항을 만들어 사람들에게 배포하고 그 결과를 구글 스프레드시트로 받을 수 있는 도구입니다. 여기서는 도서 구매 신청을 받는 설문지를 만들어보겠습니다.

01 '설문지' 이름으로 빈 스프레드시트를 만들고 메뉴에서 [도구] – [새 양식 만들기] 메뉴를 클릭하여 새 설문지 창을 엽니다.

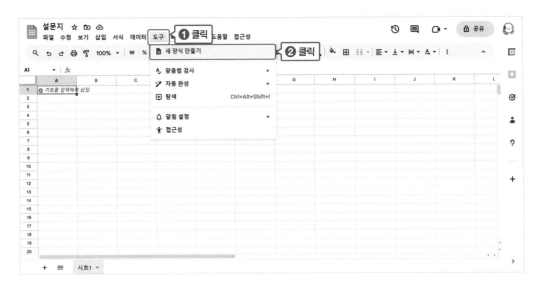

설문지는 직관적으로 구성할 수 있습니다. 테마 맞춤설정 아이콘이 있지만 색상과 이미지, 배경 색상, 글꼴 몇 가지 외에는 설문지를 꾸미기 어려우니 역시 포기하면 편합니다. 미리보기 아이콘을 클릭하면 현재 작성 중인 설문지의 모양을 직접 보고 주소창에서 설문지 URL을 확인할 수 있습니다. '보내기'와 '더보기'는 잠시 뒤에 살펴보겠습니다.

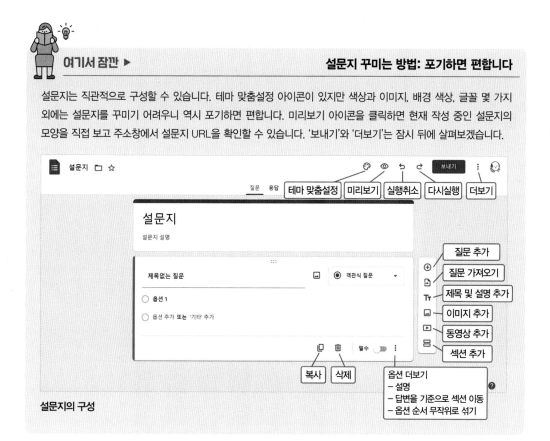

설문지의 구성

02 [설정] 탭에서 [응답] 항목 오른쪽의 화살표(ⓥ)를 클릭하고 '이메일 주소 수집'의 드롭다운 메뉴를 클릭하여 '인증됨'을 선택합니다. '응답자 입력'을 선택하면 응답자로부터 이메일 주소를 직접 입력받을 수 있고 구글 워크스페이스에서는 '인증됨'을 선택하면 자동으로 이메일을 수집합니다.

NOTE   '이메일 주소 수집' 외에도 '응답자에게 응답 사본 전송'이나 '응답 수정 허용', '응답 횟수 1회로 제한'을 설정할 수 있습니다. 구글 워크스페이스 사용자라면 [로그인 필요] 속성 하위에 '그룹 및 신뢰할 수 있는 하위 조직의 사용자로 제한'을 선택하여 조직 사용자를 대상으로 이메일을 자동으로 수집하게 설정할 수 있습니다.

03 [질문] 탭으로 돌아오면 이메일을 자동으로 수집한다는 설명이 추가되었습니다. 질문을 추가해 보겠습니다. 질문 제목을 클릭해서 '교보문고 도서 링크'로 변경하고 유형을 '장문형'으로 설정합니다.

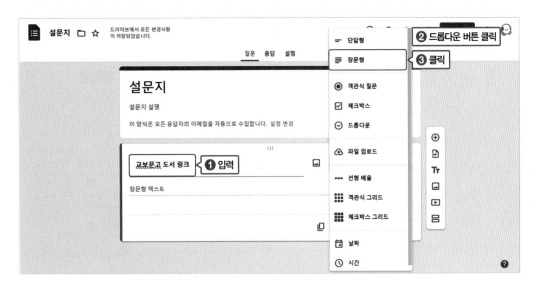

04 오른쪽 툴바에서 질문 추가(⊕) 아이콘을 클릭하고 '도서명', '저자', '출판사' 항목을 '단답형'으로 추가합니다. 도서명 질문은 '필수' 질문으로 설정하겠습니다.

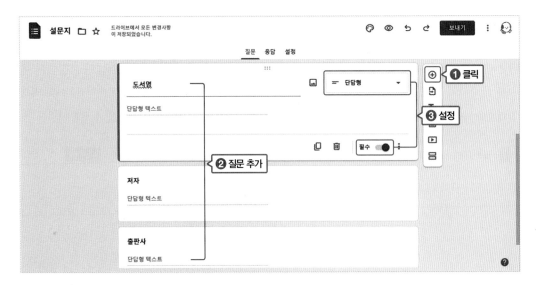

NOTE 구글이 이해할 수 있는 질문을 입력하면 구글이 알아서 질문 유형을 적절히 설정합니다. 예를 들어, '주소'라고 입력하면 '주관식 질문'으로, '고르세요'라고 입력하면 '객관식 질문'으로 바꿔줍니다. 물론, 구글을 100% 믿으면 안 됩니다.

05 다음 실습에서 살펴보겠지만 우리의 최종 목표는 사용자들이 클릭 한 번으로 설문지를 입력하게 하는 것입니다. 자동 입력 대신 수동 입력으로 설문을 작성하는 사용자들도 고려하겠습니다. 일단 '수동입력여부'를 객관식 질문으로 생성하고 옵션은 '자동입력'과 '수동입력'으로 만듭니다.

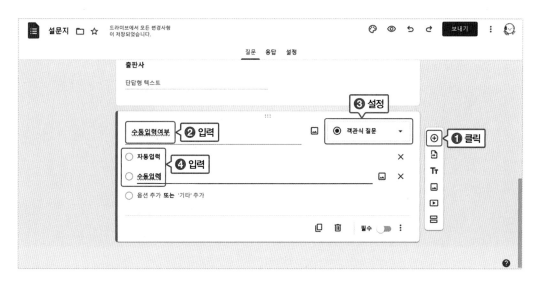

06 'ISBN', '도서분류', '한 마디 남길 말' 질문도 '단답형' 텍스트로 차례로 추가합니다. ISBN은 우측 하단의 옵션 더보기(⋮) 아이콘을 클릭하여 '응답 확인'을 추가하고 옵션을 '숫자', '숫자임'으로 설정합니다.

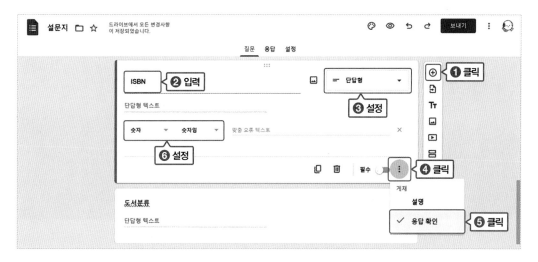

NOTE ISBN 질문에는 경우에 따라 응답 확인이 자동으로 추가되기도 합니다.

07 우측 상단의 [보내기] 버튼을 클릭합니다. 완성된 설문지를 이메일로 보내거나 링크를 복사 혹은 웹 페이지에 삽입할 코드를 받을 수 있습니다.

08 [링크] 탭을 클릭하고 링크를 복사합니다. [URL 단축]을 체크하면 'forms.gle'로 시작하는 단축된 주소를 받을 수 있습니다.

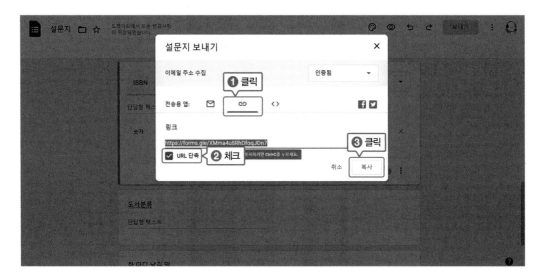

09 복사한 주소를 인터넷 브라우저의 주소창에 붙여넣고 설문지로 이동합니다. 여러분이 선택한 최고의 구글 스프레드시트 도서, 『일잘러의 비밀, 구글 스프레드시트 제대로 파헤치기』를 신청해보겠습니다. 필수 항목으로 선택해놓은 '이메일 주소'와 '도서명' 옆에는 *로 필수 항목 표시가 되어 있습니다. 이메일을 '인증됨'으로 선택하였으므로 이메일은 자동으로 입력되지만, 기록하기 위해서는 '내 응답에 포함할 이메일로 기록합니다.' 체크박스에 체크해야 합니다. 응답 확인을 추가했던 'ISBN'에 문자를 입력하면 '숫자여야 합니다'라는 경고 표시가 나오며 제출이 불가능합니다.

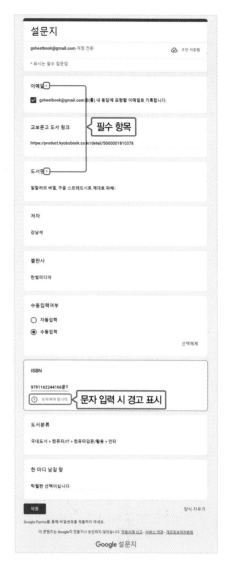

10 'ISBN'을 숫자로 수정한 뒤에 [제출] 버튼을 클릭하면 제출이 완료됩니다.

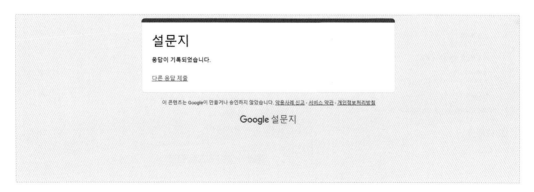

11 응답 결과는 어디로 갈까요? 처음 설문지를 만들었던 스프레드시트에 연결되어 있습니다. 스프레드시트에서 설문지를 만들면 [도구] – [양식 관리] 메뉴가 추가되고, 설문지 모양의 [설문지 응답 시트1] 시트가 추가되어 응답을 기록합니다.

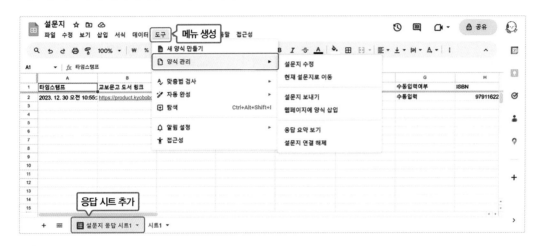

NOTE 한 스프레드시트에 설문지를 여러 개 만들 수도 있습니다. 다시 [도구] – [새 양식 만들기] 메뉴를 클릭하면 새 설문지용 응답 시트가 생성됩니다. 각 응답 시트로 이동해서 [도구] – [양식 관리] – [설문지 수정] 메뉴를 클릭하면 응답 시트에 연결되어 있는 설문지를 수정할 수 있습니다. 설문지에서 응답 시트를 변경하려면 설문지의 [응답] 탭에서 더보기(⋮)를 클릭하고 [응답 저장 위치 선택]을 선택하여 응답을 저장할 스프레드시트를 지정합니다.

여기서 잠깐 ▶   **설문지를 프리젠테이션이나 퀴즈로 만들기**

설문지의 [설정] 탭을 클릭하면 [프리젠테이션]에서 설문지가 표시되는 방식을 변경하거나, '퀴즈로 만들기'를 이용해서 설문지의 성격을 퀴즈로 변경하여 정답이 있는 문항으로 구성할 수도 있습니다.

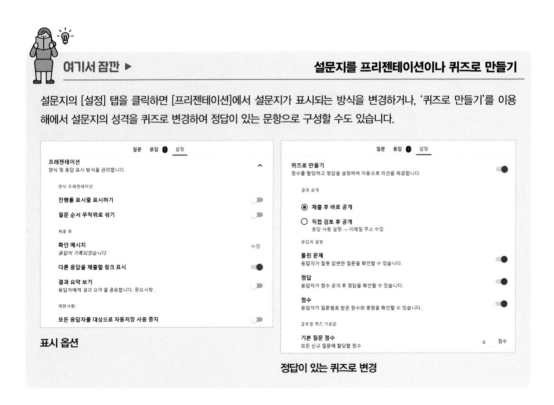

지금까지 설문지의 사용 방법을 간단히 알아보았습니다. 구글 스프레드시트와 연결된 설문지는 설문 결과가 단순히 카운트되어 결과만 집계되는 것이 아니라 연결된 스프레드시트에 설문 데이터가 전부 기재되는 특성을 갖고 있습니다. 데이터가 스프레드시트에 들어 있으면 우리는 이 데이터로 지금까지 배웠던 온갖 작업을 할 수 있습니다. 다음 실습에서는 '미리 채워진 링크 가져오기' 기능을 이용하여 결재와 데이터 입력 프로세스를 구성해봅니다. '미리 채워진 링크 가져오기'는 더보기(⋮) 아이콘을 클릭하면 확인할 수 있는데, 다른 메뉴와 달리 이름만으로는 용도를 짐작하기 어렵습니다. 실습을 통해 알아보겠습니다.

승인 요청/내부 데이터 입력 수단으로 설문지 활용하기

설문지의 '미리 채워진 링크 가져오기' 기능을 이용하면 스프레드시트에 입력된 내용이 설문지에 자동으로 채워집니다. 또한 설문지의 응답 시트에는 ① 제출자의 ID가 기록되고 ② 입력 데이터가 값으로 저장됩니다. 이 특성들을 이용하면 설문지를 결재 프로세스 혹은 데이터 입력 프로세스에 활용할 수 있습니다.

클릭 한 번으로 결재 요청을 하도록 만들어봅시다.

01 **예제 | 설문지_미리채움** 예제 스프레드시트의 사본에서 [도구] – [양식 관리] – [설문지 수정] 메뉴를 클릭하여 설문지를 엽니다.

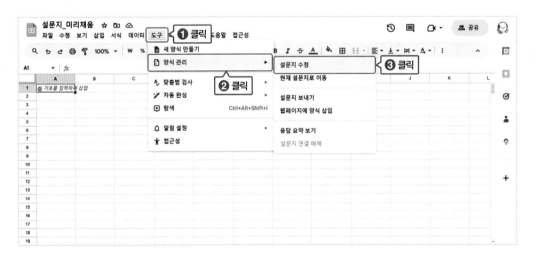

NOTE 설문지에 대해 다운로드 권한이 있으면 스프레드시트의 사본을 만들 때 연결된 설문지의 사본이 만들어져 자동으로 연결됩니다. 스프레드시트의 사본에서 [도구] – [양식 관리] – [설문지 수정] 메뉴를 클릭하면 함께 만들어진 설문지 사본을 편집할 수 있습니다. 한편 스프레드시트를 삭제하더라도 여기에 연결된 설문지와 응답 내용은 자동으로 삭제되지 않으므로 설문지를 새로운 스프레드시트에 연결하면 응답 내용이 그대로 복원됩니다.

02 더보기(⋮) 아이콘을 클릭해서 [미리 채워진 링크 가져오기] 메뉴를 선택합니다.

NOTE 더보기(⋮) 아이콘을 클릭하면 설문지의 사본을 만들거나 삭제, 인쇄할 수 있고 공동 작업자를 추가하거나 스크립트를 사용하는 것도 가능합니다.

03 '답변을 미리 작성하고 '링크 공유'를 클릭하세요.'라는 메시지와 함께 설문지 입력 페이지가 나타나면 질문마다 답변을 입력합니다. 문항을 구분하는 것이 목적이므로 답변을 'aaa', 'bbb'와 같이 알아보기 쉬운 형태로 입력하고, [수동입력여부]는 '자동입력'으로 선택합니다. 입력이 완료되면 하단의 [링크 복사하기] 버튼을 클릭합니다.

NOTE 이메일 주소는 미리 입력할 수 없습니다.

04 '미리 작성된 답변과 함께 이 링크를 공유하세요.' 메시지 옆의 [링크 복사]를 클릭합니다.

05 설문지 링크가 복사되었습니다. 예제 스프레드시트로 돌아와서 [시트 1] 시트의 [A1] 셀에 방금
복사된 링크를 붙여넣기합니다. 엄청나게 긴 링크가 입력되었습니다.

06 이제 우리는 스프레드시트에서 답변의 내용을 미리 채워서 설문지를 생성할 수 있습니다. 구글 스프레드시트처럼 설문지도 고유 ID가 있고, 각 문항들도 고유 ID를 갖고 있습니다. 설문지 URL 뒤의 'entry.○○○○○○'라고 되어 있는 파라미터들이 문항 ID이고, = 뒤에 aaa, bbb 등의 파라미터값이 문항에 대한 대답입니다.

07 우리가 설문 문항으로 받은 값 중 ISBN, 저자, 출판사, 도서명, 도서분류는 물론, 새로 추가된 질문인 가격과 이미지 URL은 사실 인터넷 서점의 해당 도서 URL만 있으면 입력받을 필요가 없는 데이터들입니다. IMPORTXML 함수를 사용해 인터넷 서점의 도서 페이지에 접속해서 정보를 크롤링하면 되기 때문이죠. 서점의 도서 정보 URL만 받고 나머지 정보는 구글에게 가져오라고 시킨 뒤 가져온 정보를 '미리 채워진 링크'에 미리 넣어주면 사용자의 입력을 최소화할 수 있습니다. 예제에는 [도서신청] 시트에 미리 도서 구매 신청서를 작성해두었습니다.

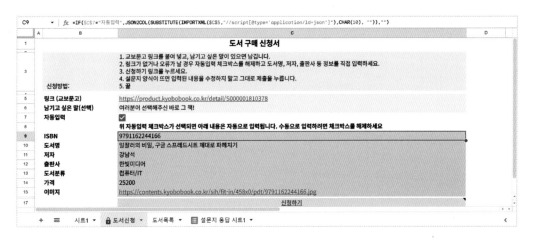

08 이 시트에는 교보문고의 도서 URL을 입력받아 ISBN, 도서명, 저자, 출판사, 도서분류, 가격, 이미지 URL을 가져오는 수식이 설정되어 있습니다. [C7] 셀이 체크되어 있으면 '자동입력', 체크 해제되어 있으면 '수동입력'이라는 값을 가지도록 '데이터 확인' 기능을 설정하였습니다.

다음 수식은 [C7] 셀이 '자동입력'인 경우 IMPORTXML 함수로 교보문고 웹 페이지에서 type이 'application/ld+json'인 script 태그를 찾아   데이터를 가져옵니다. 한편, JSON2COL 함수는 챗GPT를 사용해 작성한 사용자 함수입니다.

- [C9:C19] 범위: ISBN, 도서명, 저자, 출판사, 도서분류, 가격, 이미지 URL

```
=IF($C$7="자동입력",JSON2COL(SUBSTITUTE(IMPORTXML($C$5,"//script[@type='application/
ld+json']"),CHAR(10), "")),"")
```

NOTE 웹 페이지는 항상 변경될 수 있기 때문에 여러분이 실습하는 시점에는 XPath와 수식을 수정해야 할 수도 있습니다.

여기서 잠깐 ▶   챗GPT에게 JSON 처리 부탁하기

웹 페이지에서 우리에게 필요한 정보를 한꺼번에 가져오려면 다음과 같이 script 태그에 들어있는 json 형식의 데이터를 가져오는 게 더 편합니다.

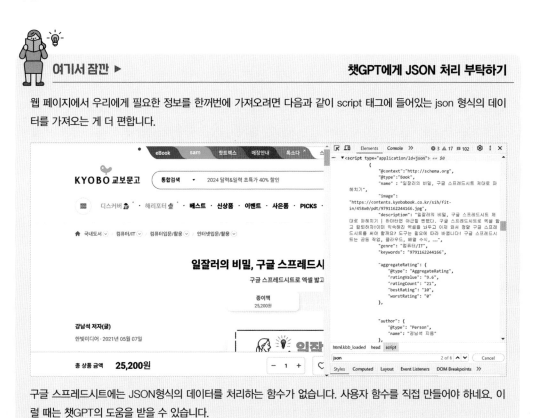

구글 스프레드시트에는 JSON형식의 데이터를 처리하는 함수가 없습니다. 사용자 함수를 직접 만들어야 하네요. 이럴 때는 챗GPT의 도움을 받을 수 있습니다.

위 태그의 JSON 데이터를 챗GPT에 보내고 "JSON 형식의 문자열에서 ISBN, 도서명, 저자, 출판사, 도서분류, 가격, 이미지 URL을 한꺼번에 가져와서 구글 스프레드시트에 한 열로 반환하는 구글 스프레드시트 사용자 함수를 앱스 스크립트 코드를 작성해 줘."라고 부탁했더니 다음과 같은 함수를 만들어줬습니다.

```
function json2col(jsonString) {
  const data = JSON.parse(jsonString);
  const { name, image, genre, keywords, author, publisher, workExample } = data;
  const { name: authorName } = author;
  const authorNameClean = authorName.replace(" 지음", "");
  const { name: publisherName } = publisher;
  const { isbn, potentialAction } = workExample[0];
  const { expectsAcceptanceOf } = potentialAction;
  const { Price: price } = expectsAcceptanceOf;
  const priceNumber = Number(price);

  return [
    [isbn], [name], [authorNameClean], [publisherName], [genre], [priceNumber], [image]
  ];
}
```

09 채울 내용을 모두 가져왔으니 '미리 채워진 링크'의 답변 부분을 가져온 내용으로 교체하여 링크를 생성해 줍니다. [신청하기] 링크가 있는 [C17] 셀의 수식은 다음과 같습니다. 설문지의 '미리 채워진 링크' 중 entry.○○○○○○○로 기재된 각 항목에 대해 &연산자를 이용해서 답변이 기재된 셀을 참조했습니다.

```
=HYPERLINK(
"https://docs.google.com/forms/d/e/1FAIpQLSdHPbXz6Nqz4p_zwaerIDQab86r0vcvE0MYlkzXex
W3nTH1FA/viewform?usp=pp_url" &
"&entry.2114425761=" & ENCODEURL($C$5) &
"&entry.825366350=" & ENCODEURL($C$10) &
"&entry.1836213129=" & ENCODEURL($C$11) &
"&entry.339676072=" & ENCODEURL($C$12) &
"&entry.709013116=" & ENCODEURL($C$7) &
"&entry.895443344=" & ENCODEURL($C$9) &
"&entry.1134230533=" & ENCODEURL($C$13) &
"&entry.681057633=" & ENCODEURL($C$14) &
```

```
"&entry.2070944364=" & ENCODEURL($C$15) &
"&entry.1177694189=" & ENCODEURL($C$6),
"신청하기")
```

> **NOTE** ENCODEURL 함수는 URL에서 특수 문자를 사용할 수 있도록 변환합니다.

여기서 잠깐 ▶　　　　　　　　　　　　　　**챗GPT에게 수식 작성 맡기기**

각 entry 항목이 어떤 문항과 연결되는지 파악하고 수식을 만드는 귀찮은 작업도 챗GPT의 도움을 받을 수 있습니다. 설문지의 질문과 답변을 주면서 다음과 같이 요청하면 간단하게 해결됩니다.

> "미리 채워진 구글 설문지에서 각 entry.###### 가 어떤 질문에 연결되는지 파악하고, 구글 시트의 HYPERLINK 함수로 다음 양식의 수식을 만들어줘. "https://설문지링크" & "&entry.####=" &교보문고 도서 링크 &"&entry.####=" & 도서명 ...."

챗GPT 4를 사용하고 있다면 미리 채워진 설문지의 링크를 전달해도 됩니다.

10 [신청하기] 링크를 클릭하면 설문지가 자동으로 채워집니다. 사용자는 이메일 기록에 체크하고 [제출] 버튼만 클릭하면 됩니다.

> **NOTE** URL의 'viewform?usp=pp_url'를 'formResponse?submit =Submit'으로 바꾸면 미리 채워진 설문지 링크를 제출까지 자동으로 할 수 있습니다. 단, '인증됨' 이메일처럼 미리 채워진 링크를 이용해 채울 수 없는 항목이 있는 경우에는 사용자의 입력을 추가로 받아야 합니다.

'미리 채워진 링크'를 이용해 설문지를 만드는 방법을 알아봤습니다. 그런데 이걸 왜 하는 걸까요? 설문지를 이용해서 데이터를 입력받고, 데이터의 입력 과정을 미리 채워진 링크로 이용하면 다음과 같은 장점이 있습니다.

1. 사용자의 입력을 줄이고 입력 데이터를 정형화하여 데이터의 일관성을 유지할 수 있습니다.

2. 데이터 스프레드시트의 복잡한 수식을 값으로 전환하여 입력받을 수 있습니다.

3. 데이터의 입력점과 데이터의 집계점을 분리할 수 있습니다.

4. 데이터를 입력한 사람의 정보와 입력 시기를 쉽게 기록할 수 있습니다.

예제의 [도서목록] 시트에서 이와 같은 장점을 확인해봅시다. 도서 목록은 설문지 응답 시트의 결과를 QUERY 함수로 가져와서 만든 것입니다.

설문지로 작성된 도서 목록

만약 도서 신청 프로세스에서 제대로 된 데이터가 입력되지 않았거나 입력된 데이터의 양식이 제각 각이었다면 이 목록을 생성하기 위해 쓸데없이 시간을 낭비했을 것입니다. 이 목록 자체에서 ISBN 을 입력해 IMPORTXML로 각 도서별 도서 정보를 가져오는 방법도 생각할 수 있습니다. 하지만 IMPORTXML은 무거운 함수입니다. 50개 이상 가져오는 것은 어렵습니다. 또한 연결된 데이터는 언제든 바뀌거나 수식이 망가질 우려가 있습니다.

미리 채워진 설문지를 이용하면 데이터를 생성하는 시점에 수식을 적용하여 계산한 데이터를 값으로 입력받을 수 있습니다. 데이터의 무결성 측면에서도, 성능 측면에서도 도움이 됩니다.

예제에서는 편의상 [도서신청] 시트와 [설문지 응답] 시트를 함께 넣어두었지만, 실무에서는 [도서신청] 시트는 완전히 별개의 시트로 두고, 데이터 관리자만 설문지 응답 시트를 접근할 수 있도록 하는 것이 바람직합니다. 〈보안을 지키는 권한 설정〉에서 데이터 입력점과 집계점을 분리하자고 했죠. 미리 채워진 설문지를 이용하면 데이터 입력자에게 데이터가 집계되는 스프레드시트에 대한 편집 권한을 주지 않고도 데이터 입력 프로세스를 손쉽게 만들 수 있습니다.

마지막으로 설문지에는 응답자의 정보와 타임스탬프가 기록되기 때문에 데이터 입력자와 입력 시기를 확인할 수 있습니다. 스프레드시트에 셀 단위로 '수정 기록 표시' 기능이 생겼으나 아직 함수나 스크립트를 통해 해당 정보를 확인하기는 어렵습니다. 설문지를 사용하면 데이터 입력자와 입력 시기를 즉시 기록하고 이 데이터를 다른 수식에서 이용할 수 있습니다.

예제에서는 단순한 도서 신청과 도서 목록 생성 과정을 다뤘지만, 생성된 도서 목록으로 도서 대여 신청, 반납, 반납하지 않은 사람에게 독촉하는 과정도 설문지를 이용한 각각의 프로세스로 구성할 수 있습니다. 슬랙으로 메시지를 보낼 수도 있겠죠. 도서를 원자재로 바꾸면 그대로 자재 구매 프로세스로 변경하여 적용할 수도 있을 것입니다.

IMPORTXML과 IMAGE로 만드는 재고 목록

▶▶ 구글 스프레드시트의 IMAGE와 IMPORTXML 함수는 화면에 숫자로만 존재했던 스프레드시트를 실제 세계와 연결하는 역할을 하기도 합니다. IMPORTXML로 관리 대상의 사진을 가져와서 넣고 효율적으로 관리할 수 있도록 바코드와 QR 코드를 생성하여 스프레드시트에 기록해보겠습니다.

웹 크롤링으로 도서 목록에 표지 이미지 추가하기

도서 목록까지는 만들었는데 도서명과 정보만으로는 어떤 책인지 파악하기 어렵습니다. JSON을 가공하여 가져온 이미지 URL과 구글 스프레드시트의 IMAGE 함수를 사용해 책마다 도서 이미지를 표시하겠습니다.

01 예제 | 도서 이미지 가져오기 링크의 미리보기처럼 교보문고에서는 책 표지를 대표 이미지로 사용합니다. 웹 페이지의 메타 데이터를 활용하면 이 이미지를 쉽게 가져올 수 있습니다.

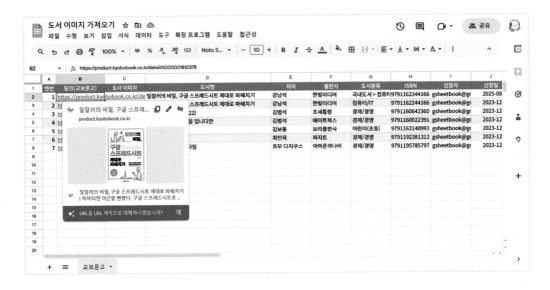

02 도서 URL을 클릭하여 웹 페이지로 이동한 뒤 Ctrl + Shift + I 키를 눌러 개발자 도구를 실행합니다. [Elements] 탭을 클릭하고 코드에서 〈head〉 태그의 드롭다운 버튼을 클릭하여 내용을 펼쳐봅니다. 우리가 찾는 정보는 **<meta property="og:image" ...>**라는 태그의 content 속성에 있습니다.

NOTE og는 페이스북에서 만든 Open Graph 프로토콜로 웹 페이지에서 보편적으로 사용됩니다. og:title, og:type, og:image, og:url 등의 속성을 이용해 페이지의 요약 정보를 담습니다.

03 스프레드시트로 돌아와서 [C2] 셀에 수식 **=IMAGE(IMPORTXML($B2,"//meta[@property= 'og:image']/@content"))**를 입력하여 이미지를 넣어줍니다. IMPORTXML 함수로 URL의 **<meta property="og:image" ...>**라는 태그의 content 속성에 기재된 이미지 파일 주소를 가져와서, 이 이미지를 IMAGE 함수로 표시하는 수식입니다.

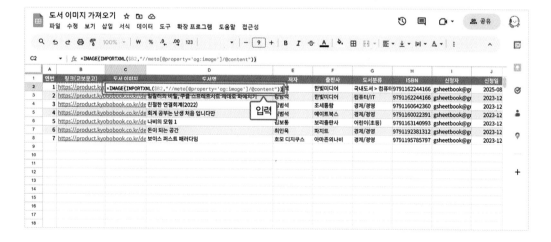

04 [C3:C8] 범위에도 수식을 붙여 넣고 셀 크기를 적절하게 조절합니다. 이미지도 가운데 정렬을 할 수 있습니다. IMPORTXML 때문에 ARRAYFORMULA를 사용할 수 없지만 이미지를 가져오는 데 성공했습니다.

바코드와 QR 코드로 도서 관리하기

같은 도서를 여러 권 구매하면서 도서에 인쇄된 바코드로는 재고 관리를 할 수 없게 되었습니다. 개별 도서마다 부여한 자산번호와 자산 정보를 바코드와 QR 코드로 만들어 구글 스프레드시트에 넣어보겠습니다. 바코드와 QR 코드를 이미지로 만들어주는 서비스를 이용하면 되겠죠?

01 `예제 | 바코드/QR` 각 도서마다 부여된 자산번호를 바코드로 만들겠습니다. 구글 스프레드시트는 바코드 폰트를 제공합니다. 문자열의 폰트를 바코드로 지정하면 별도의 프로그램 없이 문자열을 바코드로 변환할 수 있습니다. 바코드로 변환할 [J2:J] 범위를 선택하고 [글꼴]의 드롭다운 버튼을 클릭한 뒤 [글꼴 더보기]를 선택합니다.

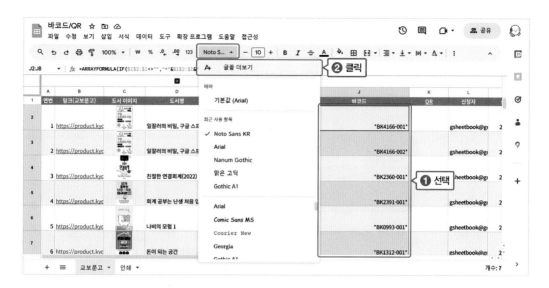

바코드는 용도에 따라 규격이 나뉘어 있습니다. 우리가 사용하려는 바코드의 규격은 Code39로, 시작 문자와 끝 문자가 별표(*)인 것이 특징입니다. 따라서 자산번호 앞과 뒤에 별표(*)를 추가해두었습니다.

02 글꼴 검색창에 'barcode'를 입력하면 다양한 바코드 폰트가 검색됩니다. 여기서는 Code39 규격을 사용하기 위해 'Libre Barcode 39 Extended Text'를 선택한 뒤 [확인] 버튼을 클릭합니다.

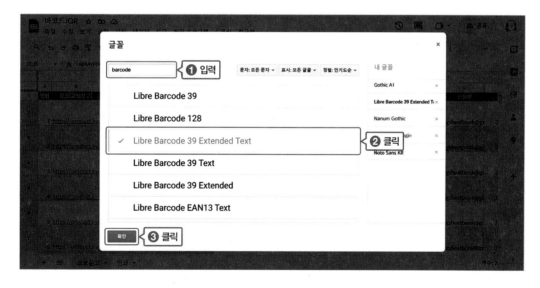

03 바코드가 입력되었습니다. 글꼴 크기를 적당히 키워줍시다. 이젠 QR 코드 차례입니다. QR 코드를 만들어주는 서비스는 많지만 여기서는 Chart API를 제공하는 QuickChart의 QR API를 이용해보겠습니다. [K2] 셀에 **=ARRAYFORMULA(IMAGE("https://quickchart.io/qr?text="&ENCODEURL($B2:$B)))**를 입력합니다.

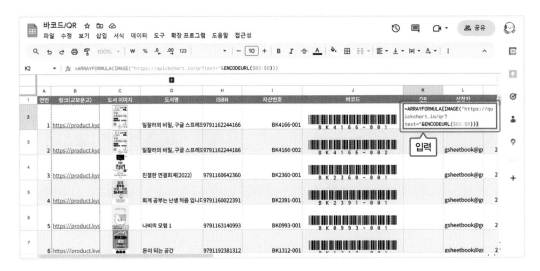

NOTE 예제 스프레드시트의 QR 제목 행([K1] 셀)에 링크로 웹 페이지 주소를 삽입해두었습니다.

04 QR 코드 입력이 완료되었습니다. 이와 같은 방법으로 도서 정보 링크 대신 미리 채워진 대여용 설문지를 만들어서 스프레드시트에 연결해볼 수도 있을 것입니다.

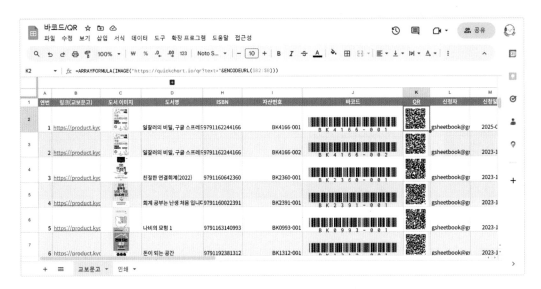

NOTE 이렇게 만든 바코드와 QR 코드는 인쇄하여 개별 자산에 부착할 수도 있겠죠. 예제에 [인쇄] 시트를 추가해두었으니 참고하세요.

SECTION 8.4 구글 스프레드시트를 파일이나 웹 페이지로 전달하기

▶▶ 조직 내의 다른 사용자 혹은 외부 사용자에게 데이터를 스프레드시트가 아닌 다른 양식으로 공유해야 할 경우가 있습니다. 이번 절에서는 구글 스프레드시트를 PDF, CSV 등 다양한 형태의 파일로 공유하거나 웹에 게시하는 방법에 대해 알아보겠습니다.

파일을 자동으로 다운로드할 수 있는 URL 만들기

구글 스프레드시트를 다른 파일로 변환하는 간단한 방법은 1장에서 살펴본 것처럼 [파일] – [다운로드] 메뉴를 이용해서 변환된 파일을 다운로드하는 것입니다. 또한 이미 앱스 스크립트에서 간단히 살펴본 다운로드용 URL을 사용할 수도 있습니다.

스프레드시트의 주소에 '/export'를 추가한 다운로드용 URL은 다음과 같습니다.

- 기본 URL : https://docs.google.com/spreadsheets/d/{스프레드시트id}/export

기본적으로 이 기본 URL에 스프레드시트 id를 적용하면 xlsx 형식으로 다운로드할 수 있습니다. 기본 URL에 format 파라미터를 추가하면 다른 형식으로 다운로드할 수도 있습니다.

다운로드용 URL의 파라미터

형식	파라미터[1]
XLSX	?format=xlsx&
ODS	?format=ods&
HTML(zip 압축 파일)	?format=zip&
CSV	?format=csv&gid={시트id}
TSV	?format=tsv&gid={시트id}
PDF	?format=pdf&attachment=true&
	size=0,1,2,3,....,10& //용지크기. 0=letter, 1=tabloid, 2=Legal, 3=statement, 4=executive, 5=folio, 6=A3, 7=A4, 8=A5, 9=B4, 10=B5
	fzr=true/false& //머리글 행 반복 여부

PDF	portrait=true/false& //false면 가로 방향, true면 세로 방향
	fitw=true/false& //창 크기 맞춤 또는 실제 크기
	gridlines=true/false& //격자선 인쇄 여부
	gid={시트id} //인쇄 대상 시트 선택 시 기재, 생략하면 전체 시트
PDF 범위	?format=pdf&attachment=true&ir=false&ic=false&r1={시작행}&c1={시작열}&r2={끝행}&c2={끝열}***2**

*1 파라미터 값을 입력할 때는 중괄호를 포함한 전체를 내용으로 교체합니다.
예) gid={시트id} → gid=1133707084
*2 1행, A열의 인덱스가 0에서 시작

다운로드용 URL과 비슷한 방식으로 구글 스프레드시트의 URL에 'gviz/tq'라는 경로를 추가하면 URL 자체로 Query를 수행한 결과를 JSON, HTML, CSV 형식으로 다운로드할 수 있습니다. QUERY 함수에서 잠깐 언급했던 Google Visualization API Query Language에서 제공하는 옵션입니다(참고 문서: https://developers.google.com/chart/interactive/docs/querylanguage#setting-the-query-in-the-data-source-url).

스프레드시트의 URL에 '/gviz/tq'를 추가한 쿼리용 URL은 다음과 같습니다.

- 기본 URL : https://docs.google.com/a/google.com/spreadsheets/d/{스프레드시트id}/gviz/tq

이 기본 URL에 스프레드시트 id를 적용하면 첫 시트의 전체 내용이 JSON 파일로 반환됩니다. 다음과 같은 파라미터를 추가하여 다른 형식과 조건으로 쿼리를 수행할 수 있습니다. 쿼리용 URL은 기본적으로 링크가 있는 모든 사용자가 볼 수 있는 스프레드시트에 대해서 동작합니다.

쿼리용 URL의 파라미터

형식/옵션	파라미터
JSON	?tqx=out:json
HTML	?tqx=out:html
CSV	?tqx=out:csv
범위	시트 | ?sheet={시트명} //시트 지정 가능 쿼리 | ?tq={QUERY문} // ex) ?tq=select%20A%2C%20sum(B)%20group%20by%20A

NOTE 다음 실습에서 살펴볼 웹에 게시하기 기능을 사용하여 다운로드 링크를 만들 수도 있습니다. 웹에 게시하기 기능은 모든 사용자에게 공개되지만 지금 살펴본 다운로드용 URL은 원본 스프레드시트의 권한 설정을 따라갑니다.

스프레드시트를 공유할 때 주소가 너무 길어서 불편한 적은 없었나요? 이때 단축 URL을 사용하면 짧은 주소를 사용할 수 있습니다. 설문지의 경우 단축 URL을 지원하지만, 구글의 공식 단축 URL 서비스였던 goo.gl이 2018년 4월 중단되면서 단축 URL을 만들기 위해서는 tinyurl, bitly, ow.ly와 같은 다른 회사의 서비스를 이용해야 합니다.

이 중 tinyurl은 간단한 단축 URL 생성 API를 지원하고 있어 스프레드시트에서 유용하게 사용할 수 있습니다. 예를 들어, [A1] 셀에 URL을 입력하고 [B1] 셀에 **=IMPORTDATA(**`"http://tinyurl.com/api-create.php?url="`**&A1)** 수식을 입력하면 tinyurl API가 단축 URL을 반환합니다.

웹에 게시하거나 embed하기

'gviz/tq' 옵션을 이용해서 html 파일을 공유하는 방법 외에도 스프레드시트 자체를 웹 페이지로 게시하거나 기존 웹 페이지에 임베드할 수 있습니다. 6.4절 〈외부 데이터 집계 및 분석 함수들〉에서 만들었던 대시보드를 웹에 게시해보겠습니다.

01 예제 | 웹에게시 스프레드시트를 웹 페이지에 게시하기 위해 [파일] – [공유] – [웹에 게시] 메뉴를 클릭합니다.

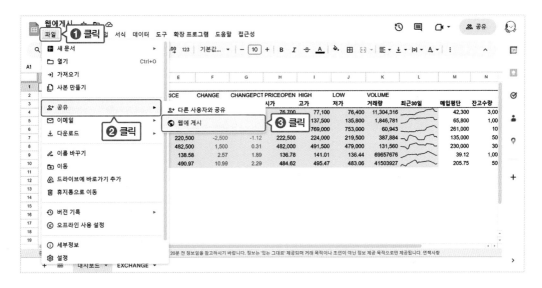

02 [웹에 게시] 창이 나타나면 [링크] 탭의 옵션에서 '대시보드', '웹페이지'를 선택하고 [게시] 버튼을 클릭합니다. 확인 창이 나타나면 [확인] 버튼을 클릭합니다.

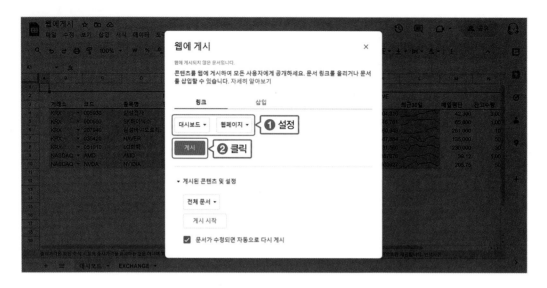

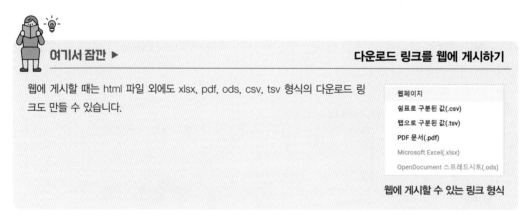

여기서 잠깐 ▶ 　　　　　　　　　　　　　　　**다운로드 링크를 웹에 게시하기**

웹에 게시할 때는 html 파일 외에도 xlsx, pdf, ods, csv, tsv 형식의 다운로드 링크도 만들 수 있습니다.

> 웹페이지
> **쉼표로 구분된 값(.csv)**
> **탭으로 구분된 값(.tsv)**
> **PDF 문서(.pdf)**
> Microsoft Excel(.xlsx)
> OpenDocument 스프레드시트(.ods)
>
> **웹에 게시할 수 있는 링크 형식**

03 스프레드시트가 인터넷의 모든 사용자에게 공개되었습니다. 보안에 주의하세요. [웹에 게시] 창의 하단에 [게시된 콘텐츠 및 설정]에서 [게시 중지] 버튼을 클릭하면 게시를 중단할 수 있습니다. URL을 복사하세요.

04 복사된 URL을 브라우저의 주소창에 붙여 넣으면 스프레드시트를 웹 브라우저로 볼 수 있습니다.

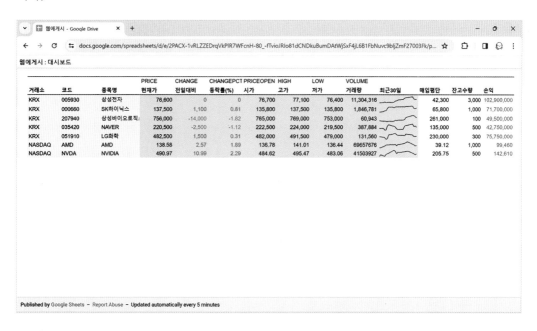

페이지에 삽입할 링크 만들기

페이지 내에 삽입할 링크를 생성하기 위해서는 [웹에 게시] 창의 [삽입] 탭에서 [게시] 버튼을 클릭하여 embed용 링크를 생성할 수 있습니다.

웹에 게시할 embed용 링크 생성

SECTION 8.5
챗GPT의 도움으로 일잘러 되기

▶▶ 챗GPT와 같은 대규모 언어 모델(LLM)은 일상어를 이해하는 데 탁월하며, 프로그래밍에도 능숙합니다. 인공지능 도구를 사용하면 코드를 구상하고 입력하는 시간을 현저히 단축할 수 있습니다.

챗GPT의 도움으로 날짜 변환하기

구글 스프레드시트의 REGEXREPLACE, REGEXMATCH, REGEXEXTRACT는 정규식으로 추출한 문자열의 패턴을 이용할 수 있게 해주는 강력한 함수입니다. 그러나 정규식은 복잡하고 평소에 쓸 일이 많지 않기 때문에 일반적인 목적으로 공부하기에는 부담이 되었던 것도 사실입니다. 복잡한 정규식은 챗GPT에게 맡기고 우리는 남는 시간에 더 중요한 일을 합시다.

회사의 대시보드 시스템에서 데이터를 다운로드하고 월별 합계를 내려고 합니다. 월별 합계를 내려면 날짜 열을 날짜 서식으로 변환해야 하는데 변환이 어려운 형태로 되어 있습니다. 가장 좋은 방법은 개발자에게 원시 데이터를 날짜 형태로 바꿔달라고 요청하는 것이지만, 개발자들은 항상 바쁩니다. 챗GPT의 도움을 받아 직접 해보겠습니다. 이 책을 집필하는 2024년 기준 무료로 사용할 수 있는 챗GPT 3.5 버전을 사용합니다.

01 예제 | GPT_REGEX 예제 파일의 A열에는 날짜가 **M월 D, YYYY HH:MM오전** 형태로 입력되어 있습니다. 연, 월, 일을 추출하여 DATE 함수에 넣어도 되지만 DATE 함수는 배열을 인수로 받지 못하기 때문에 연, 월, 일을 별도의 열에 추출해야 해서 시트가 지저분해집니다.

A2	▼	fx	1월 5, 2024 12:00오전					
	A	B	C	D	E	F	G	H
1	date	organic	paid	blog	total	date_mod		
2	1월 5, 2024 12:00오전	158	1170	271	1599			
3	1월 4, 2024 12:00오전	481	2114	196	2791			
4	1월 3, 2024 12:00오전	133	1352	234	1719			
5	1월 2, 2024 12:00오전	157	1119	328	1604			
6	1월 1, 2024 12:00오전	483	1778	272	2533			
7	12월 31, 2023 12:00오전	494	1669	267	2430			
8	12월 30, 2023 12:00오전	256	1004	297	1557			

02 시간을 나타내는 문자열은 필요 없으니 삭제하고, 날짜를 나타내는 문자열은 **YYYY/MM/DD** 형태로 만들어서 DATEVALUE 함수에 적용하겠습니다. 이때 고려해야 할 것은 월/일의 자릿수입니다. 2024년 1월 1일과 2023년 12월 31일을 비교해보세요.

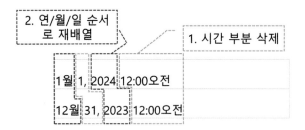

03 REGEXREPLACE 함수를 두 번 사용하면 문자열의 패턴을 지정하여 삭제하거나 순서를 바꿀 수 있습니다. 여기서는 챗GPT에게 도움을 요청해보겠습니다. 웹 브라우저를 열고 챗GPT(https://chat.openai.com) 페이지로 이동하여 입력란에 다음과 같이 프롬프트를 입력하고 메시지 보내기(↑) 아이콘을 클릭합니다.

```
1월 1, 2024 12:00오전
12월 31, 2023 12:00오전

위와 같은 문자열을 각각 2024/01/01, 2023/12/31로 바꾸는 구글 시트 수식을 만들려고 해.

1. REGEXREPLACE로 시간 부분을 삭제해 줘.
2. REGEXREPLACE로 앞쪽 문자열의 순서를 현재의 월/일/연도에서 연도/월/일로 바꿔 줘.
3. 변환된 문자열은 DATEVALUE 함수에 넣어서 날짜 형태로 바꿔 줘.
```

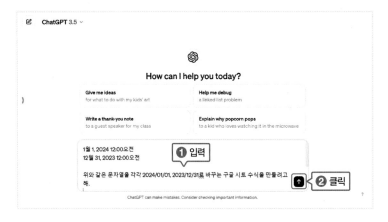

NOTE 프롬프트는 [prompt] 시트에서 볼 수 있습니다. [A1] 셀에 F2 키를 눌러 수식 편집 모드로 전환한 뒤 셀에 기재된 프롬프트를 복사해서 챗GPT에 붙여 넣으세요.

여기서 잠깐 ▶ **프롬프트 작성법**

인공지능으로부터 좋은 코드를 얻기 위해서는 사용자의 요구 사항을 인공지능에게 명확하게 전달해야 합니다. 이때 요구 사항, 즉 프롬프트(prompt)에 인공지능의 역할, 사용자, 배경지식, 작업, 규칙, 답변의 형식 등을 포함하면 도움이 됩니다. 자주 하는 실수는 미리 주의를 주는 것도 좋습니다.

한편 아무리 좋은 프롬프트를 만들어도 인공지능이 틀린 답을 줄 수 있습니다. 당황하지 마세요. 시행착오를 거치더라도 직접 코드를 작성하는 것보다는 인공지능에게 맡기는 쪽이 훨씬 편리합니다.

04 챗GPT가 지시 사항을 잘 이해하고 멋진 수식을 제공합니다. [Copy code] 버튼을 눌러 수식을 복사합니다.

```
= DATEVALUE(
    REGEXREPLACE(
      REGEXREPLACE(A1, "₩d{2}:₩d{2}[오전|오후]*", ""),
      "(₩d{4})년 (₩d{2})월 (₩d{2})일", "$1/$2/$3"
    )
)
```

NOTE 챗GPT의 응답은 랜덤으로 생성됩니다. 그러니 책과 다른 수식을 알려주더라도 당황하지 마세요. 일단 진행하며 조금씩 오류를 수정해 나가면 됩니다.

05 복사한 수식을 [data] 시트의 [F2] 셀에 입력합니다. 날짜 문자열이 기재된 곳이 [A1] 셀이 아니라 [A2] 셀이므로 수식을 수정해야 합니다. 수정한 수식은 **=DATEVALUE(REGEXREPLACE(REGEXREPLACE(**A2, **"\d{2}:\d{2}[오전¦오후]*"**, **""**), **"(\d{4})년 (\d{2})월 (\d{2})일"**, **"$1/$2/$3"))**입니다.

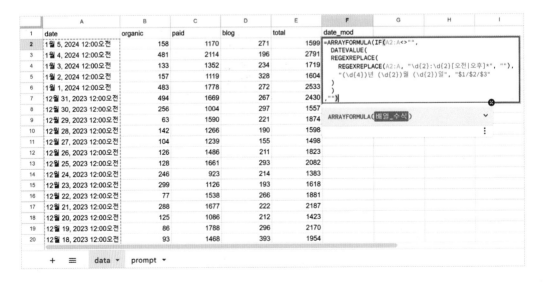

06 문자열이 날짜 서식으로 변환되었습니다. 아래 셀들까지 모두 입력될 수 있도록 수식에 **ARRAYFORMULA**를 적용하고 범위를 **[A2:A]**로 연장합니다. 완성된 수식은 **=ARRAYFORMULA(IF(**A2:A**<>""**, **DATEVALUE(REGEXREPLACE(REGEXREPLACE(**A2:A, **"\d{2}:\d{2}[오전¦오후]*"**, **""**), **"(\d{4})년 (\d{2})월 (\d{2})일"**, **"$1/$2/$3"**)), **""))**입니다.

07 날짜가 제대로 표시되도록 F열을 선택하고 [서식] – [숫자] – [날짜] 메뉴를 클릭하여 날짜 서식으로 변경합니다.

08 날짜 서식이 적용되며 연/월/일 순서로 데이터가 정리되었습니다. 챗GPT의 도움을 받아 순식간에 정규식을 완성했습니다. 이제 여러분은 정규식 전문가입니다.

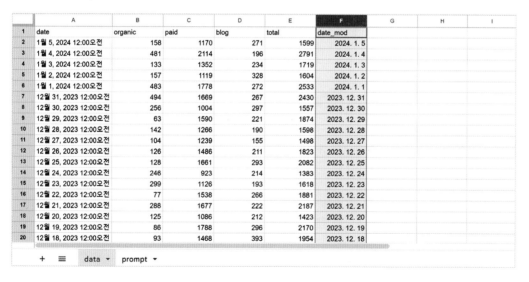

NOTE 여러분의 코드와 책의 내용이 다르더라도 배운 내용을 상기하며 조금씩 개선해 보세요. 챗GPT에게 도움을 요청하면 할 수 있습니다.

챗GPT로 앱스 스크립트 전문가 되기

인공지능 도구를 사용하면 코드를 구상하고 입력하는 시간을 현저히 단축시킬 수 있습니다. 하지만 아직 완벽하지 않죠. 특히 환각(hallucination), 즉 틀린 사실을 지어내는 현상이 여전히 남아있어 인공지능이 작성한 코드를 사용할 때는 코드가 요구 사항을 잘 반영하는지, 오류는 없는지 검토해야 합니다.

제가 다니는 회사는 무제한 간식을 제공합니다. 그러나 간식을 준비하는 매니저는 고민이 많습니다. 자기가 원하는 간식이 없다며 아쉬워하는 직원들이 항상 있기 때문인데요. 그래서 구글 스프레드시트로 간식 신청을 받기로 했습니다. 다른 사람들이 신청한 간식을 보고 실시간으로 투표를 할 수 있도록 설문지 대신 앱스 스크립트를 사용할 예정입니다.

스프레드시트의 간식 리스트는 오른쪽의 [추천하기] 체크박스를 클릭하면 추천수가 증가합니다. 추천수가 증가하면 체크박스를 빈 박스로 초기화해서 다른 직원도 체크할 수 있게 하겠습니다. 아이디어를 생각했으니 귀찮은 코드 작성은 챗GPT에게 맡기고 회사 구성원들의 입맛을 만족시켜 봅시다.

🥔 3월 간식 구매 신청 시트 🍪

① [스낵바]에 들어오면 좋은 간식을 신청해주세요.
② 작성 기간은 매월 1일 하루 입니다.
③ 간식 구매 사이트는 쿠팡, 지마켓에서만 선택을 해주세요.
④ 가능한 예산 안에서 가장 많은 추천수를 받은 간식을 우선적으로 구매할 예정입니다! 👍 '추천하기'를 클릭!

NO	구매 사이트	종류	상품명	추천수	추천하기	상품 구매 링크
ex)	쿠팡	과자	오리온 초코송이	-	-	초코송이
1	쿠팡	음료	밀키스 제로	👍 8	☐	밀키스 제로
2	쿠팡	음료	이프로	👍 4	☐	이프로
3	쿠팡	음료	팔도 비락 식혜	👍 2	☐	팔도 비락 식혜
4	쿠팡	음료	닥터유 프로 단백질 드링크 초코	👍 10	☐	닥터유 단백질 드링크
5	쿠팡	과자	홈런볼	👍 6	☐	홈런볼
6	쿠팡	과자	빈츠	👍 4	☐	빈츠
7	쿠팡	과자	랑드샤 쿠키	👍 2	☐	랑드샤 쿠키
8	쿠팡	과자	조청유과	👍 4	☐	조청유과
9	쿠팡	음료	탄산수	👍 8	☐	트레비 레몬
10	쿠팡	기타	라이틀리 자몽 허니 블랙티 제로, 분말 20g, 20개	👍 3	☐	자몽허니블랙티 제로
11	쿠팡	음료	동원 보성홍차 아이스티 제로 복숭아, 500ml, 24개	👍 4	☐	아이스티 제로

구글 스프레드시트의 체크박스를 체크한 사람의 수를 표시해주는 voting program을 만들려고 해.

1. [상품 목록] 시트에 상품을 기재하고 다른 사람이 기재한 상품을 추천할 거야.
2. [상품 목록] 시트에는 상품번호(B열), 상품명(E열), 추천 수(F열)를 표시하는 열과 체크박스가
있는 열(G열)이 있어.
3. [추천자] 시트에 항목별 추천자 이메일을 기록할 거야.
4. onEdit(e)를 통해 [상품 목록] 시트의 체크박스가 있는 열(G열)에 수정 사항이 발생하면(체크박
스가 체크되면) 사용자의 이메일을 수집하고 [추천자] 시트에 상품번호, 상품명, 추천자 이메일을
순서대로 기록할 거야. 해당 체크박스는 다시 FALSE 상태로 돌려 놔.
5. 만약 이미 해당 항목을 추천한 적이 있다면 popup으로 "한 항목에는 한 번만 추천할 수 있습니
다."라는 메시지를 표시해. 그리고 해당 체크박스는 다시 FALSE 상태로 돌려놔.
6. 추천자 수는 [추천자] 시트의 기록을 수식으로 불러올 예정이니 앱스 스크립트에서 별도의 작
업을 할 건 없어.

구글 시트의 앱스 스크립트 전문가로서 초보자를 위해 위에서 정의된 앱스 스크립트 코드를 만들
어 줘. 구글 레퍼런스 사이트에 나와 있는 데이터만을 이용해서 작성하고 모르는 내용은 모른다고
얘기해. 코드를 작성할 때는 단계별로 왜 이런 코드를 사용해야 하는지 설명해 줘.
코드를 모두 만들고 나면 전체 코드를 제시하고 코드가 맞게 되어 있는지 단계별로 평가를 해. 잘
못된 부분이 있다면 틀린 이유를 설명해. 이 평가를 참고해서 코드를 다시 작성해.

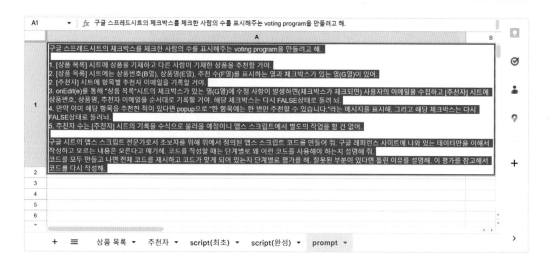

02 웹 브라우저를 열고 챗GPT(https://chat.openai.com) 페이지로 이동하여 메시지 입력란에 방금 복사한 프롬프트를 붙여 넣고 메시지 보내기(⬆) 아이콘을 누릅니다.

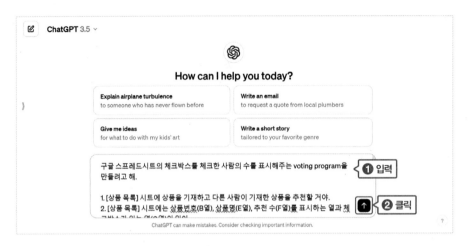

NOTE 2024년 기준 무료로 사용 가능한 챗GPT 3.5를 사용합니다.

03 잠시 후 챗GPT가 저보다 훨씬 빠른 속도로 코드를 작성해 줍니다. 코드 창 위의 [Copy code] 버튼을 클릭하여 코드를 복사합니다.

NOTE 동일한 프롬프트를 사용하더라도 응답은 항상 다를 수 있습니다. 코드의 오류를 파악하고 코드를 수정하게 만드는 과정만 이해하면 됩니다. 코드가 여러 단계로 나뉘어 나오는 경우 "전체 코드를 다시 알려줘" 등의 프롬프트로 원하는 형태의 답변을 받을 수 있습니다.

04 제가 받은 코드는 다음과 같습니다. 예제 파일로 돌아와서 앱스 스크립트 편집기를 열고 복사한 코드를 붙여 넣은 뒤 프로젝트 저장(🖫) 아이콘을 눌러 저장까지 완료합니다.

```javascript
// 사용자가 상품 목록 시트의 체크박스를 클릭했을 때 실행되는 함수
function onEdit(e) {
  var sheet = e.source.getActiveSheet();

  // 상품 목록 시트에서 수정이 발생하고 해당 시트의 이름이 "상품 목록"이면서 체크
박스 열(G열)에 해당하는지 확인
  if (sheet.getName() === "상품 목록" && e.range.getColumn() === 7) {
    var row = e.range.getRow(); // 수정된 행 번호 가져오기
    var checkboxCell = sheet.getRange(row, 7); // 수정된 셀(체크박스 셀) 가져오기
    var isChecked = checkboxCell.getValue(); // 체크박스의 현재 상태 가져오기

    // 만약 체크박스가 체크되었다면
    if (isChecked) {
      var productNumber = sheet.getRange(row, 2).getValue(); // 상품 번호 가져오기
      var productName = sheet.getRange(row, 5).getValue(); // 상품명 가져오기
      var userEmail = Session.getActiveUser().getEmail(); // 현재 사용자의 이메일
가져오기

      var recommendationSheet = e.source.getSheetByName("추천자"); // 추천자 시트
가져오기

      // 이미 해당 상품에 대해 추천한 이메일이 있는지 확인
      var recommendationRange = recommendationSheet.getRange("A:A").getValues();
      for (var i = 0; i < recommendationRange.length; i++) {
        if (recommendationRange[i][0] === productNumber && recommendationRange[i]
[1] === userEmail) {
          // 이미 추천한 경우 팝업 메시지 표시 후 체크박스 상태를 다시 FALSE로 설정
하고 함수 종료
          SpreadsheetApp.getUi().alert("한 항목에는 한 번만 추천할 수 있습니다.");
          checkboxCell.setValue(false);
          return;
        }
      }
```

```
        // 추천자 시트에 상품 번호, 상품명, 추천자 이메일 기록
    recommendationSheet.appendRow([productNumber, productName, userEmail]);

        // 체크박스 상태를 다시 FALSE로 설정
    checkboxCell.setValue(false);
    }
  }
}
```

05 앱스 스크립트를 저장하고 코드를 테스트합니다. onEdit(e) 함수는 셀에 변경 사항이 생길 경우 자동으로 실행됩니다. [상품 목록] 시트에서 제가 좋아하는 밀키스 제로를 추천하기 위해 [G11] 셀의 체크박스를 눌러 보겠습니다.

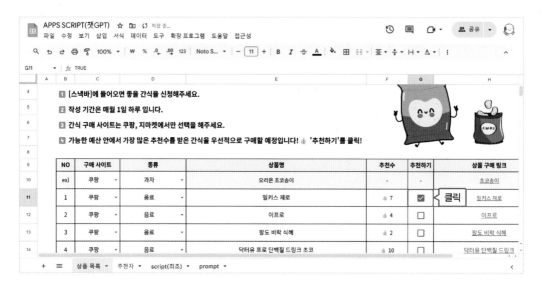

NOTE 앱스 스크립트를 실행했을 때 승인 요청 창이 나타나면 챗GPT를 믿고 권한을 허용해 줍니다.

06 추천수가 '7'에서 '8'로 올라가고 잠시 뒤 체크박스는 자동으로 초기화됩니다. 챗GPT의 도움을 받으니 앱스 스크립트가 이렇게나 쉽네요. 하지만 안심하기는 이르죠. 챗GPT는 종종 실수합니다. 밀키스 제로를 한 번 더 추천해보겠습니다.

07 이런! 오류가 발생했습니다. 동일한 제품을 두 번 이상 추천하면 팝업 메시지가 나타나야 하는데, 그냥 체크박스를 해제해 버리고 아무 메시지도 표시하지 않았습니다. [추천자] 시트를 보면 동일한 제품에 동일한 추천자가 두 번 기재되어 있는 것을 확인할 수 있습니다. 즉, 한 사람이 동일한 제품에 대해 중복 추천하는 것을 허용해버린 것이죠.

NOTE 챗GPT의 응답은 임의적이어서 여러분에게는 이 책과 다른 오류가 발생할 수도 있고, 오류가 발생하지 않을 수도 있습니다.

08 문제의 코드를 살펴봅시다. '//이미 해당 상품에 대해 추천한 이메일이 있는지 확인' 주석 아래가 중복 추천을 검사하는 부분입니다. 상품 번호가 기재된 A열의 데이터만 가져와서 상품명과 이메일이 누락되는 것이 문제네요. 코드를 직접 고쳐도 되겠지만 챗GPT에게 해결하라고 명령합시다. 실수를 인정하고 새 코드를 만들어 줍니다. [Copy code] 버튼을 클릭해서 복사하세요.

09 제가 받은 코드는 다음과 같습니다. A열 뿐 아니라 전체 데이터 범위를 모두 가져오도록 코드가 변경되었습니다. 수정된 부분을 확인하여 앱스 스크립트 편집기의 코드에 반영하고 다시 실행해 봅니다.

```javascript
// 사용자가 상품 목록 시트의 체크박스를 클릭했을 때 실행되는 함수
function onEdit(e) {
  var sheet = e.source.getActiveSheet();

  // 상품 목록 시트에서 수정이 발생하고 해당 시트의 이름이 "상품 목록"이면서 체크
박스 열(G열)에 해당하는지 확인
  if (sheet.getName() === "상품 목록" && e.range.getColumn() === 7) {
    var row = e.range.getRow(); // 수정된 행 번호 가져오기
    var checkboxCell = sheet.getRange(row, 7); // 수정된 셀(체크박스 셀) 가져오기
    var isChecked = checkboxCell.getValue(); // 체크박스의 현재 상태 가져오기
```

```
    // 만약 체크박스가 체크되었다면
    if (isChecked) {
        var productNumber = sheet.getRange(row, 2).getValue(); // 상품 번호 가져오기
        var productName = sheet.getRange(row, 5).getValue(); // 상품명 가져오기
        var userEmail = Session.getActiveUser().getEmail(); // 현재 사용자의 이메일
가져오기

        var recommendationSheet = e.source.getSheetByName("추천자"); // 추천자 시트
가져오기

        // 이미 해당 상품에 대해 추천한 이메일이 있는지 확인
        var recommendationRange = recommendationSheet.getDataRange().getValues();
        for (var i = 0; i < recommendationRange.length; i++) {
            if (recommendationRange[i][0] === productNumber && recommendationRange[i]
[2] === userEmail) {
                // 이미 추천한 경우 팝업 메시지 표시 후 체크박스 상태를 다시 FALSE로 설정
하고 함수 종료
                SpreadsheetApp.getUi().alert("한 항목에는 한 번만 추천할 수 있습니다.");
                checkboxCell.setValue(false);
                return;
            }
        }

        // 추천자 시트에 상품 번호, 상품명, 추천자 이메일 기록
        recommendationSheet.appendRow([productNumber, productName, userEmail]);

        // 체크박스 상태를 다시 FALSE로 설정
        checkboxCell.setValue(false);
    }
  }
}
```

NOTE 수정된 전체 코드를 복사&붙여넣기할 수도 있지만 수정된 부분만 확인하여 반영하는 편이 더 좋습니다. 재작성 과정에서 챗GPT가 코드를 누락하거나 실수할 수 있기 때문입니다.

10 [상품 목록] 시트로 돌아가 같은 상품의 추천하기 체크박스를 두 번 클릭해 보세요. 중복 추천을 하면 팝업으로 안내가 나오고 [추천자] 시트에도 기록되지 않습니다.

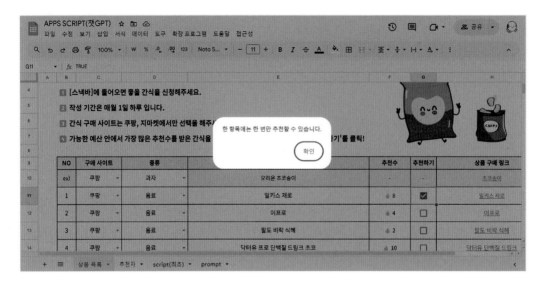

구글 스프레드시트는 어떤 플랫폼에서든 동일하게 사용이 가능하지만 이 책의 단축키는 윈도우(Windows) 환경을 기준으로 작성되었습니다. 책에 나와 있는 주요 단축키를 맥(Mac) 환경에서 사용하기 위해서는 다음 표를 참고하세요.

스프레드시트 단축키는 구글의 문서 편집기 고객센터(https://support.google.com/docs/answer/181110)에서 확인할 수 있습니다. 또는 스프레드시트 실행 상태에서 Ctrl + / (윈도우), ⌘ + / (맥)를 입력하거나 [도움말] – [단축키] 메뉴를 클릭하여 확인할 수 있습니다. '찾기 및 바꾸기(Ctrl + h (Windows), ⌘ + ⇧ + h (맥))'처럼 일부 경우를 제외하면, 대부분 Ctrl 은 ⌘ (COMMAND), Alt 는 ⌥ (OPTION)으로 대체하여 사용할 수 있습니다.

작업	윈도우	맥
모두 선택	Ctrl + A Ctrl + Shift + Spacebar	⌘ + A ⌘ + ⇧ + Spacebar
실행취소	Ctrl + Z	⌘ + Z
찾기	Ctrl + F	⌘ + F
찾기 및 바꾸기	Ctrl + H	⌘ + ⇧ + H
범위 채우기	Ctrl + Enter	⌘ + Enter
아래로 채우기	Ctrl + D	⌘ + D
오른쪽으로 채우기	Ctrl + R	⌘ + R
복사	Ctrl + C	⌘ + C
잘라내기	Ctrl + X	⌘ + X
붙여넣기	Ctrl + V	⌘ + V
값만 붙여넣기	Ctrl + Shift + V	⌘ + ⇧ + V
서식 지우기	Ctrl + \	⌘ + \
다음 시트로 이동	Alt + ↓	⌥ + ↓
이전 시트로 이동	Alt + ↑	⌥ + ↑
모든 수식 표시	Ctrl + `	⌘ + `
배열 수식 삽입	Ctrl + Shift + Enter	⌘ + ⇧ + Enter

▶▶ 찾아보기